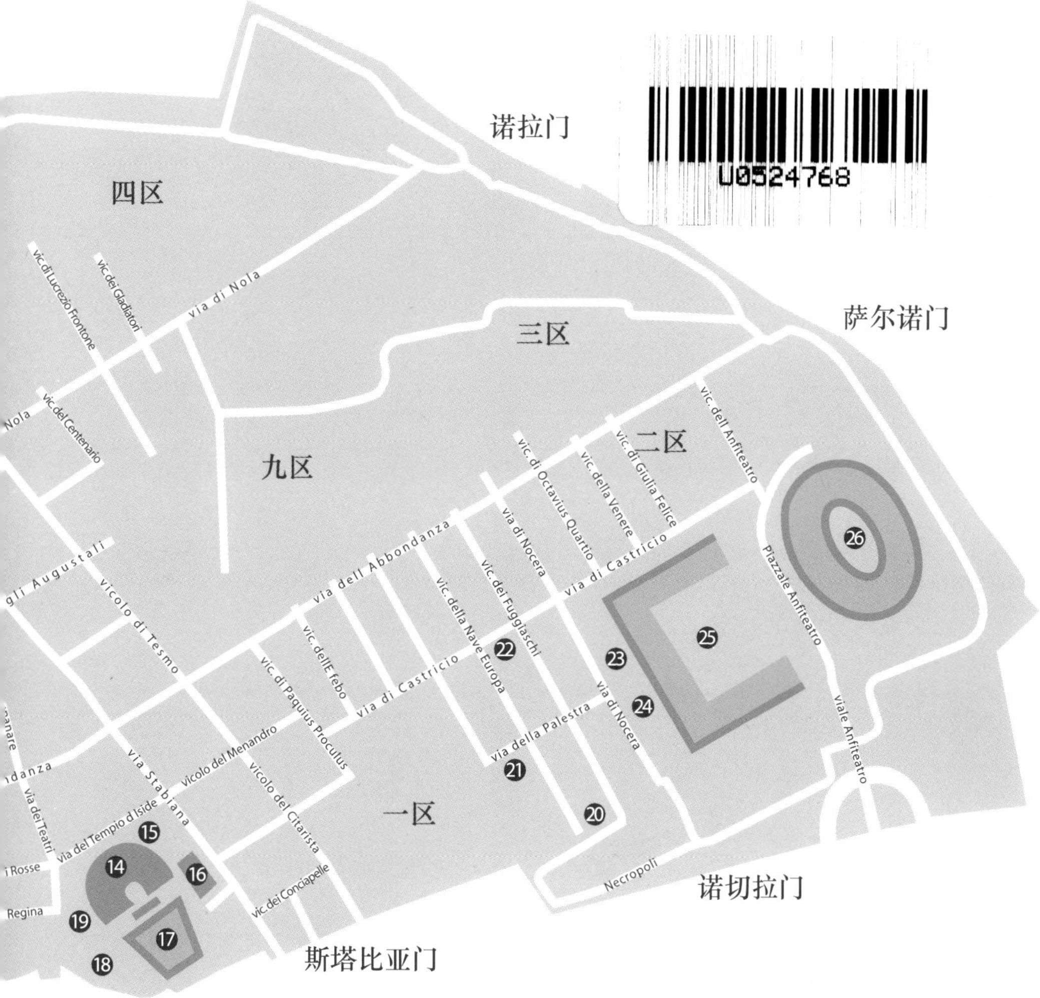

比业内公共浴室 ❽ 阿波罗神庙 ❾ 法乌诺之家

神庙 ⑯ 奥德勇剧院 ⑰ 四面有柱廊的庭院

铺子 ㉔ 埃尔科勒的花园之家 ㉕ 大健身房 ㉖ 露天剧院

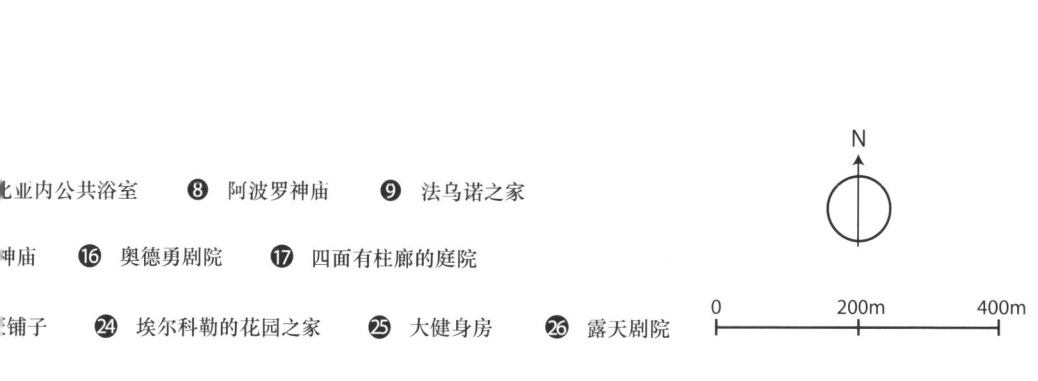

公元 79 年 10 月 23—25 日：逐时逐刻，古代一场最大的浩劫

庞贝三日

I T R E

GIORNI DI

POMPEI

［意］阿尔贝托·安杰拉 (Alberto Angela) 著

董婵娟 译

中国社会科学出版社
CHINA SOCIAL SCIENCES PRESS

图字:01-2016-2735

图书在版编目(CIP)数据

庞贝三日/(意)阿尔贝托·安杰拉著;董婵娟译.—北京:中国社会科学出版社,2017.4(2018.1重印)

ISBN 978-7-5161-8573-5

Ⅰ.①庞… Ⅱ.①阿…②董… Ⅲ.①古城遗址(考古)—研究—意大利 Ⅳ.①K885.468

中国版本图书馆CIP数据核字(2016)第160421号

出 版 人	赵剑英
选题策划	郭沂纹
责任编辑	安 芳 耿晓明
责任校对	王佳玉
责任印制	李寡寡

出　　版	中国社会科学出版社
社　　址	北京鼓楼西大街甲158号
邮　　编	100720
网　　址	http://www.csspw.cn
发 行 部	010-84083685
门 市 部	010-84029450
经　　销	新华书店及其他书店

印刷装订	北京君升印刷有限公司
版　　次	2017年4月第1版
印　　次	2018年1月第2次印刷

开　　本	650×960 1/16
印　　张	27
字　　数	361千字
定　　价	89.00元

凡购买中国社会科学出版社图书,如有质量问题请与本社营销中心联系调换
电话:010-84083683
版权所有　侵权必究

I TRE GIORNI DI POMPEI

© 2014 – 2017 Rizzoli Libri S. p. A. / Rizzoli, Milano

All rights reserved

Cover image and cover design rights shall be subject to separate negotiations

Photographic credits for the inserts:

Insert 1

pages 1 – 4, p. 6 top, p. 12 bottom, pages 13 – 15, p. 16 top:© Gaetano e Marco

p. 5, p. 6 bottom, pages 7 – 9, p. 11, p. 12 top, p. 16 bottom: pictures by Alberto Angela.

Insert 2

pages 1 – 2, pages 4 – 13, p. 14 top, pp. 15 – 16: pictures by Alberto Angela.

p. 3 top:© Fondazione C. I. V. E. S., Museo Archeologico Virtuale, Ercolano.

译　　序

阿尔贝托·安杰拉（Alberto Angela）1962年生于巴黎。他以优异的成绩毕业于罗马大学古生物系（学位论文获奖并被发表）。之后他又赴美国学习数年。在20世纪八九十年代的十余年里，他辗转在刚果、坦桑尼亚、阿曼、埃塞俄比亚、蒙古等国的考古遗址，与一些外国专家共同研究出土文物，以及恐龙和其他原始动物。

安杰拉先生早年和父亲（Piero Angela，意大利有名的科普作家）联手出版了几部学术著作后，于2007年独自完成了他历时近十六年的研究成果《古罗马一日游》。次年该书获奖并被译成多种语言。此后，他的其他著作相继问世：《帝国》《古罗马的爱和性》《游西斯廷礼拜堂》《里阿切的铜像》《庞贝三日》《圣波特大教堂》。他的每部作品都无一例外地从热销转为长销，有的甚至高居畅销书榜首经久不落。

安杰拉自2000年起为意大利国家电视台策划、主持科普节目《乌里塞——发现的乐趣》（Ulisse-il piacere della scoperta），迄今先后获得了三个奖项：弗拉亚诺奖（Premio Flaiano）、桂达雷洛金奖（Guidarello dóro）、弗勒杰讷奖（Premio Fregene）。

所以，阿尔贝多·安杰拉在意大利不仅是一名卓越的学者兼作家，也是一个家喻户晓、老少皆知的"电视人"。除此之外，他在国际上也享有一定的声誉：一颗于2000年1月20日发现的小行星被以他的名字命名（80652Albertoangela）；哥伦比亚发现的一种极其罕见的海洋生物被以他的名字命名（Prunum Albertoangelai）。而他获得在巴黎颁发的一项国际金奖（Portico dóro），更证明了他在相关学术领域取得的非凡成就和作出的显著贡献。

《庞贝三日》是阿尔贝托·安杰拉无数次亲临庞贝，对遗址进行了长达二十年细致、科学的观察和研究的结果。他查阅、考证了浩如烟海的古代文献和近现代考古学家们的工作记录及其他各领域学者们的研究，结合了他在庞贝及其周边地区的遗址上每一个最细微的发现，运用他别出心裁的讲述方式，为读者们极尽真实地恢复了两千年前的那个天府之邦的原貌。

全书的讲述围绕三个重要的新发现展开：第一，覆盖了庞贝的厚达六米的浮石，以二十余米的岩浆淹没了埃尔科拉诺的罪魁祸首并非世人一直认为的维苏威火山；第二，喷发并不发生在盛夏而在秋天；第三，杰出的著名古代博物学家老普林尼之死的真相。

在本书中，安杰拉先生一如既往地为读者担任一名认真又博学的"导游"的角色，带领读者在庞贝——那座被火山喷发毁灭之前的罗马帝国的名城——漫游三天。他顺着一条今日依旧真实存在的准确路线，从城市的长街短巷到贵族的庭院别墅，再到郊外的农庄，娓娓讲解城市及其周边地区的地貌、历史、建筑，居民们的风俗、信仰、职业、饮食习惯、穿衣打扮、日常生活……

作者在叙述历史和阐释他的发现过程及探索结果的同时，别具匠心地让每样有史可查有迹可循的人和物"复活"，使之栩栩如生、跃然纸上，常使读者会产生捧读的是一本引人入胜的"小说"之错觉。有时更会让人产生恍如面对摄像镜头之感。尤其在他详尽描写火山喷发前的种种迹象和居民们的惶恐不安，火山喷发时的恐怖现象和绝望无告的男女老少们于穷途末路中四下逃遁的那些篇章，让人读来委实有种身临其境的紧张、急迫、惊悚之感。正因如此，那些篇章无一不让人对成千上万的遇难者产生无尽的哀怜和嗟叹——尽管时隔两千年。

我有幸再次把安杰拉先生的著作译介给国内的读者，不胜欣忭。尽管我知道，翻译这样的一本书，是很费时、费力、费脑筋的苦差，然我还是怀着十二分的热忱去做，只因我认为，如此一本好书，倘不让更多的读者了解和赏阅，实在太可惜了。反过来说，于爱好阅读和喜欢历史的人而言，没机会了解和赏阅如此一本好书，又何尝不是一种缺憾？

下面，我想与亲爱的读者们分享一下我在翻译的过程中对原著所做的一些处理工作。

在原著中频频出现的拉丁语词，我直接翻译过来且不另作注释（仅对偶尔出现的英语等别种语言单词加注），并保留人名及地名的拉丁文原文。

书中人物众多，对人名我是这样处理的：故事中的人物的名字均使用与意大利文发音相近的译名（人物表的括号内是名字的拉丁文拼写，读来略有不同）；而一些著名的历史人物如皇帝们，或古代著名学者著名作家如老普林尼、塔西佗们，均采用国内已有的很多人都熟悉的译名——尽管有些译名与其原名发音相去甚远。经常出现的各位神祇的名字作同样处理。而在译名太杂或偏差太大的情况下，我照意大利文发音给予新的译名。

作者在书中列举的地名也很多，对于地名，本人主张采用中国地图出版社出版的地图集上的地名，以避免一地多译名的现象；某些在地图上没有标出的小地方或某些现今已不存在的古地名，我照其原名音译并加注。山名、河名、路名，同是。至此，我还想强调补充一个说明。作者在书中几次一笔带过的"科罗赛奥"（Colosseo）即大家都知道的"斗兽场"。Colosseo是古人对那座雄伟建筑的称呼，它原是一座露天剧院，里面曾可以进行各种各样的表演：角斗士之间的竞技，人与兽的生死较量，兽和兽的弱肉强食之战……场地中心还曾能够借助一种非常现代的特殊装置，把水引进并蓄存，以便进行小规模的水战表演，或在浅水中进行马赛和马车赛……简而言之，那原是一座进行"综艺"表演的名副其实的庞大的综合剧院！称其为"斗兽场"也委实太偏颇了！所以，本人更喜欢使用音译名：既然那个庞然大物叫 Colosseo，那我们称其为"科罗赛奥"不是更妥帖吗？

全书中偶有几处的个别单词疑为作者误用（或排版错误），我做了更正并加注，是或非，诸位读者可自行评断。

《我没对你说出的话……》一章，收集的是庞贝壁文（古人刻写在墙上的文字）的一小部分。其中有些内容、少数文字比较低俗，然我照原文翻译，不作"净化"处理，因为作者要展示的正是那个时代的社会底层的众生百态，是历史原貌特征之一。所列壁文中有一条绕口令，鉴于绕口令特有的游戏韵味，若照原文译之，趣味尽失，故删之。

作者在书尾列举了他在漫长的研究过程中查证和摘引的所有文献的书目，共七页余。略之不译。特此申明。

本人才疏学浅，译文倘有不妥之处，恳请读者诸君的海涵和指教。

董婵娟

2015 年 12 月 30 日，意大利穆焦

**NUNC EST IRA RECENS NUNC EST DISCEDERE TEMPUS
SI DOLOR AFUERIT CREDE REDIBIT AMOR**

现在怒火仍在燃烧，该是走开的时刻。倘若痛苦将会消失，相信我，爱也将会重来。

普罗佩提乌斯（PROPERZIO）
第二卷第五章，第 9、10 页①
（庞贝一座房屋的墙上的壁文）

---

① 此处原文如此。举出了诗人的名字，但没有作品名字。事实上，这位古代诗人的作品只留下了少许残篇。

目　　录

绪言 ································· （1）
人物 ································· （4）
"蕊柯媞娜，说说吧……"喷发后数年 ········ （8）
贵妇人和舰队司令 ······················· （12）
幻梦般的别墅 ··························· （29）
宴会：谁存、谁亡？ ····················· （47）
醒来的庞贝 ····························· （52）
在庞贝化妆 ····························· （66）
光笼罩着城市 ··························· （70）
庞贝的比佛利山 ························· （86）
两个前奴隶的奢华宅院 ··················· （106）
庞贝的酒店 ····························· （115）
万物皆流动……除了水 ··················· （140）
广场上的话题 ··························· （159）
伸向城市的手 ··························· （170）
谋杀恺撒的凶手，印度的神和妓女 ········· （188）
我没对你说出的话…… ··················· （204）
埃尔科拉诺：海湾的一颗明珠 ············· （218）
纸莎草纸书籍别墅的约会 ················· （243）
藏着一批惊人的财宝的农庄 ··············· （255）

为全帝国供给葡萄酒 …………………………………（265）
"赌场"，性和妓院 ……………………………………（277）
陨灭的开始 ……………………………………………（286）
原爆点：火山喷发 ……………………………………（292）
吓呆了 …………………………………………………（295）
那团火山云越来越高 …………………………………（307）
空中的地狱 ……………………………………………（312）
逃跑或死亡：相遇的命运 ……………………………（315）
陷于绝境：最初的坍塌 ………………………………（324）
徒劳的等待 ……………………………………………（331）
消逝的太阳和生命 ……………………………………（334）
舰队司令的最后一趟旅行 ……………………………（337）
最初的死亡之云 ………………………………………（342）
埃尔科拉诺：市民们在哪里？ ………………………（347）
无声又滚烫的死神 ……………………………………（352）
噩梦般的一夜 …………………………………………（365）
巨流3号：死神轻触着庞贝 …………………………（368）
巨流4号：给火山云活埋了 …………………………（372）
巨流5号：打向庞贝的一拳 …………………………（383）
巨流6号：舰队司令的杀手 …………………………（385）
舰队司令回家 …………………………………………（390）
浩劫之后 ………………………………………………（403）
附录 ……………………………………………………（407）
感谢 ……………………………………………………（417）

绪　　言

　　对于公元79年的那次毁灭了庞贝、埃尔科拉诺、欧普龙提斯、波斯科雷亚莱、泰尔齐尼奥和斯塔比亚的火山喷发，历来都是通过竭力搞清遇难者是如何遭遇死亡来讲述的。本书恰恰相反：它将通过幸存者来叙说。确实有过死里逃生的人。在一场漫长的研究里至少发现了七个！

　　他们看到了什么？倘若他们还在，他们会对我们透露出什么呢？

　　可惜只有其中之一——小普林尼，他在写给塔西佗的一封众所周知的信里描述了他经历的那场灾难。但在七人之中，他是离灾难最远的那一个，相距30公里。即使相隔这么远，一次次的地震和团团火山灰还是使他感到了死的恐惧。其他人呢？他们离火山更近却没有留下证据。我们知道他们的名字、年龄，甚至还知道他们的住所，我们至少可以了解两个人当时的恐惧以及他们在那惊悚的时刻是怎样度过的。

　　时隔近两千年，发现七个幸存者已经很多了，然而还不够。想了解生活在被史上最惨重的灾难之一毁灭前那几天中的庞贝意味着什么，总之还另有途径：寻找和幸存者一起在场的其他人。

　　这就是为什么在本书中，幸存者的身旁有确实存在过的真实的人在晃动：我们知道他们当中很多人的名字、年龄、职业，甚至知道其外貌体征和家庭情况！不过我们无法说出他们是死于喷发还是也得以逃生了。

而还有一些人我们几乎可以完全避而不谈，但我们知道他们丧生了。他们未能逃出那个地狱，死于非命了。他们的遗骸被考古学家们发现，仔细收集并保存在了仓库里，或者，现在被摆放在透明的陈列柜里，供人参观。

总之，那些幸存者、"可能的幸存者"和遇难者们将为我们重现那些时刻。我们的叙述将围绕着那些真实的人展开，他们并非像在电影里或许多书里常见的那样属于虚构的（男主角、女主角、坏人、善良的奴隶被扔给海鳝吃掉，两个角斗士最后成了朋友，等等）。当存在着有血有肉的真人和也许更有趣的故事时，为什么要来编写一个电影剧本或一本小说呢？

所以在本书中，我们将追随那些普通人在喷发前的最后两三天里的活动，我们将探寻他们在那些灾难来临的恐怖时刻里所必须面对的一切。

当然，他们做了什么，我们不知道细节。永远不会有人知道。因此，你们将要看到的是他们所做的、所目击的和所亲身体验的那一切极近真实的恢复。但是，叙述将立足于准确的地点，从小胡同到别墅，直至火山山坡上的农场。

我们将要提及的壁画也是今天仍然能够在这些地方看到的那些。将会出现一条可以让我们探察庞贝、埃尔科拉诺、欧普隆提斯以及它们的周边地区的路线。同时还能发现，那时候的生活原貌与小说中所刻画的天差地别。每句每行都将符合考古的发现，符合考古学家们针对当时在庞贝以及被喷发所袭击的整个海岸区域如何生活的研究结果。而且还将以火山学家、历史学家、植物学家、人类学家和法医学家的研究结果作为基础。

在祝你们阅读愉快之前，我得加上两个重要的"注释"。

喷发的确切日期是公元 79 年 8 月 24 日，这已成定论，我决定依照"秋季"的论点——根据研究结果和细致的观察——把它推后两个月，即同年10月24日。

　　火山喷发的所有阶段都是以那个时代的证据为基础，并根据火山学家们的意见重建的。遗憾的是，公元1世纪的资料并不总是详尽的，因此某些现象是根据对存在于我们的地球上的，特征相似的火山的近期喷发的科学观察而做出的弥补。

　　现在，祝一路顺风！

人　　物[*]
（根据出场顺序）

蕊柯媞娜（Rectina），罗马上层社会的贵妇人：她于灾难前夕在庞贝设宴。她将得救。

老普林尼（Caius Plinius Caecilius Secundus），舰队司令，博物学家和拉丁文作家：我们会在米塞诺港口认识他，因为帝国舰队由他指挥。

艾乌提克（Eutychus），蕊柯媞娜信任的男奴。他在她外出时跟随她。

伽尤·库斯彪·潘萨（Caius Cuspius Pansa），长着蝰蛇眼的年轻政客：我们将在庞贝要人的午宴上再见到他。

伽尤·朱里奥·坡里比奥（Caius Iulius Polyibius），庞贝生意场上真正的领头人：我们将看见他从容地走进城里的一家"红灯"饭馆。

鲁齐奥·切齐里奥·乔孔多（Lucius Caecilius Iucundus），上了年纪的钱庄老板，他对生意的灵敏嗅觉是众所周知的：他在他的广场事务所里接待一位有钱且漂亮的女人。

彭坡尼亚诺（Pomponianus），在斯塔比亚拥有一座别墅的富

---

[*] 注：根据出场顺序，本书介绍途中所有的人物，或生或死。但是，仅仅提及或简单描写的人物不具名。（作者注）

裕主人：老普林尼生命中的最后几小时与他一起共度。他将躲过劫难。

弗拉维奥·克莱斯多（Flavius Chrestus），斯塔比亚的自由奴：他去庞贝的一家小"赌场"赌骰子。他将九死一生。

鲁齐奥·科拉索·特尔佐（Lucius Crassius Tertius），一座乡村别墅的主人，在火山喷发时，他赶着抢救他的保险箱。

诺薇拉·普里米杰尼亚（Novella Primigenia），有名的坤伶，当她在一顶轿子里躺在一个显要男人身边在小巷里游荡时，我们跟上她。

马克·奥克尼奥·普利斯科（Marcus Holconius Priscus），他借助钱庄老板鲁齐奥·切齐里奥·乔孔多的支持当选双头地方行政官之一，在火山喷发中消失得无影无踪。

敖罗·福利奥·萨图尼诺（Aulus Furius Saturninus），出身于庞贝的几个备受爱戴和尊重的家庭之一的年轻人，他和蕊柯媞娜有生意往来。他将逃过一劫。

切斯奥·巴索（Caesius Bassus），多愁善感的诗人，蕊柯媞娜的朋友，他入住在庞贝的 A. 科斯奥·里巴诺的五星级酒店。

提多·苏埃狄奥·克莱蒙特（Titus Suedius Clemens），被皇帝维斯帕西亚努斯派往庞贝的忠诚的行政长官：当他在城里进行一次重要视察时，我们与他相遇。他将逃过一劫。

N. 坡皮迪奥·普里斯克（N. Popidius Priscus），因做葡萄酒生意和烧制瓦而致富，他还是一个面包房的业主。他会得救吗？

敖罗·维提奥·孔威瓦和敖罗·维提奥·莱斯提图朵（Aulus Vettius Conviva e Aulus Vettius Restitutus）一对奴隶兄弟，获释后暴富，他们住在庞贝最漂亮的多慕思中的一座别墅里。

A. 科斯奥·里巴诺（A. Cossius Libanus），犹太出身的自由奴，他把切斯奥·巴索招待在他的高雅的酒店里。

阿坡利那雷（Apollinaris），皇帝提图斯的私人医生，途经庞贝，他在此接诊蕊柯媞娜。

马克·爱皮迪奥·萨比诺（Marcus Epidius Sabinus），庞贝的"昆体良"（古罗马演说家、教育家，译者注），双头地方行政长官之一候选人，是提多·苏埃狄奥·克莱蒙特在庞贝入住的那座奢华多慕思的主人。

司塔里阿诺（Stallianus），庞贝的管道工，被叫来整修因最近的地震而受损的管道。

克洛雕（Clodius），在他位于浴场门口的店里卖斗篷：他和全家一起尝试一场无望的逃生。

马克·卡利迪奥·拿斯塔（Marcus Calidius Nasta），卖神像的流动商贩，在奥尔科尼家的四门拱下做生意。

鲁齐奥·维图佐·普拉齐多（Lucius Vetutius Placidus），阿博恩当杂路上最好的饭店之一的老板：他会把钱藏哪儿？

阿丝库拉（Ascula），鲁齐奥·维突佐·普拉齐多之妻，很爱吃醋。

左斯莫（Zosimus），在他的杂乱的铺子里出售双耳罐、油灯和花瓶。

菲力克斯（Felix），埃尔科拉诺的渔夫，因为火山，他捕鱼收获惊人。

敖罗·福利奥·萨图尼诺（父亲）（Aulus Furius Saturninus），骑士和朱庇特神庙的总本堂祭司，是埃尔科拉诺的捐赠人之一。

茱莉娅·费里切（Iulia Felix），思想非常新潮的女商人，我们当她和蕊柯媞娜在纸莎草纸书籍别墅里交谈之际认识她。

鲁齐奥·切齐里奥·乔孔多之妻，她选择在庞贝城外的私人农庄过夜将是使她致命的选择。

鲁齐奥·切齐里奥·阿富罗迪西奥（Lucius Caecilius Aphrodisius），钱庄老板信赖的人，财宝守护者：他试图在酒槽里保命。

提比略·克劳狄·安费奥（Tiberius Claudius Amphio），钱庄老

板的农庄管理人,他紧紧围在女主人的身边保护她。

鲁齐奥·贝里提奥·爱若斯(Lucius Brittius Eros),碧飒内拉别墅的自由奴,试图自救直到最后一刻。

珐妩丝狄拉(Faustilla),放高利贷者,她甚至在人们四下逃命时仍试图将钱收回。

"蕊柯媞娜,说说吧……"
喷发后数年

SI MEMINI①

如果我记得……

在阴影中闪烁着的是一双深邃的黑眼睛。任何人接触到她的视线都会立刻被它们散发出的不寻常的热情所吸引,一个地中海女人独有的那种热情。完美的鹅蛋脸衬着乌油油的黑发。乌发起伏有致,似夜一般浓黑暗沉的波浪,轻触和散落在洁白的脸上。就像她出生并生活过的坎帕尼亚的海滩上的海浪。

与她在整个宴会厅散发出的魅力相比,那条随着呼吸的节奏在她的胸脯上的,如同被大海轻摇着的船身般微微起伏的、镶嵌着珍珠和祖母绿的宽宽的金项链,毫不起眼;两条紧紧盘绕在她前臂上的、有着祖母绿眼睛的纯金的蛇也是多余的;甚至从她躺着的特里克里尼奥②上垂落下来的、衣褶繁复的珍贵的金丝绸缎衣物好像也是微不足道的。

她躺在赭石色的特里克里尼奥餐榻上,左肘支在一个柔软的垫

---

① 注:每一章开头的引文都是在庞贝和埃尔科拉诺遗址发现的壁文(作者注)。
② 特里克里尼奥(Triclinio),古罗马的富人专门用来躺着吃饭的一种小床的专称。

子上，目光专注地倾听着那个男人和她说话，他也在近旁躺着。富有魅力，皮肤黝黑，肩膀宽阔，头发灰白，嘴唇丰满：当他微笑的时候，在眼睛和嘴巴周围形成条条笑纹。

这次的宴席上不只有他们，还有很多其他客人，他们按照罗马人的严格的规矩，置身于四周同样的特里克里尼奥餐榻上。如果一张床上不止一个人，则常常会以"鲱骨"形一个挨着一个排好。

置身于颜色艳丽的墙壁、壁画、假建筑和虚构的风景之中，大家都在愉快地交谈。

罗马人的世界，从衣着到住宅，确实是一个五彩缤纷的世界（见第一部分插图第 3 页），比我们的由白墙、黑衣构成的世界要多彩得多。甚至地板也被彩色的马赛克覆盖着，有几何图形和一个个五颜六色的方块，使用的镶嵌物细小到一眼看去仿若一幅画。

宴会厅面朝一个由一道拱廊环绕的阔大的内花园，园内那些有香味的观赏植物被灵巧的园丁"雕刻"成各种各样的形状。植物间有几只孔雀在散步，还冒出几座将水流射入几个大理石小池子的铜像喷泉。

几个奴仆端着银托盘，装着应有尽有的佳肴，从珍贵的鸵鸟肉丁到浸没在辛辣调味酱里的海鳝，从拌了蜂蜜的小羊到时令水果、无花果干、核桃、北非的海枣。引人注目的是摆放在特里克里尼奥餐榻对面的小桌子，在盘子和吹制得异常精致的玻璃壶之间有几尊小铜像：它们塑造的是几个瘦骨嶙峋、全身赤裸的老头，硕大的阴茎支托着装甜点和水果的银制小托盘。他们是好运和繁殖力的象征。随处可见一些十厘米长的银骨架拉尔瓦孔维维阿莱斯（Larvae Conviviales），① 以提醒大家生命是短暂的，是些个值得体味的馈赠，需要一直努力开怀大乐和喜笑颜开。对啦，就像在宴会中

---

① 意为"欢乐的幽灵"，是古罗马人陈列在宴席或某些仪式中的一种象征已故家人的银雕。

那样。

一只手从这些小小的银托盘中拿了些干果：正值秋季。此外，还有一位诗人在屋子的一角，跟着音乐朗诵着诗句，然无人聆听。但恰恰是进入女人的脑海的这种乐曲带来了一丝嫌恶：那音乐……她不觉得陌生。一段久远的记忆浮现出来：它不具有清晰的轮廓，却连着一份开始蔓延的焦虑。还有那只拿干果的手……一个已经见过的情节。可在哪儿呢？突然，席间的低声细语被一阵刺耳的大笑打断。笑声来自席间一个肥胖的白发人，躺在稍远的那一边，嘴巴里塞满了食物，正和另一位客人说笑着。那种相似的笑声也是女人曾经听到过的，在与现在这个完全一样的情境中。那是另一场宴会……此刻，她想起来了。

那是惨重灾难前她家的最后一场宴会。噪声、话语、音乐骤然消失，女人眼前的一切似乎都减速了，如同开启了慢镜头摄像机那样。她四下张望，细细打量着那些客人的面容。她开始看见另一番情形：她的记忆作恶般地在时光中倒回，将这些面孔中的某些抹去并用其他的脸来替代。慢慢的，一个接一个，火山喷发前在她家的客人出现了。他们看上去是平静的，笑意盈盈的，他们轻松地聊着，笑着。他们怎么会在这里？他们最终的结局怎样？她垂下视线在她的特里克里尼奥旁的小桌上寻找庇护。可她看到的是青铜的和银的小雕像。她无法将自己的目光转离她所见到的：没有表情的、空眼眶的骨架，肋骨颇似一个鸟笼，生命已从那里面飞离。还有那尊老头雕像，面颊如此深陷，嘴巴大张着好像想喊叫什么，可是喊叫被扼在了喉间。它不再是一尊铜像，它变成了一段记忆：那是她已经目睹过的表情，充满了一种难以表达的痛苦、绝望，是某个她看着死去的人的表情。

很久以来她竭力不去回忆，竭力将一切抛之脑后，不去思考……她从未和任何人说起这些。她从未讲述过她经历的劫难。她从未想倾吐她目睹了什么，以及在那心惊胆战的喷发时刻她是如何度过的。她始终将自己封闭在缄默中。痛苦太深沉,灾难太惨重。然而,创伤是不可能被抹杀和忘却的。总需要将其展露,需要倾诉,对某人叙说自己的痛苦。最好立刻就做。否则,它会如寄生虫般从内部开始侵蚀你的身体。

对她也是如此:此刻,被她埋葬了的记忆开始从她脑子里的一个偏僻的、又黑又深的角落重新浮现出来。犹如一条鲨鱼缓缓地浮出深渊。她的黑眼睛睁大了。她的充满热情、性感和自信的表情荡然无存。她抬起目光,宛若一个海难幸存者在浪涛之间寻觅一根可拽的绳子的那种目光……一如那双伸开的手,她的眼睛开始绝望地四下张望,搜寻一张脸,"一句话"①,任何一样可抓牢的东西。可什么也没发现。她感到头晕,太阳穴处冷汗直冒,她突然觉得恶心,双腿动弹不得,手臂也似乎十分沉重。接着,她觉得心脏快要爆裂了,觉得有什么急迫又可怕的事情正在向她袭来。

很多客人都觉察到在她身上正发生着什么,或许是从她手里掉落在地的银酒杯发出的金属声引起了他们的注意。和她说话的那个男人站起身,靠近她。女人的眼睛已经被恐惧笼罩,它们望向远方。它们已经重新迎向那个时刻。命中注定她迟早要重返那个地狱,在将它彻底遗留在过去之前再次体验它。男人明白了。他仅对她说了一句:"蕊柯媞娜,说说吧,现在是时候了……"所有的客人都缄默不语了。他们靠拢过来倾听。他们知道她是受火山喷发侵袭最严重的地区的寥寥几个幸存者之一。

那几句话像一把开启一扇关闭了太久的门的钥匙的转动,在大厅里回响。此刻,这扇门被打开了。它朝着公元 79 年的一个清晨敞开。我们在一艘帆船上,周遭是海浪轻拍船身的声响和海鸥的鸣叫,在我们前面则是坎帕尼亚的海岸……

---

① 原文此处是一个词"una parola"。译者认为作者想表达这个女人在期待一句安慰的话语之意,故译作"一句话"。

贵妇人和舰队司令
接近米塞诺的第勒尼安海
公元 79 年 10 月 22 日 8:00
距喷发差 53 个小时

AV(E) PU(EL)LA
早上好,美丽的姑娘。

掌舵人那骨节突出的手紧紧抓住因年久而磨损的缆绳,它们可以操控船上两个舵,如两把犁的锋刃般劈开水波。在古代,船上不只有正中一个舵,还有两个装在靠近船尾的两侧,好像两支竖立的大桨。仅由一个人在一间小船室,一间真正的"驾驶室"里独自操纵它们。

在为了越过卡坡米塞诺而做的大幅度的转向过程中,男人感到舵在剧烈地颤动着,犹如马西莫竞技场里的一辆四马双轮战车在拐弯时缰绳颤动那样。船轻轻晃动了片刻,像在为转向而犹豫着,但接着还是顺从了,它改变了航向。使蕊柯媞娜和乘客们"感觉到"船在转向还因为此刻风在抚弄他们的另一侧脸颊,而刚才照在他们身上的太阳消失在扬起的船帆后面了。风使劲推着船。左边,数十米之外,竖立着成片的卡坡米塞诺的礁石。一个石头巨人。海浪在让大家都感觉离得太近的礁石上撞碎,形成白花花的泡沫。一阵阵的风把浪涛的溅泼声和强烈的海的味道飘送过来。

那泡沫具有与雄伟的多层灯塔相同的颜色，它就耸立在他们的头顶上，在海角之巅。它让人想起一连串越来越小的、一个一个堆叠起来的立方体，像孩子们做的那样。它的洁白的颜色和它的形状给予那些地方一点阿拉伯风韵。它当然不会与那些坐落在地中海海岸的、今日仍然可见的雪白的小村庄不协调。的确，我们将会发现，这些地方甚至庞贝的街道，都具有今天我们称之为"东方的"或者"北非的"氛围。这是第一个令人意外之处。

在小小的船室里，长着卷曲的黑须的舵手以令人难以置信的灵敏驾驶着船。他是这些航线上最出色的舵手之一。他目不转睛地盯着米塞诺港口前的防波堤上的内图诺①雕像。镀金的青铜在太阳光下发射出耀眼的光芒，对于所有的海员，它就是一个实用的识别标记。

米塞诺港口不是一个普通的港口。帝国的主要舰队米塞诺舰队（Classis Misenensis）——两支舰队之———的基地就在这里，另一支驻守在拉韦纳。

提醒我们正要进入罗马帝国最强大的军舰基地的，是一个在水上前进着的黑色的庞然大物。一艘长四十余米的巨大的四列桨船在威风凛凛地靠近，推动它的是一排密密麻麻的桨，它们在露出水面时一齐闪闪发亮。有时甚至能听见一个沙哑的嗓音在为划桨的速率下令。它如同一团低矮的云霭在水上无声地滑动，描画在它的船头处的船壳上的大眼睛（古代非常广泛的一种保护标志，如今在某些国家依旧很普遍，比如土耳其）之下，能清晰地看见从波涛之间浮出的青铜喙形舰首，连同它的三条横置的、能使任何敌船毁于

---

① 内图诺（Nettuno），古罗马神话里的水神，自公元前399年后又被奉为海神和地震神。

一旦的致命的锋刃。

很少有人知道,喙形舰首被设计成袭击敌船时,便会被拉脱,如同蜜蜂的螫针一样戳进敌船,并随其一起沉没。与这个计策相辅相成的是,撞击的方向从来不会是正面而是稍斜一点的,为了避免进入敌船太深而被卡住并一起沉没的危险。此外,一种有一定角度的轨线可以使裂口更长,同时又能折断更多的桨,使敌船动弹不得。

四列桨船在和几艘三列桨船一起完成了一趟海岸巡察后正在返港。在这场"最后的冲锋"里,将划桨速度提到最高考验的是划桨人的耐力。

米塞诺的帝国军舰在地中海已经没有敌人了。事实上,重要海战的朝代已经结束了,比如在亚克兴角对马克·安东尼和克丽奥巴特拉七世发起的那场战役,或者还有更早的那场在埃加迪群岛对迦太基人的战争。也没有海盗需要打击了。当然,舰队时刻待发,但它的用途更属于和平时代,用来装载商品、供给品和人。

蕊柯媞娜也在一艘里布那①船上,在这相对和平的时期,它为政府人员往返米塞诺所用。后面我们将会发现,学者们因此推论,她当时应该是被视作一位要人的。

船只必须把先行权给予已经进入港口的舰队。现在轮到他们了。

在穿越把港口的海湾合龙成"镊子"的一道长长的防波堤和一个礁石带(贝那塔岛)之间的时候,水手长一边把船上的一个小祭坛点燃并弄碎祭品,一边半张着嘴巴念念有词。祷告语再由所

---

① 里布那(liburna),古代的一种战船的专称,后文将对其作更多介绍。

有的海员包括舵手重复一遍。也由某些乘客重复。的确，海员们在古代，而且不仅仅在古代一直都非常迷信。安全抵达是要感谢众位神灵的。于我们而言那似乎是个古老的习惯，可仔细想想，就在科技时代的今天，在很多刚一着陆的客机上也能见到（你们当中有多少人没注意到比画十字的人或者甚至听见鼓掌声？国外还有人念经或祷告）。

博物学家舰队司令

米塞诺港口好像是大自然专为帝国舰队营造的。它具有两条以"8"字形相连的港湾。我们的帆船停泊在第一条港湾内，朝向第一个小海角，碰到左边的、我们今天称之为斯卡尔帕雷拉海岬。舰队则继续前进，越过一条上面架着木桥的窄道进入第二条天然港湾，极有可能是一座活动桥［这在帝国的水上是相当普遍的，包括有名的伦敦桥（Londinium）在罗马时代就已存在，它是活动的］。

可以推想，一辆辆马车和陆地部队全都停住了，随着一个信号，桥被升起让庞大的战船通过，所有的桨都被暂时收入船内。仔细望向远处，隐约可见许许多多的船身，特别是大量的眼睛和整齐排列的喙形舰首。那是准备冲向地中海任何一方的罗马的海上部队。

蕊柯媞娜搭乘的船刚刚停泊在有一道拱廊并行的长码头，拱廊连接着一座座有着白墙红瓦的匀称的建筑，那是行政办公室和技术部门。在它们后面，爬满小海角的无数住宅将其覆盖成一座小城。

最高海军统帅、全体舰队的司令就住在这个基地，遇见他并非稀有的事。他是个受大家尊重的人。从魁伟的外形、庄严的步态，也能从因学问渊博而产生的彬彬有礼而游刃有余地认出他来。最后，尤其能从可亲、自信的笑容表现出的安静的性格认出他。他的名字被载入了史册。他是盖乌斯·普林尼·塞孔杜斯，但是历史学家们为了把他和他的外甥"小普林尼"区别开来,一直称他为"老普林尼"。你们将会看到,二者皆为我们故事的重要人物。一个将悲惨地离世,而另一个还非常年轻,他将告诉我们在九死一生时发生的那一切。

正是舰队司令老普林尼(我们也将如此称呼他)前来迎接这女人的。我们对他了解多少?他是个五十六岁的人,出生在科莫(有人说维罗纳)。年轻时为莱茵军团效力了十二年,指挥一个骑兵连。然后,由于他对尼禄朝廷的敌意,他的级别停滞了很多年。随着皇帝亡殁,维斯帕西亚努斯掌权后,老普林尼时来运转。命运刻意让老普林尼在日耳曼和皇帝的儿子提图斯一起服役。三个人具有同样有实效的思考方式,或许是因为大家都是在风险、责任和军旅危险中起步的。就这样,他甚至成了维斯帕西亚努斯的私人顾问,后者在火山喷发前去世后,他又成为提图斯的私人顾问,直至成为皇帝的人数不多的内阁一员。

所以,老普林尼是懂得等待的,毋庸置疑,他的品质帮助他变成了一个有势力和有影响力的人。然而,他也是一个非常有文化的、令人愉悦的人。事实上,那个站在防波堤上等待蕊柯媞娜的男人,于两年前完成了一部在时隔多少个世纪的今天仍然继续被引用和参考的皇皇巨著——《自然史》,一部罗马时代的集人类学、地理学、动物学、植物学、天文学、医学和矿物学的名副其实的百科全书。因此,老普林尼被视作历史上第一位"现代的"博物学家。可惜,他写就的其他所有作品全都逸失了。老普林尼还曾做过律师,并在伽里阿—那波嫩瑟①、阿非利加行省和在西班牙—塔拉科

---

① 伽里阿—那波嫩瑟(Gallia Narbonense),罗马帝国的一个行省,位于法国。

讷色①担任过政府职务，那些地方都有重要的金矿。是些非常棘手的任务。但以前的维斯帕西亚努斯和后来的提图斯都是信任他的。老普林尼确实十分诚实正直，既有经验又有智慧。

　　最后一个问题：一位博物学家指挥帝国的一支最重要的舰队如何解释？维斯帕西亚努斯交给他这个极富威望的职务也许还因为，那个时期没有什么军事威胁，这就使得他可以继续他的研究了……

　　蕊柯媞娜头上盖着薄薄的丝绸披肩帕拉②，从船上探出身来向陆地上张望了一下。码头上的由换船和装载各种商品——从双耳罐到包裹着厚重的网的大袋子——构成的活动，停住了。舰队司令的警卫队的军人止住了所有的人，使其避让在船的窄窄的舷梯下面两侧。这时，女人遮住脸，这是出身高贵的贵妇人的典型姿态，在一个女奴的搀扶下开始下船。在我们这个时代，任何一个稍微绅士点的将军都会上去搀扶走在不稳的舷梯上的蕊柯媞娜的，然而在两千年前，礼节不仅不允许扶掖，对一个罗马的贵妇人甚至连碰都不能碰。除非在紧急情况下，不然就是一项真正的罪行了。上层社会的女人是贵族，在公开场合她们是碰不得的。

　　与舰队司令的会面是热烈的。他俩很可能相识已久，有些历史学家推测他们之间不是一般的友情……但我们不能断言。蕊柯媞娜的确依旧年轻、漂亮，还是个寡妇。而我们确切知道的是，发生火山喷发时，蕊柯媞娜向老普林尼发送了求助，求他营救她。我们是如何知道的呢？

　　需要明确一个问题。因为你们将读到的大部分内容来自舰队司

---

　　① 西班牙—塔拉科讷色（Spagna Tarragonese），罗马帝国的一个行省，位于西班牙。
　　② 帕拉（palla），古代一种长方形女式大披肩，通常长及脚边，女人外出时还用它盖头。

令的外甥小普林尼于庞贝浩劫很多年后写给塔西佗的两封信，他在信里描写了火山喷发的所有阶段以及他的舅舅在那种形势下做了什么。它们是非同寻常的资料，流传给我们的仅是抄本，这多亏了中世纪的修道士抄写员的劳动。

在这些信里，除了提及蕊柯媞娜的名字，没有其他详细说明，这意味着她可能是罗马上层社会圈内的名人。还因为在那个时代，"蕊柯媞娜"是一个极其罕见的名字。所以，当有人提及一个有那样的名字的贵妇人，曾在庞贝和埃尔科拉诺之间的一座大别墅里居住过，不可能不是她……当然，这些都是推测，为了叙述准确我作此申明，但是就如你们将看到的，与这个人物和与我们准备讲述的分分秒秒里将发生的事情相关的因素（甚至考古发现）有许多，它们有助于揭示事件的真相。

在一个事实与另一个事实之间发生的事情，有很多是推测的，比如这个发生在火山喷发前不久的相会。

老普林尼把蕊柯媞娜安顿在极有可能是位于小城中心、军事港口区域的他的宅邸。这是一个以某种方式做出弥补的机会，因为蕊柯媞娜正为要在她的位于埃尔科拉诺和庞贝之间的、垂立在大海上方的美轮美奂的别墅里举行的宴会做准备，他将缺席。可惜，钻研和工作使他无法离开米塞诺。

的确，当他们躺在轻巧的餐榻上吃着便饭、品尝着当地酿制的上好的法莱诺①时，蕊柯媞娜注意到在舰队司令的书房有很多由很长的册页卷起来而成的"书"（volumina）散放各处，夹杂在地图、皇帝们的胸像、外来动物的头颅和皮……之间。

老普林尼是个对知识如饥似渴的人，求知欲总是很强。在现代，他肯定会成为一个研究员，或者，鉴于他可以合理应对自然、科学、历史和综合知识的任何论题的多面能力，会成为一名最优秀

---

① 法莱诺（Falerno），葡萄酒的一个品牌，现今仍然存在。

的科普作家。

打断我们思绪的是舰队司令的外甥小普林尼的出现,刚满十七岁的他礼貌地问候了蕊柯媞娜。同他一起的是他母亲(老普林尼的妹妹,她的名字当然是……普林尼娅)。男孩被舅舅收养,他寻找一切机会激励他学习和培养对知识的热爱。

"你准备去巴亚公共浴室吧?"他用他那洪亮的声音问男孩。

"是的,我洗个澡就回来。而且也是一次愉快的散步……"男孩回答。

"你可以让人用轿子送你……"舰队司令叹着气。

这是两人之间惯有的争执。从隔了多少个世纪流传给我们信件里得知,舅舅为了外甥的步行习惯经常指责他说:"你可以不浪费这些时间的。"他认为所有不用在阅读或充实学问的时间都是浪费的。老普林尼工作如此勤勉,以至出行总是坐着轿子,因为在那里面他可以继续钻研。在车来车往使步行更费时的罗马尤为如此。

蕊柯媞娜微笑着,她很清楚老普林尼是个与众不同的男人……

确实发现了他很多的不寻常的特点。他曾是个工作狂,一个工作成瘾的人,他全天把自己关在书房里,让人给他高声读书,然后再为这些书作注解或评论,做这些都是在他刚刚醒来晒着太阳时,或者是在公共浴室洗过澡、抹了油做按摩时,或在吃晚饭之际。每秒钟都是宝贵的,一如每本书。他喜欢说:"没有一本书不会在某方面派上用场……"

他有个好福气:他睡得很少,能够彻夜不眠地学习。然后在凌晨,正如那个外甥对我们描述的,赶到皇帝维斯帕西亚努斯(他也是个夜猫子)那里,两人一起工作。一回到家后,在重新开始他的活动过程中,有时小憩片刻(像拿破仑那样)。他可随时随地入睡的能力是众所周知的。于他,这也许是致命的,正如我们将在火山喷发时发现的……

蕊柯媞娜告别了一家人，她该走了。几分钟后，当她迅速离开防波堤，站在舰队司令安排的送她返回自己别墅的快速的里布那上时，她看见老普林尼的笑容变得越来越远。她从远处望着老普林尼坐上肩舆，命令轿夫动身，示意步行跟随他的秘书给他念文章。那一小队人出发了，伴着奴隶的朗读声和……他不时地磕绊。

那波利的明信片……没有维苏威火山！
里布那是一种有两排桨的十分快速的船。在过去，它曾是亚得里亚海东方海岸的海盗所用的一种帆船，用于完成入侵和快速袭击。肃清了海盗后，罗马人采用了这种船，对它稍加改造使之成为军用船只。它易操作，速度快，抵达蕊柯媞娜的别墅所费的时间要比传统的帆船少得多，因为它既借助于桨的力量又借助于风力。正如有关喷发时火山灰和火山砾的降落方向的研究将显示的那样，几天来都在刮着强劲的东南风，对回家的这个航向那是最好了。

蕊柯媞娜感觉到水在船身下迅速流淌，坎帕尼亚的海岸则在她眼前闪过。米塞诺远了。波佐利湾也已经消失在她身后，连带着那些别墅、楼宇、宴会的喧闹，它们在整个帝国是大家熟知的"上等人"的最无度和堕落的"夜生活"场所之一。

在这一段海岸，出名的地方有很多。里布那沿着它的航向前进，越过了尼西达小岛，准备进入那波利湾的中心。蕊柯媞娜的眼睛不经意地看着左面那块靠近海洋的漂亮高地，它被一座座贵族的别墅覆盖着，其中最为突出的是普比奥·维迪奥·坡聊讷的那座，后来被奥古斯都继承了。在现代，正是这里将耸立一个那波利最好的住宅区坡斯里坡。① 即使你们从没到过这里，这里的风景你们却不会陌生，因为经典的"那波利的明信片"拍下的照片就是那里。图片上可以看见辽阔的海湾、维苏威火山和不可缺少的海地松……它从古代起就是个令人神往的地方，既然坡聊讷已经创造了Pausilypon这个名词（坡斯里坡就是由此衍生而来）——"平息焦虑"或者"缓解痛苦"——来给耸立着他的别墅的那个区域下定义。

但是，蕊柯媞娜注视着的那片海岸，较之今天，某些东西存在着很大的不同。我们试着靠近她的脸，直至看到映照在她眼睛里的海湾风景。我们注意到了怪异的一点：海岸上的松树在，当然，海湾也在……然而根本缺失的是……维苏威火山！我们猛然转身，打量着从那波利延伸至索伦托半岛的海岸……看不见维苏威的踪影！但怎么可能呢？

为何没有维苏威：两千年前那波利的"真实的"明信片

如果仔细研究当时的地理，这就是第一个意外：那个时代的庞贝，维苏威的确不像今天这样引人注目。为了搞懂一个处于公元79年的罗马人看到的是什么，你们应该想象拿一张"那波利的明信片"，抹掉维苏威的山锥。那时候的坎帕尼亚海岸就是这样。

第二个意外（它是第一个意外的结果）是，今天你们看见的如此高大和危险的火山，它并不是庞贝的杀手。而且它那时候还不存在！与游览指南、电影、纪录片、小说……告诉你们的那些恰恰相反。那么，是谁毁灭了庞贝、泰尔齐尼奥、埃尔科拉诺、波斯科雷亚莱、欧普龙提斯，② 以及斯塔比亚？

是另外一座位于同一个方位但要古老得多的火山：索玛。你们

---

① "坡斯里坡"音译自Posillipo，但其古名拼作Pausilypon，见下文。
② 欧普龙提斯（Oplontis），庞贝近郊的一个古地名，位于现今的托雷-安农齐亚塔（Torre Annunziata）。

见过它多次却没有觉察到。其实，在传统的"那波利的明信片"上，维苏威的左侧有一个齿状突起。假如你们可以飞起来，你们会发现，那个齿状突起事实上属于一个围绕着现有的维苏威和"拥抱着"它一大半的阔大圆顶的一部分。对啦，那个阔大的半圆就是维苏威之前的那座老火山的火山口残存部分。它的管道曾堵塞了几个世纪。正是它突然畅通了，害死了庞贝及其山坡四周千千万万的人。

我们今天看见的维苏威是什么时候出现的呢？它恰好就矗立在索玛老火山口中央，正是公元 79 年的喷发使它开始增高。从这个意义上来说，维苏威是庞贝的浩劫之子。但是，它经过了一个又一个世纪的时间才达到了现今的规模。在一些中世纪塑造的圣雅纳略①和他身后的维苏威的壁画上，可以看到它比索玛还小。

> 一个趣闻：罗马人不像我们今天这样把古老的火山叫作索玛，它已经是"维苏威乌斯"或者"维斯比乌斯"，后来他们把这个古老的名字移用给了新的山锥。在阅读古代文献的时候，需搞清这个细节以避免混淆。所以，如果我们想要正确无误，那我们要说说庞贝时代的维苏威乌斯和后来的维苏威。

我们因此明白了为何现今的维苏威在庞贝时代尚不存在。那么，如果当时有另一座火山索玛（或维苏威乌斯），罗马人怎会没有发觉到它的危险性呢？其实，一座火山的外形是如此的明显，能使住在山坡上的人惶惶不可终日。

又一个意外和另一个需驳倒的空想……

在一些有名的电影和小说里，确实总是能看见一个雄伟的山锥（甚至比现今的维苏威更高大）耸立在庞贝的上方。事实上，它只

---

① 那波利主教，有文献记载他在 305 年死于戴克里先的迫害中。

在史前时代、最后一个冰期期间，当人类还在岩洞里涂画时才有过那个规模：持续不断的火山熔岩造就了一座巨大的火山。后来，频繁的火山喷发摧毁了这座大山并使之坍塌，仅在地面上留下了火山口的底部。

那么罗马人看见的是什么呢？

一座又矮又长的山，中间平坦，四周有几处高地。

一个由树林、葡萄园和耕地形成的"盖子"更好地遮蔽了它的真面目。一眼看去，它与附近的那些山是一样的，"伪装"得无懈可击，就好似一支卧倒的、盖着树叶枝梢的突击队。据我们今天所知道的，当时缺乏植物的地方是最高的顶端（现在的索玛，有陡峭且多岩石的布满裂纹的内坡）和一片多石的、没有生命的中心地带，显然就是后来爆发的"塞子"。后者应该不太宽阔，因为，一般在休眠的火山的表层，植物重新迅速生长。

这就是罗马人为何没有觉察到自己生活在一座大火山的山坡上。他们在一个隐藏着的巨大的杀手身上奔走，忙碌，种植葡萄园，散步，亲吻和做爱……

说真的，罗马时代的一些学者对当地的自然实情曾是清楚的。斯特拉波，有名的希腊地理学家，逝于喷发前五十年，他曾意识到那块高地的真实身份，因为他发现，尽管山坡上耕地肥沃，顶端却是平的，干燥的，带有灰烬的颜色（可能是对比了索玛的峭壁），还经常有洞孔和粘连着看上去甚至像烧灼过的岩石的裂缝……他用难以置信的清醒做出定论说，这个地方过去应该是一座火山，后来休眠了。历史学家狄奥多罗斯·西库罗也曾加入同样的结论。在火山喷发毁灭庞贝前一个世纪，他曾写过那座山正如埃特纳火山那样，从前喷过火并且仍然有着那次古代活动的明显痕迹。

如同史上的很多灾难一样，总有人会对它们有所预知。他们都有正确的但未曾被听取的预感，当然也无法拯救无数条生命……此外，就连博物学家老普林尼，其身所处时代的大学者之一，还居住在火山的山坡上，他也未曾意识到他在冒险。

但在罗马人的壁画上可以见到维苏威乌斯……

最令人不敢相信的事实是，庞贝人和埃尔科拉诺人甚至在他们的一些壁画上画了那个"杀手"，却没觉察到它是……一座火山！于我们，那是些珍贵的资料，因为我们可以感知它在喷发前的形状。

我们已经说过，史前完全坍塌了的火山只隐约可见一个阔大和开裂的底基。类似于一个周边不整齐的烟灰缸，一侧边沿较之其他部分更低。有点像今天的科罗赛奥。①

所以，它的外貌根据观察角度的不同而不同。

住在埃尔科拉诺的人处于火山低矮的一边，能够清楚地看到索玛山的"山嘴"：它应该具有一种非常熟悉的外形，尤其是清晨时分当它在天空中显出轮廓之际。

它在埃尔科拉诺人的眼中，如一张照片般在一幅发现于1879年的杰出的壁画上流传了千秋，它在庞贝人鲁斯提奥·维若的住宅里装饰家庭小礼拜堂（供家神的地方）。可以看见披挂着一串串葡萄的巴库斯②和他身后一座有点仿效风格的、③为葡萄园所覆盖着的陡峭的山。几乎所有关于庞贝的旅游指南和图书都将其指称为维苏威。事实上，就如我们说过的，它是现今的索玛山，也就是从旁侧看到的史前的火山口边沿，就像看一道波浪的轮廓时那样。凭感觉便能清楚地知道，从埃尔科拉诺来看，它显得那么尖峭又那么盛

---

① 音译自 Colloseo，即所谓的"斗兽场"。这座给冠名为科罗赛奥的建筑在古代原是一个庞大的综合露天剧场，里面可进行各种表演：角斗士之间的竞技，人与兽的生死较量，兽和兽的弱肉强食之战……古罗马人还曾借助一种特殊装置把水引进场地中心，进行小规模的水战表演或水中的马赛、马车赛等。

② 巴库斯（Bacchus 或 Bacco），古罗马神话中的酒神和葡萄收获神。

③ 指画上的山看似是照着维苏威火山摹绘的。

产葡萄，意味着它被看成一片肥沃丰饶的耕地，而绝非一个潜在的凶手。想想便觉得心惊：画家们在浑然不知中画出了这个巨大猛兽的血盆大口的一部分，它在那不久后吞噬了整座城市……

而住在庞贝或斯塔比亚即东南方向的人则位于火山平坦和敞开的一侧，科罗赛奥低矮的那边。所以没有自然屏障，没有任何突起的火山口边沿可阻拦灼人的火山灰和气体，正是它们杀死了成千上万的人。

谁从东面也就是从现今的下诺切拉城看火山，都能看见一座矮山（由于侵蚀作用和史前的坍塌），一块立在地平线上的不起眼的高地。

假如维苏威乌斯原封不动地保留了它的火山口，至少是它那圆的外形，也许罗马人会明白那是一座火山。然而，它的百年沉寂终究是要让大家受骗的。有意思的是，"烟灰缸"的边沿曾让历史上一个赫赫有名的人物得以藏身。是的，公元前73年，生于色雷斯的领导了著名的奴隶起义的角斗士斯巴达克，带着他的部下正是逃避到索玛山上的火山口之巅。那些地方是如此的荒芜、陡峭和不易抵达，要追击他是不可能的。罗马裁判官阿皮奥·克劳狄·普尔克罗封住了一个在葡萄园和树林那边的唯一路口，以为把他围困住了。但是斯巴达克利用葡萄藤做成的绳索从那陡立、陡峭的另一面下去了，然后在自己的营地突袭了他的敌人并将其击溃。

喷发的真正"原爆点"

有个事实是，所有成功的电影、小说，电视连续剧和纪录片，它们都错误地传述火山爆发的方位。我们知道，一切都从维苏威乌斯的"塞子"爆炸时开始，所以剧作家、作家和导演们总是表现火山的峰顶在爆炸。那些情节具有强烈的震撼力……不过，因为一个简单的原因，那一切都是不可能的，如我们所见到的，火山没有"顶"，它只有一个不起眼的、有点像一支融化了的冰激凌那样的形状。

因此,"原爆点"不在高高在上的顶尖而是在低处,在平坦古老的破火山口中央,被老火山口的顶围绕着。

我们不知道是否有人住在原爆点附近的"塞子"上。根据一种流传非常广泛的说法,它应该是一片像月亮上那样干燥、荒凉的空地。但它有多大?有些古代文献说到这些但没有明确描述它的大小。它占据整个火山口还仅仅是它的中心?

也许有一个答案就在大家的眼前,世代相传却只有少数人察觉到。在已经提及的那幅画着巴库斯的有名的壁画上,可以看到火山顶的右下方有个凸角和一片黑色椭圆形空地。

有些学者,比如维尔基留·卡塔拉诺,他们认定在那座已经坍塌的史前火山的宽阔的破火山口中央,有另一个小的且一部分也已经腐蚀了的火山口,它产生于最近的一次喷发,大约发生在庞贝毁灭前的一千二百年。

这个概念也许能帮助我们搞懂火山内部结构。有可能斯特拉波提及的那片月球似的干燥地只限于这个中间的小火山口。那么,周围呢?鉴于维苏威乌斯呈现的肥沃和多少个世纪的沉睡,可能存在着一个为雨水所滋养的树林带,它顺着由古老的破火山口残留部分构成的水文盆地的内壁往下延伸。

我们知道,维苏威乌斯山坡上的树林里有大量的狍和野猪,在庞贝发现的鹿角让人想象,在某些区域应该存在着野生的植物群和动物群。

如果真是这样的话,这个地方应该是迷人的:一座风吹不进的、被树林覆盖着的天然圆形露天剧场,低矮的一侧面向第勒尼安海和令人惊叹的日落美景……我们知道,在朝大海延伸的斜坡上,有一座座别墅和农庄。老普林尼也提到过它们。那么维苏威乌斯内部呢?我们也能推想会有几片耕地连带着一些小农庄和挖掘而成的路基?有可能,但不一定就是这样。

到目前为止，我们通过想象可以跑得很远，可我们既没有证据，也不具备有关这个区域那时候有人住过的描述。仅仅是些推测。肯定的是，在火山喷发时，假如那里住着人或者有人经过，瞬间即被冲走……

一个史前时代的连环杀手

古老的维苏威乌斯从前已经害死过人了。它至少有过三次犹如世界末日般的史前时代的喷发，与公元79年的那次是相似的。

其中之一，我们有令人毛骨悚然的证据：在诺拉的科若切德尔帕帕①发现了青铜时代的一座村庄的残余。大约四千年前维苏威乌斯极其猛烈地爆发了（一场被冠名为"阿韦利诺的浮石"的有名的灾害），降落的火山砾和灰烬覆盖了一片非常广阔的地域。特别是村庄还被从火山上泻下的泥流掩埋，为一个个棚屋做成了天然的"模型"。

尽管过去了四十个世纪，多亏考古学家们的发掘，一些非常容易毁坏的物品，从花瓶到日常用具都已重见天日，还有了研究用麦秸和灯芯草做成的外墙的可能。它就好比一个青铜时代的庞贝，很多用品依旧留在棚屋内它们的原位上，或者挂在墙壁上。还发现了饲养羊和猪的围栏，甚至还有马。

没有发现尸体这一事实让人认为，这些村庄的住户成功逃离了。然而很多人未能死里逃生。四千年前，喷发造成了很多人遇难。有两个骨架是在圣保罗贝尔西托找到的。骨架属于一个四五十岁、高约1.70米、十分强壮结实的男人和一个约21岁、身高1.50米、分娩过多次的女人。他们奔逃在一阵密集的浮石雨之下。尽管他们已经离开火山十六公里，他们终究未能脱险。考古学家们发现

---

① 科若切德尔帕帕（Croce del Papa，意为"教皇的十字架"），属于那波利省诺拉市的一个辖区。

了用双手护着脸的他们。

他们在死时的自卫姿势与庞贝的许多遇难者的姿势惊人的相似。可能他们也是被由气体和灰末构成的令人窒息的火山云突然袭击了，或者，杀死他们的是浮石和岩石碎片，它们从数十公里的高度，以每小时 125—170 公里的速度坠落！他们的遗体后来被一米厚的浮石和火山砾封闭成一种"地质坟墓"。

连续的死亡和摧毁从古老的维苏威乌斯开始，然后又由新火山继续，如我们已经说过的，真正的维苏威恰恰诞生在庞贝的喷发那一天。那一天，维苏威发出了它的第一次毁灭性的"婴儿的啼哭"。

它在一个又一个世纪中成长着，逐渐变得显著直至达到今天的形状。它是以断断续续的方式进行的，伴着休止、坍塌，还有小的然而是持续的、没有爆发性的喷发，让熔岩可以滴落和堆积，形成了现今的山锥。它至少有过四个迅猛的成长期：公元 1—3 世纪之间它升高了；沉静了一段时间后，它在 5—8 世纪以一次被称为波莱纳的新的大喷发重又开始了剧烈的活动（472 年），喷发的火山灰甚至飘落到君士坦丁堡，在重又埋没维苏威地区的同时将庞贝四周新生的一切都掩埋了；它重新恢复活力是在 10—12 世纪之间；最后一个活动频繁的时期是从 1631 年那次有名的喷发开始，止于 1944 年当它进入"缄默"直至今日。

但是现在，在做出这些解释后，我们得重新开始我们的讲述了。

幻梦般的别墅
公元 79 年 10 月 22 日 13:00
距喷发差 48 个小时

O FELICEM ME
我是多么幸运啊!

船继续前进,天气晴好。为了利用顺风,里布那的两张帆都张开了。船上没人知道,恰恰就是这风在喷发时将成为害死大批庞贝人的火山的无情帮凶,把可怕的浮石和火山砾雨带到城市上空。

尽管行驶在同一片海洋同一种条件下,有意思的是,这种漂亮的船与我们的帆船完全不一样。今天的帆船、四桅大帆船和机动帆船大致有个船头的梢尖浮出水面(有时只一点点),而罗马的帆船却不会这样。露在水面上的船头具有一个特别的外形:像一种破浪的"鼻子",上方两侧画着眼睛。真的很像一个动物的脸。浮在水面的前额上总有很高很大的一簇着色的木头"卷毛"(埃尔维斯·普雷斯利①式的)。

连船尾也不同寻常:它翘得很高,像条弯在甲板上的蝎子的"尾巴"一样矗立在空中。真正是个古怪的构造。甚至有时它被雕刻成"天鹅的脖子",带有禽的外表和颜色,脖子弯曲成"S"状。

---

① 指已故的美国摇滚乐之王埃尔维斯·普雷斯利(Elvis Presley)。

另有一些船，蝎子尾巴如一把草那样呈条裂状，或者有一个大球。

一眼看去好似只是一种有点趣味的装饰。可你们会浪费那些木头、那些劳作吗？当然，它也能给用来遮阳挡雨的像帐篷一样撑起的布幅提供支撑。然而事实上，它好像是一种"风尾"，一种固定的舵，有助于船在风中摆正。

要搞懂它的用途，可以把它比作在老钟楼或古楼顶上的那些旋转的风向标（它们常有徽章、旗子或公鸡的造型）。旋着转着，它们在风中摆正，因而也就指出了它的方向。带着一个相似的目的，船的风尾帮助船在顺风中保持正向。

罗马的船只安装的是方形帆，所以在有风的时候，行驶十分迅速。也因此，罗马人与印度建立了重要的贸易关系。由于季风，他们可以来回都有顺风，风向根据季节会完全相反。

虽是舵手操纵船的方向（在大海的状况许可的情况下），但是那条风尾"被动的"帮助作用是非常宝贵的。

如果风来自其他方向，只要不越过一定限度，海员们可以调整帆的角度。当风迎面吹来或者横向吹来时，船就无法快速前进，桨便是必不可少的了，否则就必须停靠在港口等待"正确的"风。

那种大家熟知的能够将横向风转变成对船的推进力的三角帆，直到中世纪才开始普及。如今，它为乘帆船游海的人，或者冲浪和参加精彩赛船会的人所喜爱。一个罗马海员会为那些可以在任何风向中前进的、操作灵活的现代船感到惊愕万分的。

这个针对罗马船的深入研究在讲述庞贝的灾难时是必要的。因为如已经提及的，由于方形帆的构造的局限性，如果不是顺风，罗马人的船便无法移动。这就造成了在喷发时许多人的死亡，他们被困在了庞贝和斯塔比亚的港口。我们想象那些逃难者心急如焚地奔向港口：他们看到眼前那几艘准备营救他们可又停滞在防波堤的船，海员们无能为力，因为他们无法逆风而上，或者横向风的角度太大。风向不顺，还要考虑到大海的狂暴。

关于罗马时代的船只的最后一个有趣现象是没有船室，因此也就没有客船。穿越地中海的大型船舶只有货船或战船。乘船的人得在甲板上找一块适宜的地方，睡觉也是，乘船过程中食用自己随身携带的食品。在这些船之外当然还有那些用于捕鱼的船，以及私用船，那是富人们用于短途出行或——如我们后面将会看到的——用来在深海处举行宴会的十分美观的船。

尽管是在一艘军用船上，蕊柯媞娜得到的仍然是最好的待遇，在由一幅带有鲜红刺绣的漂亮的布帘营造出的阴凉中，也有一个布置了垫子、小桌和折叠椅的舒适的栖身地。

船上还有一小队信号塔专职军人，他们将和蕊柯媞娜一起下船。对后面将要发生的一切，这是个重要的细节。

此刻，里布那离海岸很近了，意味着接近目的地了。留心看看我们眼前的这一切，我们意外地发现景致比现今的更加葳蕤苍翠。越过海岸线，一层浓密的植被延绵伸展，真是一条覆盖万物的绿毯。它均匀地向上攀缘直至维苏威乌斯，从这里看去似一条石头山脊，位于朝向那波利的山坡上。这里那里可见一座座单独的农庄，零零星星的白点，仿佛落在绿色游戏台上的尘粒。根本没有当下所见的大片大片的房屋和聚居中心，不间断地从那波利扩展到索伦托半岛……

假若我们今天可以看到帝国时代的风景，那我们将会发现有多少拥挤的人群、惊人的违章建筑，水泥和低级品味打乱和破坏了那曾经的地中海的这颗珍珠、这个天堂。要知道，当今住在维苏威地区的居民远远超过了五十万。在庞贝时代，最多有几万人口，也许连一个足球馆都挤不满……

如果内地没有城市且小镇也寥寥无几，那海岸则另当别论了。可以说在某些地段，那些风景更好、更具有盛名的地段，罗马人创造了一种名副其实的"过度建设"。它与现代的那种过度建设截然不同，相反，它异常高雅。但见一座座别墅凸显在那些最佳地段，寻求的是海湾上最美的景色（如果能够，还包括幻境般的日落）。在这方面，罗马人是非常"现代的"：他们采用的是今天出现在热带地区的度假区的方法（或者我们应该反过来说？……）。幢幢别墅凸露出来，耸立在一片绿色中或近在海边。它们给人印象深刻的是白的墙，红的顶，是那些阔大的露台，特别是那些多层的柱廊。我们在讲的是从一万到两万平方米的雄伟别墅。不过远远看去，它们尽管规模庞大，却给人以异常轻便的感觉。在有些情况下，别墅以数量可观的一排柱子作"水平的"连接（埃尔科拉诺的美轮美奂的纸莎草纸书籍别墅[①]便是一例）。在另一些情况下，这些柱廊是多层的，让人感觉像面对一道道瀑布——用最昂贵的大理石做成的竖立的石瀑布，它们来自意大利、北非和爱琴等地最好的采石场。

这些别墅的主体巧妙地隐藏在这种敞开的建筑后面。的确，越过这些柱廊便是隐蔽的花园、水池、内院、色彩斑斓的厅室、大理石地板、台阶、可供欣赏美景的楼层……还有雕像、马赛克、壁画、珍禽异兽……帝国的这个地区最富有的罗马人在这些屋顶下做交易，设宴，散步，聊天，欢笑，相爱。我们永远都无法了解，维苏威海岸在那个时代给航海的人展示了多少美好的事物。我们只能展开联想……

罗马人用光联络

差不多就要抵达了。我们碰上了渔夫们的几艘小船。他们当中有一个站在船上，瘦削且晒得很黑。他正从水里收起一根长长的、带有几十个鱼钩的钓鱼线（类似于现今使用的箭鱼网[②]）。钓鱼线

---

① 纸莎草纸书籍别墅（Villa dei Papiri）目前只挖掘出了一部分（后文将有更多描述），因考古学家们在其内部发现了1800余卷纸莎草纸书籍而得名。

② 这种专用于深海捕捉箭鱼的网，因会造成其他海洋生物的死亡已被联合国大会和欧盟禁用。

每隔一定距离便装有浮子，像一条在等待猎食的长蛇伸展在水面下。起码，从闪耀在水面上的银光来判断，他收获了很多鱼。

考古学家们将在埃尔科拉诺的沙滩边，在那些曾用作泊船的穹窿中的一个里面发现这根完好无损的钓鱼线，它和它的钩子以及它的再次钓鱼的希望缠绕在一起。

这个名叫菲利克斯的渔夫停住了，他带着一抹灿烂的笑容抬起眼来，使劲儿向里布那挥手。他认出了一些海员。没啥好奇怪的，其实大家一起组成一个小集体，多年来彼此几乎天天在渔船上、联络军用船上，或者在埃尔科拉诺的酒馆里相遇。得到里布那那边的回应后，渔夫①重又开始收鱼。在我们的游览过程中和喷发时的埃尔科拉诺海滩上的悲剧时刻，我们将再次遇见他，与（发掘）他的钓鱼线（的地点）相距不远。

其他渔船与这一场面擦肩而过。它们的帆滑行在水上，如舞台帷幕一般拉开了埃尔科拉诺的景观。埃尔科拉诺位于海湾的中心，从海上望去似是一座美丽的小城：它的街道都平行朝下伸向大海，像给一把巨大的梳子梳理过似的，那般井然有序。这种完美的罗马几何将有一个可怕的后果：在火山喷发时，它将把火山碎屑流致命地引向大海，一路播撒死亡直至沙滩。正是那里，此刻，熙熙攘攘的人群挤在刚刚带着海洋战利品回来的渔夫们的船的四周……

一道闪光耀花了划桨人的眼。那光来自耸立在海边的郊区公共浴室，正是热水浴室半圆形彩色玻璃窗上的阳光反射。在航行中，蕊柯媞娜和海员们的脸一次次地被别墅的玻璃反射光照亮。对，是别墅的，因为玻璃是昂贵的，只有富人或者公共建筑（如公用浴室）才使用大量的玻璃。每道反射光常常标志海岸的那处地方居住着一个可以拥有这种"发光的社会地位标志的人"……

但是，这段海岸还发射出另一种返照的阳光。它们遵照着准确

---

① 原文此处为 marinaio（海员）一词，有误。

的代码，是短暂且断断续续的。它们来自军用通信塔。这是个便捷却十分高效的方法。

当提比略为了远离罗马和它那有害及腐败的环境，搬到卡普里他的华美府邸罗维斯别墅以后，通过一系列塔的"接力式"接收和发送皇帝的代码信件，他继续和元老院保持"间接"联系。每次，一个专职人员誊写后再把信件发送到邻近的一个塔，如此类推。从卡普里传递消息到罗马，距离大约三百公里，只需几小时。一个骑马的信使要花费一天多的时间。

需要说明的是，罗马人知道很多用于远距离通信的方法：在罗马边界——帝国的地地道道的边界线——根据预先规定的密码，各个塔和前哨使用点燃的火炬或者烟雾信号。其他地方使用有尖角布旗的双杆，以便每次换用不同的。信鸽也是用来传递消息的。然而，最有效最迅速的联络方式，是使用由光滑的表面（玻璃的或金属的）反射阳光。其原理与如今人们使用小镜子求救是一样的。这个方法是如此的有效，有些军队使用了一个又一个世纪的回光仪（就是这么称呼用于反射光线的镜子装备的）直至20世纪的六七十年代。无须为此感到惊讶：在晴朗的日子里，一束光可以穿行五十公里。

罗马人还无法做出我们这样的镜子，可他们能够生产玻璃和铜镜，也十分有效，最适用于梳妆台……甚至床上：对于某些贵族，那是不能放弃的一种情趣用品。根据苏埃托尼乌斯所言，那些贵族之一便是诗人贺拉斯，他像其他许多爱好这个实践办法的人一样，叫人做了一间 speculatum cubiculum，也就是一间装满镜子的房间，为了他的那些性游戏……

使用镜子通信应该是米塞诺的军舰基地和各个港口或者沿海的前哨之间的常用联络方式：可以传送各种各样的情报，从总部的命令到重要船舶的航行消息或者可能出现的紧急情况。在蕊柯媞娜的里布那船上出现的一些士兵正是因为这个原因。

你们就要读到的那些将在时空里劈开一道裂口，把你们带往公元79年的那些时刻。就如侦探那样，我们将把线索、资料、发现，逐一连接起来，首先要搞清楚谁是蕊柯媞娜。遥隔两千年的距离——没有照片、地图、文献，只有小普林尼写给塔西佗的简短信笺——于千万个曾在那些时光里生活的人当中塑造一个人的形象并非易事。所以，我们将要做的就是假设。一种需谨慎对待的假设。但是，你们将看见，资料都是以可信的方式相互渗透的。

哪个是蕊柯媞娜的真实身份？

有些学者，比如军事技术专家弗拉飞奥·如索和鲁恰娜·亚科贝里，[①] 多年来他们主要研究动力学以及关于老普林尼在喷发时的行动、举措和命运这些悬而未决的问题，已经有了一个很有意思的结论。蕊柯媞娜的别墅，假如在其内部没有一座她的私人信号塔，那有可能它就在邻近。我们怎么知道的呢？

为了揭开这一点，如我们已经提及的，我们应该向前大跨一步，进入灾难时刻。

在小普林尼写给塔西佗的信中有一节令人深受启发。他叙述当他的舅舅从米塞诺看到巨大的喷发柱升向空中并变成一棵海地松（松树的样子的确是小普林尼所认为的）的形状时，作为一个求知欲强烈的研究科学的人，他想更近地探究那个现象。他下令为其准备一艘里布那。可就在出发的那一刻……"他正要离开家时收到了卡斯柯的妻子蕊柯媞娜的一封短函，她被当时在威胁着她的危险吓坏了（既然她的别墅就在山脚下，除了船，她没有另一条逃生

[①] 鲁恰娜·亚科贝里（Luciana Jacobelli），意大利教授、考古专家，仅对庞贝的发现她就发表了7部著作。

之路):她乞求被救出那个异常恐怖的形势。于是他改变计划,抛开对科学的兴趣,跟着他英勇的良知走。他让人把几艘四列桨船驶出海并且亲自上船,去拯救的不仅仅是蕊柯媞娜还有更多其他的人,因为在那片海滨地带,由于它的美景,那儿曾是人口密集的住地。"

我们重新经历一下那个场面。普林尼正要上船时,一名士兵气喘吁吁地跑过来,交给他一封信。信件是怎样抵达他这儿的呢?利用哪种工具?海路?绝不可能,风是逆向的。陆路?信使的到达需要太长时间。而况一个信使可以骑马从蕊柯媞娜的别墅出发来到米塞诺,不明白那女人为了逃生为何不会同样这么做,既然她想逃离……

罗马人还使用信鸽送信,我们已经说过了,但是在喷发期间,这些飞禽不可信,它们如所有的动物一样都要逃命。剩下的就是信号旗和回光仪,即光线信号。考虑到喷发的时间和人们发觉到处境的危险及逃跑的难度所用的时间,光线好像是更接近事实的一个办法:运行快捷,接收迅速又安全。当然,这要推想信号塔能够截取阳光,维苏威乌斯的火山云的阴影尚未使回光仪失效。事实上,喷发之初的云雾开始冲向高空,然后再往庞贝方向掉落,使埃尔科拉诺和它附近的那些别墅免于火山砾的掉落,除了一点灰烬。我们无法知道云雾是否遮蔽了太阳……

无论如何仍能求助于可替换回光仪的代用办法,如使用联络旗子,也许还有火和镜子(在灯塔传达信息的情况下),以使军事构造即使在坏天气里也总是有效。所以我们可以确切地说,紧急求助信号是通过视觉信号传达的。

因此,你们应该设想蕊柯媞娜跑向她的别墅里面(或她家附近)的信号塔士兵那里,要求他们迅速给最高指挥老普林尼发送一封求救信。形势的确令人恐惧万分:地震持续不断;墙壁开裂;一块块壁画或天花板掉落在地上;地板上下起伏;搁板翻落,水罐和雕像摔得粉碎。塔楼本身也史无前例地持续晃动和震颤。

谁都不具有我们的科学常识，大家都只能搞懂数公里外有座山崩裂了，正从地狱里喷吐热量。那是谁也没有做好思想准备的一场灾难，一阵神的怒火。人们慌乱无措再自然不过了。然而有一个资料是确定的：士兵们没有逃跑。他们坚守在自己的岗位上。他们发送出了代码信。这意味着一种强有力的纪律感和自律，尤其是处于危险境地中……至今从未有人强调指出的事，可它充分说明了罗马禁军和海员训练有素。这，其实就是军团强大高效的真正秘密，包括在战场上。

那边，在大家的眼里都充满恐惧的紧张时刻，这个进入政府和军用的通信系统，并且命令士兵发送消息的年轻的罗马贵妇具有怎样的权力？

答案也许有一个，是考古学家们提供的。19世纪末，在建设那波利—诺切拉—萨莱诺的铁路过程中，在距水边数米处的海岸上露出了一座耸立在礁石上的大别墅的正面，你们想想看，它的一部分在17世纪还是能够看见的。这座别墅耸立在彭特里维乔区域的巴萨诺大街，离现今的托雷德尔格雷科塔不远。就在这座别墅旁边出土了一个罗马时代的塔楼的底基，可惜后来被拆除了。

一个错综复杂的事实就是地名——巴萨诺，它极可能得追溯到罗马时代。事实上，在意大利（以及罗马帝国势力控制的那些国家），城市和地方的名字以"-ano"（在拉丁语中是-anum）结束的，几乎总表示它们原属古代罗马人，好比说，他们与土地是相关的，地名正是来自土地拥有者的名字。它们等于是名字领域的一个真实的"古迹"。

帝国的地籍册也许是罗马文明最强且无声的管制，它精确地记载每块土地和每个业主的每一条边界，同时指明所涉是一座别墅、一块土地或是一个庄园（praedium），庄园以后缀-anum结束，因而含有的意思就是"……的别墅或土地"。

所以，比如巴萨诺（Bassano）在最初可能是巴萨诺庄园（Praedium Bassanum），意即一座属于一个名叫巴苏斯（Bassus）的罗马富豪的大庄园。随着时间的流逝，Bass-anum 演变成了 Bass-ano，当今的 Bassano。

其他很多地名也经历了这种演变。如 Cassano（Cassianum，来自 Cassius），Cesano Maderno（Caesianum，来自 Caesius，而 Maderno 来自 maternus，因为农庄可能是继承了母亲的），Corsano（Cortianum，来自 Cortius，把 t 念作 z，可能是元老院送了一小块地给一名退伍的军团士兵，这是一个送别老兵的习惯），然后还有 Conversano，Triggiano，等等。这就说明为何在意大利有许许多多的城市和地方都以-ano 结束。

我们继续我们的话题。

因此我们知道，有座别墅曾属某个巴苏斯。能拥有一座如此雄伟的别墅的应该是个重要且有名的人物，他的名字应该会出现在当时的资料里……的确能找到……

塞斯托·鲁齐聊·巴索①——在接替他的老普林尼到达之前曾是舰队司令和米塞诺的军舰首领，老普林尼的一名同僚，因此很可能他们彼此认识。近似真实的是，那别墅可能是巴索的。更加令人信服的事实是，在舰队司令的住宅里会有一座海军信号塔。尤其如果他曾经居住在那里（即使不长住，每次他想与家人和熟人在一起时会去住），与住在米塞诺的老普林尼相反。老普林尼到后，巴索被调往拉维纳指挥帝国的第二支舰队。他死于公元 73 年，也就是在喷发前六年，在中东的一次任务中，他被派往那里是为了使第一次犹太战争的复杂事变有个良好结局，在那场有名的再次征服马萨达的行动的准备期间。

---

① 塞斯托·鲁齐聊·巴索音译自 Sesto Lucilio Basso，拉丁文为 Sextus Lucilius Bassus，所以"巴索"即上文中的"巴苏斯"。

这一切与蕊柯媞娜何干？依很多学者之见，那个女人是塞斯托·鲁齐聊·巴索的妻子。这就解释了几个问题：身为寡妇的她和老普林尼之间的友谊，说到底，他曾是丈夫的同僚；为何就向他求救以及为何他会赶去救她；她在巴索的奢华别墅里就地发出紧急求助信号；由于身为前任最高统帅的遗孀和现任最高司令的朋友，她才能够轻而易举地接近像信号塔这种为军队和政府专用的建筑。她可以有权力、有影响或者有能力向军人发送紧急求助信号。

当然这仅仅是推想，不过重视这一点的还有很多其他学者，从爱娃·康塔雷拉到鲁恰娜·亚科贝里。可惜我们拥有的资料太少了，我们得停留在推测的边缘。

一个对这个理论不利的不容忽视的细节是，在小普林尼那封有名的信件里，他把蕊柯媞娜说成是卡斯柯（或塔斯柯，依照书信的其他抄件）的妻子。然而存在一个疑点，它可能是中世纪的抄写员在誊写时造成的一个平常的错误。原件已经遗失了，但我们有中世纪的多个抄件，错误在积聚和添加。在某些情况下，被替换的不仅仅是单个儿的字母（能把 Bassus 变成 Cascus 或者 Tascus）而是整个词语（novembre 变成 september），就这样歪曲了重要的信息。

另外一个推想是，蕊柯媞娜是巴索的亲属，总之，这也足够解释她怎会在别墅里。

或者，那漂亮的寡妇继承了亡夫的别墅和私产，几年后又改嫁给了某个卡斯柯（或塔斯柯）。的确是有过一个名叫涅奥·培迪奥·卡斯柯元老院议员，可我们没有关于他在维苏威地区的活动和私产的信息；然后还有个老普林尼在喷发期间遇见的塔肖·彭坡尼亚诺，可他住在斯塔比亚的一座别墅里……

最后，我们还可以揣度她是个认识老普林尼的罗马贵妇，她和她的丈夫卡斯柯（或塔斯柯、塔肖）居住在一座奢华的别墅里，靠近那座她跑去发送紧急求助信号的有信号塔的别墅。

带着这些没有解决的，总之是需要提及的问题，我们可以没完没了地继续下去。它们划定的道路现在不可逾越，除非取得新的和决定性的发现。

不过有一个事实是肯定的。蕊柯媞娜当时生活在海边的一座靠近信号塔的大别墅里。有一些线索可以假设她获救了（你们将在书尾找到答案）。我们将依照这个远景行动。

但是，现在让我们回到10月22日13点，和蕊柯媞娜一起在里布那船上……

一座令人叹绝的别墅

最后一段路程，里布那是在一些海豚的陪伴下行进的。它们跳出水面陪护着船身，差不多就像一支前来迎接蕊柯媞娜的骑兵大队。每一次跳跃，海豚那油亮的身子好像会暂停片刻，眼睛凝视着乘客，貌似在重新跃入蓝色大海之前的微笑。船上所有的人都将此视作一个好兆头。

这段海岸的贵族住宅莫可指数，好比是个延伸数千米的完整的别墅村。有时甚至搞不清这一座在哪里结束，那一座从哪里开始，或者哪儿是房地的边界线。

注意到水上交通是绕着这些豪华的住宅做"轨道运行"是有趣的。我们刚刚碰上一艘庞大的货船，即一艘用作运输的船，① 所有的帆都张开了，它在缓慢前进着：我们看见甲板上有巨大且极其沉重的大理石柱，不知送往哪座别墅。它们来自今天的土耳其的以弗所采石场。这是一次十分漫长的运输，是当季最后几次运输之一，因为地中海的繁忙运输阶段即将结束，只在春天才重新开始。

---

① 该处做此说明是因为前面"货船"一词的原文属古罗马人对货船的专称：奥奈拉里亚（oneraria）。

是的，在秋季和冬季里，所有船只都停航——惊涛骇浪的大海实在太危险了。罗马人在这方面有见识，而且在经济上划算。与其在肯定的沉没中冒险丢失货物和钱财，不如等待好时节（只要不紧急，如罗马要的小麦或者命令运送的急需用品）。

其他小一点的船正在交付海枣（一种刚从非洲海岸到达的秋季时鲜货），珍贵的丝绸和给生活在这里的贵族们日常饮用的一罐罐异常醇浓的上好葡萄酒。想想看，当地许多其他居民终其一生也不能喝上一杯那样的酒——在这些船中的一艘上坐着一名珠宝商，他手里捧着个首饰盒。显然，他是来向某个罗马富人的备感无聊的年轻妻子展示珍贵的项圈。

这些别墅中的任何一个贵妇人都不会到庞贝的商店里去购买项圈、绸缎或衣服。这么说吧，都是采买跑到她们家里来。珠宝商、裁缝和贵重衣料商贩进入别墅展示他们最上乘的商品。要搞清住在这些别墅里的人和其他人在社会上、经济上的不同，你们得想想——那些买别墅和游艇如同买一双鞋子的谢赫（sceicchi）① 们或当今的暴发户们。从各个方面来说，他们的生活水平与你们在庞贝小胡同里碰见的那些人有天壤之别。他们真的属于另一个世界。他们的日常生活建立在昂贵得令人无法想象的物品、食品、衣服方面。

一艘帆船尤其吸引我们的注意力。它小小的，几乎毫不起眼，正迅速离开一座别墅径直驶向庞贝的港口。

船的甲板差不多完全被一堆破瓦盖住了，其间混合着碎砖，包括那种有孔的，用在公共浴室的墙壁上便于热气流通的。一眼看

---

① 谢赫是阿拉伯国家给予某些男人的尊称，根据地区不同可指部落首领或伊斯兰教教长等等。该词的拼写并不统一，常见的有：sceicca，sheekh，shaykh 和 sheikh。

去，它等于是罗马人的一辆建筑公司的小卡车，装载了在重新整修了一套寓所后要扔掉的破砖碎瓦。

但是，这与扩建别墅的工作无关。一尊破损的并少了几块的，头和手臂给小心包裹在草席里的，显然是要送往一个雕刻匠的铺子里进行修复的大理石雕像，它在告诉我们另一个事实：某人正试图整治一次地震造成的严重损失。一次新近发生的地震。

看见那艘船令蕊柯媞娜感到不安。地震已经过于频繁了……

随着海岸的靠近，她的这个念头逐渐被一座座漂亮的建筑驱除了。

需要说明的是，每座别墅各不相同。如果你们想对此有个概念，只要欣赏一下庞贝的很多有壁画的墙壁上的那些板块画，便能见到那时候海岸上豪华宅邸的"照片"。有些别墅的前面有结实的柱廊和自家的花园，以及延伸至海边的绿茵茵的大草地。

你们可以坐在草地边上垂钓，晃荡的双脚与海浪近在咫尺。青铜雕像列满这些草地的边缘。它们不像人们想当然地认为的那样朝向大海，而是为了便于主人和宾客们的欣赏面向别墅。

我们从那些壁画上还能感觉到来来往往的"配备了"划桨奴隶的游海船只。它们就等于有时在要人们的别墅旁可见到的那些木结构汽艇。的确，每座别墅都有一个自己的码头，一道私人防波堤，这里停泊着装饰华丽、木头经过雕琢的漂亮船只，连同具有动物或神的造型的彩色的帆。它们是每个家庭的私人游艇，或者如果你们愿意，可以说它们是那时候的劳斯莱斯。

在防波堤的边沿，有时甚至可以见到在岩石上挖掘而成的或者砌造出来的池子。它们的用途只有一个：用海水养鱼和繁殖牡蛎。

抵达别墅

蕊柯媞娜的别墅一眼便能认出。它坐落在一片礁石之巅，筑有一个个漂亮的露台、一层一层逐渐朝着大海递降的同时，覆盖了整片岩石壁。为了使你们有个概念，其中一个露台就有四十余米宽。台阶将它们彼此连接，装点有着雕像和带有喷泉（这个认识来自考古学家们发现的一根铅管）的壁龛。别墅连带着那些装饰着壁画的房间和有青铜雕像的花园以及大理石水池，在礁石顶端扩展。从海上能很清楚地看到的那些，使任何一个从别墅前经过的人叹羡，它就像一座抹了一层雪白灰泥的方形城楼，连带着令人叫绝的整个海湾的景观。

今天它所剩无几，但我们可以想象那时候它曾有过一个带有圆形柱廊、面向地中海的用于夏季设宴的大厅，它为宾客们提供难忘的那波利海湾上的日落景色。稍后，蕊柯媞娜为宴会邀请的客人就将在那里躺卧。

在堤道上等候年轻女人的是她信任的一个男奴，艾乌提克（Eutychus）。这个名字在拉丁语中是"幸运"的意思。他修长，深沉，有着黝黑的肤色，绿色的眼睛。于蕊柯媞娜而言，他的外形让人放心和有安全感。

她那装饰了宝石的凉鞋刚一碰到防波堤，另外一个奴隶，一个男孩便迅速走下船，他来到她身边并用一把有金色小流苏的伞给她遮阳。它较之于我们的伞更窄更尖，有点像中国式的帽子。

这个场景告诉我们两个信息：首先，罗马女人不晒黑皮肤。与今日相反，晒黑是不适宜的，晒黑的肤色表明在露天工作，典型的卑微阶层的工作。一个贵族女人应该肤色洁白，标志着一种优越的生活。

其次，伞在古代就已存在，但它的作用有别于今天。它是布料的，使用它是为了遮阳而非挡雨。如过去几个世纪中的贵妇人所做的那样。再说，"伞"这个词来自拉丁语的 umbra，它正是"阴影"的意思。

一件趣事：在那波利国立考古博物馆里保存的一幅壁画上和在伊斯坦布尔考古博物馆的一块墓碑上，恰恰可以看到一个与我们的描述相似的场景。它强调了一个细节。在这两个例子中，遮挡阳光的那一边置于横位（也是合理的），伞柄非常倾斜，正因为它是由一个奴隶从贵妇人的背后或旁边撑着的。然而怎么可能呢？也许仅仅是一个平常的、透视画法上的错误，不过画家们总是十分注意这些细节的呀。这可能说明，在布料圆顶下面，在柄和伞的内里之间的交接处，有根单股轴松了并因此弯曲而使其始终横着，营造出一片完美的阴影，即使柄被与贵妇人隔开一定距离的奴隶伸得非常倾斜（那是必然的）。

在登上阶梯时，蕊柯媞娜每走一步都被那些她让人沿路栽植的地中海植物的醉人芬芳所包围。此刻，她有了回家的感觉。

到了顶层的露台上，她接过女奴送来的一杯很甜的葡萄汁。她把杯子紧紧捧在双手间转身面向大海，微风弄乱了她的头发。她闭上眼睛。疲倦似乎转瞬即逝。她微笑起来。不远处有个奴隶站在一架小梯子上，他正在用油擦亮一个十分俊美的、持矛拿盾的武士青铜大雕像，它于一个多世纪前从希腊搬到这里……

为何要用油擦亮它？一个古罗马人如果看见一尊位于广场中央的绿色的雕像，他会感到害怕的。我们是任铜雕像氧化和变成绿色，连同大理石底座上那些发绿的难看的铸件。在古代这一切从不会发生，雕像被清洁、擦亮并涂上一层保护油。那是每座别墅的奴隶们的职责。你们在那些绘有雕像的别墅的壁画上也能看见效果。它们是如此的锃亮，简直像是用黄金做成的。

蕊柯媞娜突然开始头晕。好像里布那重新在她的脚下摇摆起来。摇摆先变成震颤，再变成晃动。她转眼看向花园中央摆放了一只青铜母鸽的大理石池子，积存在池内的水形成许多细小的涟漪，似乎都向着中心涌去。然后它们又开始跳跃起来，仿佛在沸腾一样。一块不平稳的瓦掉了下来，落在马赛克上，碎成了无数片。蕊柯媞娜注意到被那些挂在环绕花园的檐棚的柱子之间的，两面都有雕刻并染了色的林神和仙女的大理石盘子奥西拉，它们平时在风中轻轻摆动，而现在却不知在什么力量的推动下强劲地摇晃着。

地震似乎永不停止。

接着，如同它的到来，它又消失了……蕊柯媞娜看着那个在擦拭雕像的奴隶，他停住了，眼睛瞪得溜圆。他盯着他的女主人。然后，他压制住恐惧，用惊魂未定的机械动作，重又开始擦拭雕像。

在为了检查损失而亲自巡视过别墅后，蕊柯媞娜此刻坐在餐室里，他们在为当天傍晚时分的宴会准备着。幸好损失轻微。厨房里掉落了几个水罐，一个双耳罐破了，在通往私人温泉浴室的过道里的壁画上有两条小裂缝。结果仍然乐观。可还能持续多久呢？

艾乌提克刚刚起草了一份一览表，关于蕊柯媞娜地里的农产品销售所得和维持别墅运转的费用，包括逃跑了两个奴隶的问题，他说话吞吞吐吐。面对女主人的质问，他承认有些事情他不明白。

最近几天在别墅旁边的菜园里出现大量的蚯蚓，它们好像拒绝活在地下，而情愿死在太阳底下。花园里到处都如此（现代研究会指出，其实，蚯蚓能够在强烈地震前的很多天里有这样的反常表现）。

花园里的有些植物在干瘪中怪异地死了。艾乌提克起初以为是一个奴隶的疏忽，对他进行了惩罚。然而后来他发现，用于灌溉花园的小池里的水干涸了。

"主人，在我们下面，在地底下有什么不对劲儿。有什么东西引发了这一切，甚至还使地面晃动。两个奴隶为此而逃跑了。我安排了敬奉特鲁斯（地神）的仪式。我还请来一名肠卜者，[①] 他围着

[①] 肠卜者是古代一种专门以观察祭品（即动物）的内脏为业的占卜者。

房子转了一圈,检查了是否有神留下的痕迹,如闪电或者其他。什么也没有。后来他献祭了一头羊,但是它的内脏显示近期有大好运。总之没啥可担心的。"

蕊柯媞娜盯住艾乌提克的目光。她第一次看见不确定的阴影,事实上,还有害怕。

宴会：谁存、谁亡？

蕊柯媞娜的别墅

公元 79 年 10 月 22 日 17：00

距喷发差 44 个小时

FACITIS VOBIS SUAVITER EGO CANTO
你们尽情玩，我唱歌……

一阵轻风把楼顶餐室柱子之间的篷布吹得上下起伏。从外面看，它像一个有顶的露台——圆形，带有一道漂亮的柱廊，能让赴宴的客人享受整片环绕那波利湾的风景，从索伦托半岛到卡波米塞诺。卡普里岛、尼西达岛、普罗奇达岛、伊斯基亚岛似乎都伸手可及。张开船帆的船好似一片片漂浮在海上的白色羽毛。由于日落在即，海的颜色是暗金色的。

太阳已经低垂在了地平线上，它发出一道长长的光，一条将凹凸不平的海展平的光道，笔直地通向别墅，照进餐厅，用一抹温热的光彩使所有人的脸显得柔和。

如若太阳可使大海的"皱纹"消失，那么温泉浴的畅快则解除了蕊柯媞娜一天的疲乏，使她的皮肤舒展而更富有光泽。抵御将至的刺人寒夜的，是最后几缕阳光的热量，加上放在大厅各处的多个火炭盆的暖气。

两名加的斯女舞蹈演员以挑逗的方式扭动着腰肢和肚皮，同时，她们的手指异常灵活地弹着汤匙状的响板。这是一种西班牙西南部的传统舞蹈，它在整个帝国的节日里、在宴会上取得了很大的成功。它将在罗马的灭亡中得以幸存，是地中海部分地区的吉卜赛舞的起源和另一地区肚皮舞的起源……

一个演奏团以十分舒缓的旋律伴奏的同时，把在这性感的有声舞蹈中引领客人们听觉的任务留给双管笛。

蕊柯媞娜躺在一张特里克里尼奥餐榻上，一如她的所有的来宾。她的目光为一束阳光所吸引，它透过并照亮了一个装满小小的无花果干的盘子。一位客人拿了几颗后走开了。一阵大笑，引起了蕊柯媞娜的注意。发出笑声的是客人之一，最年轻的一个。他是伽尤·库斯彪·潘萨，庞贝的营造司（类似于现今的有权有势的地方政府官员）。他有一双蝰蛇眼，额上还长着星星点点的粉刺透露了他的年龄。的确，他是庞贝每年一次的为这个职务举行选举的最年轻候选人之一。他如此笨拙地夸示着的自信，其实是另一个同席者预谋的政治活动的结果，那人千方百计地大力支持了他的选举，现在他把他当木偶一样操纵。

隔开一点距离，"木偶戏表演者"和他的妻子躺在一起，他说话慢吞吞的，使用有分寸的言辞和低沉的嗓音。这是权利的象征。他叫朱里奥·坡里比奥。事实上他很受尊敬。他是个新好男人（homo novus），一个暴发户，一个新富……他在当初曾是个普通的卖面包的，但现在他是庞贝最有权势的男人之一。他能够将政治、生意甚至卖淫搅和在一起。他那浑身穿戴着金银珠宝的妻子，无聊地咀嚼着一些由一名大厨（magirus）——蕊柯媞娜特意从罗马请来的最有名的厨师之一——以高超的厨艺烹制出来的美味佳肴……

朱里奥·坡里比奥正在和一个钱庄老板鲁齐奥·切齐里奥·乔孔多交谈着，他在认真倾听的同时，目光专注地盯着地面，反复转动着戴在指上的一枚贵重的足金戒指。他们多次做过生意合伙人,可以肯定,坡里比奥在对他提议一项新的"业务"。

再过去一点,是个相貌滑稽的小个子胖男人,正和另外三个客人争论着。他是彭坡尼亚诺。他也是位要人,是斯塔比亚的一座大别墅的主人。他不断打着手势,他那肥腴腴的脸看上去像一个滑稽演员。

在他对面是自由奴①弗拉维奥·克莱斯多,他也是斯塔比亚的。再过去是个有着一张农夫面孔的男人,他看起来非常朴素和严肃,但极其富有:他是鲁齐奥·科拉索·特尔佐,另一个发了财的自由奴。他的一个财富标志就是躺在他旁边的那位美丽的姑娘,一个让无数男人神魂颠倒的女人——诺薇拉·普里米杰尼亚。

她是一名喜剧演员,可能是当地最有名的。经常依附富有的罗马男人,依附馈赠最多的那些人。可见,她的美貌和她的床上经验使她得以进入城里的那些最排外的沙龙。②

靠近彭坡尼亚诺的还有另一个比那个发出刺耳笑声的年轻的营造司权势更大的政界人物。他是双头地方行政官之一——马克·奥克尼奥·普利斯科,他的当选也多亏那个戴着大戒指的钱庄老板的支持。

谈话的主题令人担忧。地震已经难以计数,强震或小震不间断,每座寓所都有一群工人在干活。蕊柯媞娜本人的别墅跟其他许多别墅一样,于十七年前一场大地震之后彻底重建了。但是,每年再次发生的地震迫使大家修补自家的裂缝,替换柱子,修复水管。

然后,一连串的新来的震颤使每次努力最终变得徒劳无益。于是,劳作和金钱又白费了。彭坡尼亚诺把他的情况和西西弗斯的相

---

① 自由奴(或被释奴)指获释的奴隶,他们在恢复自由的同时即可获得罗马籍并自动享有每个罗马公民的权利,不过他们每年得依法为主人效劳一些日子。

② 沙龙原是贵族们和社会精英们的聚会,通常对某些身份低微的人如这名女演员是非常排斥的。

比，宙斯惩罚他推一块巨大的岩石到山顶，接着巨石滚下山坡，如此，永无止境。

对这些忧心忡忡的话题不感兴趣的是个相貌十分俊美、轮廓柔和的男孩，他来自埃尔科拉诺最有权势的家庭之一——敖罗·福利奥·萨图尼诺，他在听一个有名的诗人以抑扬顿挫的声调斟字酌句地吟诗。他是切斯奥·巴索，一个非常多愁善感的男人。这晚他带给蕊柯媞娜的也许是最好的礼物——埃及小玫瑰。一种非常昂贵的稀有之物。但这是一份真诚友谊的证明，我们想象，可能也是对她的感谢，因为她像"女主人"似的保护他（所有的诗人和墨客都应"寻觅"某个能够支持他们的人，他们以赠送自己的文学作品对这个人表示感谢）。

罗马时代的宴会就是后来将变成"名门沙龙"的那种，人们在宴会中相互认识和缔结盟约，或者在邀请重要人物的同时提高自己的威望。

蕊柯媞娜在这方面是非常能干的。坐在她身旁的当然是最有影响力的人物提多·苏埃狄奥·克莱蒙特，一个具有特殊权力和铁拳的行政长官，在公元62年的那场地震后，他受维斯帕西亚努斯的派遣，为在庞贝的重建中调整治理帝国的、公有的和私人的房地产。尽管他的权力非常大（与皇帝直接联系接触），却是个十分热情、有教养和负责任的人，尤其是个意志坚定的人。如果涉及帝国政府，他不会偏袒任何人，哪怕是死人。我们从考古学家们发掘出来的一些雕刻了解到，他能够让人把一个家族的所有坟墓全部迁移，因为他们没有遵守边界管理规定。

一共有十二个人躺在这场宴席中。并非虚构的，在这个地区真正生活过的真实的人，有的在庞贝，有的在埃尔科拉诺，有的在斯塔比亚，有的（普里米杰尼亚）在下诺切拉，有的在那波利，有的肯定看见并且亲身经历了喷发。

谁将在维苏威乌斯的狂怒中幸存？谁又将被夺了性命？

为了揭开这一点，我们继续我们的叙述。宴会结束后，每位客人都将回家睡觉。明天我们将追随他们中的很多人的活动和日常生活，我们将发现在庞贝、埃尔科拉诺、斯塔比亚、欧普龙提斯以及在遥远的巴亚——罗马时代的花花世界——发生着什么。

醒来的庞贝

庞贝，公元 79 年 10 月 23 日 6:00
距喷发差 31 个小时

PANE（M）FECI FELICITER
我做了面包，太好啦！

大海仍然在沉睡着。它长长的呼吸弥散在海滩上，像一个母亲抚摸她孩子的头的手一样轻柔。那波利湾的海水宛若一条铺向天际的广阔的黑毯，点缀着几艘小帆船或在渔船上摇晃的油灯的微光……将尽的夜，随着最后几颗星星渐去渐远。

而在对面的陆地上，带着一抹橙色的晨光则逐渐在山后亮起来了，好像要点燃地平线似的。明日，天空中的这同样的颜色映照的将是火焰和死亡。但是，当时还无人知晓。

此刻，到处弥散的唯有沉寂，打破它的是远处的犬吠，是一头已经开始拉车的驴的叫声，或者是一只公鸡的啼唱招来的庞贝四周许多农庄的公鸡的应和。美好的一天开始了，明净的天空下可以呼吸到清纯的空气，典型的秋晨的空气。

面包的热量

一切都似乎是平静的，一些奇妙的效果在这蓝色的晨曦中形成：一块一块精细地镶嵌拼接在一起的街道上的石板，让人想起爬行动物的鳞片，使我们有种走在几条长长的、睡着的石头蛇身上的感觉。远处，几个黑影在十字路口一闪而过。城市正慢慢醒来。从钻进我们鼻孔的、开始在厨房里燃烧的那种带点甜味的柴火的气味我们也能感觉到这一点。

我们跟上一个裹着一件深红色斗篷里的男人。他大步流星，简直像在人行道上滑行。他踏着一些排成行的石墩（那时候的人行横道线）快速地穿过了马路，然后拐进一条街道。他走向一个已经开了门的店铺。一束光线吸引着来自几条小胡同的另外一些人影。他们好似许多直接扑向灯光的飞蛾。

太阳还没露脸。在庞贝，谁这么早就开始工作？罗马人起得很早。在古代，如同在随后多少个世纪里一样，由于没有电，人们尽可能地利用日光，所以拂晓时分便已开始一天的活动。这个刚开门的铺子对庞贝人的生活特别重要。首先感觉到这一点的是我们的鼻孔，比我们的眼睛还早：随着每一次呼吸，我们闻到的是绝对错不了的刚出炉的面包的香味。每走近一步，香味便愈加浓烈。这里有个面包房！

我们的眼睛进一步确定的是：一些正在离开的庞贝人手里拿着的是热腾腾、香喷喷的面包。我们靠近聚集在店铺前的一群人。我们等着轮到我们，与他人肩挨肩。我们能清晰地感觉到他们粗糙的斗篷式长袍触碰着我们的皮肤：这个时期的衣装多是用于御寒的。斗篷式长袍用一枚青铜饰针来固定，根据需要，特别是对于旅行的人或者军团士兵来说，它们可以很方便地变成毯子。

不清楚这个面包房是否有一个直接向客人售货的柜台，就像现今的面包店那样。从这里，透过半开的门看过去，它更像我们现代的那些在半夜卖热羊角面包的面包店。事实上，这是个庞贝人众所周知的面包店。它位于城里的一条要道上，整座房子建了两层，很可能面包商就住那里。

轮到我们了。我们朝店里走进几步，一团适意的热气迅速将我们包围。除了几盏被无所不在的面粉薄薄盖了一层的油灯，整间屋子被左边的烤炉发出的红光照亮了，也照亮了手持一把长长的木铲，时不时地于半明半暗中显露的面包商的脸。他用干脆利落的动作从烤炉里取出热气腾腾的面包，与此同时，一个伙计给他递上新的待烤的面包。

我们能清楚地看见炉口上端有个陶土雕刻。一根直挺挺的阴茎。为什么偏偏要把它放在烤炉上呢？因为它是繁殖生命的，是多产的象征，它能够使不幸和嫉妒（主要来自这条街上的其他生意人）远离。不过还有另一个目的：很容易就能想到，有助于……面包发酵良好。

烤炉由两个部分组成：一个多角的燃烧室，我们可清楚地看见木柴在那里燃烧，火焰慢慢地扭动着。然后是正在烘烤着面团的烘烤室，它由砖头砌成螺旋形，如同在一座雪屋里那样，形成一个完美的圆顶。一根烟囱提供了最好的通风，它吸收烟雾并让氧气进入烤炉以助燃烧。

事实上这是个熟悉的情景，使我们仿佛置身于有木柴烤炉的比萨饼店一样。但有一些迥异的东西。稍微进去一点，我们在昏暗中分辨出两头身上落满面粉的骡正绕着两个火山石磨转圈。石磨与黑色石头大漏壶相似，由两个部件组成：一块圆锥形（meta）石头固定在一个底座上，另一块空心的犹如一个套子那样罩在其上并绕着它旋转。运转方式是这样的：从位于上方的空心石中空里撒下大量麦粒，落进正在转动的两块石头之间极其细微的空隙里，两块石头一边相互摩擦一边粉碎麦粒，面粉从下面溢出来。

有一个有趣的问题：两块石头难免磨损。替换下面的那块倒没什么，其实它就是一个普通的锥形。而上面的那块就是另一回事了，它更大，要雕琢的形状更复杂，还要考虑到木杆的挂钩，所以它肯定更贵。然而幸亏有一个窍门，面包商们可以省点钱：正如一个漏壶那样，磨是由两个锥形组成的，所以一旦一个磨损了，只要简单地把石块翻转过来使用另一个。事实上，石匠们在熔岩采石场就把这些石块雕琢成对称的，一如纸牌那样。①

一个有意思的事实是，火山石并不理所当然地取自维苏威乌斯。它们竟然来自奥尔维耶托附近的采石场，这标志着一种非常近似于我们的、典型的罗马帝国的浩大的"全球化"的贸易和社会。这种范围的贸易是历史上的第一次。

推动沉重的石头帽子的并不总是骡子或驴子，有时是奴隶。

在这种劳动中通常使用两头骡。这是一份人难以承受的工作，需要没完没了地推，一边转着圈，很少休息。我们很忧伤地发现，骡子一边的眼睛被皮套盖住了，所以它们是"瞎子"。这样，它们在面包房的混乱中会比较驯服。它们走啊走，也许并不知道它们的路线并没有目的地。

只听得面包房里木杆转动的嘎吱声，旋转的磨的摩擦声和将骡子系在构造上的链条的叮叮声。不管是谁，动物或者奴隶，注定要被摧垮才算完。迟早要被替换掉。这是面包商们的一项成本。在罗马有过一个大面包店，甚至时而劫持它的某些顾客（不是常客），让他们像奴隶那样推磨。可以想象，这些人最终的命运是被杀。这种情况在面包房试图劫持他们眼中的一个平常顾客时戛然而止。他们试图劫持的是个军团士兵，士兵在反抗时杀死了袭击他的人并使罪行昭然若揭，引起一片哗然。

在罗马社会，普通公民的失踪不是什么稀罕事，比如对旅行者而言，这就属于各种危险中的一种。有些皇帝定期派兵去一些大庄

---

① 这种石磨的下半部分是一个简单的圆锥形石墩，上半部分像一截两头等粗、中间略细的石柱，其内部上下两端被雕琢成对称的空心锥以便合扣在底下那个石锥上，一端空心锥磨损后只需将"石柱"翻转，换用另一端即可，因而在使用前，它确实像纸牌那样，不存在上下颠倒的区别。

园进行突击搜查，以便解救在路上遭到劫持并被迫如奴隶那样干活的罗马公民。

庞贝的面包店可能没发生过这种事。但是，如果今天游走在残存的城市里，你们试着走进一个面包店的残垣断壁之间，属于那个世界的某些黑暗现象将浮现出来。你们会发现，那些磨总是一个紧挨另一个，其间的距离仅允许动物或奴隶围着它转时不会彼此碰撞。因此，他们只得在狭窄的空间里走动。此外，地板是碎砖破瓦的混凝，十分结实，能避免久而久之形成一道圆形的槽。这让你们明白，推磨是多么的辛劳。

面粉［来自拉丁语的 far，即 farro（二粒小麦）］是一种真正的、能使全城运作起来的"白色石油"。每转一圈，它从磨下一点一点地撒下，由奴隶工人仔细收集起来。他们立刻用筛子将它筛一筛，以便将面粉与麸皮分开。筛子的晃动在空中扬起一团细细的粉尘，落满大家的面孔，如现代哑剧演员那样的脸。

面粉就在我们的眼前，在面包房旁边的一个侧室里加工，一些奴隶在那里把它与水和酵母一起放在一个特殊的石头容器里搅拌。他们的速度之快令人惊诧。但是仔细观察一下我们就会发现，为了使和面的工作变得简易，他们在这道"流水线"上创造了一个奇特办法。

我们可以将其称为古代的、由人力而非电力推动的"和面机"。那是一个石"桶"，中间有一个木制"衣帽架"固定在底部的一个活动底座上。这样，奴隶们转动这个配置了很多杆的构造，能够揉弄和反复转动面团。能节约时间和精力，特别是能加工出量更大的面团，提高面包的产量。

至此，给面团盖上一块布，在被重新进行加工前需放置很多个小时。的确，下一步将会看见一个真正的圆面包在一张长木桌上诞生。只需要几个动作就能出现想要的、带片的形状以及可能要盖的印。圆面包刚一做好，便通过旁边的一个敞口送进烤炉。

奴隶们——那些失去自由的人——在这个小房间里工作着，唯有一扇小窗让他们了解发生在外面的事，是否有太阳或者是否在下雨。正是地板上或墙壁上的阳光的移动在向他们指明时间在前进。似乎凝固了的时间，像他们一样被囚禁在这间屋子里。

墙上还有一幅描绘着裸体维纳斯照镜子的小壁画，它非但没有让这个地方显得高贵，还使它显得越发惨淡。这个面包店像一座壁文和裸女的监狱。

柜台后的一个奴隶粗鲁地拍我们肩膀、递给我们面包，我们的思绪被打断了。我们付了 1 阿塞,① 等同于 1.50 欧元（难以固定确切的兑换，但是根据很多学者的意见，在庞贝时代，1 塞斯特尔兹奥②相当于现今约 6 欧元的购买力，不过它并非稳定不变的。事实上，罗马货币也容易出现浮动，仅四十年后在图拉真的治下，由于获得大量财产和达基亚的金矿而造成的贬值，其购买力曾下降了约 2 欧元）。我们挣脱正在增加的人群，走出去。

面包是圆的，它像一块直径为 15 厘米的小蛋糕，呈星状的八条深深的切痕形成同等的几片。事实上，那是一份一份已经分好了。使人立刻想到的是当今的"若塞塔"或者"米开塔"③，那种在罗马和意大利北方尤为常见的现代圆面包。

有时候可以见到用图章印痕，名字是烤制面包的奴隶和他的主人——面包商的（例如在埃尔科拉诺，在差不多两千年后找到的

---

① 阿塞（asse），罗马帝国的一种铜币。

② 塞斯特尔兹奥（sesterzio），罗马帝国的一种青铜币，但在共和时代的罗马，它却是一种比较罕见的小银币。

③ 若塞塔（rosetta）、米开塔（michetta）是意大利人对同一种表层有多道切痕的面包的不同称呼。

一块完好无损的面包上还能看到：切勒，圭图斯·格拉纽斯·维如斯的奴隶烤制）。

我们忍不住要咬一口。它经过充分发酵，热乎乎、香喷喷的，表层脆得恰到好处。它是这个时辰的一道美味，正如于我们而言，一个热乎乎的羊角甜面包是早晨的美味一样。

罗马人的面包与我们今天食用的那种稍有不同，因为它经常是（但不总是）含有辛香调料的。不过它与我们的面包有个共同的特点：表层略脆。这是由于面包商们使用的一个小窍门。烤炉旁边总有两个装水的容器。一个用来冷却干活工具。另外一个是为了在烤至半熟的面包上洒点水，这样，表层就会呈金黄色和变硬。

在古代（还有其他朝代），面包有另一个"令人不安"的特点，尽管并不是每一口都会觉察到，那就是用来粉碎小麦的石磨会留下极小的碎片，久而久之，它们便锉平和磨损牙齿。这种情况在庞贝就不会发生，因为选来做磨的多孔的火山石是如此的坚硬，不会留下碎渣，同时保住了居民们的牙齿。

但是，庞贝的面包还有其他秘密吗？

两千年前的面包和甜点的秘诀

我们又来到了路上。我们一边离开一边咀嚼着一片片有辛辣调味品的热面包。黎明将至。天空的颜色令人想起把面包商的脸照亮的那微红的光。

我们沿着通往广场的阿博恩当杂路走。越过一个交叉路口，我们见到的第一座建筑是位于我们右侧，顺着人行道而建的公共浴室：斯塔比阿内公共浴室。我们真想窥探一下，然而进不去，他们把大门锁了（稍后我们将会发现原因）。那我们就往前去，前面的路笔直且微有上坡。但是我们想看看庞贝的小街短巷，于是拐进右边第一条小胡同：现在好了，我们正好处于小城的中心。在我们头顶的几个阳台上，可以看到几张惺忪的面孔，他们挠挠头，望望天空以搞清将有怎样的天气，然后他们又进屋了。

我们听见从高处泼下的一种液体在石头路面上发出的哗啦声。显然是有人偷偷地把夜壶里的尿液倾倒在了路上（于法于情都是不应该的）。我们听见的是一座正在醒来的城市的所有声响。门扇打开的嘎吱声，一个妈妈的十分温柔的声音在唤醒摇篮中的小儿，别处，有一个小孩的哭闹声……

一辆货车吸引了我们的注意力，轮轴的刺耳声把轮辋在石头路面上发出的金属声淹没了大半。如尤里乌斯·恺撒在一个多世纪前公布的、经由帝国主要城市通过的法令所规定的那样，货车必须在日出之前出城。看来庞贝也是这样。目的显而易见：假如所有的交货和运输都在白天完成，那就根本无法走动了，交通会陷入混乱。所以，白昼时，庞贝变成一条巨大的步行街。夜幕降临后，货车再回来……

我们进入的这条小胡同你们都熟悉。为什么？因为它通往一座青楼，可能是当今世上最有名的妓院。所有的游客都想看看它。我们在当天也将这么做。但不是现在。此刻，我们只是从它旁边经过而已。两个胡同形成一个岔口，楼房为此有个古怪的"角"的形状。它看上去像一艘夹在两条路之间的船。一个男人从一扇门里摇摇晃晃地出来了。显然，他在一些有着外国名字的妓女的陪伴下度过了夜里的好几个小时，她们给他灌了酒，狠狠地敲了他一笔竹杠。但在白天，来往的客人增加了，性活动就得在短时间内完成。果然，仅过了几秒钟，另一个男人跨着快速、急切的步子，撩开一幅帘子进入青楼。这个地方根本没有停息的时刻，它比庞贝的面包店更忙碌！

对了，说到面包店，过了青楼我们又嗅到了刚刚出炉的面包的诱人香味。城里到底有多少家面包店？

庞贝有三十余家面包店。它们并不都有自己的磨，这表示附近可能有磨坊向其供货。因此也就容易想象，夜里货车运载的，白天骡子驮、奴隶扛的装有面粉的袋子在城里穿梭的情景了。

这种袋子运输的负责人如称谓指明的，是扛袋工，他们组成一个重要的行会，他们要是决定罢工就能使整座城市屈服（就如现代的货车司机罢工时那样）。

这里应该有一个有效的送货网络，我们一无所知，但是很多壁文似乎在做着提示。它们就是所谓的"示数"，也就是刻在墙上的没有明显说明的数字：有点像一个囚犯在墙上刻下标记，数着狱中的天数一样。

专家们认为那是些用于记录交货或收货的计数，或者是干多少小时的活……近两千年后，这种"示数"有些依然可以认读，如我们刚刚参观过的，在纯洁的恋人之家的面包店的那些。就在奴隶给我们面包的那里，在靠近大门左边的墙上。

一个重要的事实是，庞贝的面包店只有一半（十五个）具备对外销售的柜台，因此可以把它视作真正的面包店。而其他面包店则批量生产面包，然后直接送货给酒吧、饭馆和客栈以及有钱人家。或者把面包批发给流动商贩——到处能看到他们，尤其在午饭时。

我们参观过的面包店甚至有一个自己的"送货服务"。两头用来拉磨的骡在火山喷发时将在最后徒劳的逃跑中躲避到和面室。面包店不是仅有这两头牲口。考古学家们在邻近的一个牲口棚里发现了另外五具马、骡子或可能是驴子的骨架。它们曾经用来在庞贝送货，背上可能装有筐子。

面包和甜点的多样化

在庞贝，面包曾是一种主要食品，尤其对于穷人而言。根据某些推算，它在罗马社会最下等阶级的饮食中占百分之八十。所以，在选举期间或饥荒时免费发送面包也就不足为奇了。

在一幅有名的庞贝壁画上可以看到这一点，它表现的是一个穿着白色土呢卡的男人坐在一个货柜上，周围有许多面包。他把面包递向两个衣着厚实的男人和一个小男孩，他不掩饰他的喜悦（或他的饥饿）。旅游指南上一直把穿着白衣的人说成是一个面包商在卖面包，事实上极有可能是一名选举候选人或是一个庞贝的官员向有需要的人（或者向他的潜在的选举人）赠送面包。客人的衣服显示那是一年中的寒冷时节，是最需要免费发送面包的时候。

观察壁画，能发现多种多样的面包。的确，罗马人至少能够数出十种不一样的面包，而且那时就已存在狗吃的饼干了。总之，品种多样不只在于大小，而且还在于面粉的类型。有提供给富人的所谓的白面包（用最纯的面粉做的）和给奴隶及穷人的、里面含有留在筛子里的废料的黑面包。它是我们今天说的全麦粉面包，有时甚至为了健康而建议食用的那种，然而在罗马人的时代，它被视作一种质量最差的食品，人们称之为"劣等粉"面包。

此外还根据原料不同区分面包的种类，比如大麦面包或黍子面包。在面包店的柜台上还有掺入未发酵的葡萄汁的美味小面包，或者需要蘸牛奶的皮切奴①面包。假如你们有耐心寻找，你们能够找到一些面包店，他们由于有小小的陶土烤炉而能卖给你们可里巴尼库斯面包，一种罗马时代的"松软甜面包"……

还有，有些面包商在把面包放入烤炉之前，在其表面抹一层蛋清并把芹菜或茴芹碎末"粘"在上面。就如你们可以很清楚地想象到的，这给面包增添一种强烈的味道，会让我们联想到今天中东或印度的食品。

---

① 皮切奴（Picenum）是奥古斯都朝代的罗马第五区，当地原住居民是古意大利皮切尼（piceni）族人。

在重新回到庞贝的街道上散步时，我们看到在离妓院不远处有另一家面包店。与我们刚才看见的那一家不一样，它还出售甜点。我们可以将其称作一个两千年前的糕点铺。

我们探进头去，可我们差点被一个出门的奴隶撞倒，他提着一只装了甜点和面包的沉重的筐子。不止他一个，每隔一阵子就出来几个奴隶。交货的时间到了。这个面包店只批发，不零售。

但是我们了解更多：它是庞贝最古老家族之一的坡皮迪奥家的产业。过了一个衰落时期后，这个家庭现在正扶摇直上。业主 N. 坡皮迪奥·普里斯克把生意交给了他的一个自由奴经营，他住在靠近面包店、点心铺的一座华美的住宅里，它与铺子是互通的。他做葡萄酒生意，尤其是烧瓦（他有个陶瓷器生产作坊）发了大财。他的住宅是如此的漂亮，以至被考古学家们取名为"大理石之家"。与你们的直觉印象有所不同的是在被发现的时候，其实大理石和瓦并未出现在房屋的不同之处，而是全都堆在地板上。这意味着房屋当时处于修葺阶段。正如我们将在我们的游历中发现的那样，它不是唯一的一座。那是临近喷发的另一些征兆。这些启示性的征兆，你们会看到，它们在我们对庞贝的整个探索过程中都将跟着我们。

另一件怪事是，考古学家们在这座住宅里发现了一行令人费解的文字：domus pertusa，意即"洞穿的敞开的房屋"。这条希腊字母写成的文字，让人想到房主们在喷发后的几周和数月里，可能下令（在得到政府允许之下）挖开了层层火山砾，以便找回值钱的物品。假如是这样的话，谁可以下达这个命令呢？

一场像庞贝那样的灭人无数，使整个家庭消亡的浩劫之后，使确定遗产的归属变得错综复杂，再说，市档案室本身也已受损，被掩埋了的房地产难以划定界限。最符合逻辑的想法是，下达命令的正是有权的一家之主 N. 坡皮迪奥·普里斯克。这能让人想到他逃离了喷发，也许历经了千险万恶。或者可能只因为他自从整修房屋的工作开始后就在别处（在庞贝或附近），因此我们能把他列入幸存者当中吗？我们永远无法确信……

庞贝的糕点铺制作两千年前非常畅销的糕饼和甜点，比如小麦粉混合了葡萄和核桃的那种，或者那些"可怕的"阿迪帕塔（adipata）——塞满了油脂的馅饼或甜糕，那可是真正的胆固醇"炸弹"。更甭提那些小小的肯定要"大胆"咬一口的美味了——有辛香料的普里阿坡①面包！

根据需要，面包商们能够满足宴会提出的特殊要求，如做出一种庞贝人十分喜爱的甜糕。它是由在两层和好的面包裹一层粗面粉和一层奶酪而成。

有时候，面包本身就变成一种令人难以抗拒的"甜糕"。的确，罗马面包商们和厨师们懂得如何让大家吃惊。只要有点想象力就够了。这就是马克·伽维奥·阿皮乔，一个腰缠万贯、爱好烹饪的罗马人留给后人的一道令人难忘的菜谱：

> 取几个拌有未发酵的葡萄汁的非洲小面包，刮去脆硬的表皮并将其放入牛奶中。待它们吸了牛奶后放入烤炉中，小火，因为不致变干。把它们拿出来，在上面倒点蜂蜜，一边用一个尖头小心对其戳孔以便蜂蜜渗入里面。对着面包撒一层胡椒粉，然后便可享用了。

今天为何不能试一试呢？欲望和好奇是强烈的……

我们还是重新开始游走庞贝吧。谁知道这会儿有多少其他烤炉

---

① 普里阿坡（Priapo，又译普里阿普斯）是希腊、罗马神话中的神，因其拥有一根硕大的、始终坚挺的阴茎而扬名。鉴于古罗马人对阴茎的迷信习惯，此处的"普里阿坡面包"应该是一种象征普里阿坡的以阴茎为造型的面包。

正在烘烤面包和甜点呢。这里会有很多，不包括那些在各家各户为早餐开始加热牛奶和食品的炉子。

但是还有另一个离这儿不远的点燃的"烤炉"在吸引着我们的注意力。它规模庞大，具有烧烤一切的能力。一个不会繁殖生命、不久后它只会带来死亡和毁灭的烤炉。它置身于维苏威乌斯的腹中……此刻，在它的表层底下正发生着什么？

地层下隐藏着什么？

在一无所知的庞贝人的脚底下有一个历时几世纪的、安装了雷管的热炸弹。在近五千米的地底下有一片大得惊人的地狱之"湖"。它被封闭在一个类似于掩埋了的水库中，只等待着流泻的那一刻。将它与外界分隔开的只有一段短短的被老火山堵塞了的管道。为了更好地理解这一切意味着什么，你们试着想象那是相当于用1000摄氏度的温度熔化2.5立方千米的岩石……

任何人都从未意识到自己与一个如此巨大的地狱毗邻而居，五千米太脆弱了，肯定不能阻止正要爆炸的摧毁力。尽管曾有过一个迹象：地下的岩浆加热了四周的岩石，而它们又将地下水蒸发或过度加热，这样便产生了温泉——带有硫黄味的热水。根据火山学家们的一种说法就是，一个天然的地温系统形成了。于现代的男人或女人而言，这是需要持续监控的一个火山活动的迹象。而对于两千年前毫不知情的当地居民，它不是一种威胁，而是诸位神灵的真正的馈赠……

除此，谁也无法知道的是，在最后几十年中，这片巨大的地下湖增大了，近乎是火山在为它那惊世骇俗的袭击做着准备。其实湖也如同一棵树那样具有坚固的"根须"，它们从地下汲取新鲜岩浆。流动是持续和不可阻挡的，每天汇流大量的熔岩，温度达到1200摄氏度。

容纳这片火湖的岩浆库有它的局限性，它向附近的岩石越来越多地施压，使之变形并引起连年发生在维苏威地区的地震。总之，火山发出明显的征兆已有多时了。

那是喷发在敲门……可是谁也未曾明白这一点。

这是一个在我们的旅途中将要重复的观感，在面对许多我们将要看到的警示征兆之际，因为它们在现代和两千年前之间存在的差别。在今天，火山学家收集和理解这些迹象会拉响警报。但在罗马时代，没有人具备这样的科学知识，地震被视作坎帕尼亚的正常特性，"大地颤动的地方"，正如一个庞贝人会对你们描述的。即便今天，在那同一地区，偌大的火山就近在眼前，清楚了解无数受害者、相关研究和从前的故事的居民们仍是宿命论者，你们可想而知两千年前的庞贝人了。

然而还是回到我们这里吧。维苏威乌斯的最后通告是令人担忧的。在这些致命的时刻，这个"水库"内部的压力正在迅猛上升着。

火山决定了：喷发迫在眉睫。

在庞贝化妆

蕊柯媞娜的别墅
公元79年10月23日6:30
距喷发差30个小时30分钟

VENUS ES VENUS
一位维纳斯，你就是一位维纳斯！

蕊柯媞娜在干吗？我们离开庞贝，沿着海岸行走几公里。直到她的别墅。

像所有住在维苏威乌斯山坡上的居民一样，她对迫近的灾难毫无所察。蕊柯媞娜早在黎明前就醒了，她吃过简单的早餐，正要去更衣。

她首先要穿的是内衣。

对，罗马人是穿短裤和小裤衩的。假如于男人而言，那是穿在很像一件长及膝盖的特大号T恤、腰部用一根腰带或细绳收紧的土呢卡里面的一块普通的遮羞布，那么对于女人它就是某种非常讲究的东西了。

蕊柯媞娜一如很多庞贝女人，她穿的是极其柔软的皮的三角裤衩，非常新潮：低腰且做工精细，用长针脚绣着十分精致的图案。因为还没有松紧带，小裤衩得用两根系带在体侧两边收紧。毋庸置疑，两千年前的内衣就已经有种非常性感的外观了。

胸罩，蕊柯媞娜用的是strophium，它类似于一条十分柔软的带子（通常是布的或皮的），目的在于挤和上提乳房，使其显得高耸、结实和较丰满。从某种意义上来说，它是现代的胸罩的先祖。

在一名女奴的帮助下，她穿上一件长袖的土呢卡衬底衫用于御寒，一件长及脚踝的漂亮的土呢卡——丝朵拉。① 从绣工细巧的下摆边露出一双非常精美的平底鞋，是的，罗马时代还没有高跟鞋。

接着，蕊柯媞娜坐到一张有个圆拱形阔大椅背的藤椅上，把自己交给她的侍女们化妆。一个大火盆放在椅子旁边，以便为长时间的化妆供暖。犹如蜜蜂绕着一朵花那样，侍女们轮流为女主人化妆和梳头。

这个场景每天都在所有的庞贝贵妇和整个帝国的贵妇的家中重复。那么，在庞贝贵妇们是如何化妆的？

首先，脸要洗净和做好涂抹增白肤色的"打底霜"的准备。重要的是，如我们已经看到的，一位贵妇人有着洁白的肤色是一个名实相符的上层社会的象征。侍女们在抹的一种霜的成分是蜂蜜和碳酸铅白，一种在铅的表面形成的异常白的粉末，它让女人们的脸呈现一种洁白的颜色。然后她们在面颊上敷点儿红铁矿粉，好使面孔增添一丝"活气"。

接下来是涂抹眼睛。眼影用的是拌了颜料的灰烬。眼的一周使用的是眼线的"先祖"———一种黑色油膏，成分根据情况有墨鱼汁、锰、烧焦的海枣核或者……稍微烤过的蚂蚁。

然后用一些特别的工具把睫毛卷曲以使目光更加明澈，以及使用炭条来突出眉毛的线条。

在椅子旁边的一张三脚小桌上，我们欣赏到几个经过雕琢的象

---

① 丝朵拉（stola），古代女式土呢卡的专称。

牙珠宝盒（与今天在那波利国立考古博物馆看到的那些一模一样），是庞贝人的化妆箱，里面有一个个装着油膏的小瓶，装有红铁矿粉的小陶土杯，装有眼影、香脂的琥珀贝壳，精致的玻璃小瓶装满了用作眼影的黑色混合物和一根用于化妆的长长的小棍。

蕊柯媞娜一直坐在藤椅上，借助由一名女奴高高举起的一面贵重的青铜镜，仔细看着化妆的每一个步骤。

最后，侍女们梳理头发。她们用非常漂亮的象牙小梳子梳顺她的黑色长发，便于稍后编辫子，辫子盘到脑后如同几条盘起来的蛇。添加一些可接短发（那时就已经存在了！）使发型显得饱满，是这个时期的典型的发型。

接着，侍女们用热烙铁在两边太阳穴处做出一绺一绺的鬈发，作为这项漫长的操作的收尾，她们将一个挂满了真发卷的弓形框架插在蕊柯媞娜的头顶。它有点像一个服务生的冠形帽。

这些饰品有的可以达到一顶教皇冠的体积和形状。但是蕊柯媞娜选择了较小的一种——"便携式的"。

还没完呢。

女人那丰满和凸起的嘴唇被口红巧妙地凸显出来。

你们知道罗马时代的女人更喜欢哪种颜色吗？当然是红色，像今天一样。赭石和红铁矿可以是这种颜色的原料。然而，富裕的女人们喜欢采用一种更鲜艳和更贵重的口红，主要成分是朱砂（硫化汞）。它就是所谓的"微型画"（minium）一词由此而来，因为中世纪的修士们在那些精美的手抄本里画的细小和复杂的图画（或字母），用的就是它。

鉴于口红含有汞，白色打底霜的主要成分是碳酸铅白而含有铅，可以说罗马女人的妆容里含有一定的危险成分，因为这两种产品都有毒。不过，有关她们的健康，我们没有资料说明可能的后果。

嘴角上的一颗假痣为蕊柯媞娜的笑容增添了一丝狡谲，根据痣所画的部位，按照诱惑代码，它每次发出的"信息"都不相同。

在这准备的末尾，蕊柯媞娜用在庞贝当地的店铺里制作的香水来装点她的身体。正如现代的装香水的小瓶子，它的造型非常新颖：一只在歇息的母鸽。为了使香水溢出，蕊柯媞娜得折断它那长长的尾巴，就如今天人们要折断安瓿瓶那样。

作为最终的点缀，女人挑选一些漂亮的、能够与她的身份相符的珠宝：外形有趣的耳环像现代击剑者的面罩，有无数颗珍珠和绿宝石镶嵌在网内。一个配套的精致金网链形美丽项圈，上面也装饰着珍珠和绿宝石。

末了，她套上两个非常漂亮的以蛇为造型的手镯，指上戴几枚金光闪闪的戒指。其中有一枚嵌了宝石的很小，她戴在食指的中节指骨上。这是许多罗马女人的习惯。可能，考古学家们发现的很多环径较小的戒指并不如人们所认为那样是小女孩们的，而是许多罗马贵妇用来装饰手指上端的。

复杂的准备结束了，蕊柯媞娜对着镜子打量了最后一眼后，在身上裹了一件厚厚的羊毛"披肩"（帕拉），她在太阳从地平线射出第一缕光线之前那几秒钟，穿过她家的一间间厅室和几座花园。

在别墅门前等待她的是一辆类似轻便双轮马车的车子。大厅里和花园内没有昨晚宴会的痕迹。夜里，奴隶们静悄悄地把一切都收拾妥当了，在她信任的男人的监督下。此刻他就在马车旁等候着她，他让一个陪同她的侍女坐在她身旁。然后他坐到驾驶座上，一声短暂的口哨，紧跟着干脆利落地一拉缰绳，车子启程了。

马儿有节奏的步子立刻使蕊柯媞娜陷入了沉思。目的地是哪儿？她是短途旅行。她得去庞贝。为了去看一个医生……

光笼罩着城市

维苏威乌斯山

公元 79 年 23 日 7：00

距喷发差 30 个小时

OMNES HIC HABITANT
大家都住这儿。

　　太阳的第一缕光无声地穿透空气，温柔地投射在维苏威乌斯山上。正是索玛山，那古老的火山口的最高边缘首先被照亮了。山顶上那些列成弓形的光秃秃的岩石，在清晨的微光中瞬间形成一种微笑。但是，微笑马上扭曲了：伸长的石头像牙齿一样勾勒出野兽嘶吼的模样……

　　阳光照进古老的破火山口的深处，它拥抱空旷的平地、树林，然后继续前行。它像一只手，轻轻揭开把风景覆盖了一夜的黑幕。现在，它顺着通往庞贝的斜坡下去。先照亮泰尔齐尼奥——那个位于最高处的小乡村。接着，它逐渐抵达庞贝周边的农舍和庄园。可以看到成行成片的葡萄园，和正在啃草的马儿们犁过的耕地。

　　最后，阳光进入庞贝的中心，抚摸它的那些屋顶并点燃它们的活力。因为瓦是陶土制成的，所以城市的第一容颜是红色的，非常鲜艳，几乎是血红色的。庞贝慢慢地浮出自然景色的黑影，离开了夜的怀抱。

在这个整体画面中，城市好像不大。覆盖不满六十四公顷。假如我们把城外周边所有为庞贝人所利用的地方，如墓地，或者像神秘别墅那样的一些大住宅都计算在内，那可以增至六十六公顷。

庞贝没有全部被考古学家们挖掘出来。有二十公顷仍然埋在火山砾下面，连同它们的壁画，其他可能的财产和另一些遇难者。比如，沿着阿博恩当杂路一直朝前走，你们可以看到一个锁着的保险箱。

每个游客都会提出的问题是：他们还会把城市的这一部分挖掘出来吗？谁知掩藏着多少物品、杰作和意想不到的东西……答案是简单的：首先要抢救、维护和守住已经出土的那些。然后将酌情而论。可能会永不再挖掘了。因为所涉是些居民区，不是重要古迹的区域，所以与那些已经出土的非常相似，新鲜事物应该极少。

也许只要等待就够了。现在我们不知道后代将会拿出怎样的研究仪器。当前，地面探测雷达（GPR，Ground Penetrating Radar）和其他技术可以"看见"地下掩埋着什么。这些技术只是在一些特殊的条件下使用，而且不管怎样，如此专业的屏幕上的精心操作，那些与工作无关的人几乎看不懂。也许有一天人们走在被掩埋的区域上面就能参观它，由于技术的发展，通过插入地下的探测仪的感应器和发射机能够看见地下的东西。这种方法允许沉积物一如多少个世纪以来做的那样，继续保存和保护文物，墙壁以及壁画，而不把它们展示在露天里，让参观者们观看从前的那些原封不动的房屋，连带着留在原位的物品器皿。

的确，倘若城市的其余部分在允许参观庞贝的同时揭秘罗马人的生活，仍然被埋的区域便能为一场伴有坍塌、摧毁和死亡的灾难意味着什么而提供一个准确的概念。

为何庞贝得此之名

庞贝是怎样诞生的？它的历史像所有的意大利城市一样，源远流长，它建立在古代甚至更久远之前。它的位置是关键的：它处于一个熔岩坡上，使它得以控制那波利湾的船舶，而且也能守住萨尔诺的河口湾，一条构成贸易要道和连通内地的河。

除此，老火山使庞贝周围的土地变得异常肥沃，农作物丰富又高产。难以想象一个如此得天独厚的地方会长久无人居住。

事实上，在青铜时代，河流附近就已经出现了最早的居民。可后来发生在公元前1880年和公元前1680年之间的维苏威乌斯大喷发，杀灭了所有的人并把村庄和棚屋一扫而光。

在铁器时代（自公元前10—前7世纪），萨尔诺地区重又成为人口稠密之地，我们知道，居民们那时与相距很近的希腊前哨，尤其与皮特库萨也就是伊斯基亚岛贸易频繁。正是在公元前7世纪末6世纪初，庞贝开始有固定居民安家落户了。他们建筑了城墙，一座阿波罗庙，一座埃尔科勒庙和密涅瓦庙。城市的最初机构形成了，它将建设成一个"老城区"。我们可以把这个确定时期看作庞贝"真正的"起始，换言之，在喷发时它有了大约七百年的生命。这对当下的许多城市而言是一个很高的纪录了，比如在美国，任何人类居住地都没有这个年龄。

谁决定建立庞贝的？不是很清楚。看起来是太不可思议了，我们不知道建造那座在罗马之后可能成为世上最闻名的罗马帝国的城市是谁的主意。

也许是统治内地的埃特鲁斯人，按照把城市建立在萨尔诺河边当作抵抗他们的敌人——希腊人的要隘这一军事战略，鼓励当地居民奥斯克人建立它的？

或者恰恰是希腊人，从他们控制大海及其海岸着眼开始创建庞贝的？又或者，可能是一个充当两个强国夹缝中的缓冲方的民族决定独自建立它，同时学习了很多两个敌对方的文化？所以，那是一个受尊重的民族，因为它能使两个强国以间接的方式保持有利的贸易往来。

因此，庞贝像一块中立领土，像香港，一个自由港那样诞生了？这只是一个推测，真相无人知晓。

然而，我们所了解的是，随着埃特鲁斯人在公元前474年的库玛①战役中败给了希腊人，庞贝进入了一个衰落期。（也许证明它和埃特鲁斯人的关系比和希腊人的更密切？）

正是在这个时期，即公元前5—前4世纪之间，从亚平宁山上下来一个好斗、尚武的新民族——萨姆尼人。他们侵袭了萨尔诺的河谷并占据了所有的居住中心。庞贝被古意大利人合并在坎帕尼亚的首次政治联合中。庞贝变成了一个萨姆尼城市：胡同小巷里的人们说的是他们的语言。风俗、法令和宗教是他们的，尽管大部分居民是由奥斯克人组成的。相较于希腊人和埃特鲁斯人的时代，这是第一个明确的转化时期。

然而它没有持续太久。

事实上，罗马没有袖手旁观，它已经成了一个处于支配地位的强国。与萨姆尼人的交战是激烈的：著名的佛尔克考迪讷战争就发生在那个时期，溃不成军的罗马人被迫从敌军的轭门下通过，一个将被牢记很久的奇耻大辱。

经历了三场战争，罗马人最终征服了萨姆尼人并扫除了他们的文化，使之从历史上消失了。庞贝进入了罗马的势力范围，不过刚开始仅作为一个同盟城市充当所谓的意大利成员，也就是说以一份联盟协约与罗马联系在一起。但是城内的气氛变了：新来的罗马移民根据他们的文化在支配和安排生活。他们不忘强化他们在奥斯克

---

① 库玛（Cuma），那波利省内的一处遗迹。

人和萨姆尼人之上的优势。

这里貌似是 19 世纪的殖民城市。他们甚至在他们的住宅（法乌诺别墅①）门口写上 HAVE（欢迎），相当傲慢地强调是罗马在统治所有的人。

庞贝很快变成了一座越来越像罗马的城市，其实它与乌尔贝②相距才二百四十公里。但无论如何，它经历了两个困难时期。随着阿汉尼拔的到来，它得加强自己的防御，他已经摧毁了诺切拉，尝试过征服诺拉并把他的总部驻扎在了卡普阿。然而，迦太基的统帅奇怪地放过了庞贝，可能由于它表现出的中立姿态：这座城市把附近那些遭到摧毁的小镇的流民收容在了它的城墙内，在给流民安家的同时更多地混杂了它的氏族。

第二个困难重重的时期是，当它和其他城市一起为自己的市民要求得到罗马公民的身份而反抗罗马时。预料到帝国首都可能会发动战争，城墙和十三座瞭望楼全经过整修和加固，它们呈现出的外貌你们今天依然可以看到。

果然，在差不多十年的时间里（公元前 89 年—前 80 年），它经受了封锁和苏拉军团的袭击。苏拉部队的投石器射出的可怕的石弹，在埃尔科拉诺城门上留下的击中点仍然清晰可见。

最后，它只得认输并向独裁者打开了它的城门，他给了它一个新名字：Colonia Cornelia Veneria Pompeianorum。幸好，一个注定后来会消失的名字。

它的暴动的代价是惨重的：它的内部被安插了整整两千苏拉的老兵，他们进一步增加了它的居民的多样性。我们几乎可以把那时候的庞贝视作一个大熔炉了，如若考虑到奥斯克人，萨姆尼人，罗

---

① 法乌诺别墅（又称法乌诺之家）是庞贝发现的最大的古代住宅之一，因其内有一尊法乌诺（Fauno，半人半羊的神，又译法翁）雕像而得名。
② 乌尔贝（Urbe），罗马城的代称。

马人……

那是公元前 80 年，正是由于安插的这些老兵，庞贝最终吸收了"罗马的"特征：在那时期里建成了为角斗士而造的露天剧场、广场的公共浴室、维纳斯神庙和许多其他建筑。

还有最后一个悬而未决的疑问。"庞贝"之名从何而来？这个问题也跟它的起源一样，是扑朔迷离并且可以举出各种推想的，正如考古学家、庞贝发掘地前任领导安东尼奥·瓦洛内所重申的。

它可能来自希腊语 pempo，意为"发送"。这座城市确实构筑成一个发送（和接收）从内地到海边、从海边到内地的商品的真正的港口。

而古人则坚持它竟然是由埃尔科勒经历了那些有名的考验凯旋时建立的：为了埃尔科勒的凯旋（a pompa Herculis），然后在岁月的流逝中变成了"Pompei"，这个针对名字来源的诠释几乎无人相信。

而最近似真实的是，它的名字源自一个当地词语，奥斯克语 pumpe，意思是"五"。所以，它可能是想说明"五个村庄的地方"，然而不幸的是，从未找到这些居住分布地的痕迹。

还有最后一个推测，即它的名字来自一个古意大利氏族：pompeia 人。

几乎能肯定，这些推想中有一个是正确的（很多考古学家都倾向于 pumpe）。但是缺少确切性。因此，关于名字来源留有一个小小的谜团。

城市的结构：怎么辨别方向

现在，我们重新回到我们在庞贝的清晨散步中。蕊柯媞娜坐着马车去医生那儿，而我们把妓院和"糕点铺"抛在了身后，正置身于所谓的诺拉路（decumanus superior）——从前的罗马人会这样称呼它。① 我们觉察到，条条马路都笔直，房屋的布局井然有序，像安置在一块棋盘上似的。跟先前的杂乱无章的城市规划全然不同。感觉各个城区是不同的时代的产物。事实果然如此。

庞贝在罗马时代就已经有了一个"老城区"和一些新的居民区，完全像我们的城市一样。这在遗址的地图上一目了然：它由像妓院那边的一些狭窄有时甚至是弯弯曲曲的胡同构成，包括广场区，起初那是集市所在。老城区属于一个更古老的朝代，道路跟随着建有城市起点的丘陵的斜坡走向。

经过几代人的传承和历史的发展，庞贝开始扩大了。萨姆尼人以整齐的四面临街的建筑群和严格的规定构筑了一些新的居民区。后来，如已经说过的，汉尼拔军队的入侵摧毁了诺切拉，庞贝的东面由此开始建造很多新建筑群，为了接纳大量的诺切拉幸存者，他们被收留在此。不管怎样，这种友好城市之间的"利他主义"并没有消除两城市民间的敌对态度，它导致了发生在公元 59 年，在庞贝露天圆形剧院举行角斗士比武期间的一场严重纷争，造成了许多人尤其是诺切拉人的伤亡。

公元前 80 年苏拉的老兵到来时，城市的整体已经大致完成了，尽管这里遭受了蛮横的没收，以及用推倒城墙、合并房产来整治建筑群，然而经罗马一朝并未彻底改变庞贝的市容。

它主要致力发展壮观的天际线，建造雄伟的或有影响的建筑，如大剧院、圆形露天剧场、大体育场，还有小剧院奥德勇。或者重建和扩建广场。

完成后的效果就是你们散步在古城的街道间可以欣赏到的

---

① 古罗马人把南北走向的街道叫作 cardo（卡尔多），东西走向的街道叫作 decumanus（意大利语略作 decumano；德库马诺）；根据街道的方位，它们又有上、下之分，比如此处便是上德库马诺街。

那种。

飞快地扫一眼他们在入口处给你们的地图，已经能立刻看到庞贝的街道和房屋有一个严格准确的纵横构造。所有的罗马城市都以两条十字相交的大街分段：一条南北走向，另一条东西走向。它们的定位选在几个要地，甚至还是以一个宗教仪式来确定的。城市示意图源自一片纵横交错的帐篷和军营内路，在很多情况下，那是许多现代城市的起点。

庞贝也是如此：纵向穿越城市的南北大道今天被叫做斯塔比阿内路。不过，东西走向则有一个不同：可能由于庞贝非常古老的起始和"多族聚居"之故，东西走向的路建筑了两条，诺拉路（decumanus superior）和阿博恩当杂路。

游走在这些遗址之间时，要是你们脑子里对这三条交叉的街道有个安排，你们将不易迷失。但是，如若迷路你们别泄气，考虑到从交通要道到胡同小巷的街道数量，迷路实属平常事。

这里有十座神庙，十一个洗染作坊，三十四家面包店，一百五十余家"酒吧"、饭店、客栈、酒馆和许许多多其他各种各样的店铺，两个剧院，一个圆形露天剧场，一个露天的大体育场，一个广场，一个集市（macellum）。别忘了那三公里加二百二十米长的城墙。

居民人数呢？不确定，但是至火山喷发时最少八千、最多一万八千。关于他们，我们能说点什么呢？

庞贝人的画像鉴定

行走间，我们遇见两个身着漂亮帕拉的女人在人行道上疾走。一个体态丰满，戴着银耳环，卷曲的黑发绾成一个髻，每走一步，土呢卡将她那丰腴的体态暴露无遗；另一个则较年轻，她把披肩盖在头上，并用一条边沿掩住嘴巴。从她们匀称的椭圆形脸和为了突出热情的目光而特意描画过的黑色的大眼睛，可以看出都是地中海人。

在我们和她们擦肩而过之际，较年轻的那个突然瞥了我们一眼。刹那间，我们感觉到她深邃的目光。然后她闪开了。留下香水的芬芳萦萦回回。连魅力也是地中海人的……

庞贝的居民，由于城市过去的复杂历史，他们有着迥异的籍贯，但是更多的是古意大利中部和地中海人。基因检测显示出了典型的欧洲人的基因组，除了一种"非欧洲的"变异可能表明那个人来自非洲。几乎可以肯定涉及的是奴隶或前奴隶的后代，他们在那期间已经变成了拥有各种权利的罗马公民。

但是，庞贝人从体格上来看是什么样子的人呢？

第一个让我们感觉意外的是身高。我们如今是习惯了看到那些走在我们的城市街道上的十四至十六岁的，因此还处于成长期的青少年已经高达 1.80 米。他们是现代社会的产物，他们出生在具有丰富又全面的饮食的现代社会，而且没有阻碍生理发育的疾病或饥荒。而两千年前的情况是截然不同的，饮食肯定不如今天的丰富，没有这么多样，饮食与变幻的天气紧密相连，因为天气严重影响到收成、季节性的水果和蔬菜等。

如若在农村，好歹食品不会短缺，而在大城市则要定量供应，有点像第二次世界大战期间那样，会出现某些种类的食品的匮竭和饥荒。更甭提冬季的疾病了，也许普通的流感就能引发频繁的流行病。

缺少有效的药品，长久拖延着的感染和疾病会阻碍一个孩子的成长。也许还是致命的：比如麻疹或支气管肺炎，还有肺结核，它们都是无情的杀手。

在这方面，地球上最强大的帝国也无力保护它的孩子们，它的水平相当于现今极度贫穷的国家，在今天可以很快治愈的疾病导致了当时大量的死亡。儿童的死亡率很高，大约有 28%。

总之，处在营养不良和各种疾病之间，可见孩子能长到成年是多么的艰难。

结果就是，我们遇见的庞贝人正如那个时代的所有的罗马人一样，差不多都是矮个子。对庞贝的一些遇难者骨架的测量得到了这样的结果：男人平均身高1.66米（高度在1.63—1.70米之间），女人们的身高更矮：1.53米（高度在1.51—1.55米之间）。

埃尔科拉诺测量的骨架也确定了这些数据，其中记录了少数几个"尖子"，偏高的（一个男人，高1.75米）和偏矮的（一个女人，高1.40米）。

使用人体测量学公式得到的结果是，前者大约65公斤，后者在49公斤左右。

当然是估算。但是，它们让你们清楚地感觉似乎走在庞贝和埃尔科拉诺的人群中：他们一般都是矮小的，他们会把你们当作一个高于常人的人来看。

有趣的是，路易吉·卡帕索[①]在对从埃尔科拉诺的穹窿里发现的骨架的研究中指出，60年代中期那波利地区的平均身高几乎和公元79年的一样，这表明仅在最近两代中就已改变了很多事物。

那时候，人活不长。关于罗马公民的总体资料表明的平均寿命是，男人四十一岁，女人二十九岁。我们说的是统计，没有一个罗马人在满四十一岁生日之际便倒地身亡，相反，很多人还活到五十岁，但是活过六十岁的确实很少。在这方面，不寻常的是在梵蒂冈内的古代公墓圣婼萨里挖掘到的一块石碑：它刻着某个阿巴斯康图斯的名字，他死于九十岁！

男人死亡的原因经常与一种较之我们更多地在露天活动的危险

---

① 路易吉·卡帕索（Luigi Capasso），外科医生，人类学教授，意大利古病理学研究的创始人和领导。

有关。一个令人不安的糟透了的解释是，女人的死亡则与分娩的危险有关。据统计，那时因分娩而丧命的要比今天多一千倍。

在庞贝和埃尔科拉诺，生命也是短暂的吗？发现的大量遇难者提供了一个非常广阔的研究范围。然而问题是，这是通过一场浩劫做出的一种"筛选"，我们没有找到全部居民，而只是那些死去且不是自然死亡的居民。总之这是需要考虑在内的一个方面。

尽管如此，在观察埃尔科拉诺的遇难者的组成时冒出了一个奇怪的问题：六十岁的人完全没有，而五十岁的人只有约百分之八。当然，这可能仅仅是个与喷发时的逃跑有关的问题：最年老的人（不管怎样他们存在于居民中）逃生有困难，这就解释了在埃尔科拉诺的沙滩上和穹窿里成堆的遇难者中怎么没有他们。

但是，一个事实显然是明确的：我们活在现代是多么的幸运啊！

今天，一个五十岁年纪的男人还能精力充沛、勤奋工作而且可能正处于事业巅峰的时候，如果他勤做运动，估计还能活三分之一世纪，也许会更长。一个同样年龄的女人依旧美丽、性感和有魅力，她能让自己晚点生孩子（绝对不会在十四岁时，就像古代的同龄罗马女人那样）或根本不生，她有望活得比男人更长。

然而两千年前，一个五十岁的人已经到达了生命终点。他会在数年内死去。而他的伴侣可能早就去了，有时甚至已经二十多年了……

一个有意思的资料是涉及孩子们的。一项对埃尔科拉诺的遇难者的分析研究得出，那时孩子们（从零到十四岁）的数量占人口的30.1%：根据一份统计表中的一个旧的等级分类显示，这与发展中国家的城市居民相对应，而不再是"第三世界"国家，那里的青少年常常超过40%。

埃尔科拉诺的数据最终在提示另一个很有意思的方面。有一个年龄段在遇难者中是少见的，即从十五岁到十九岁的青年。好比一座由各个年龄段组成的人口金字塔，到了一定程度突然变窄了。

对于这个反常存在两种可能的解释：第一个比较符合实情，从身体方面来看他们是十分敏捷的，他们大胆和独立，因为还没成家立室（或没有自己的住所），那是能够阻碍或减慢他们的逃生之计的。无疑，那是在喷发中最有可能逃生的一个年龄段的人。

但是还有另一种解释。金字塔的变窄与世界大战后出现的，因突然死亡了许多有可能成为父母的男人和女人们而造成的出生率危机非常相似。那个繁衍的空缺总之就是一场发生在维苏威地区的灾难的"记忆"，大约在喷发前二十年。发生了什么呢？

不是战争，意大利的这个地区已经很多个世纪未见战争侵袭了。是另一个原因：喷发前十六年，公元 62 年发生过一场摧毁了庞贝、埃尔科拉诺和当地所有的别墅、庄园的大地震。不过我们将会更深入地讲到它。

总之，以必需的谨慎拿着这些得自各处喷发遇难者的统计数据，将其运用在今晨庞贝的街道上，我们能够做出怎样的推论？我们可以总括地说，我们碰上的人有 1/3 不满十五岁，在十五岁和五十岁之间的几乎是 2/3。从我们身旁走过的人当中，超过五十岁的少于 1/10。

我们回到刚才我们行走的街道：从一所房子里出来两个你追我赶的孩子。他们像两只春天的蝴蝶在人行道上忽上忽下，一边欢笑着。似乎什么都挡不住活泼好动的他们。转眼，他们消失在一个角落后面，为我们揭开一个意想不到的世界。

"请问，您住哪儿？"——"罗马式"的指引

我们靠近两个孩子消失的十字路口，面前是一座雄伟的大拱门。它看上去像一个叉开双腿跨在两边人行道上的巨人。它被钙华

和此刻吸收了一抹橙红的白皑皑的大理石所覆盖,我们分辨出顶端有一座骑着马的男人雕像(可能是卡里古拉)。拱门标志着一条无形的界限。车辆不能去那边。这意味着那是一条夜间也禁止通车的街道,所以,正如我们所料想的在一个独占的居民区那样,它始终是静悄悄的。我们越过拱门,进入这个单独的世界。

低照的阳光还不能抵达石头铺就的街道。拱门和屋顶只允许几块光斑通过。它们像一群广场上的母鸽,慢慢地栖息在檐口、角落和窗台上。

我们置身于一个别样的庞贝,这里的一切都是干净、整齐的。一些奴隶已经开始打扫朝向城里这条漂亮街道的住宅前的人行道了。水从很多门口淌出来,是用于清洗大门处的马赛克的。

零星的店铺和几家"酒吧"都集中在马路开头一段,接下来便没了踪影,把空间都留给了一些豪华的和经过装饰的大门。庞贝的高级居民区(今天称作六区),清静安谧,那里聚集着城里的贵族。

两个孩子成了我们的领路人。大约行至马路的一半,他们在一个正方形的火山石喷泉处停住了,那张通常有水流溢出的雕刻的面孔是墨丘利,戴着饰有传统的翅膀的头盔。街道给重新取名了,对啦——墨丘利路,不过名字是凭空想象、是现代杜撰的。

同样的还有城里的其他街道,因为知道的古代名字只有三个:梅迪亚那路、萨里那路、庞贝亚那路。

所以,根据这些路(斯塔比亚路或者斯塔比阿那路、诺拉路等等)的地理方位给它们起了现代名字。或者是根据挖掘过程中出土的一个细节,比如一座喷泉上的装饰塑造的是一位神(墨丘利路,阿博恩当杂①路)。还有公共建筑(剧院路)或家庭私宅(维迪胡同)也为命名提供了依据。

---

① 阿博恩当杂(Abbondanza),又译阿布恩丹提亚,象征富裕和繁荣的女神。

我们只知道两座城门的名字：萨莱门（今天我们称之为埃尔科拉诺门，它也通往神秘别墅）和武尔布拉那门（今天叫萨尔诺门）。可能，在庞贝的各居民区之间曾存在一种强烈的"乡土观念"。有点像现今锡耶纳的居民区依然存在的那样。它们曾是城市中的"小城"，那里大家彼此熟悉并相互帮助，正如在今天的许多小镇上仍然会发生的一样。

一如发掘现场前主任和庞贝的壁文专家安东尼·瓦洛内所强调的，加入这些庞贝"大街"的名字里的还有它们的居民们：萨里那人①住在的埃尔科拉诺门附近，那时它叫萨里那门，因为它显然通向盐场；武尔布拉那人住在从武尔布拉那门开始的住宅区；坎帕尼亚人靠近卡普阿门；佛仁色人在广场区和佛仁色门（如今的玛丽娜门）周围。

我们对古代庞贝的每条大街或每个区的"传统"完全不了解。有过为纪念某个保护神的庆祝会或仪式队伍吗？有过逸事或给其他区里的居民们的贬低绰号吗？我们永远不会知道了，但会自然而然地想到这些。

我们此刻置身于一个更接近现代的埃尔科拉诺门的居民区，所以，它的居民们必定是萨里那人。② 不过，我们注意到一个细节：没有路名牌子，大门上也没有号码。邮差们（tabellarii）投送信件时如何辨认方向？人们在找一个朋友时怎么做？倘若不能输入任何街名，那么导航仪如何工作？

一个地址留下来了。就在庞贝的一堵墙上：一个男人在上面写下了我们在蕊柯媞娜的宴会中遇见的那个很漂亮的女演员的名字，诺薇拉·普里米杰尼亚。

---

① 萨里那人，即"盐场的人"，因为这里是对盐场附近居民的一种专称（好比绰号），故采用音译。后文的萨里那门即"盐场门"。
② 此说因为埃尔科拉诺门的原名为萨莱门，即"盐门"，仍然和盐场有关。

那条文字对我们揭示了两种情况。首先，这个当地的明星住在诺切拉，而且它让我们明白了罗马人指明地址的方法。"在诺切拉，靠近罗马纳门，在维纳斯区，你打听普里米杰尼亚。"

这就揭示了方式：1. 城市名；2. 城市的城门或者靠近一个众所周知的识别标记（建筑物）；3. 居民区；4. 街道里的居民的指点。

事实上如今也是，当有人要在一个住宅区寻找一家饭店或一个商店，酒吧老板或商人们常常不提供一个确切的地址，而是用类似"再往前，靠近……"的说明给他们指路。

有必要对今天参观庞贝遗址的人说明另一件事。在现代的地图、图书和旅游指南上使用了一区、二区、三区等词来指明城市的各个区域。这不是古代庞贝人划分的。是 20 世纪由庞贝发掘现场最有权威的主任，模型①发明人朱塞贝·非奥莱利确定的。

每个区包括一定数量的四面临街的建筑群（公寓楼），每个建筑群由多个住宅"熔合"形成单独的一组。所以，你们今天看到的每个正门上的现代数字不是街道延伸的号码，它们只代表一个建筑群所含有的住宅数量。

现在我们继续在城里散步。孩子们到了墨丘利路的尽头，那里雄伟地耸立着十三座瞭望楼中的一座（理所当然地它叫"墨丘利楼"），城垣在其后面两侧延展。他们找到一扇敞开的门，钻进去后顺着楼梯往上跑。我们也上去。有三层。上至一半，我们到了城墙上的巡逻道；继续往上便到顶。伴着沉重的木门打开时的吱呀声，受惊的鸽子振翅飞翔。我们从城垛里探出头去。从这上面收入眼底的景色令人叹赏。

---

① 指遇难者的遗体模型，在讲述到喷发的章节里将有更多描述。

庞贝以一片片红屋顶和一个个晒台在我们眼前延绵伸展。我们看到从住宅内冒出来的一座座金色的雕像，洗染店晾晒着五颜六色的衣物，离这里不远的广场上的白色柱子。然后有稍远一点的剧院的连拱廊，以及它的那些装饰画。尽头是供角斗士比武的雄伟的露天圆形剧场，它俯瞰着住宅区的东南面。渐渐的，可以听见开始赋予城市以活力的各种活动的嘈杂声，但是一切依旧给由许多厨房和点燃的烤炉的烟雾造成的稀薄的雾霭笼罩着。庞贝不是很大。在这上面，只需一眼便能将它看遍。它的确很美。

突然，我们脚底下的地板开始颤动起来。栖息在城垛上的鸟立刻展翅飞离。晃动的时间很长。可能我们在瞭望楼上比在地上感觉更明显。我们直觉地向着火山转过身去，好像它拍击了我们的肩膀似的。可是，它哑然无声，纹丝不动。假惺惺的平和。一个伪装的小小伊甸园。

的确，庞贝的城墙之外是一片被葡萄园和农作物覆盖的景色，连同树林和小农庄逐渐向着维苏威乌斯攀升。一道恬静秀美的风景，火山看上去就是其中普通的一部分，像很多其他部分一样。

这一切似乎不可能明天就消失。而且，始于几个世纪前的倒计时就要结束了。

庞贝的比佛利山

庞贝

公元 79 年 10 月 23 日 7：15

距喷发差 29 个小时 45 分钟

(H)IC SUMUS FELICES VALIAMUS RECTE
在这里我们是幸福的……我们继续下去！

我们从瞭望楼上看见两个孩子又在路上跑起来了。他们向着街道尽头的大拱门返回。我们也跟着下去。我们要看看那两个孩子把我们带往何方。毫无疑问，庞贝的比佛利山（Beverly Hills）就在这个高级住宅区的秘密之中。

当我们穿过白色的卡里古拉大拱门时，听见右边传来一只狗的吠叫和一个男人试图令它噤声的喊声。但那畜生似乎歇斯底里的。我们来到房屋的大门前。狗咬了男人并继续叫唤着，一边想挣脱收紧的脖套和链条。男人显然是多慕思的一个奴隶，他狠狠地关上门，犬吠立刻转变成一声连一声的尖叫……

没人明白，狗其实只是在按照它受到的训练去做：保护它的主人。不是由于小偷或袭击者，而是因为一个最无情的杀手，维苏威乌斯。

震动越来越频繁，依照某些学者的理论，也许还有其他不为我们所觉察的迹象（从地下冒出的气体，我们人类听不见的超声波）对这些动物构成一种强烈的警示。

我们的视线此刻被另一只狗吸引了。它一动不动，毫无表情。

庞贝的比佛利山 | 87

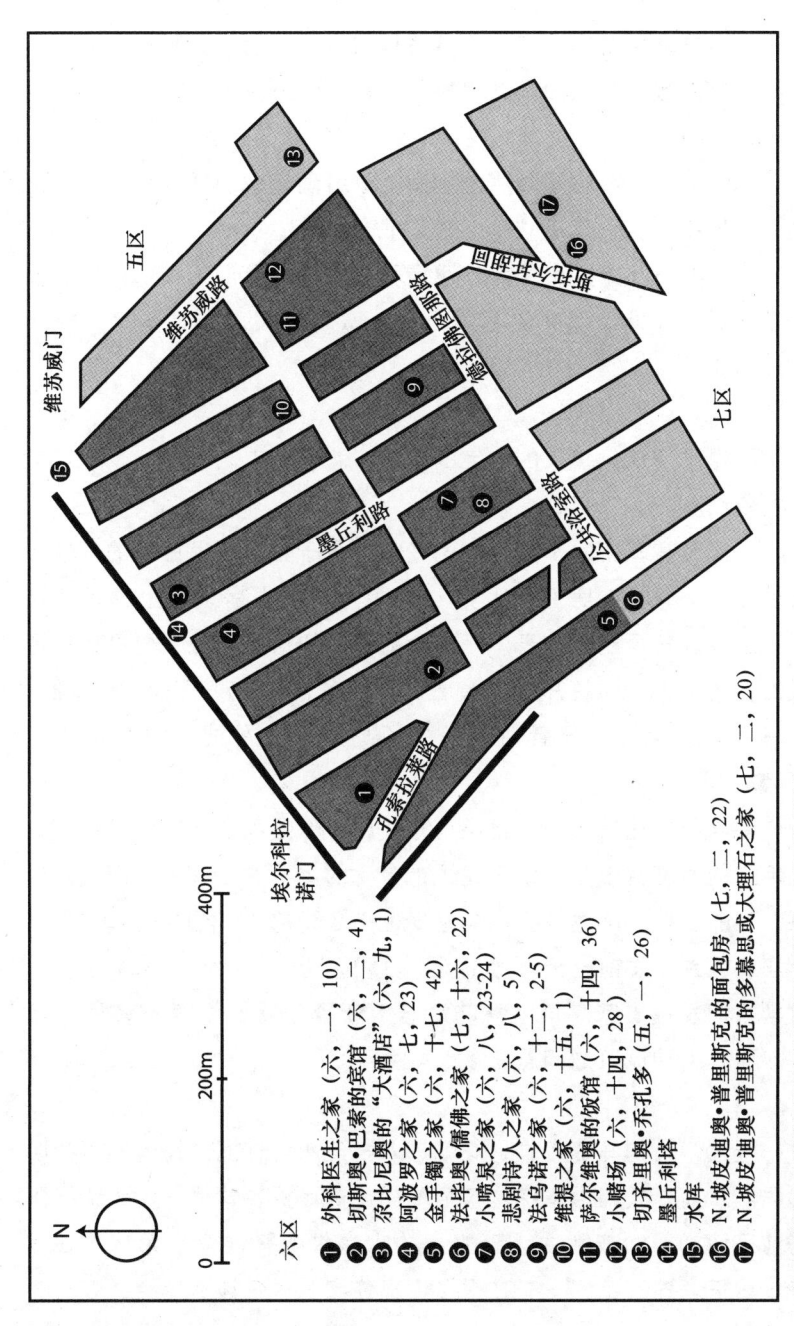

- ❶ 外科医生之家 (六，一, 10)
- ❷ 切斯奥·巴索的宾馆 (六，二, 4)
- ❸ 泵比尼奥的"大酒店" (六，九, 1)
- ❹ 阿波罗之家 (六，七, 23)
- ❺ 金手镯之家 (六，十七, 42)
- ❻ 法毕奥·儒佛之家 (七，十六, 22)
- ❼ 小喷泉之家 (六，八, 23-24)
- ❽ 悲剧诗人之家 (六，八, 5)
- ❾ 法乌诺之家 (六，十二, 2-5)
- ❿ 维提之家 (六，十五, 1)
- ⓫ 萨尔维奥的小赌场 (六，十四, 36)
- ⓬ 切齐里奥·乔孔多的饭馆 (六，十四, 28)
- ⓭ 墨丘利塔 (五，一, 26)
- ⓮ 水库
- ⓯ N.坡皮迪奥·普里斯克的面包房 (七，二, 22)
- ⓰ N.坡皮迪奥·普里斯克的多慕思或大理石之家 (七，二, 20)

括号里指的分别是区号、公寓楼号和牌号。（原作者注）

没有任何颤动会使它害怕，不管怎样它也不可能感到害怕，因为它的身子是由数百个黑白马赛克拼成的，它们还拼出一行字：小心狗（Cave canem）。

你们肯定已经在很多旅游指南上或者现代小别墅的大门口看到过它的复制品。它是最"有名的"古代狗。

它非但不吓人，更像是在邀请我们进去。我们正在那么做。我们进入的是庞贝最漂亮的宅第之一，悲剧诗人之家（见第一部分插图第3页）。

要想了解庞贝富人的住宅的构造，悲剧诗人之家是一个不可错过的景点。

一如经常发生的那样，它的名字来源于其内部发掘到的一幅代表性图片，一幅在房主普比奥·阿尼尼奥的书房地板上的马赛克图，它表现一个剧院在表演开始之前幕后的情景：几个面具搁在地板上，演员在为即将开始的演出做着准备，其中一个正在穿衣服；还有合唱队的一个长着白胡子的领唱和一个在试吹双管笛的演奏者。

要求制作这幅画的人肯定爱好戏剧，但是我们还知道，拥有这座宅院的家庭曾因为帮助重建了市中心的重要的公共浴室而受到庞贝全城的爱戴。不过我们说的是发生在公元前80年的事。事实上，这座房屋到喷发前一天已经有超过150岁了。然后于1824年由考古学家们发掘出来。这就意味着它重新置于露天里差不多两百年了。看看维护庞贝的问题是多么棘手……

走过门口的马赛克狗，我们进入一条颜色艳丽的短走廊内的阴影里。从前，大门原本在这条窄窄的过道尽头，构成一个为所有那些前来请求帮助或和主人谈生意的人提供的等候室，尤其是在上午。后来，这个空间——在很多庞贝住宅里——被房屋合并在了一起，大门便被直接移至路边了。

值得注意的是，在庞贝几乎所有的房屋里，走廊都略有倾斜，以便于利用坡度进行清洁。所以，如我们已经说过的，早上常见的情景之一就是伴着奴隶们扫地的声音，水从屋门口流出来。

就在我们往前走的时候，我们发现两扇边门：事实上，走廊被挤在两个店铺之间，显然那是家里以前的房间改造成了商店。这样，业主可以直接在自己的家里做生意，不用出门。砌封房间再把它们开向街道，将其改造为商用房（酒吧、商店、作坊等），在庞贝是非常普遍的事。罗马人的思想里的不成文规则之一就是，如果可能的话，一份私产、一项投资，它们应该从始至终地获利。

被敞开在我们面前的越来越亮堂的房间所吸引，我们在过道里继续前进。走到入口（罗马人称作 fauces）的尽头便出现一件小小的珍品——前厅（atrium），我们迅速被五彩缤纷的颜色和光芒包围。

有进入彩虹中的那种感觉。墙壁是赭黄色的，带有白色线条、装饰着一块一块罕见的美丽壁画，把与《伊利亚特》[①] 相符的神话或英雄故事情节千古流传。一条庞贝红[②]带顺着墙根绕遍整间厅室。这还没完。

视线往上移，我们看见另有一条由缠绕着的莨苕叶组成的带子，再往上是一些有名的战争场面。连天花板也是彩色的。它是花格和棋盘状的一个个红色、蓝色、绿色方块。

但是屋顶缺了整个中央部分：有的则是一个阔大的正方形敞口，用于承接雨水。可以清楚地看到蓝天。说到底，这间大厅几乎像一个露天的庭院。

屋顶形成一种"方形漏斗"，把水全部引向雨水入口。你们想

[①] 《伊利亚特》是古希腊诗人荷马的史诗。
[②] 庞贝红即朱红色，因庞贝古城内的大量建筑、装饰都使用这种颜色而得名。

象一下雨天的情景：以猛兽的头为造型的陶土滴水槽探出敞口的边缘，雨水从那些张开的嘴巴淌下，产生大家都熟悉的那种声响。

接下来，水流往哪里？它落进一个漂亮的、大理石边沿已磨损了棱角的正方池子。池子承纳雨水并将其导入两条小水渠，一条直接通往街道，在人行道下面，以避免当落下的雨水太多时溢出使房屋浸水，另一条连通到一个地下大水槽，它将为喝水、做饭、洗涤和清洗仪式尽责。

不过，少数人注意到，在这种住宅里可以轻易发现人们那时从地下水槽即水井里提水的方法。在悲剧诗人的家里，"真正的水井"是一个雪白的大理石缸，外部带有很多槽痕。惊人的是，差不多总能看到绳子的摩擦在边沿上留下的深深的痕迹，因为它要一天数次把装满水的桶伴着它的金属把手发出的叮当声拉上来。那些擦痕是名符其实的、能够记录一个罗马家庭的日常生活的"黑匣子"。

我们注意到一个奇怪的现象：墙上没有窗户。罗马人的这种多慕思确实像"小碉堡"，正因为它们来源于古代的式样和生活习惯。唯在某些房间的高处有又小又窄的窗洞，更像通风口或者监狱的小窗。假如你们留心一下，还能看见用来防止小偷侵入的已经生了锈的铁栅栏。

事实上，盗窃那时候就已经成问题了。还不是小问题。当时没有现在的这种银行，所有的金钱和贵重物品都保存或藏匿在家里。一次精心谋划的偷盗所产生的破坏性远远大于现代的。证实这一点的还有那时候的辱骂，在庞贝这边肯定也是普遍的。

一般，当一个人辱骂另一个人的时候，骂人者"抛出"的其实是自己最担心的那些，是他最大的恐惧：罗马时代"奴隶"和"窃贼"是使用最多的辱骂。这也表明失去公民身份（及其种种好处）或者个人财产曾是普遍的担心。

仔细想想，行政和诉讼的合法权益是为有罗马公民身份的人提供的，而一笔可观的财富又能保证更多的好处，所有这些是一个人在罗马社会攀附和图谋一生发展的基础和能力。

可是，如果没有窗户，那如何采光？

天花板上的敞口不只是让水流进来，而且还让一道光的瀑布涌入家中，如同出自一个翻倒的喷泉那样扩散到所有的房间。地板由洁白的马赛克加上少许黑色小方块铺成并非偶然：它产生类似于白雪的那种反射光，把光芒投射到各处。

如我们此刻看见的，就是留一点儿水在池子里，深度仅几厘米。当阳光照入敞口，变幻的反射光和水涟投射出缕缕光线，在墙面的壁画上摇曳着、抚弄着。有些家里的池子边沿有几尊经常被改造成喷泉的小雕像，力图营造一个由喷流增添生机的宁静环境。

奇怪的是，悲剧诗人之家里面没有主人，他们可能因为某些家庭事务外出了，或许为参加一场婚礼。但是奴隶们都在，他们组成宅子里的所谓的家人。其实奴隶根本不属于氏族，不是真正的亲属，但是无论如何，他们处于主人的管制之下。

我们听见一些木头梯级发出的嘎吱声。的确有一个楼梯通往楼上。奴仆们就集中住在这里，这是所有奴隶的寝室，奴隶的房间像一顶冠那样围绕在屋顶的"漏斗"一周，在今天，我们所有人都想住在更明亮且风景更好的楼上，但是对于罗马人，高档楼层是下面的那层。

事实上，前厅是一个具有代表性的房间。从木楼梯上走下来的奴隶苏切索，现在正从井里提水，轻轻倒入放在一张洁白的大理石桌上的一个漂亮的青铜水罐里。

这些有着狮爪造型的桌腿的桌子是贵族宅第里的一个传统，它们仿制的是古代置于前厅正中供全家人一起吃饭的桌子。在公元79年的庞贝，它们总位于水池旁边，桌面上常常显眼地展示着贵重的水罐，制作最精良的餐具和银制器皿。它们与质量上乘的壁画和装饰品一起，使任何人在第一眼便能看出这个家庭的生活水平。

嘎吱声再次响起。一些奴隶在下楼。

尽管主人们不在，可家中的事情必须照常进行，在那个把水倒入水罐的受信任的奴隶苏切索的监视下。他高个儿，秃顶，肤色黝黑，长着黑胡须。他已经在对他的十一个"同事"下达命令了。这样的一座多慕思配备了可与一个足球队人数相当的奴隶。

一个姑娘开始用一把高粱秸扫帚清扫前厅。另一个奴隶小心地给要得到持续"保养"的壁画掸尘，为了使它们的画质在时间的流逝中保存完好。第三个奴隶拉开一幅帘子进入一个小房间，以检查几盏油灯的状况。于是我们发现，有不少于五个房间通向前厅，有的装了门，有的挂着门帘。是些为客人或某些家庭成员提供的房间。我们向一间卧室瞪一瞪，它也布满了色彩和装饰。给我们留下深刻印象的，是一幅表现希腊人和阿玛宗人搏斗的装饰画。有一个装衣物的柜子、一张小桌和一张床。

今天，当你们在参观庞贝的一所房子时，要搞明白在喷发前房间里是否曾有过一张床，你们可以使用一个小技巧。家具一般是摆放在最里面的墙边的，往往会在墙中的一个浅浅的壁龛内。假如你们看不见壁龛，那就看地板，常常有一个单独的马赛克饰图，一个长方形"岛屿"，差不多就像床的"影子"投在地上的装饰画上。

那么自然就会冒出一个问题：罗马人怎样睡觉？床的结构相当复杂，事实上它有三个高突的边沿（你们设想取来一个鞋盒并撕去其中一个长边）。而网状床板则是由皮带编织成的，富人家里的床垫经常是羊毛的。但是很多人，尤其是不富裕阶层则使用干草。

很难说这样的床是否舒适。主要是个习惯问题。

无疑，我们今天拥有"高科技"的床、床板和席梦思。而这些床则更会让人想起奶奶的床……

罗马床的特征就是铺有羊毛毯：它们总有彩色的（红色、绿色或者天蓝色）条纹或镶边，如在很多壁画上看到的。

我们靠近床便立刻发现，床沿上有马头或小孩裸体像的青铜装饰——另一个富裕的象征。不过，使我们吃惊的是枕头上方的一个奇怪的构造——它是"床头灯"！

像我们有一盏灯在床头柜上或在墙上那样，罗马人经常在床头固定一个棉的或蜡的灯芯，以便晚上看书或思考。拉丁语名词"床"和现代动词"冥思"（lectus lucubratorius）即由此而来。

而床腿无疑是有趣的。它们的外形经过车床的精细制作而成：每条腿逐渐往下会增粗然后变细、接着重又增粗。就像一摞盘子和香槟酒杯交错叠放那样。最终支在地上的那部分是一段很细的支柱。它们是有"高跟"的床。

还有很多凳子和椅子都有着这样的腿。这是古代陈设的传统式样。

我们出来并跟上女奴爱沃娣娅。她从大理石桌旁走过，进入一间完全对着前厅敞开的大房间：那是主人的书房。他在这里接待他的客人和生意合伙人。在镶嵌着象牙片的大木桌上放着卷起的材料、印章和一些用作签订协议的特殊木板：上面包着一层蜡，然后在需要写合同条文的时候，将用一支青铜笔刻上字。在它后面后有一个存放其他资料的大橱。

于任何一个进入家中的人而言，那间我们刚刚经过的位于华美的前厅尽头的书房，差不多就像一座神庙里的神像室，多慕思的私密圣堂。有一位主人在等着你们，要和你们商谈。除此，前厅在古代一直都是家宅的中心，它的名字来自 ater，意思是"黑色的"，"阴暗的"，暗指给火炉——家庭生活的核心——熏黑的墙壁的颜色。很多人家就是把全部家庭卷宗都保存在书房里的。

一个有趣的现象：从前，书房里还安置新婚那天的婚床，所谓的 lectus genialis。

女奴爱沃娣娅用一把绒毛掸子仔细地掸去桌上、搁板上和资料上的灰尘，然后走进一间与前厅隔开的小房间，一个厢房。它的大小差不多就如一间储藏室，但是，它的地板上镶嵌的精致的马赛克向考古学家们表明，这里曾经保存着某些非常重要的东西。是什么呢？

我们看着女奴爱沃娣娅轻轻拉开门帘，那些重要的东西呼之欲出。圆环在挂帘子的青铜杆上滑动。这幅小小的"台幕"拉开，会聚了这部家庭史的主要成员——是所有最重要的祖先（imagines maiorum），那些给家族增光添彩的逝者的面模，若想在罗马和庞贝的上层社会中得到承认而展示自己的信用，它们被看作值得出示的真正的名片。拥有可向客人们展示的有名的和高贵的祖先的面孔（在特殊的橱柜、壁龛里，或者在家中的厢房里砌造的小柱墩上），与其他家庭相比，尤其较之那些尽管有钱有楼却没有值得夸耀的高贵出身的自由奴，的确是有区别的。

爱沃娣娅在苏切索持续的监视下，极其小心地为每个面模掸尘——犹如一个小小的蜡像馆。但于我们，那些面模在说明另一回事：倘若你们要自问，为何罗马人的雕像与希腊人的和埃及人的那些相比肯定要更"真"和更写实，答案就在你们的眼前。当需要完成一些重要人物（不一定非要皇帝或元老院议员）的雕像时，是以这些面模为基础的。所以连脸上的全部缺点也会复制。皱纹，黑痣，秃头，双下巴，它们首次自由无羁地进入了历史，没有艺术标准的过滤或推销员们对原版的必要改良。

我们当中任何人都永远无法知道一位法老是否有招风耳，或者有点儿秃顶。罗马人相反，他们极力将其表现出来：不用"过滤"，我们就这样。这就是我们经常驻足长久地打量一尊于两千年前雕刻的半身像的原因：我们觉得它更逼真、更吸引人，仿若一张黑白照片。

继续我们的探索。我们重新回到书房并继续往进。在这个房间之后有一个更让人惊叹的房间。主人的办公室其实还朝向一个内花园。宅第的这三个一眼便能尽收眼底的地方连在一起是震撼人心的。花园真是一座绿岛：它种植了由园丁的剪刀巧妙地修剪出造型的观赏植物和芬芳的矮树丛，如爱神木或锦熟黄杨。

一座座立于花木之间的小雕像给予这个地方一种非常雅致的气氛。花园的三面被一条十分漂亮的小柱廊围绕，可以在带柱廊的内花园散步和聊天。

尽头的墙壁是任何一个进入宅院的人的视线所到之处，它被一幅美丽的壁画装点着，表现的是一道木栅栏和一座梦幻般的花园。它给人的错觉是，宅第的花园继续延伸至墙外。非常吸引人的"视觉陷阱"①。这种壁画的名称能让你们明白它们有多美：paràdeisos，按照字义理解是"围起来的花园"。

假若前厅构成宅第"公共的"和代表性的部分，而这座花园则是那个"私人的"核心部分。它的四周是主人们卧室，厨房（连带厕所）和经常提及的可以舒服地躺着吃饭的地方，被称作餐室。

我们从一扇侧门来到街上，在人行道上往右拐，走着走着我们遇到一个奴隶，他因提着一大筐叠得整整齐齐的布料而显得行动不便的样子。显而易见，他来自一个洗染作坊，也许这是他第一趟送货。我们跟上他……

庞贝式的装修

我们看着奴隶那双瘦骨嶙峋的腿，他的膝盖肿胀，踝骨也同样如此。他瘸得很厉害，尽管还十分年轻。尤其是，他的双腿有一种

---

① 原文此处为法语。

近似蓝色的奇怪的颜色。

这一切皆因在洗染坊连续不断地捣布料和衣物造成的。这是一种在短时间内便将年轻的奴隶们摧垮的艰辛的工作。显然，这个小伙因为不能再在作坊里干活了便被派出送货。

转过一个角落，奴隶进入另一座宅院的大门过道里。那是小喷泉之家。我们根据一些记载了解到，它属于某个艾尔维奥·维斯塔莱。他甚至没有一个用于展示他的先祖们的小"蜡像馆"。如考古学家萨尔瓦多瑞·齐若·那帕假设的，他其实可能是坡马里（pomarii），也就是蔬菜水果商行会的头！

如果是这样，他当然没有像悲剧诗人之家的房主那样值得夸耀的高贵出身。但是他确实挣到了很多钱，既然他现在住在庞贝的比佛利山。正如我们接下来将要看到的，他不是"新富"中唯一一个。

他的家是由两座多慕思合并而成后被他这样分隔的：一座改成了一种"奴仆区域"，它和另一座房子相连接，那里住着主人及其家人。

他的多慕思与我们已经描写过的那座很相似，顺序依次为走廊、前厅、书房、带柱廊的内花园。我们就不再重走了。现在我们对罗马时代的一个富豪的典型宅第的布置更感兴趣。

我们穿过奴隶的那一部分进入家中。一个奴隶正在检查小伙送来的布料清洗效果，将它们对着光仔细查看，发现污迹就糟了。我们继续前进。

最令人印象深刻的是，罗马人的布置较之我们的着实是简单、基本的。它的目的更在于功能而非美观。

在我们的家中，墙壁是光秃秃的，而室内却放满各种家具：桌几、椅子、沙发、小沙发椅、衣橱等。对一个罗马人来说，我们的家就好像一个仓库，于他，行走时不碰到什么东西大概是困难的。

罗马人的家实际上正相反。墙壁上有异常丰富的图画和饰品，它们似乎使你们觉得墙那边有一个实际的世界。房间是"空的",家具是朴实的。里面的几样东西常常被垫子和罩子遮盖着。我们朝一间卧室探了探头,那是一位家庭成员睡过的房间:床还乱糟糟的,有待奴隶来整理。

家具和物品减到最少,除了床之外有一个凳式箱子或者难得会有一个衣橱,然后有一个夜壶、一个水罐和一个用于洗漱的盆。就这些。

衣橱是罕见的,更受欢迎的凳式箱子与我们的柜子或箱子(arcae vestiariae)相似,衣物和毯子就存放那里面。埃特鲁斯人和希腊人不使用衣橱,它是罗马人的传统家具。然而,罗马人自己也不大使用它。衣橱的不普遍说明有别的东西更好地替代它们:放置各种物品的常常是带货架的储藏室,或是墙上简单的壁龛,装有小门——地道的高级木器。最后,存放珠宝首饰和贵重物品的有小匣子,房间里到处可见。

在富豪们的家里绝不少见的是保存金币、资料和银器的保险箱。它们有围栏形状的金属加固和球形捏手。有一些,如发现的那样,还装置了隐蔽的开关,比如由任何人都可能会视作装饰品的雕刻的头颅构成。它们几乎总在前厅里,放在厅室的一边。宴会和会客期间,它们由一个看守奴看管着。

罗马人的家里有各种不同的桌子,它们可以是圆的或长方形的,有些甚至是折叠式的,有三条腿或四条腿。最常见和最受欢迎的小桌有三条腿,经常是狮爪形状的或者羊蹄,还有马蹄造型的。宴会中能见到它。

我们在一个房间的角落里观察一下这样的小桌。为什么是三条腿呢?答案是简单的:因为这样它们就不摇动了。在酒吧或饭店里,你们有过多少次是在有着四条腿的、不平稳的桌子边吃饭的?而三条腿能给予一个很好的支撑。古老的智慧。

罗马人的家中有各种可在上面坐或躺的用具,全都保养得很好。有青铜的或木头的折叠式凳子，没有靠背却有扶手的椅子，然后有通常是用柳条编织的、靠背弯曲的坐具。它很像我们现今在夏季使用的柳条"小沙发"。早上，罗马女人就是坐在那上面让人化妆的。有时它是如此的高，以致需要一张小凳子放脚。

一个趣闻：罗马人会带着困惑打量我们的单人沙发和我们的沙发的。那时候还没有它们，他们还不懂给椅子、凳子和沙发填料的技术，每次有需要时他们使用垫子。然而，有些铺满了垫子的、有高高的靠头的床可以被当作沙发用。不过它们当然不是用来睡觉的，而是在僻静的小房间里用作白天的小憩，或者是用在私密交谈时，特别是女人之间。

但是，一个很多罗马贵族都使用的装饰品在构思方面会让我们感到非常新颖——一种凳子，凳面是皮革的，如导演的椅子那样有点松垮垮的，用作搁腿的。

并非只有用于睡觉的床。还有其他种类为了不同目的而使用的床，当然咯，如设宴；我们已经见过它们了：特里克里尼奥餐榻。有时是砌造的，有时是木头的。

在我们行进的几个房间里我们发现了其他有趣的东西。比如有罩灯的雏形：一个三角支架带有一根很长的杆，顶端有一个放油灯的圆盘。考古学家们在埃尔科拉诺发现了一个令人叫绝的样品，特点是带有可拆卸的杆。把它装好和拆开只需几秒。可能曾用在家里招待客人的时候。

一如现代的很多有罩灯，它们装在角落里或墙上。用于照明的还有形状不同一般的、类似于枝形大烛台的油灯架，或者还可以使用漂亮的青铜雕像，其实它们是"被迫"有点低俗地托着油灯。

还有用链条吊在天花板上的吊灯，那是多口的油灯。一个趣闻：所有在庞贝找到的油灯基本都是陶土的。出土的所有油灯当中大约只有二十个是青铜的。确实是个令人感到意外的数字。喷发造成的黑暗导致逃命时使用这些油灯，这就解释了它们为何在住宅中少见的原因？事实上，有两个在路上发掘到的逃难者之一手里就有一盏这样的灯。

只是推测。但是不管怎样，它们在罗马人的家里是罕见的。灯笼更是罕见了，它们是装有玻璃护罩的煤油灯的先祖。

这张列表上缺少某种难得或者从来没有在考古方面留下痕迹的东西。在苏佩莱克提莱斯（supellectiles）——罗马人如此称呼全部装饰材料——当中，富豪们家里肯定曾有地毯（一个来自东方的风尚），墙布（某种像挂毯那样使用的东西，可惜在庞贝和埃尔科拉诺从未挖掘到，由于材料极其易损之故），窗帘，遮阳篷和挂在墙上的画。不要忘了显眼地展示在住宅中的半身像、雕刻、全套的银餐具（"好的"餐具）。然后是古老的花瓶！

比如，罗马人已经将埃特鲁斯花瓶或者埃及的制造品视作"古董"了。庞贝人的家中有时把希腊的上好瓷器当作真正的杰作陈列着。

我们对小喷泉之家的游览就结束在给予这座建筑名字的地方——内花园。它怪异地位于一个角落里，仅两边围有庭院的传统柱廊。不过也足够给一个小小的杰作做框架了。有一个状若抽屉的构造贴在一面有壁画的墙上。它被用玻璃熔浆做成的小块儿的镶嵌物拼成的色彩艳丽的马赛克完全覆盖。正中开了一个半圆壁龛，其上端放置了一个戏剧面具和一个单臂挟住一只鹅的青铜小孩。

随着我们的靠近，花园的宁静将我们包围。那个构造是一座花神庙。一如名字所提示的，原本它是献给花神的一种神圣建筑。事实上它是对罗马的贵族宅院的一种最低纲领派的引用，那里的这种地方经常用来准备宴席和用作消遣。它的主人意在显示他也拥有一个……

一个超级富豪的府邸：法乌诺之家

我们走出多慕思。重新回想一下我们之所见——悲剧诗人之家是传统的罗马多慕思的结构，还有庞贝富裕房主的典型的装饰。

但是这一切都有惊人的变化并且更加精美，特别是在转到那些更富有和更有权的家庭时。就在同一个居民区相隔数十米之处便能找到一个例子。它就是名扬四方的法乌诺之家。你们想想看，这个为富人而建的住宅区由整整十七个四面临街的建筑群构成，其中一个就完全被这座雄伟壮观的宅院占据，占地三千平方米。悲剧诗人之家可以轻轻松松地建造在它的花园里……法乌诺之家是庞贝最大的宅院（见第一部分插图第2页）。它有一个前厅，约三十个各种用途和大小不一的房间以及两个柱廊内院。一个真正的杰作是前厅的天花板（可惜今天没有欣赏它的可能了），它通过一个由几根交错的巨大的梁的复杂结构来自我支撑。

一眼望去，这个天花板能让任何一个进入住宅的人叹为观止：它穿越整座房屋，从前厅到书房，再到第一个柱廊内院，然后到尽头直至第二个花园。

不可能把全部出土文物都描述出来。从给予了这座房子名字的青铜法乌诺雕像开始，它位于前厅正中的承雨池里，但并不像今天所见的那样在池子中央。事实上，它原本被固定在边沿的一个底座上。

马赛克更甭提了。从那些独特的开始，譬如一只用爪逮住一只公鸡的猫，到那些异常现代的，比方三只白色母鸽从一个小匣子里拖出一条珍珠项链……不过，使这座宅院如此有名的，当然是那幅描绘亚历山大·马纽战胜大流士的伊苏斯战争的马赛克图，由大约一百五十万个镶嵌小方块拼成！（见第一部分插图第2页）

你们没看错，一百五十万个小方块镶嵌！有时小到如同一片指甲。一个至今仍会震撼任何人的无与伦比的杰作，不过只是杰作的一个复制品，原件则搬进了那波利国立考古博物馆。那使人感到惊异的是那些细节和眼神：如亚历山大那自信的目光，逃走的大流士那惊恐的眼神。更不用说一个倒地的波斯士兵的目光了，他的脸映照在他的大圆盾的内壁上。一种光线的明暗技巧使我们充分领悟了从前的工匠们的精湛技艺。

可是这幅马赛克图并不是罗马人的创造，它原是希腊的一幅名画，可能在古代就已遗失了，法乌诺之家的房主决定要在他的家里复制。就这样，最好的匠人们（可能是在用多彩的镶嵌小方块完成彩色马赛克方面非常熟练的北非工匠）来到这座雄伟华美的宅院，在此地用一个一个的小方块镶嵌完成了马赛克图。它铺在家中的关键部位，在多慕思的两座花园之间的敞开式座谈间下面。

我们回到公元 79 年的庞贝，那里有一位贵妇人茱莉娅，她裹在一条必不可少的帕拉里打量着我们刚刚描述过的马赛克。我们看着她站在这个近似一块绝美的石头地毯的杰作前，无数次地凝望它。她经常这么做，它的美丽她永远看不够。

她是这个富裕家庭的一员，她住在法乌诺之家，这里是她最喜欢的地方之一。她突然抬起眼来。柱廊庭院里的孔雀这天早晨表现反常，它们显得十分烦躁，最胆小的那只雌的没有出现。平时它是直接从女主人手里衔取食物的。但是今天发生了某种怪异的事情。某种令它们惊恐的事情……

一个女奴低着头，无声地、恭敬地靠近她。低声告诉她早餐准备好了。茱莉娅迈开了缓慢优雅的步子。

可是，为贵妇开路的女奴在试图打开一扇大门时遇到了困难。于是她叫来另一个男奴，俩人用力推。加入了第三个非常壮实的奴隶，几次猛推才使门打开了一点点。茱莉娅止住他们。这样会把这扇古老的精致的门弄坏的，最好还是走另一条道并叫人来修理它。

他们再次起步。心生疑云的贵妇人要求检查沿路的各扇门。有几扇可以自如地打开，其余的却会刮蹭地板。似乎全都歪斜了，可昨天还能轻易打开的……夜间发生了什么事呢？

将至的喷发导致的地面变形使得住宅中产生一些小变化，比如门剐蹭地板或者打不开。不仅如此。

一小群人此刻已经来到房屋东面的私人浴室。鉴于它的规模，我们可以将其称为一个"浴室区"，虽小然设施齐备。一个奴隶弯腰捡拾地上的玻璃片。他抬眼并指向高处的一扇差不多是个天窗的密封小窗。玻璃上有一条长长的裂缝，它缺了一块。对啦，掉在地上碎了。因为玻璃是固定地镶在墙壁中的，只需墙的一个轻微晃动便能使其破裂。贵妇人对着破了的窗户投去挑衅的一眼：每天都有意想不到的事。这一切意味着再次的整修和支出。她耸耸肩走开，去享用早餐了。

她不知道她正在度过她的生命最后几小时。考古学家们将发现，茱莉娅是被别墅塌落的房檐砸死的。她的骨架将在靠近那块有名的马赛克图的前厅的火山砾里面被挖出并不意外，她躲避在了它的近旁。今天，当人们停留在法乌诺之家，一边拍照一边和其他游客闲聊，鲜有人知道这一点。

别具风格的彩绘墙壁……四种风格

总之，罗马人的家和我们之间最大的区别是什么？最明显的那个我们已经看见了——是颜色。罗马人会为现代人的家，而且还有衣服、装饰和雕像缺少色彩而感到吃惊的。

于我们而言，一座大理石雕像就应该是白色的。罗马人的雕像却是十分艳丽的，他们不使用素净的颜色，而用引人注目的色彩，有点像一位老太太的妆颜。

对住宅也同样如此。对他们来说，白色的墙面不是明亮和洁净，而是贫穷的同义词。罗马人的房屋内部根据一种常见的模式彩绘：墙被分成三截。底下那截（墙根）高几十厘米到一米，使用单一的颜色和简洁的点缀。中间一截最阔大，它真是一种色彩和绘画技能的狂欢，它常常会影响到那窄窄的、连接到天花板的第三截。最漂亮的装饰在这中间一截上完成，它被用暖色，如庞贝红和黄色，或用黑色划分成一个个"镶板"。最美的画就在这些镶板内，它们被绘成一块一块的壁画，采用的是一些影响深远的神话故事情节。它们用来打动客人们，用来传达与这个家庭紧密相连的一种德行。从前的神、英雄们，或者有时还有别墅（可能是自家的）为家族的高雅和优裕做"宣传"。

在这些壁画和将其容纳的彩绘镶板的周围，总有一些小巧的虚构建筑的带柱顶的细柱，连带着五分之一名副其实的屋顶、极窄的拱顶和柱廊——为了营造立体感。一种绝好的立体效果将视线引向美妙的风景，那里有时会出现戏剧面具，枝形大烛台，盛了水果的罐子。目的是使墙壁好似一扇开向虚幻的风景的窗。想象的天地消失在地平线上。图画"突破"墙壁，一种为房间拓宽视域的方式让视线在没有界限的大地上游移。

就是在这种情况下谈及绘画的四种风格。你们都听说过这个，但这种表达是什么意思呢？为了使你们在庞贝的一所房子里一眼便能看懂所用的是哪种风格，我们以非常简单的方式来努力概括一下。你们将看到，每一种风格还讲述着一个不同的历史时期。

第一种风格。它起源于希腊，萨姆尼人采用了它并在定居庞贝后对其加以广泛使用；我们可以把时间跨度定在公元前150年和公元前80年之间。墙被弄成大块大块正方形的、凸出形成一面假墙的灰泥层覆盖了。画师们在上面仿照了外来的、昂贵的大理石颜料（雪花石膏，孔雀紫云石，云母大理石，红斑岩等等）。顶端常常有一条油灰白框。还能见到这样的实证，比如在法乌诺之家，那尊有名的雕像所在的前厅就完全是这种风格。

第二种风格。罗马人来到了庞贝。这种风格大致经历了基督诞生之前的八十年，苏拉、恺撒、马克·安东尼、克莱巴特拉和屋大维的时代。

在灰泥上描绘新型的建筑,不再是一个个大方块了,而是柱子、神龛、拱廊,然后是消失在地平线的五分之一的房屋或者柱廊。当每一面被如此描画的墙围绕着你们时,你们会有置身于一座庭院里的感觉。有时还有人物。它意在达到使墙似乎和几条巧妙的便道一起向外而开的目的,方法尽管简单然而十分有效。有趣的是,这些墙壁仿照了舞台布景。这有点像今天我们把电影海报或者名歌剧布景挂在我们家的墙上那样。这也部分解释了绘画的建筑超现实的特点。

第三种风格。开创帝国时,它随着奥古斯都诞生。这种风格延续了大约半个世纪,直至克劳狄的朝代。柱子、拱顶、立体建筑缩小了,它们变成了近乎写意的建筑,竹竿似的。与患厌食症般的建筑交错出现的是高耸的植物杆子和枝形大烛台,它们有时取代描画的柱子。一个小窍门:当你们在看古埃及风格的画像或者装饰时,你们极有可能正在欣赏用第三种风格完成的画作。公元前 30 年,罗马在征服了埃及的同时带去了罗马人文化的各个方面(从宗教到艺术)。因而在他们的家中也是。

第四种风格。自克劳狄的王朝(41—54 年)往后,也就是直到火山喷发时,罗马人的某些思想起了变化。他们长期按照奥古斯都的严格的道德标准生活了数十年,至少说来如此。如今,在克劳狄尤其是在尼禄的治下,罗马社会沉溺于奢华无度。正是在罗马,从朴素的奥古斯都府邸过渡到那座丰盈富足和极度骄奢的金宫,对啦,它就是尼禄要求建造的,在公元① 64 年的那场大火之后。跨越这种精神的首先是罗马社会的新主角,即升了官发了财的前奴隶队伍,一个处于上升中的阶级,以无度的挥霍和穷奢极欲的宅院,不惜一切代价地要展露它的财富。因此在墙壁上会出现什么?画工

---

① 此处原文为公元前。

们重新回到第二种风格的建筑物老路上，可是他们没有分寸地大肆夸张了。所以它就变成了第二风格的"巴罗克"。一如安东尼奥·瓦洛内所强调的，墙壁是那个时代社会的一面镜子。

建筑物变成大胆的，不真实的，不可能的，科幻式的了。装饰堆集和重叠。颜色变得鲜明，带有巨大的反差。对于一名观察者，一个典型又特殊的标记是在有着神话故事情节的壁画旁边的那些"默默无闻的"板块，它们成为开向虚构建筑图景的"窗户"。总之，第二种风格的那种写实主义的特点没有了。

它由以前的代表假想风景的"错觉"风格过渡到了极具"影射"的画作，它们为房主的财富传递出一个明显和庸俗的信息。

在庞贝，第四种风格要比另外三种普遍得多，不仅仅因为喷发时流行那个，更因为，如已经提及的，十七年前发生的一场最近的大地震，修缮都是以那个时期最受欢迎的这种风格来完成的。依某些学者来看，在观察经不同的手笔彩绘的墙壁时可以想象，至少有十七个画师同时在庞贝工作。

两个前奴隶的奢华宅院

庞贝

公元 79 年 10 月 23 日 7：30

距喷发差 29 个小时 30 分钟

HIC FUIMUS CARI DUO NOS SINE FINE SODALES
我们俩在这里待过，永远是同谋。

我们继续我们的路线。街道上的人越来越多。但是我们看不见缓步慢行在人行道上的庞贝富人或坐着轿子的贵妇人，是的，他们还在他们的多慕思里面呢。这会儿主要是些忙于送货的奴隶，或者带着购物单的仆人。假如我们可以明确地标出他们的路线，我们会发现，他们形成一张逐渐遍布全城的"蜘蛛网"。

在一个角落里，拐弯时我们差点被一个带着筐子的小伙撞倒。就在我们擦身而过的同时，我们的目光彼此交错。瞬间的意外之后，我们认出了他。他是今晨给我们面包的那个小伙。显然，此刻他正忙着送货。他对我们微微一笑，继续快步赶路。在他身后留下一阵刚出炉的面包和刚烤熟的甜品的味道。如同落在脸上的一个热烈的抚摸。愿望太强烈了……

我们开始跟踪他。他要把这些面包送给谁呢？

我们从豪华的多慕思门前经过。我们所窥视的正门里面向我们揭示了清晨时分的日常生活的许多小细节。

在一道正门的尽头，我们看见走过一个身着红色土呢卡的姑娘，她正在把头发绾向脑后；另一道门里，一个奴隶跪在地上擦洗着前厅里的马赛克；接下来的那道门里，一个主人在对集中起来的奴隶们下达命令，他们低头聆听着……每所房子对我们描述着庞贝人的生活的一个方面。在这个住宅区，我们真的可以欣赏到他们的奢华生活。

我们的目光重又投向小伙顶在头上的筐子，它随着他的步子的节奏在晃动着。当他停下并敲了敲有着两块门扇的大门时，我们抬起了眼睛。

房屋有两层楼。又是一座豪宅，是维提奥家。考古学家们在庞贝发现的最美的房屋之一。

维提们是兄弟俩，敖罗·维提奥·孔威瓦和敖罗·维提奥·莱斯提图朵，过去曾是奴隶。当他们的主人将他们释放后，他们在庞贝社会青云直上，直至他们自己也变成了主人，现在他们拥有许多奴仆。不过，他们保留了他们的低微出身的全部愚昧和粗俗。有人会说"暴发户"，罗马人会称其为新人（homines novi），今天谁想简短一点会说"边缘人"或"乡下佬"……

不管怎么说，现在他们是富有的地主，以经营葡萄酒和土产品赚得惊人的财富。兄弟俩中的一个甚至还是奥古斯都信徒教会的成员，即以很多神庙、仪式等把奥古斯都奉为天神的信奉者。

一个奴隶把门打开，将带着筐子的小伙上下打量一番后让他进去。我们跟上他。

第一印象出人意料。过道依然被夜寒笼罩着，使人发抖。昏暗中我们觉察到一个男人的身影纹丝不动地贴着墙。他是谁？走几步后我们看到面前一幅非常有名的壁画，如今印在所有的书和明信片上——他是普里阿坡。在这里他被塑造得几乎滑稽可笑，神把他那巨大的性器官放在一架天平的一个秤盘上，另一个上面有一只装满钱的小袋子，二者重量相等。这幅壁画的意义何在？

它传递的是一个美好的祝愿,那上面的性器官标志着生命,因此也就是健康,它与钱币即财富等重。健康和财富是主人们的生活目标,他们为家祈求保护,使噩运、嫉妒和灾祸远离大门口。这还没完。天平底下画着一个装满水果的漂亮的筐子,以示宅院和它的居住人的好运。

带着面包筐子的小伙被一条不错的小小的壁文所吸引而停住了,它就靠近出口,可能便于路过的人或者随便哪个送货上门的人看见,比如这种情况。文字写的是:"爱妩媞琪德(Eutychis),仪态万方的希腊女人,两阿塞便可委身。"在这座多慕思,有个家中的女奴以极其低微的、相当于一杯中等品质的葡萄酒的价格,向任何人卖淫⋯⋯可能吗?

今天,谁也不会在家门口写保姆卖淫。我们更不会在城里最富有的家庭之一的住宅看到这个。然而在罗马时代,很多事情都不一样。这里也明摆着是一种投资(在这种情况下是投资人),它应该一直盈利。无所谓怎样,无所谓多少。从某种意义上来说,这种情况也是"钱不臭"。

小伙用双臂抱着筐子往前走。走廊把我们引入前厅,那里打开一道非凡的舞台布景。从进门处便能将家中的传统顺序尽收眼底,走廊、前厅、柱廊内院(带有花园),一如既往没有隔墙。好比把你们家的墙壁拆除了,视线可以进入你们邻居家的客厅,然后抵达另一个住户的栽了植物的晒台上。

前厅很大,布满了壁画和彩绘。上面是巨大的方形屋顶敞口,几个狼头和几支棕榈枝从那儿伸出,充当滴水槽。

两个巨大的保险箱引人注目地放置在两侧墙边。现今,有保险箱的人是要将其藏在橱里或者画的后面的。而在罗马时代恰恰相反:财富是要炫耀的,保险箱应该被刚进入家中的所有人看到。当然,它们得是大体积的!维提兄弟俩的几个保险箱都是可观的,它们带有铁杆和青铜球形把手。墙壁颜色以赭石黄为主,中间有漂亮的神话故事壁画（勒达和天鹅，达娜厄和化作金雨的宙斯）的房间分布在四周，它们边上的彩绘过道把大藤架送向远处。相隔两千年，今天依旧会让人在面对它们的雅致、匀称的比例时感到吃惊。它们无疑是庞贝最好的壁画师的作品，也许他们来自外地……

小伙也被这么多漂亮的东西震住了。他的粘了面粉的脸向着房屋尽头的美丽的花园打量着，里面的雕像隐约可见。一切都是如此的静谧，空气中弥漫着一股十分怡人的香味，显然是放在火炭盆上用来为多慕思的主人们的房间熏香的高价外国木柴。总之，在这些宅院中，空气竟然也是富人式的。

维提家的房子很大，它也是由两座不同的多慕思合并而成的。小伙伸长脖子，他想看看那边有什么，可是肩上的一只手粗暴地把他打发向一个通往客厅的小过道，把他带往专门给奴仆使用的区域。

从开始的几步起，一切就已变样了。一个迥然不同的世界。沉寂被众人的叫嚷所替代了。东方木柴的清香停在了门口，这里闻到的只有厨房的强烈气味。

第一个房间是两座老多慕思之一的过去的前厅。它较小且僻静，中间的池子不是大理石，而是凝灰岩。小伙的注意力被来自他左边的一阵低声细语吸引了。一面墙上有个显眼的家神龛——家庭"小神庙"。这样称呼它没错：用两根柱子支撑着一面三角形山墙，它的确具有神庙的外观。至于崇奉，这么说吧，就是家庭崇奉。

为主人们所信任的自由奴和另一个奴隶一起，正闭着眼睛在完成一个仪式，手掌向上。他的祈祷使置于家神龛正中的大理石小祭坛上的小火焰摇曳不定。他刚刚把面包揉碎在祭坛上，此刻在祭献一点儿葡萄酒，使其落几滴在边沿上。

壁龛里面有几尊青铜雕像：一尊是墨丘利，买卖（但也是小偷）的保护神，以及两尊家庭保护神拉尔的造型。他们的名字来自埃特鲁斯语 Lar，意思是"父亲"。事实上，这种神是祖先的灵魂的化身：他们保护家族，抵御疾病、意外、死亡和任何其他可能会落到住在家中的人身上的不幸。对古代罗马人来说，以家神的名义做的这些仪式，就等于为火灾、失窃和其他任何家庭意外买的保险。在庞贝这地震频发的地方，它是一种非常虔诚的仪式。

所有的考古文献提到这个家神龛总要加以描绘的是壁龛内的漂亮壁画。可以见到两个舞蹈着的拉尔，他们被塑造成两个长发青年，土呢卡随着动作而飘拂起来。每人手中举着一个装满葡萄酒的兽角（rhyton），正待通过角尖上的一个洞斟入酒杯，或直接在宴会中倒进一张张开的嘴巴里。在这两位神中间站着一个穿长袍的盖着头的人影：是位神，一位保护神，家族命运的仁慈的看护人。他们的脚边有一条如巨蟒大小的蛇。它是阿噶托德莫内蛇，代表家族始祖保护神。

总之，你们明白了，这种神庙在罗马人的头脑里就相当于一枚命运"避雷针"，管控和保护生命、房屋，甚至还有主人们的事务。

我们还是跟着继续前进的小伙，他正抵达早晨这个时间里家中的繁忙中心——厨房。在前厅便听见从这里传出叽叽喳喳的声音。一些奴隶，女人们和男人们，正在准备做饭。有的在一块磨损的砧板上用刀切豆，有的用一把木勺在一种小锅里搅动着，有的在操作着磨。

气氛是饭店里的那种，有更多的工作人员，全都在厨房里忙碌着，这间屋子的重点就是灶台。它是一个砌造而成的大台面，有几个锅放在一些三角支架上加热。它们下面摊着火炭。

小伙在观察着一个娇小玲珑又十分秀美的女奴，她在搬弄那个让我们看来好像一个奇怪的不知名的金属品，而罗马人闭着眼睛都能认出来……

是一块火镰。它非常普遍地存在于庞贝的房屋中，某种于我们而言像打火机一样普通的东西。然而，尽管它们在庞贝曾经难以计数，今天你们在博物馆却一个也看不见。为什么？

由于小而且是铁的，不宜保存：铁在氧化过程中膨胀了，使得它们难以辨认，在最好的情况下，火镰看上去常常像一个不起眼的铁疙瘩。在最糟的情况下，它慢慢碎裂了。

它曾有着怎样的形状？尤其是：罗马人如何点火？

火镰曾被使用了许多个世纪，包括我们的爷爷的爷爷也用过（火柴是十九世纪的发明）。在大多数罗马人的家中，点火需用一根小铁杆经过打磨的那一侧击打一个石块或者一片打火石。

事实上，它与拿破仑时期作战用的手枪和步枪是同一个原理：扣动扳机，一块打火石和铁的表面摩擦产生火星，那时火药就给点燃了。

罗马时代还不认识火药，所以每次要让击打出的火星落在一种替代底火的材料上——植物茸毛或薄薄的一片长在树上的一种蘑菇。火星并不使材料燃烧起来，只开始一点微燃，近似于我们可以观察一张正要烧起来的报纸的炽热边沿那样。如同一朵火焰的萌芽，需要放上易燃的东西，比如干草或其他，轻轻地吹一吹。先腾起一股烟，然后是火苗，火终于点着了。谁要是有经验，那姑娘就有，用不着三十秒钟就成，你们仅看懂操作方法可能就得花费很多时间。

我们还是和小伙一起重新回到维提家的厨房。此刻锅里正热着拌了辛香调味品的昨晚的肉。为什么？

它将和葡萄酒、橄榄、蛋、几条沙丁鱼、熟鲜酪和其他奶酪一起，成为主人们的早餐。是的，罗马人早上习惯吃喝前一天剩下的酒肉。加入这些食物的还有面包店的伙计送来的面包和饼。一般都是就着蜂蜜吃的，也许还将其放入牛奶杯里蘸一蘸。看不看得出它们是我们早上咀嚼的有馅的羊角面包的先祖？

假如这种肉、蜂蜜、鱼、蛋、牛奶、奶酪的混合让你们皱鼻子的话,那你们看看国际宾馆里早上提供的自助餐,你们会发现同样的食品。其实,是我们习惯了意大利式的清淡早餐。过了阿尔卑斯山脉,去北欧,到盎格鲁撒克逊和美国的社会,你们会发现,早餐有咸猪肉、面包、蜂蜜、烟熏鲱鱼或鲑鱼、色拉和香肠,它们是罗马富人的早餐的广泛复制。

送货的小伙哪儿去了?筐子在一个角落里,空了。点火的那个女奴也不在了,巧的是,她就叫爱妩媞琪德……

一个邻近厨房的房间是双人房,女奴就在那里卖淫。给付的价钱是如此之低,以至一个面包商的伙计都能和她在一起。在这间卧室的墙壁上至今留有不会搞错的它的实际用途的痕迹:明白无误的色情小画(见第一部分插图第8、9页)。每幅画描绘的是一对处于不同姿势的男女。

其余的奴隶对那事毫不在意。他们像啥事也没有似的继续说着话。食物刚一准备好他们便托着银托盘列队出去,托盘上放着早餐的各种菜肴。

我们跟着他们,穿过前厅来到那个小小的伊甸园,它是房屋的内花园。它给一个漂亮的柱廊围绕着,四周有花坛、杨树和灌木丛,因为在秋季,它们逊色了很多。

使这个地方显得绝妙的是喷泉和雕像。今天没开动喷泉,但在平时,花园中央会竖起一根直立的喷流,水流重新落回周边时形成一种水"棕榈"。一根柱子上靠着个抱着一只鹅的裸体小孩青铜像。在他对面还有一个一模一样的。有水的时候,从两只鹅的嘴里喷出细细的水流,不偏不倚射进一个大理石池子里。不仅只有雕像喷泉。花园中间再次出现普里阿坡。他是白色大理石的,在有宴会的晚上,从他那巨大的直立的性器官里会持续射出一道喷流。

有关"反常的"性在这个家中的别处还有。朝向花园的房间之一,墙上就有三幅壁画。一幅描绘的是代达罗斯向帕西淮展示一个母牛木雕，女人可以藏身在其内部与她迷恋的白色公牛交配。公牛和她的这个"反自然"的欲望都是波塞顿造成的，那次交媾诞生了弥诺陶洛斯。①

我们听见说话声——它们来自餐室，奴隶们在那里摆好了早餐的菜肴默默地走开了。我们靠上前，出现在我们眼前的是一场早宴。兄弟俩躺在特里克里尼奥餐榻上。我们这才发现他们是双胞胎。

这就解释了他们的古怪的共同生活，他们从没分开过，好像从未组建过自己的家庭。娘胎里在一起，生活中也在一起。由于过量的讲究的食品，在很多年里它们只代表一个空想，他们说话大声，夸张地炫耀取得的财富，虐待为他们效劳的奴隶。

自由奴的命运是古怪的：对处于那种为他们所熟知多年的处境中的人，他们非但没有怜悯，反而鄙视地对待他们，像是一种报复。

我们身边的一切都是奢华富丽的。壁画杰作比比皆是。兄弟俩的衣物上编织着金丝，他们躺在用雕刻过的非洲象牙片装饰着的特里克里尼奥餐榻上，在雕琢过的银杯里用餐，指上套着宝石大戒指。

但是，我们所见到的一切都只是对愚昧、粗野和他们的极其卑微的平民出身的一种笨拙的掩饰。我们此刻也能注意到这一点，而他们在嚼着口香片（罗马人对它的消耗量很大）和贪婪地摩挲着首饰盒，那装有他们意欲购买的首饰——一个珠宝商（gemmarius）的样品。

---

① 海神波塞顿因为克里特的国王米诺斯了他要祭献一头白色公牛的要求，作为惩罚，他迷惑了王后帕西淮，使之痴迷地爱上那头公牛并强烈渴望与之交媾；在帕西淮的恳求下，有名的雕刻匠代达罗斯雕刻了一头母牛供其藏身以便完成与公牛的交配。弥诺陶洛斯有着公牛的头和蹄，人的身体。

我们甚至在时隔两千年还能明白这一点。当考古学家们使这座美丽的宅院重见天日后,他们在餐室里发现了一些罗马时代的最精美和有意思的壁画,一条长边饰表现的是一个个从事着各种工作的美少年:一个有关手工业和耕作的小百科全书。

有一些描绘的是生活用品的整个生产过程,以便使壁画的内容丰富多彩:布料,香水,面包,雕琢器皿。还有整个采摘葡萄的劳作过程。

我们个个都为画师在这些壁画中的细腻的笔法、劳作和工具的细节以及美少年的俊秀而着迷。但假如你们离远一点,把所有边饰连起来打量一下,有个问题会自动跳出来:为什么是在这里?答案是简单的:向来宾们炫耀兄弟俩的财富来源。

在庞贝时代,它相当于在百老汇滚动着的流光溢彩的文字。它们不由得让人想起当时已去世十余年的佩特罗尼奥①在他的《萨迪利空》里描写过的场面。作品里讲述一场由特里马乔内安排的宴会,正巧他也曾是奴隶,在变得富有的同时始终是不可救药的粗鲁。在宴会期间,他让一个奴隶大声朗诵特里马乔内的全部产权和收益来源的单子。

任何看过这本书的人都会觉得,这是对生活在尼禄朝代的人物的一种令人捧腹的滑稽模仿,一幅讽刺画。然而佩特罗尼奥是对的,这些曾经的奴隶在富得流油后还是十分低俗粗鲁,在这里,在庞贝的这间屋子里也能感觉到这一点。那条"宣传边饰"说明了一切。不,简直能听见佩特罗尼奥在讲述和微笑……

---

① 佩特罗尼奥(又译佩特罗尼乌斯,27—66),古罗马的朝臣、作家和政治家。

广场

广场尽头是朱庇特神庙。火山喷发时，大理石层才重新铺上不久，有些部分尚未完工。

阳光灿烂的广场对面是行政部门的一间间办公室。

庞贝的高雅漂亮的多慕思

法乌诺之家的前厅:扑入眼帘的是层层叠叠的厅堂和内花园的全貌……

……稍微过去点,在一个开敞式座谈间里,地上有一幅关于亚历山大·马纽的马赛克图。

罗马人的多慕斯里那种开敞的建筑结构承载着浓烈的色彩、细腻的壁画,正如罗雷尧·提布尔提诺之家那样。

悲剧诗人之家饰有壁画的漂亮房间。前厅正中有承雨池和井。

公共浴室

庞贝斯塔比亚内公共浴室带柱子的回廊,是愉悦的会面场所。

斯塔比亚内公共浴室的热水浴室,盆里积存着洗澡水。

公共浴室

埃尔科拉诺公共浴室的实景图,其穿越 2000 年的色彩保留至今。

一个妓女在自己的小房间内。

"卫生间清洗过了。"纯洁的恋人之家的一条壁文,可能是奴隶写的。

平民的庞贝

鲁齐奥·维图佐·普拉齐多和阿丝库拉的饭馆的实景图,这是庞贝最有名的饭馆之一。把大缸砌在柜台中,可以通过柜台上的敞口,很方便地把豆类、水果等食物放进去。在紧张的喷发时刻,店主把当天的进款藏在那里。

爱和……性

热情奔放的秘戏壁画。

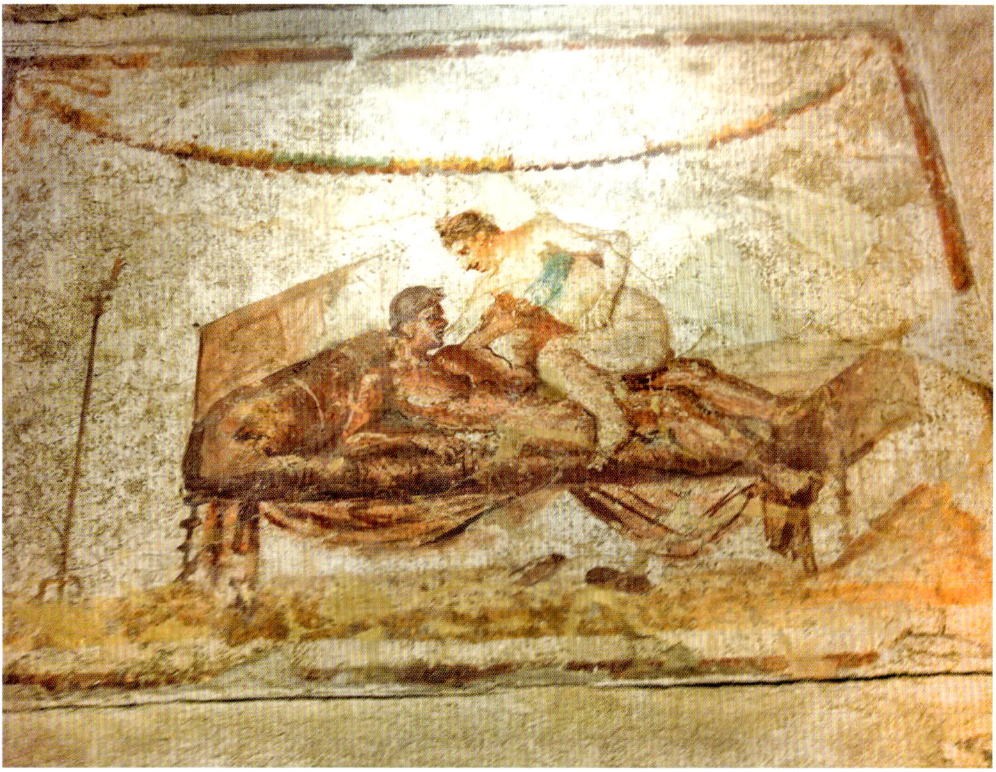

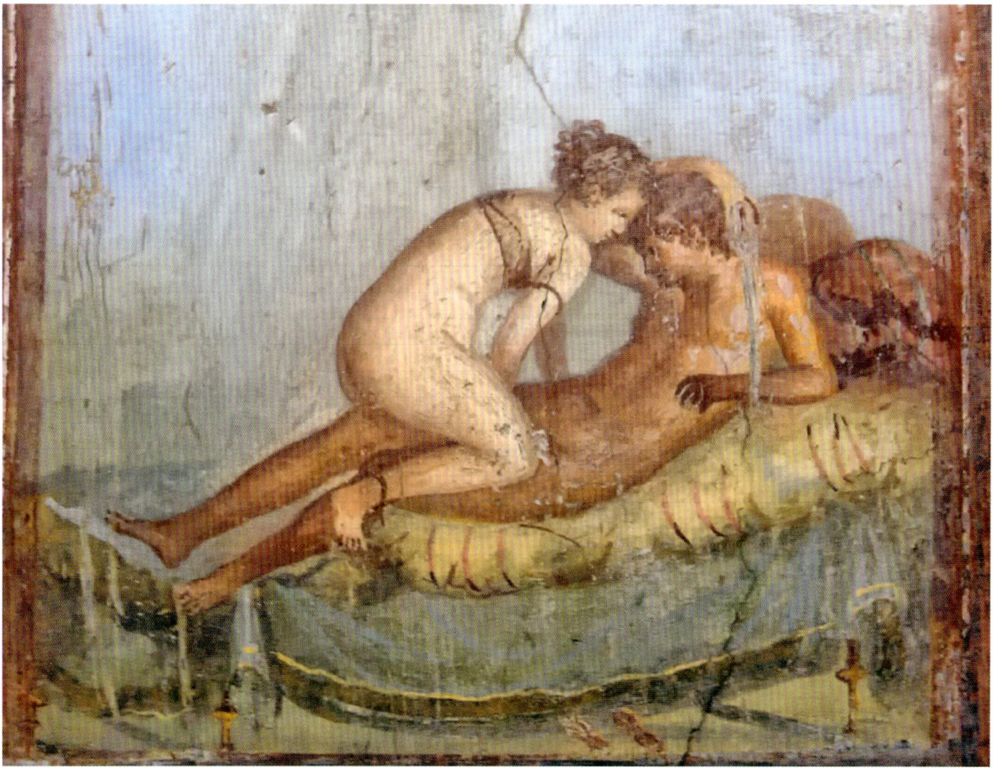

罗雷尧·提布尔提诺之家富丽奢华的内花园,设有一座供奉狄安娜的小神庙,大藤架遮蔽下可见潺潺流水。

穆雷齐内的车马店内令人叹绝的餐室。聚餐的人们曾躺在那漂亮的红色卧毯上。

花园和壁画

这两幅壁画表现了庞贝人的全部激情。

埃尔科拉诺

一家店铺的实景图。

德库玛诺大街,很多店铺临街而开:城里的商贸中心之一。

城里典型的向外伸出的二楼,既扩大了室内空间,又营造出特别的门廊。

纸莎草纸书籍别墅

从海上看去的纸莎草纸书籍别墅,海岸上典型的壮丽府邸。

在这座设有一个比标准游泳池还长的水池的内花园里,哲学家们一边散步一边谈论。

别墅的图书室。

食品生产

碧飒奈拉别墅，埋在地下的装满葡萄酒的大陶土坛。

下图展示了一家"食品店"内的场景：一些仍旧排列整齐的双耳罐以及为了利用空间而将其堆存的木头货架。

庞贝的酒店

庞贝

公元 79 年 10 月 23 日 8：00

距喷发差 29 个小时

**TU PUPA SIC VALEAS SIC HABEAS VENERE(M)
POMPEIANAM PROPYTIAM**

祝福你，小美人儿，但愿庞贝让你情场如意！

我们在蕊柯媞娜的宴会上邂逅的诗人切斯奥·巴索的脸上淌下的水是清凉又营养的。他刚把它从水罐倒进床边的一张有着三个狮爪的小桌上的青铜脸盆里。他用双手捧满水，对着自己的脸泼了多次，以助清醒。

当他用一块布擦干脸时停住了，他盯着放在桌上的一面青铜镜里映照出的他的绿眼睛。岁月忽忽而逝，有些以前只是依稀可辨的皱纹，现在却更加分明了。好在它们能突出眼神的笑影。于一个诗人而言，外表应该是次要的，但对像他这样常常忙于赴宴，或者和一些上流社会的贵妇人在她们的漂亮住宅内愉悦地谈诗的人，长得讨人喜欢而且还有点魅力是重要的。

这属于罗马社会精英阶层的娱乐圈的一部分，所以，带点适当的差异，当今同样的规则在古代就已经有效了。还因为，如已经提及的，从经济方面来说，一个诗人得附丽一个富豪，是他要他出现在他的小朝廷。总之，失业是很容易的事情。

做好了出门的准备，切斯奥·巴索走向房门，他推动门闩要把门打开。但它并不滑移。不，它是纹丝不动。要使它移动需要用力。诗人脸上的皱纹倏地增加了很多。带着一阵刺耳的金属声，门闩开始滑动，门突然敞开并倾向一边。它显然是歪了，超出了门框。切斯奥·巴索试图把它挪正，可门闩与它应该穿入的门扣对不上了，重新关门是不可能的。

他出去，来到环绕着房屋的庭院一周的长廊上。另一个关在房内的客人在用手拍打着木板并叫喊着，同时，几个奴隶在尝试着撬门。夜里应该发生过什么事。诗人走过去，下楼了。

我们来到庞贝最豪华的宾馆（hospitium）之一。两千年前就已经有宾馆会使人感到意外，事实上它们一直存在着，尤其在一个人口流动不断的社会，如罗马社会。

许多人需要旅馆，从商人到海员，从为主人收账而外出的自由奴到探亲的罗马人，从被调任的帝国行政人员到出门干活的手艺人。罗马时代确实让人类认识了最初的大范围内的旅行：通过将近十万公里至今我们仍在使用的道路，在它们的线路图中或直接在上面行走，只要想想一些城市中心的石头街道，把欧洲、北非和中东给连接在了一起。

奥古斯都在重新安排这个交通系统时形成了驿道，高效的国家邮政和皇家运输系统，一个为政府人员（比如骑马的信使或军团士兵们）而考虑使用的道路网络，但实际上是对所有的人开放的。

这个道路网经每个皇帝的加强和改善，显示出令人难以置信的现代特征：像阿皮亚那样的马路，不再像以前那样，从一个村庄通向另一个村庄，而是在那个地区笔直穿过，像一条高速公路。那时候就已经存在当代的"高速公路休息站"（stationes）了，那里可停车"加油"也就是换马，吃顿相当于一个夹心面包的快餐，即熟鲜酪、面包、橄榄和沙丁鱼。此外，这些马路上沿途经常可以看见考虑周到的供住宿的旅店。很多旅店附带了小浴场、宴会厅和额外服务（比如娼妓）。

以前，切斯奥·巴索就是通过这些马路到达庞贝的。在中世纪的一张有名的古罗马地图（Tabula Peutingeriana，① 一种古代的谷歌地图）复本上面，可以清楚地看到一条马路从那波利向南，越过海岸途经埃尔科拉诺、欧普龙提斯和庞贝。

我们还是回到我们的诗人这里。蕊柯媞娜为切斯奥·巴索选择的是一家货真价实的五星级宾馆，当然，她为他付费了。我们不清楚它的名字，可我们知道它的老板是谁——A.科斯奥·里巴诺，一个有着特殊的生意头脑但也具有高雅的审美观的人。

宾馆配置了许多房间，大多数在楼上，附带一个饭店。旁边还有一个面包房，眼下正由于一场地震造成的损坏而处于修缮中。

切斯奥·巴索在其十分雅致的环境里穿行。在承雨池的边侧有一张漂亮的带狮爪的大理石桌和一尊当作喷泉的青铜雕像，塑造的是"埃尔科勒和刻律涅牝鹿"②。稍微过去一点，诗人穿越在一座有个美丽的大藤架和其他青铜雕像的内花园里。一面墙上有一幅醒目的壁画，画的是阿克泰翁被狄安娜的狗群围攻的神话故事。③

宾馆老板正在和另一个客人交谈。

A.科斯奥·里巴诺好像是一个犹太出生的自由奴，因为有着

---

① 张古罗马地图由11张羊皮纸拼接而成，图上不仅标出了覆盖全帝国的200000公里的道路，还用图画清楚地标定了城市、海洋、河流、森林和山脉。该地图曾由一位德国外交官、人文主义者和古玩收藏者Konrad Peutinger（1465年10月14日—1547年12月28日）收藏，为此后来印刷的地图复本被称作Tabula Peutingeriana，意思是：佩吴廷那的地图。

② 刻律涅牝鹿是希腊神话中的一头神鹿。

③ 在这个神话故事中，狗群原本是猎人阿克泰翁的，狄安娜把猎人变成一只鹿，猎狗们转而围攻和撕咬阿克泰翁。

三名,① 那很可能他住在庞贝已经很久了,不是随着最近的维斯帕西亚努斯对犹太山地的征服才到达的。

据很多学者来看,庞贝即使没有一个真正的犹太人社区,犹太人的人数也是众多的,正如最近发掘到的两个装咖乳的双耳罐能够指明的……"可食"!② 它是一种用有鳍和鳞的海洋动物(因此不包括为犹太法令所禁止的软体动物和甲壳类动物)做成的咖乳,是按宗教教规限定的方法和操作完成的食品。的确,在双耳罐上可见 garum cast [即纯净咖乳(garum castimoniale)的缩写],老普林尼本人也说它是一种符合犹太法规的调味品。

犹太人在庞贝和埃尔科拉诺的存在是研究者之间讨论的主题。其实,主要线索来自名字:玛丽亚(在一张纺织女的名单上),玛尔达或达薇德(在埃尔科拉诺的壁文中)。这说明此地有过使用了原属闪米特人名字的人,但不一定就是犹太人。在庞贝的一个酒吧里发现了四个刻有与犹太相关的文字的双耳罐。不过,正如对庞贝的日常生活做过深入细致研究的英国女学者艾莉桑·库雷指出的,这只能说明葡萄酒是从那个地区输出的。

在一个餐室的墙上发现的用炭笔写的"Sodoma e Gomorra"③肯定是由哪个熟悉《旧约·圣经》的人留下的。可这并不能证明那是个生活在庞贝的犹太人。不仅如此,由于文字离开地面大约两米,这使人想到是某人于喷发后站在火山沉积物上写下的,以指明庞贝的结局是神造成的,完全像索多玛和构莫拉。

在维苏威海岸很可能有一些犹太信徒,使人如此推想也是合理的,特别是考虑到近斯对犹太的征服和在罗马帝国的流动方便容易。至于有多少人和是否形成一个固定的社区却是无法明确肯定

---

① 古罗马人习惯使用的三名(tria nomina),通常是个人名加上氏族名和家族名。
② 可食(音译自 kosher),指食品种类和烹制过程都符合犹太教教规的"纯净食品";后文提到的写在双耳罐上的 garum castimondalede 意为:洁净咖乳。
③ 索多玛(Sodoma)和构莫拉(Gomorra)均是《圣经》里提到的古城。

的。事实上并未确认到犹太教堂，古奥斯蒂亚①的那座除外。但是，发掘到的几个"可食"咖乳双耳罐，指明犹太人的存在应该不是很少，它引发了这种酱的生产者的兴趣。

切斯奥·巴索走出酒店，他从街上依然听见那位被关在房间的客人的急躁的喊叫，他微笑起来。

这家旅馆靠近埃尔科拉诺城门并非偶然，这是个有许多旅客抵达本市的地段，就像现代在车站旁边或靠近机场有很多宾馆一样。

再往前走，诗人经过另一家庞贝的"大酒店"，豪华舒适，由三所住宅合并而成，附带一个牲口棚，我们推测还连带出租马车和换马的服务。毋庸置疑，里面应该有一些漂亮的青铜雕像。我们知道，其实老板的哥哥就是铜匠。老板名叫尕比尼奥，他好像有生意人的特殊的判断力，因为写在大门口的旅馆招牌是条真正的广告标语："欢迎入住尕比尼奥家！"（Venies in Gabinianum pro mansu）

富有诗意的……一次相会

切斯奥·巴索此刻来到了一座大多慕思的正门处。他急于进入，他听说那是全庞贝最壮观的全景宅院之一。这是能把城市尽收眼底的金手镯之家，在今天，它相当于独占了一座摩天大厦的顶楼。

我们置身何处？在庞贝最高、景观最完整的地方。它是建筑在已经超过一个半世纪不再起防御作用的城墙上的别墅之一。

不难想象工程开始时居民们的议论。这些美轮美奂的住宅被视作违建，为此，一座古老的建筑——它满载了历史，特别是，作为坚实的防御城墙，它是公共的——被拆毁，以便给某些有权有势的

---

① 古奥斯蒂亚（Ostia Antica），一座位于罗马省境内的古城，有数量可观的古代建筑遗迹。

人的私宅留下空间。

这种投机的目的很简单：从这里看到绝妙的风景。与此同时，"水泥化"也是这城市在胆敢挑战罗马而败退后应该付出的代价。苏拉的确于公元前80年使庞贝屈服了，他决定在那里安置两千名来自罗马的移民。前军团士兵们为所欲为，以征用、违章建筑、"正当压服"给予市中心一个新的市容。

在接下来的数十年里，亦即在奥古斯都的治下，很多房屋出现了变化，这些住宅是新朝代的庞贝的产物，一些名副其实的别墅近似地毯般将城墙覆盖，并以三四个一组逐渐倾斜的阶梯式地朝城外递降，向着海边，向着落日。

靠近和位于城墙之上的那一部分城市，今天被考古学家们称作西边的寓所。与我们看见的所有的多慕思相比，这里的是最高档的，不，是登峰造极的，庞贝人在这些住宅里汇集了最大程度的雅致、富裕和精彩。

可惜，这一切如今遗存极少，因为在喷发后，它可能是城里遭到劫掠最甚的一部分。在过去几个世纪中挖掘不当，之后还长久地任其衰朽退化。有点像科罗赛奥的遭遇，今天见到的那个只是一片真正极尽奢华的世外桃源的一个轮廓（连带少数完整的部分）。然而，这些住宅的断垣残壁总之还是能让人明白，罗马人用短语"梦幻般的别墅"表达的是什么……

切斯奥·巴索在屋里穿行，美丽和奢华让他痴迷。他真想停下来欣赏每一幅神话故事壁画，每一座青铜雕像。天花板是彩绘的花格平顶，地板是马赛克黑白几何图。然后还有床上的华贵的丝绸织品；用金丝绣花的枕头靠垫；描金的大理石维纳斯；东方制造的闪色木材的小桌，人从旁边经过时，它的纹理会像彩虹那样变换颜色。

诗人从未见过如此讲究的奢华和精致，而最让他吃惊的是宅第的结构。它不是往上发展一两层，就如到现在为止我们看到的，而有更多楼层，带有阶梯、喷泉和景致。好似一座好莱坞的别墅……或者，我们该认为是好莱坞从古代庞贝得到了启发？

宅院主人，那位贵妇人正在晒台上等候着诗人。她邀请他上她那儿去。伴随他的那个奴隶这时低下头，退后两步并无声地消失了。切斯奥·巴索一个人，面对从晒台那边射过来的耀眼的光芒，他没有认出那个女人。

他怀着某种惶恐跨过最后一进大孔门。景色好像随着他的每一个步伐在扩展。从家中那些封闭、奢华的环境过渡到围绕庞贝的那些一望无垠的风景。大海的那条蓝色线条突然出现了，连着南边的索伦托半岛和卡普里岛。北边有伊斯基亚、波西利波……切斯奥·巴索从晒台上探出身，看到别墅底下的另外两层。中间那层有两个小孩在保姆的看护下玩耍着，小男孩边跑边拖着一匹装有二十厘米高的轮子的陶土马，当时的一种"玩具车"。小女孩在玩两个配有可替换的小衣服的象牙娃娃，它们就像现代的芭比娃娃一样轻巧。

底下一层由一座花园构成。切斯奥·巴索隐约看到一座漂亮的花神庙，盖满了用玻璃熔浆制成的亮闪闪的马赛克，一池水和一间被植物包围着的餐室。草木顺着一面墙完美地延伸，那上面画了一座长满树木和很多飞鸟的花园。

贵妇人凭直觉看出了他的惊奇，客气地问他能否挪开身子，因为他挡住了她的视线。诗人尴尬地转过身，发现女人就在他旁边，他没有注意到她。她坐在一张铺了一个大垫子的折叠凳上，正在一块画布上画着一个放在窗台上的玻璃酒杯以及石榴和无花果。美丽的海景和蓝天是她画作的背景。

切斯奥·巴索请求原谅，诗人和庞贝最富有的女人之一说了最初几句客套话后，开始了一段平静的对话。看得出他们彼此心意相通。她是个中年女人，高个儿，黑色的头发扎成一个马尾。头上系着根金色的带子。她的身子裹在一件黄色土呢卡里，一件绣花精美的紫色长外衣使她显得苗条，丝毫没有怀孕的臃肿。透明的土呢卡更是使她的年轻的胴体隐约可见，这是一个依旧很美的女人的一种小卖俏。

她的蓝眼睛似乎一直在捕捉着切斯奥·巴索的绿眼睛。诗人，出于职业习惯，说诗谈艺术聊感情，触动着这个高雅又聪慧的女人最敏感的心弦。谁知道，也许俩人之间可以产生点什么，事实上，在一个广泛存在无知愚昧的社会里，他们是两个有文化的人。我们对此将永远无法知晓，但他们肯定从一开始就喜欢对方。

贵妇人的手臂上戴着一个非常漂亮的金手镯（第二部分插图第2页可见一个相似的手镯）。在对别墅的一条走廊的挖掘过程中，正是这件首饰将给予宅院一个名字——金手镯之家……

一个罗马女画家

在罗马时代是怎样绘画的？

两千年前也像所有的时代一样画画。可惜，由于画布和木框极其易损而未能得到保存，除了几个十分罕见的例子，比如在埃及发现的因干燥的气候而得以保存的罗马时代的"passepartout"（那种连接真画与画框的条带①），如今展示在大英博物馆。

题材是多种多样的：雕刻、静物、风景和肖像，非常有名的是在埃及的法尤姆地区发现的大约六百个罗马时代的木乃伊盖脸的肖像。那是已亡人在他们还活着时画好的肖像，推想是挂在家中的，然后像面具那样放在木乃伊上。描绘的面容是如此的真实，看上去如同19世纪的照片或画像。再说，那时候的画师和现代的一样出色。

---

① 指框在铅笔画、炭笔画和水彩画四周使其避免直接接触到画框玻璃的那种框条，作用在于保护画作，同时又能使其更美观且有增大真画的视觉效果。

戴着金手镯的贵妇人正画着的画放在一个非常简单的、每个角落都以十字形镶嵌的木头画框里。她倾听着切斯奥·巴索诵诗，目光却未离开画面。她左手悬空托着一块小调色板，右手不时地用画笔在一个有盖的漂亮的木盒里蘸一蘸。那里面装着颜料。

罗马时代使用什么颜色？照老普林尼所说，它们的原料是植物、动物和矿物。根据颜色的价格和稀有程度，有容易寻获的被称为"简朴的"颜色和那些更稀有或鲜艳的"华美的"颜色。

有个例子就是绛红，通过复杂和高价的加工取自软体动物的骨螺属（Murex brandaris）。燃烧象牙可获取黑色，但是若条件不许可，只要有骨头或松脂或松树皮就行了。

用赭石凝块或粉末可做黄色，而红色可有很多获取方式。燃烧黄色赭石可取得红色（后面我们在发现喷发的热量是如何改变壁画上的某些颜色时还将说到这个），或者用红铁矿抑或朱砂（硫化汞）。后者非常昂贵，它在维提之家或者著名的纸莎草纸书籍别墅曾大量使用过。然而，我们的这位贵妇人不喜欢它，因为它尽管好看，但随着时间的推移和阳光的照射，它会在变换鲜艳色调的同时偏向于变黑。

绿色则没这种问题。它取自含有绿磷石或海绿石的礁石。除非有条件取自磨成粉的孔雀石。

最后是蓝色，它曾是最贵的，尤其是用那种来自阿富汗的石青或天青石磨粉取得的。销量最好的是已经用于点缀法老的坟墓和埃及神庙的"埃及蓝"，它是在"实验室"里制成的，即通过使用多种原料，如孔雀石、泡碱等进行合成。

我们还是回到我们的诗人和我们的女画家这里。切斯奥·巴索和金手镯之家的贵妇人这时在花园里散步和谈诗。画留在了晒台上的画架上。它将永远不会画完……

能听见说话声。是邻居，显赫的法彼奥家族的法比奥·儒佛，他正从他家的别墅出来，要去靠近围墙的海边靠岸处登上类似一种私人游艇的船。他的宅院可能更美。它甚至有四层，底下有一座伸展到庞贝的老城墙底下的大花园。其上是晒台兼花园（我们可把它称作空中花园），对着它的是一个用于聚会和设宴的非常漂亮的大客厅：它的墙壁是"凸的"，也就是半圆形的，带有两个大窗户，可供主人和他的客人们躺在特里克里尼奥上便能越过花园里的花木欣赏大海，谈天说地、大吃大喝。房屋的其余部分绕着这个大厅扩展，连着许许多多的房间，其中很多都设有朝海的窗户和拱门。最后，在顶部，作为屋顶的是一道阔大的拱廊，用于散步和赏景。

我们明白了，在这座住宅里，大自然不再被关在屋外或"被囚禁"在小内花园里，而是把我们到此为止一直碰上的古老和死板的环境布局革新了。别墅依着它的规律向着美丽风景而开，层层递升以便让风景"进入"屋内。

古怪的是法比奥·儒佛，或者更可能是他的一个在喷发时留在别墅里看家的奴隶的命运。他将丧命于火山碎屑流，当他在家中的楼梯上奔跑试图逃离死神之际。他的仰躺在梯阶上的遗体将被考古学家们发现，他们将为其做一个模型，以使人震撼的方式"凝结"他的这个绝望的逃命。

看医生

当切斯奥·巴索和贵妇人在金手镯之家的花园里散步的时候，相隔数百米的距离，蕊柯媞娜在贴身奴隶的帮助下从双轮小马车上下来，陪同的侍女跟随着她。

马在急促地喘着气，最后一段路它跑得很快。此刻它由一个马倌卸下马具并牵到一处马棚底下。这是罗马各城市的城门处的很多马厩服务站之一：任何一个到达城里的旅行者都可以停放自己的马或马车，等几小时或几天后再重新把它牵走。它就相当于现代城市的换车的换乘站（国外称作 Park and Ride），人们可在那里停车，乘地铁或其他公交车继续赶路。在庞贝也发现了几个马厩服务站，就在诺切拉门外，贴近古老的城墙。代替地铁的是为有条件的旅行者备好的轿子，名副其实的加长轿车，或者，最为普遍的是人们步行继续前进。

蕊柯媞娜把帕拉盖在头上并拉住它的一个边沿挡住脸的一部分。她扫一眼城市后开始行走，女仆跟随在旁边。贴身奴隶走在她的前面，在来往的行人之间开道。

片刻后，他们来到一条上坡路的顶端，沿路是些巨大的坟墓。有意思的是，人行道的边沿以一定间距竖立着一些小石墩。它们为上马提供便利（有点像小凳子），当时罗马人还不会使用马镫。这些现今依旧可以看见的石墩，证明城门曾是抵达和出发点，马、马车和旅行者的来往非常频繁。的确，城里就没有这些马镫。

无须太久，蕊柯媞娜和她的女仆来到埃尔科拉诺门（Porta Salis），它像一座坚固的凯旋门，她们从它的雪白的大理石拱顶下走过。建筑上方有几座青铜大雕像，它们的头上停息着一些在秋阳中取暖的小鸟。蕊柯媞娜越过敞开着的带有球形把手的巨大木门。已经很久很久没人再将它们关上了。它们就在那里，贴墙开着，被岁月侵蚀了。是真实的和平的纪念物，因为帝国的这个地区的和平已经维持了一个半世纪……

为什么蕊柯媞娜会在庞贝？去靠近她的别墅的埃尔科拉诺不是更便利吗？原因是，一位医学界的大名人、皇家医生之一在此经过，他将于明天上午再次启程。一个不容错过的机会，但并不特别罕见，提图斯的私人医生已经来过这个地区了，他在这里医治了很多人，正如在埃尔科拉诺的杰玛之家的厕所墙壁上一条不敬的壁文所证明的，原文意思是："阿坡利那雷，提图斯的私人医生在此舒适地排过便。"（Apollinaris medicus Titi imperatoris hic cacavit bene.）

在一般情况下，鉴于蕊柯媞娜的社会地位，应该是医生去她的豪华别墅里。事实上，富人们是在家里接受医生检查，他们肯定不会混在医生诊室里的平民当中的。然而在这种情况下，蕊柯媞娜是凭着一时的冲动行事的，她抓住了医学界最好的医生之一在庞贝经过的机会，想要一个极早的诊断。她为何如此的急不可耐？很简单，她想要一个孩子。

当然，她不再是一个姑娘了，可她仍然年轻和具有生育能力。趁着还不太晚，她渴望有个孩子。医生在给她检查的时候肯定将给她一个意见并且帮助她，在可能的情况下，会给她一个最好的药方以增加她怀孕的可能性。

在一个于女人而言，分娩就如俄国轮盘赌的朝代，蕊柯媞娜的愿望是有点反潮流的。事实上，一个多世纪以来，上层社会的女人们偏向避免怀孕。首先是因为生产引起的感染的危险，然后是孩子们的出生会影响她们的日常生活习惯以及她们的体形。

面对上流社会的出生率和结婚率在下降，奥古斯都甚至（徒劳地）制定了法律反对通奸和支持人口多的家庭，规定为有三个或更多子女的人减税。

公元1世纪的后半叶，是个与婚姻似乎进入了危机的现代奇怪地相似的朝代。有一个不同之处。在罗马时代，人们几乎从不因为爱情，而是为了家庭间的利益而结婚。那是些包办的婚姻，完全就像今天，两家公司合并以便取得最佳行情和在市场上拥有雄厚、坚实的流动资金那样。通常，一个败落中的贵族会和一个扶摇直上的企业主、一个曾经的奴隶的家庭联姻。前者取得一笔可观的新的财富，后者获得一个可以摆脱纹章和社交黑影的高贵门户。

但是，在这个婚姻的"专业"逻辑的那一边，罗马上层社会的男男女女们不结婚生子，他们更喜欢一种暂时的结合，积累着一次次秘密的关系，很多学者把这称为真正的"爱情瓜德利俩舞"①。

我们还是回到我们的蕊柯媞娜这里，她昨天送信预先通知了她的到来。她不用在等候的人群中等着轮到她。去察看情况的奴隶敲了门并为他的贵妇人做好了到达的准备。

蕊柯媞娜小心地从医生家的侧门进入。我们来到的是今天旅游指南为你们指明的外科医生之家，因为出土了几十件医疗专用器械，其中约四十件存放在小金属盒里。它无疑是庞贝最古老的宅院之一，在传统的承接雨水的池子四周设有一个个房间，过去是主人们日常使用的，但在火山喷发时期，我们推想它们是用作看病的——一座小诊所。

事实上，在罗马的各城市里不存在真正的医院（除了在一些军队城市的特殊情况下，比如日耳曼的克桑滕，现今的北莱茵-威斯特法伦）。医生们上门为病人诊治，有点像我们在西部电影里或在很多19世纪的小说里看到的那样。然而考古学家们的某些发现，例如在古罗马的里米尼，证明有时住宅可以变成门诊部，真正的日间医院（day hospital），病人们在这里的不同的房间里接受一位或多位医生的治疗。还推想在里米尼的医生的诊所旁边，有一个为手术后的住院期而使用的房间。我们不知道火山喷发前一天在庞贝是怎样的情形，可对于一座有着一万至一万二千名居民的城市，有几个诊所也代理日间医院是近似真实的，正如在外科医生之家那样。

皇家医生亲自迎接了蕊柯媞娜。他是个带有浓重的希腊口音的白发男人。是的，医生全都来自希腊。是传统如此，因为希腊一直

---

① 瓜德利俩（quadriglia）是一种传统的群体舞，舞者男女结对，人数可有几对至几十对不等，起舞时的队形可为方阵，也可成圆形。

都是医学的指明灯（以弗所在那个时代就相当于今天美国的重要医科大学中心）。其次也许还因为，在古代，没有一个罗马人会为了挽救另一个罗马人的生命而收费。每个一家之主都应该了解一种以上的治疗普通疾病的药方，他亲自给自己的家人配制药物备存在家中。老传统要求如此。然后时代变了。随着地中海的罗马的"整体化"和希腊医生的流动，一切都改变了。人们找专业医生看病了，蕊柯媞娜就是这么做的。

她面前的医生是庞贝同行的客人，他开始为她做检查。在解释了她的问题后，蕊柯媞娜在一张床上躺下，而洗完手的医生则拿起一样古怪的 L 形螺旋式工具，看上去，它的模样像千斤顶，大小则像一个大的瓶塞起子。

它是一个扩张器。旋转一个把手便会张开四个瓣儿，就如并拢在一起的四根手指彼此分开那样。这样工具现代得惊人，与今天妇科医生们仍在使用的那些非常相似，是以医生和工匠之间的密切合作为基础的一件十分精密的产品。

在检查过程中，蕊柯媞娜转眼望向别处。她看见桌上有各种各样的工具，其中有完全像我们的老剃须刀一样可装卸的手术刀，拔牙的钳子，摘扁桃腺的、带有爪子状瓣儿的镊子，烙合伤口的铁器，截肢的锯子。所有的这一切是两千年前的医生们的"军火库"的一部分，他们习惯了各种手术，包括最残忍的，因为在转为私人医生和大笔挣钱之前，他们频繁地在战场上做过手术（从各方面来看）。外科手术器械旁边还放着一些药品：小瓶的药膏，装着止痛霜的陶土小罐，带有漂亮装饰的金属小盒子装的是天然成分的药片。

一种野生茴香属植物（Silfio）是罗马医生大量使用的药方成分。在许多范围内具有治疗特性，它是古代的"万灵药"。可惜，对这种植物频繁和过度的利用造成了它在昔兰尼加的彻底绝种，那个它曾经大量生长的地区把它定为一种异常珍贵的产品，以致将它的形状铸造在了当地的钱币上。所以，我们今天不了解它的特性，但我们知道在古代，它还被制成"固体眼药"，用来溶解在水里调制成一种药膏。

然而，在这位罗马医学名人的桌上不只有药品。包裹在需打开的布卷内的外科器械旁边，除了一尊埃斯库拉皮奥①的雕像外，还有一对神（墨丘利和许癸娥娅）。然后有一只满是象征标记的古怪的青铜手，它与东方的神乔维多里凯诺有关，以及脚状的陶瓷花瓶，根据治疗的需要，热的或冷的液体便由此流出。

由于医学知识较之今天有限，我们可以肯定，求神在那个时代的治疗中担任的完全不是次要角色。

与此同时，在外科医生之家的外面，其他病人们在等待着，其中很多人坐在所谓的孔索拉莱路的高高的人行道边沿上。他们是谁？

有意思的是，有人想要的恰恰和蕊柯媞娜要求的相反。她的名字是丝米莉娜，来自土耳其海岸。她是个放肆的女孩，黑色鬈发，曲线优美，不安静的脾性，惯于直截了当地回嘴，且常常是尖刻的。今天我们会将其称作居民区小胡同里自由惯了的平民。她根本就不想要孩子，但是她的职业给她带来频繁的甚至每天多次和不同的男人的性行为。她不是妓女，而是庞贝最热闹的街道之一阿博恩当杂路上的一家"酒吧"的女招待。在这个朝代，可以对任何一个在公共场所工作的女人要求性交易。这是正常的。属于所提供的服务的一部分。

一个罗马女人能要什么作为避孕药呢？罗马人了解很多避免怀孕的方法，对此我们后面再说。我们可以说，当时就已经存在事前预防避孕药和事后紧急避孕药。

在外科医生之家前面等候的病人当中，有个女孩被安排坐在

---

① 埃斯库拉皮奥（Esculapio），古希腊神话中的医神，太阳神阿波罗之子。

一张凳子上。她大约十五岁,怀孕了。她代表女性世界的另一个面貌。在这个时代,姑娘们非常年轻就结婚了,自十二岁起。这是法律规定的最低年龄。她们同样很快地就成为妈妈。尽管很多医生,其中有盖伦,他们建议到十四岁,但母亲兼小姑娘的情况还是很常见,也因为她们的丈夫要比她们大得多,三十至四十岁,他们只把以包办婚姻与其结合的她们视作"专业的"妻子。有时候,小女孩们在更小的时候,在七岁或八岁时带着只在婚后才过夫妻生活的契约,作为未婚妻去未来的丈夫家生活。然而,这种协定常常不被遵守,正如学者们发现的某些诉讼记录所显示的。

这女孩受到了恭敬的对待,因为她是庞贝的一个要人的女儿。一个有势力的人物,但也由于他的非法交易和他的做生意的方式而备受褒贬。他的名字众所周知——伽尤·朱里奥·坡里比奥,就是我们在蕊柯媞娜家的宴会上认识的"木偶操纵者"。在这一天,我们将再次遇见他,对他有更透彻的看法。有一个事实是大家公认的:他正在变成庞贝的领导人之一。对于他的为人,今天很多人会把他称作"鲨鱼"。

然而女孩的羞怯却使人感到意外。与父亲的性格截然不同。

显然,这三个女人来这里是因为"路过的"名人,他在妇科领域的学问是广为人知的。

但在多慕思里还有"当家"外科医生,今天他将一如既往地为他的常客接诊。

从家中传出的一些声音使坐在外面人行道上的病人们吓了一跳。门由一个大门闩和一根一端撑着大门、另一端插入地板中的长棍关闭着。在进入庞贝的一座多慕思时,你们倘若留意一下,在离开门口两米的地上常常能看见一个边沿凸起的长方形的孔,它的作用是让关住大门的木棍插入。

入口的两个门扇打开了,病人们鸦雀无声地列队进入。有的人一瘸一拐的。另一些包扎着的人由一个亲属搀扶着。

他们有秩序地坐在木头长凳上，把他们的名字报给一个奴隶兼秘书，他将其写在一块蜡版上，他们等待轮到自己，就像在现代的医生候诊室里那样。

这些病人是谁呢？对庞贝人的健康状况和他们的"不适"能够了解点什么吗？可惜没有文字报告或回忆留存下来。但我们拥有大量的骨架，它们给我们提供了当时的人体状况的很多信息。

由两名研究者马切基和蕾娜达·汉讷本研究过的骨架中，有各种病理和创伤，它们经常与一种比我们的要活跃很多的生活相关联。能找到一些总是经庞贝的医生之手"减轻"的骨折（重新给手脚接骨）带来的痛苦。那个时代人们行走要远远多于今天，而且没有减轻周而复始的家务以及工作辛劳的器械，负重和持续使用器具能加速造成腿、臂关节的磨损并损及整个腰部。

所以，一如所有的古代城市居民，庞贝人经受着膝盖、脚踝、髋部、手、手腕、肘、肩和脊椎关节变形的痛苦。

炎症又是另外一个麻烦。炎症的反应就是经常可以看到骨表之下有骨刺形成（骨质增生）。在很多骷髅上查出的骨的病变是我们今天称作的骨癌。

尽管生活在维苏威乌斯山坡上的居民，由于在他们的饮水中含有很浓的氟，牙齿似乎受益于一种天然保护，可龋齿还是折磨着某些人，有时牙根被底部的脓肿侵蚀了。

由考古学家们找到的遗骨中可以弄清楚，庞贝的医生有时要面对一些不寻常的病理，比如头颅的某些骨缝的提前合并改变了它的发育，同时使其变形并迫使大脑长成一种反常的形状。或者骨架上的骨头的逐渐变厚（使骨头增大但也更脆弱的帕杰特病①）。使人感兴趣且罕见的还有颈肌的不对称，它产生一种"落枕"的症状。

总之，这是些零星的材料。然而，一个完全不同的例子却是脊柱裂，也就是神经管和包住它的椎骨闭合不全，这在两位学者所研究的出土骨架中占11%。患病的人曾经忍受着腰骶的疼痛。

在外科医生之家，很少有人留意到一个男人和两个女人在一条次要的走廊里悄悄走过。他们从一扇后门出去，它靠近一座给当作墙内的菜园使用的内花园，像古代分给贵族但由平民耕种的私田似的，是为全家提供食物的小块土地。他们迅速消失了。那是蕊柯媞娜、她的男奴和陪伴女奴。

蕊柯媞娜轻松了许多。照医生看来，她仍然是"年轻的"，有最佳的生育可能性。只是时间和机会的问题。

很快，三个人来到马车处，踏上回家的路。贵妇人这时明白，还要她做的只有一件事：去靠近她的别墅的一座小庙里许个愿，寻求神的帮助。

一座具有中东"味道"的城市

我们重又走在庞贝的街道上。在这座城市里散步是什么感觉？

按照在庞贝及维苏威地区带领和配合过大量的挖掘及研究，对城市，对庞贝人的住宅和习惯取得了非常深透的直接认识的安东尼奥·德·西莫奈教授——依我之见，他是这方面的最高权威——的意思，我们会有一种强烈的置身于中东环境的感觉。

与在一些原貌恢复中所见到的相反，庞贝从高处看其实并不以

---

① 西方医学界为了纪念英国外科医生、病理学家詹姆斯·帕杰特（James Paget，1814年1月11日—1899年12月30日）在代谢性骨病方面的研究和发现而将这类疾病称作"帕杰特病"，即骨代谢病。

无边无际的瓦出现。那里有很多晒台，许多建筑的顶是平的，完全就像今天在坎帕尼亚海岸的很多小城一样。如果你们游走在庞贝的断墙残壁间，看见墙上隐没在砖块里的一种由大到小，也就是由许多个圆筒如一摞杯子那样一个套住另一个而成的一根陶土漏管，你们就能明白那里曾有过一个晒台。管子原是承接雨水再将其排泄到路上或一个水槽中。我们会在这些晒台上看见晾衣服的女人们，摊着要弄干的水果或食品，小木屋，排成行的双耳罐……

由于诸多小细节即使在街道上随便走走，你们也会根据情况而觉得那是一座有着东方、北非或印度特性的城市。正如我们此刻正要走的一条街道……

从我们身旁走过的人们包裹在土呢卡和头巾里，我们注意到成排的店铺。它们没有玻璃橱窗，商品堆在门口或挂在门框上。

突然，我们听见一些好似木板移动的声响——是一个店主刚刚打开他的店门。在古代不使用现代的金属门，而是竖放的木板一块连着一块由一根长长的门闩合并在一起（在很多北非国家仍然如此，比如在埃及）。有时，店主只要移开最后一块木板充当门（无疑是窄小的）。

我们正在靠近一扇这种半开的门。里面仍然黑黢黢的，仅有的微光来自一盏油灯，我们逐渐被从门里散发出的一股辛香调料的强烈味道包围了。尽管我们什么也看不见，但我们立刻明白这是一个出售香辛料的商贩。为了不碰到苫布，我们低着头继续前进。

稍微向前一点，一个已经开始工作的鞋匠用小榔头在一只需要修理的凉鞋上反复地敲打着。在街道的尽头，有个乞丐蜷缩在一个角落里，他向我们讨要着什么。越过这个交叉口，迎接我们的是一捆捆摆放好的布料，而大腹便便的商人站在路当中和一个在喝着热饮的朋友聊天。

可惜，你们在庞贝所看到的是一座毁于火山喷发的城市的残留部分。当你们参观它的时候，它是一座能在我们的眼前迅速复苏的城市，只消使用一些小窍门和一点想象力……

遥隔两千年，我们如何知道这一切？

我们看见了，仅仅是残存的由上而下的管子便能向我们指出我们头顶上的晒台。现在你们观察一下人行道。构成它的边沿的石墩几乎总是有点"弯"，以至形成一道长长的沟。第一个进入脑海的解释是，它是如潮的游客沿着人行道行走而产生的结果。然而，它却是在罗马时代的雨天里从屋顶和檐棚不断滴落的雨滴造成的。遗憾的是已经没有屋顶了，不仅如此，在庞贝能见到的只有一楼和残存的二楼。但是你们的想象力可以丰富一点。你们抬眼向上看，你们会觉得似乎能发现倾斜的屋顶或遮蔽行人的宽阔的檐棚。顿时，出现在你们眼前的街道将会重新充满生气。消失的二楼将完整地再现，连带着它的窗户和阳台或者向外探出的房间。

你们想象那些在晾干的织品，有时有几个栽着花的花盆。罗马人和我们一样喜欢在家里放些花或在阳台上摆些植物。而入口处的划痕对你们指明已经不存在的门。在这趟从前和今天之间的旅行中，在我们讲述古代留给现今的那一切的过程中，你们继续发挥想象。地上，店铺的门槛大多是由大理石板做成的，它也带有一道长长的深沟：用来关闭商店的一排木板就曾在那里滑移。倏的，仿佛又看见它们了。

通常，面前的人行道的边角上有一个从这边穿到那边的孔。可以在里面戳一根指头并看着它露出来。做什么用的呢？用于拴马或者系那些拉开商店的苦布的绳子。印度至今还在使用一种相似的办法。在店铺的入口处，由一根横杆和两根倾斜的杆组成的构造，两根系在人行道上的绳子，把一幅布张开在行人头顶上形成一个棚顶。

庞贝还能以另一种方式在你们的眼底下重生。你们看见街道中间那些成行的弄成方形的大石块了吗？它们是用来横穿道路的

"斑马线横道"。此时的问题是：为何要做成这样？做矮一点的人行道且不使用那些石块不是更简单吗？

在天气恶劣的日子答案便有了。下雨的时候，一条条街道变成一条条小溪。高的人行道是为了避免商店淹水。那些石块的作用是过街不湿脚，恰似踩着露出水面的岩石过河那样。要是你们看看小地图，定向为南北方向的街道要比东西方向的多很多，这并非出于偶然，事实上它们是顺着建城的高地的斜坡，这样便能排泄雨水。为了保持道路的洁净，清除从商店里扔出来的、路人丢弃的或从住宅的窗户里抛出的（尽管是受禁止的）细碎的有机垃圾，这也是个高妙的办法。所以，街道借助雨水自行洗涤。

为了证实以上所说的一切，只需仔细察看庞贝的少数设置了在雨天里吞咽雨水的小阴沟的地段（如靠近斯塔比亚内公共浴室）。的确，在那些地段，街心就没有作为人行横道的石块。

最后一个有过生活痕迹的细节：下雨的时候，庞贝会变得"动听"起来，宅院里充满了雨水落进承雨池的声音，小街短巷里只听见很响的哗哗声。街道马路变成了一条条小溪。恍惚间似乎看见庞贝人裹着他们的库库里（cuculli）——罗马人征服了高卢后发现的那种带风帽的皮的开领披巾——匆匆走过。伞，如我们已经说过的，仅用于遮阳，是富人们的东西。

鼻孔朝天走在庞贝的巷子里，有时我们会碰巧看到墙上有趣的构成材料，尤其在靠近某些住宅的大门口。是些简单又古老的装饰：有时只是用砖头拼成星状，有时是些用凝灰岩石块（opus reticulatum）摆列成小面积的蜂窝。

而有着工具（如铁匠的工具）浮雕的陶土方砖，它们的意思一目了然，如同现代的一块招牌，指明店铺提供哪些服务。

更明确的是石头的男性生殖器，它们给框定在形成一所房子的轮廓的砖块之内，或者直立着冒出墙壁并伸向街道。

这些标志，如我们已经有机会看到的，对于将其展示的房屋或商店，它们是些吉祥物。完全就像今天很多人挂在身上的珊瑚兽角，它就是一根直立的阴茎，在中世纪，当任何涉及肉欲的东西被视作不纯洁的时候，就被改成了牛角。还有经常提到的刻在阿博恩当杂路的石头路面上的阴茎，它通常被解释为一个指向妓院的箭头，事实上它的目的在于消灾。其实它可能是琢刻了用来保护一个商店，抵御妒忌它的盈利的那个人的痛骂。再者，要是用作指明方向，它大概只对颈项僵直的不能抬眼往上看的人有用。其实，使用一个从远处便能看见的墙上的标记不是更有效吗？

使庞贝独一无二的还有另外一个"直立的"构造。比如在朱里奥·坡里比奥之家的设在一个小院内的小烹饪间可以见到。它是一块连带着烟囱的瓦，用作分散厨房或燃烧室里的烟。这些陶土雕刻仅在庞贝这里挖掘到，它们是某个聪明的工匠的成果，他将其批量生产了。

给任何一个走在庞贝的街道上的人留下深刻印象的还有一个奇异之处——路上的马车辙痕。使人本能地想到的那是马车轮子在石头路面上不断地摩擦产生的结果。其实不是这样的。那是特意在石头上凿出来的沟。为什么？

那是"邀请"，是轨道，它们能让马车通过而不受损，不碰到那些当作斑马线的横放路中的高高的石块，特别是在夜里。有时则为了顺利拐弯而不撞到喷泉的边沿。通过这些沟槽得以发现，庞贝的有些街道曾是单向道！

要让两辆马车交错而行，让拉着装满货物的车辆的骡子或马倒退，某些街道的确是太窄了，实际上根本不可能。这样，在庞贝最老的、满是窄巷的城区，当时只能单向通车。

今晨我们从妓院的那条胡同经过通向糕点铺的那条弯曲的小巷时，我们在把它们连接起来的德立奥古斯塔里路上走过一截。那段路上便有被用作斑马线的石块，马车轨道一侧有，另一侧没有。这就说明马车只自西往东而来，那曾是条单向道。

除单向道之外，你们再加上那些被竖立在石板路面上保护步行区的大理石柱（类似于现今的路障）封住的街道，如阿博恩当杂路接近广场的那一段，你们将会发现，庞贝的交通规则具有很多现代特点——我们的城市的典型特点。

乞丐，化妆品和学校

漫步在庞贝的街头会碰见乞丐吗？回答是会。但是，既然他们没有留下痕迹，那我们如何知道他们曾经存在过？一如既往，在庞贝需要所谓的"迂回术"，也就是在寻找间接的线索中进行调查。

在七区九号公寓楼的13号，差不多位于德立奥古斯塔里路和那条通往广场的路之间的拐角处，是庞贝的化妆品商人协会。在墙上的一份选举登记中出现了一个重要的信息：推荐某个莫德斯图斯任营造司之职的人——除了化妆品商人们自己以外——还有一些穷人。

所以很有可能，化妆品商人协会前的人行道——通常是德立奥古斯塔里路与广场之间的一段路——为乞丐们所"占领"，他们的停留是如此的频繁，以至变成让大家习以为常的一种存在。再说，这表明有个相当不错的有钱人的往来，他们慷慨施舍。不仅如此。德立奥古斯塔里路上还有几个卖甜品和面包的店铺（如多纳托的糕点铺）。在傍晚时分或在很多顾客出门之际，相较于别的街道更容易搞到吃的。

稍微过去一点，十二号公寓楼的14号（七区）有一所学校，里面的学生的年龄可能包括十岁到十四岁的。罗马时代没有专门为建学校而造的房子。学校设在路边或在重新改造过的住宅里，例如这种情况：有一间带花园的大教室，它与一座标准的住宅连在一起。教室可容纳三十个学生，我们还知道教师们（房子兼学校的主人）的名字——科内聊·阿芒多和坡若库罗。

刻在内墙上的图画告诉我们，这里教授技术学科。墙上发现了大量的带有"数学符号"的壁文，一个用圆规绘制的复杂的圆花饰，画的是六个花瓣的香车叶草，一口井或一座圆形塔楼的平面图，等等。

有一个特征是庞贝目前的遗迹不能重现的，但由研究者们通过发现研究再造的。令人难以置信的是街上各种各样的人和五花八门的行业。今天你们只看到砖墙，开裂的残壁，砌了大理石的柜台。你们可继续发挥想象。这些遗迹只是一座骨架，你们试着给它们披上"活的"皮肉。我们来打个比方，既然我们正好来到德立奥古斯塔里路上，你们感觉一下不同的生意、职业和人，在几米外，一个挨着一个。

在德立奥古斯塔里路的路头上，有一间配着一架螺旋式榨油机（torcular olearium）的零售油的铺子。店主是庞贝的重要油商努米西奥·乔孔多，经营商店的是他的两个自由奴（或奴隶）：塞坤多和维托雷。

不远处（靠近那个常常提及的妓院，所有游客的目的地），有一个小饭馆和一个漂亮的女招待，名叫爱朵奈。饭馆里有点寻欢作乐的气氛，这由一个顾客的讽刺壁文证明了："我喝多了，没提全部要求"①。在另一条里面提及的恰恰是饭馆的女招待。（漂亮的爱朵奈问候观众！爱朵奈说："这里只要一阿塞你便可以喝酒；两阿塞你可以得到最好的葡萄酒；你如若想要，四阿塞便能喝一杯法莱诺。"）

顺着德立奥古斯塔里路去往斯塔比阿那路能看见一个鞋匠铺。通过铺子的一个角落里的一条壁文我们了解到，在这里干活的鞋匠们名叫么内克拉特和维斯比诺。考古学家们将发现依然处于原位的手艺工具，比如两把半月形的小刀（scalpra），一个铁器（subula，顶端有非常尖锐的圆锥体的铁器，既可用来挖又可做表面整形），

---

① 原文为拉丁语。

九把带铁柄的凿子,两把用来拉伸皮的钩子,一把钳子,三根铜针,两个装了黑色颜料(atramentum 一种画家们使用的黑色的釉,为了更好地保持壁画的颜色)的小罐……

稍微过去一点是已经退役的"受勋的"百人队队长马克·切西奥·博兰多的漂亮住宅的大门。我们知道他曾在第九禁军团服役。家里有军事题材的各种马赛克和图画。特别是他和妻子的肖像。这幅肖像有个细节:它在一个由椭圆形花环围绕着的圆形里面。这就意味着,他在服役期间被授予过一次重要的凯旋欢迎仪式。

最后,在德立奥古斯塔里路的尽头有赶骡人 Q. 萨鲁斯迢·殷文托的铺子,设有两个大池子(一个是饮水槽,另一个用来放饲料)和一个小牲口棚。他住在楼上,那里发现了刻有他的名字的图章……

万物皆流动……除了水

庞贝，水库

公元 79 年 10 月 23 日 9：00

距喷发差 28 小时

DA FRIDAM PUSILLUM
给我一点儿冷水。

  我们抵达庞贝的另一座城门——维苏威门，它位于住宅区的东北边缘，我们此刻正将为探索城市的其余部分而穿过它。这里有座四方的低矮建筑，与一座地堡相似。这座不起眼的建筑对居民生活其实极其重要，它是一座水库，一个输水的关键构造。

  几乎所有的古代文明，供水都要用到井，用大水槽积存雨水，尤其要把城市建在一条大河的岸边。主要的中心城市全都是这样诞生的。然而罗马人懂得做得更好，也就是利用导水管把水送到有城市的地方。

  事实上，有一条大水管从塞里诺通往庞贝，给市民们提供自来水。为了对这个浩大的工程有个概念，你们想想看，它几乎长达一百千米，每天的输送量是六千立方米，还给很多其他城市送水，其中有米塞诺、那波利、波佐利、埃尔科拉诺、库玛和巴亚。

  你们应该把这条管道想象成一条水的高速公路，设有许多出口和同样的水库，真正的"巡道房"。水从这座建筑被引入一条条为城市供水的铅管，或至少它应该那么做。

　　事实上，我们发现，公元79年10月底的此时，它坏了！换句话说，庞贝停水了！这是我们的游览中的另一个意外。

　　其实，与电影里和小说中所见到的恰恰相反，在火山喷发前那几天里，庞贝路边的公用喷水池是空的，富人们的家中没有水流出来，他们的内花园里也没有。公共浴室的水龙头也流不出一滴水。不仅如此，所有的公共浴室全都关闭了。只有一个公共浴室除外，它用从自家的水库获得的水持续循环地给一个个池子供水。尽管好莱坞式的剧本和电视剧不乐意，很多情节还是应该剪掉的。

　　这就意味着，在庞贝，火山喷发前一天人们就不洗漱了？不完全是。只是没了习以为常的方式而已。一切照古代那样做，在建造导水管之前，可用水罐和浴缸（与现代的一模一样，只不过是青铜的罢了，其中之一如今保存在埃尔科拉诺的仓库里），或者可以让奴隶用双耳罐运水，等等。

　　这一切使你们看到一个完全不同于书、指南和小说中描述的庞贝。事实上我们面对的是一座陷于危机、处于紧急状态中的城市。

　　这也是平时没有描写的它的真面目的一部分，我们正要从我们的游历中了解到。我们将有办法发现这个危机的各种特征。

　　我们按照顺序行进。为什么庞贝没水了？

　　这里，罪魁祸首还是正要醒来的火山。我们不知道是否正如一些专家认为的那样，由于将至的喷发造成地层的"再度膨胀"，改变了坡度而妨碍水流向城市。但并无证据。然而，倘若真是这样，那么，其他由同一条主要的大水管供水的城市也会有缺水的烦恼，特别是米塞诺，它位于路线的尽头。可小普林尼对此未曾提及。

　　在庞贝，水"停供"的真正原因则极有可能是发生在火山喷发前几天的一次地震造成的。一座这种类型的火山在进入活动期之前的典型的地层崩塌，是我们认为供水中断的最可能的原因。随后的结果是一段水管的断裂或塌陷。除了修复以外，还应准确地重新测算水流坡度。

在我们正讲述的事件中,地震是绝对主角,是的,小普林尼在他的信中对它们有过描述。我们在靠近水库的同时听见说话声,说的正是这些自然现象。它们来自一扇小侧门。我们探头看看。里面有几个男人。一个,我们立即认出了他,他是提多·苏埃狄奥·克莱蒙特,蕊柯媞娜的宴席中的一个最重要的高层人物。他是帝国的一位行政长官,因为重组和重新规划庞贝以及周边地区的地籍而受到皇帝的派遣。

他为什么在庞贝?在一座水库里干吗呢?他的任务,如我们在蕊柯媞娜的宴会中已经说起过的,非常棘手。

维斯帕西亚努斯掌权后,面对的是一个十分困难的财政状况。尼禄用一笔笔说不清道不明的开支倒空了帝国金库。他死后的数月中替换了几位皇帝,在维斯帕西亚努斯到达之前,在一段极度混乱的时期,爆发了保皇军团和觊觎皇位的人之间的激烈冲突,以致公元69年成为历史上的"四帝之年"……好,刚一大权在握,维斯帕西亚努斯,一个非常注重实效的人,他开始了一套严厉的财政和行政的改组计划。提多·苏埃狄奥·克莱蒙特属于他的这个计划之列,父亲驾崩后儿子提图斯掌权并继续下去。

帝国行政长官的任务是清楚的:重新划分地籍(界线,田产,等等),目标在于增加帝国的国库收入。庞贝在这方面的问题比半岛上的其他城市严重,因为公元62年的地震可能毁坏了市档案馆的一部分,必须重新找到所有田产的地图,重建房屋,在重建中监管不让人趁机占有属于国家的地盘或者"修改"自己的界线。

提多·苏埃狄奥·克莱蒙特是个不给任何人情面的人。对死人也是。我们从一块考古学家们在诺切拉门的路当中发现的石碑上了解到这一点。他甚至让人迁走了一座家族坟墓,因为它在城墙外的一条马路拐角处非法占用了几个平方米的公有土地。刻下的文字对他的坚韧不拔不容置疑:"因为皇帝恺撒·维斯帕西亚努斯·奥古斯都当局,行政长官提多·苏埃狄奥·克莱蒙特了解了原因并做了测量,把为私人所非法占用的公共地盘归还给了庞贝城。"它不是城里唯一的一块石碑,有其他一些在维苏威门、埃尔科拉诺门、玛丽娜门……总之,提多·苏埃狄奥·克莱蒙特很受尊重。但他是怎样的一种人呢?

我们翻寻到了塔西佗对他的几句描写。我们知道,在"四帝之年"间,他在奥托短暂掌权时做过远征军舰的司令。塔西佗形容他不守纪律、野心勃勃,总是急于冲锋陷阵。总而言之,是一个实干家。今天我们会说他是只隼。① 由于他的任务棘手,也为了更好地核查土地,他搬到了庞贝,已经在那里定居多年了。我们还知道他住在哪里。依照专家马戴奥·德拉·克尔特来看,最后一段时间,也就是在火山喷发时,他客居在一个受人尊敬的庞贝人马克·爱皮迪奥·萨比诺的富丽堂皇的多慕思里。

一份选举宣传中提到他的捐赠,正是帝国行政长官在这份选举宣传里邀请大家支持招待他的萨比诺作为竞选双头地方行政官之一的候选资格。他在宣传文字里特别说明"与邻居们一起"的事实,对他就住在这家里构成一个明确的线索。一个具有帝国职权的人和城里的一些公众人物之间的关系及"粘连",甚至为他们中的一个带来政治上的候选资格的支持,应该没什么好大惊小怪的,但是带点"利益冲突"的怀疑,因为提多·苏埃狄奥·克莱蒙特就客居在他家里。不过,正如我们稍后将会看到的,政治家们和当地商人们之间的某些过分错综复杂的关系导致事务一点也不透明……

其实很多人都在博取提多·苏埃狄奥·克莱蒙特的友情和好感。从一行文字我们得知,某个普博聊·柯罗雕·斯培拉托敬奉给他一罐珍贵的三年陈酒科罗迪阿奴(Clodianum)。一种贵重和"受

---

① 形容一个人刚强、机敏。根据情况,有时也指人奸诈、贪婪。

欢迎的"礼品,等同于今天的一种稀有的陈年佳酿。

然而,提多·苏埃狄奥·克莱蒙特是个绝对正直廉洁、品德高尚的人。在他对招待他的人的政治候选资格的支持中不存在利益冲突。其实,萨比诺超越了各种怀疑,他在权利方面是个权威,受所有庞贝人的敬爱,被认为是个诚实的人。也许正因为如此,帝国的行政长官才选择住在他家———一片廉洁可靠的"绿洲",并于喷发前两年支持他成为参选双头地方行政官的候选人。

这个人此刻和他一起在水库里,当他开口讲话时,所有的人都安静地倾听着。萨比诺其实是个非常有名的法学家和很受爱戴的雄辩大师,他被一些历史学家称作庞贝的"昆体良"[①],当他还是城里的法学大师之一时,曾引导他的学生们往律师专业发展。现在,他和提多·苏埃狄奥·克莱蒙特一起估算最近一次地震造成的损坏和尽快修复庞贝的输水系统所需要的成本(还要依法行事)。

在阴影里听他说话的在场的人当中,还有个皱纹很深的矮个儿男人,脱发给他留下了一种"修道士式样"的发型,另有几根长长的发丝,随着每一次微风的轻拂在额上飘动。他是管道工。他的名字是司塔里阿诺,他和其他同事以及"市政府的技术员们"一起,得搞清楚哪里漏水并修复城里所有的管道。这是一项量很大的工作,需要尽早行动。

事实上,罗马人是水力学方面的专家。在他们看来,水不仅仅主要用于解渴、洗澡或做饭,而且还用作冲走垃圾,保持城市的洁净,以及避免出现疾病和流行病疫源。这些极其现代的理念甚至在19世纪的伦敦也不具有,如1854年伦敦霍乱大流行所证明的。

今天,在从全世界来到庞贝欣赏住宅、壁画、马赛克和喷发遗迹的成千上万的游客中,很少有人注意到那个像循环系统那样围绕

---

① 昆体良:马克·法比奥·桂提利阿诺(Marco Fabio Quintiliano,生于公元35—40年之间,死于公元96年),第一个领取罗马帝国薪俸的有名的雄辩家、修辞大师。

全城使之生活了多少个世纪的供水系统的惊人杰作。现在我们将重新探索它。

水库的大小像一个大房间。

中间有一个以扇形展开的水池，它有两道作为坝的隔墙，它们迫使水流减速，便于使可能存在的杂质沉淀在底部，然后被清理掉。一些格栅有助于过滤由水带来的杂质。池子以三个小阶梯到底，一个在正中，两边的呈弓形，水在这些小阶梯上流淌的同时使氧得到饱和，好除去可能会有的滞纳造成的万一存在的不良味道（细菌产生的）。极有可能的是，在池子里，拦在两道坝之间会有一些小鱼，一种真的活着的"传感器"，保证饮用水的质量不变。这是一个在很多国家的引水渠中世世代代、现代还在使用的古老办法。

几个人在讨论的时候，萨比诺注意到墙上有什么东西，便把油灯凑近了。有一幅小壁画在管道出口的上端，在两个画就的花环下面能看见一个手持棕榈枝的躺着的裸体男人（水神）和三个女人，她们也是一丝不挂，站在他面前，其中一个把头发梳理成维纳斯的那样。这是一幅水源的寓意画，是一种祈祷，以求庞贝的水会一直流淌不息。它是一幅非常简单的壁画，可吸引萨比诺的却是位于左下方的美术家的那个奇怪的"签名"。美术家把他的戒指在未干的灰泥上印了四次，印章表现的是一个女人坐在芦苇地里，身旁是一个篮子，一只小鸟在她上方。谁知道它是什么意思……

萨比诺微笑起来。在场的人当中没谁知道这个不起眼的、极其易损的"签名"将在庞贝的毁灭中幸存并保存到现代仍能看到。我们是最近在水库里做电视拍摄的过程中往墙上投照一道斜射光时发现它的。

水淌过梯级后从水库流出，注入三个敞口，它们将其引向三个不同的用户：公共喷泉池（为所有人提供水），公共浴室（为了大家的清洁）和那些能够在家里得到自来水的少数富裕的罗马人的多慕思，没准借助了某些非法交易。

有些研究，比如汉斯·爱斯巴其在过去完成的、迄今仍然十分重要的那些研究，缜密地鉴定了这个水网的许多节点，如此便使我们可以想见庞贝的输水量了。除了一些公共建筑，比如我们已经说过的公共浴室，还有四十二个公共喷泉池，四十五家交易场所，其中有店铺、酒吧、洗染坊等，二十五个面包房，以及整整六十座富有的庞贝人的私宅。

跟着水道走

提多·苏埃狄奥·克莱蒙特和马克·爱皮迪奥·萨比诺走出水库，在管道工和其他人的陪同下开始了检查。

他们查看的第一条水道是最重要的一条，是为喷泉池供水的那条。找到它们并不难，它们排列在路边，大约每八十米一座，这样人们就不用被迫带着水桶、水罐或双耳罐走太多的路。的确，百分之九十的居民就喝这水，不仅如此：他们还用它做饭、洗衣，等等。

每个喷泉池都有一块石碑和一座不同的雕像，它可以是墨丘利的脸，如我们已经见到的，或者是孔科尔狄亚·奥姑丝塔。水从雕像里溢出，注入一个方形水池里。它由五块火山石简单拼装而成，其中一块做底。

每个水池的边角都有保护，它们经常被有点儿冒失的马车夫们碰撞，今天依旧能看见那些护栏。另一个有趣之处是，很多人认为，水池边沿的磨损是由于庞贝人为了喝水而不断用手撑着的缘故。其实并非如此。那些沟槽像是被吊着装满水的桶的绳子摩擦而成的。

我们继续沿着庞贝的水道前进。

提多·苏埃狄奥·克莱蒙特和马克·爱皮迪奥·萨比诺，沿着庞贝的主要大道、现今的斯塔比阿那路，一边下来一边仔细查看着每一段。一些店主走出他们的铺子，好奇地看着他们。不只是店主，很多人都停下来观看这种专业的现场临检。

竖立在庞贝的街道边的、往往靠近交叉路口的某些古怪和逼仄的塔楼（如今只有少数游客留意到）是一处十分重要的建筑。一共应该有十四座，有两层楼那么高。那些是量压塔，也就是输水的塔，今天在我们的城市里仍能经常看到，像一些巨大的蘑菇。

它们的顶端有一个铅池，是个方形的小蓄水池，里面的水经一根管道输入（在庞贝，要完成这个高低差距的压力是足够的）。水装满池子后又从相反的一边通过另一根铅管重新流出，然后继续它在城里的路程。这一切起什么作用呢？"刹住"水，使其以恰到好处的速度重新出发，否则会因压力太大而损坏往下的所有管道。还因为，要保持一个合适的水位以便抵达居民区的各个地段。

有时候，水从蓄水池中溢出，顺着柱子流下来。今天，细心的游客仍能看到一种角质层犹如一层粗糙的皮肤那样包裹在那些塔楼的某一面。在古代的庞贝，夏天里很可能有蝴蝶和蜜蜂停在这个覆盖着一层潮膜的表层，为了"喝"点儿水。

对罗马人来说，保持管道里的适当压力是极其重要的。的确，到处可以看到一些类似于汽车排气管的名副其实的减压器，它们放置在露天里，以便在这种紧急时刻检查更容易。这就允许提多·苏埃狄奥·克莱蒙特和马克·爱皮迪奥·萨比诺在沿着人行道行走的同时跟随着为城市送水的铅管，并且轻易确定渗漏和被地震折弯或压断的管道。

这时，他们走近在马路一侧干活的几个奴隶——就在人行道上放着的、然后可以埋到地下的管道旁边，他们正在挖一条长沟。一个在城里的很多街道和胡同里重复的情景，它将被喷发定格，恰似在一张照片上那样：这些一边放着更换的管道，底部是已经摆放好的新管道的沟渠，将被考古学家们发现填满了火山砾，证明正在进行的施工倏然中断并被喷发重新淹没了。

跟着这些管道中的一根，俩人穿过庞贝中心的一座今天被称作斯塔比亚内的大型综合公共浴室的侧门。他们越过一个个铺着大理石和马赛克的、粉刷过的多彩的大房间。四下寂静无声。他们的脚步声回响在为昏暗所笼罩的冷冰冰的热水浴室、黑黢黢的温水浴室和即便不在使用中也使人直哆嗦的冷水浴室——由于里面覆盖着的大理石之故（见第一部分插图第4页）。他们和设施负责人一起检查着每一段水道。

罗马人的公共浴室要投入使用有两种非常特殊的"专业"需要：水流需源源不竭和压力稳定。

为了满足这些条件，应该这样解决：两个技术员检查了几个蓄水池，还是半满的，因此也是完整的，尽管有过地震的摇撼。这些蓄水池对于公共浴室的运作是必不可少的。到达的水首先就是装满一个个像小小的人工湖的蓄水池，由此再流向各间内室，根据需要可以加热或不加热。

提多·苏埃狄奥·克莱蒙特继续对一个秘书口述备忘记录。此刻他们检查到庞贝的下水——公共厕所的用水。是的，水在公共浴室或家庭使用后拥有"第二次生命"。

事实上，罗马人在考虑阴沟系统的同时把所谓的白水（比如雨水）和黑水区别开了，以便蓄存和再利用公共浴室和公共厕所的脏水，总之，恰如今天我们说的，回收利用有机废料做肥料。

在这个让大家都皱鼻的现场临检之后，小组被一个庞贝富翁迎接到家中，为了给他的水管装置做个检查。他们还将趁机搞清它们是否违规连通，这丝毫不是什么稀罕事。

有钱人的水

在喷泉池和公共浴室之后，第三条水的"大道"，如我们已经提及的，是那条通向富豪们的私人别墅的。他们怎样使用它？

他们往往拥有私人小浴室。但是更多时候是以花园里的漂亮的喷泉和装饰浪费水。

此外，水在厨房里被用来做饭或用来洗盘子。然后脏水被再利用（一个极其现代化的循环利用的概念）做冲厕所的水。事实上，厨房里面经常还有一个小厕所，在一道帘子的后面，这种惊人地不讲卫生不使人感到意外。罗马人对细菌一无所知，他们对疾病的传播有着各种不同的理解，不仅仅是魔鬼的作为。不过他们并不无知，他们很清楚粪便可以是病源，正因为如此，他们到处使用自来水。公共厕所，甚至在举行马车赛的马戏场（例如罗马的马西莫竞技场）的小便池，总有自来水，为了避免滞纳、臭味和发生传染疫源。

被考古学家们重新挖掘出来的管道很是令人震惊。它们和我们的一模一样，甚至包括龙头和阀，这些也显示出罗马人在水利工程方面的深广知识。

就在我们对城里的供水网络做分段检查时，一个问题自动冒了出来。在安装管道前，庞贝是如何为自己供水的？

主要取自老天。如我们所见到的，流过承雨池的雨水可以形成私人的蓄水。

但是也存在其他一些大得多的蓄水池，是公用的。这是不大为人所知的一个方面。其实庞贝有一些谁也看不见的巨大的蓄水池，因为它们是隐蔽的。一个就靠近维纳斯神庙，离城里的广场不远处，在难以计数的不知情的游客的眼皮底下。

今天，打开一个井盖顺着梯级下去几米就能抵达。你们一到地下便置身于一个两边有拱顶、长约十五米的空间内。它是在什么时候建成的呢？

我们知道，维纳斯神庙是公元前89年苏拉建造的，所以这个蓄水池（正如就在神庙底下的那另外一个）要么是在那次建成的，要么应该已经存在了，那么它就更加古老了。这两个偌大的地下蓄水池之外，庞贝还隐藏着更多。在城里的不同区域还有其他一些，比如所谓的剧院的四门拱底下，它还以"角斗士操场"而扬名。有一个实在太令人吃惊了，它具有一座教堂的规模，位于一座现今设作快餐店的、许多游客在那里逗留、吃喝的建筑旁边。

与此同时，提多·苏埃狄奥·克莱蒙特和马克·爱皮迪奥·萨比诺停住了脚步。管道工司塔里阿诺让他们看一截断了的重要管道。我们位于城市的一个要害所在。司塔里阿诺看着他们，寥寥可数的头发宛若刈割后的麦地里稀疏的麦秆似的摇曳着。是个严重的问题……

这截管道为城里一条街的重要地段供水。司塔里阿诺保证，他能迅速修复它。

我们看见管道内有一层硬壳，证明庞贝的水含有水垢，久而久之，它总在水罐和杯子底部留下薄薄的一层白色。而管道切割显示出活性铅。它对人的健康无害吗？

这是个持续了多年的争论，对此我们不想涉足。一个事实是肯定的：罗马帝国的衰竭是铅中毒造成的这一传说需要驳倒。原因完全是另外一些，是社会、军事和经济方面的。

然而，饮用由铅管输送的水和为使葡萄酒变甜而使用的同一种金属做的容器，却是不可否认的。当然，有一些个体显示出高浓度的铅。但是，管道并未在罗马帝国引起铅中毒的"流行"。这种中毒症只是当时存在的、造成早夭和降低罗马人的平均寿命的很多病种中的一种。

关于我们每天使用的许多物品留下的可能存在的毒性，现在可以做一个类似的讨论。我们日常遭受的、对我们的健康有害的还有微粒和无数化学剂。但是，其中没有一种具有压倒性优势，就像通常有人认为罗马时代的铅所具有的优势一样。

再者,水管不总是铅的。例如在农村,它们常常是陶土的和木头的(在法国加尔桥的惊人的输水道博物馆里,可以欣赏到一个重建的喷泉池,它与庞贝的那些相似,输水用的是木头管道)。

那时,铅是一种珍贵的材料,在遥远的地区提炼后输入,用于制作一些小尺寸的物品和工具,如还愿品、弹丸、骨龙坛、小蓄水池、葡萄酒杯壶还不是什么大问题,但是要用于安装水管可就要谨慎了,因为需求量很大,故而,铅的水道网络主要在城里或在富豪们的别墅里,肯定不会分布在农村。

然后要考虑的是,正如我们已描述的情景所展示的,铅管内沉积着水垢,这就降低了对铅的吸收,从某种意义上来说,水在因结满水垢而变细的铅管里流淌。

最后,有一个日常生活的资料没考虑到:多数罗马人饮用取自蓄水池或天然水源的水,同时就限制了摄取的铅。这,在一座像庞贝这样的城市也是同样的。

关于这个问题,正如安东尼奥·德·西莫奈指出的,庞贝的许多蓄水池里曾经蓄存着大量的水。譬如,在对一座住宅——那里还利用花园里种植的植物精油制作香水——进行的挖掘中发现,地下的蓄水池(长七八米,高一点五米)的水位高约五十厘米。换言之,它曾满了三分之一。是如何搞清这一点的?火山喷射出的浮石在喷发时进入,在水上漂浮着时形成均匀的水平面。

喷发前的地震,灾难中的灾难

一行人完成了为恢复庞贝的用水区域第一轮巡视。司塔里阿诺和技术员们把精力集中在断裂的大管道地段并开始工作,为在人行道旁埋下新管道而抓紧时间挖掘。

我们来到城里的重要十字路口之一,在主干路线卡尔多斯塔比阿那路和下德库马诺①阿博恩当杂路之间的那个。

提多·苏埃狄奥·克莱蒙特和他的朋友马克·爱皮迪奥·萨比诺，对形势短暂地交换了一下看法后分手了。前者，到达十字路口向左拐入阿博恩当杂路，准备返回相隔数步的家起草一份报告。而后者则向右拐，也走在阿博恩当杂路上，不过是反向的，朝着一处有他这样的名声和威望的人既为了形象又为了工作，应该在这个时候露脸的地方——广场。

我们跟上马克·爱皮迪奥·萨比诺。

他与几个奴隶擦身而过，他们从一辆载满双耳罐的马车上下来。双耳罐里装满了从萨尔诺河提来的水，他们给一座多慕思送两罐进去。由于缺水而产生了一项送河水上门的服务，以满足各种需要，这样便能节约蓄水池中宝贵的水。

这个旧貌恢复建立在一个有趣的事实上：在庞贝各个不同的花园里，发现了江河、湖沼植物的痕迹，证明在城里陷入供水危机的时刻，浇灌用的水可能取自萨尔诺河。

我们可以设想，产生一家一户去送水这个念头的人破格获得了驾着马车在城里转悠的许可，凭借这个临时的生意赚了不少钱。

萨比诺摇摇头继续前行。

这个紧急情况存在多久了？公共浴室关闭、喷泉池干涸以及为了用埋深一点的新管道更换地面上的（临时的）老管道而实施的挖掘从什么时候开始的？我们无法确切地了解。

安东尼奥·德·西莫奈教授认为，考虑到庞贝行政部门的决定时间，用会议、审议来为工程招标，以及等待用于修复水道网络的铅管的运抵，这种情形极有可能已经拖延了三四个月（这是一座

---

① 古罗马人把南北走向的街道称作 cardo（卡尔多），东西走向的则是 decumanus（意大利语略作 decumano，德库马诺），根据街道方位，又有上和下之分，如此处的下德库马诺。

罗马大城市的官僚主义和行政机关所需要的时间），所以，最近一场扰乱了庞贝日常生活的大地震应该发生在公元 79 年的 6 月和 7 月之间。

但可能随之而来的还有另外几场地震，预示喷发将至的一连串的余震。我们可以想见某些细节。

事实上，所有的房屋都处于整修中。现在，尤其是冬天即将到来，谁也不会等待三四个月才请工人修缮房子或屋顶。

这是个有意思的话题，因为直至今日始终有人认为，城里、住所中和街道上的明显的毁坏，皆因公元 62 年那场破坏了庞贝和夺取很多人命的大地震留下的。某些情况的确是，比如在今天早上我们买过面包的纯洁的恋人之家的面包房里，现今依然能看见的那条用灰泥重新修补、被烤炉的烟熏黑的长长的裂缝。然而，并非所有的损坏都可以合理地认为是由那场发生在十七年前的地震造成的，它已经过去了差不多半代人了。地震现象的背后实际上隐藏着什么呢？我们按照顺序来。

地震现象在书里和小说中一直被描写和论定为纯粹的喷发预兆。它们是强烈的，对，但总之在公元 79 年的巨大灾难对照之下减轻了。

实际上，它们比人们想象的要严重得多，既因为它们的频度——如我们稍后将看到的，它逐渐改变了庞贝的"社会地理"——也为了它们的强度，至少在一种情况下（公元 62 年的大地震），它甚至"击中了"整整一个一代人，如我们在谈起人口金字塔时已经看到的，十五至十九岁的青少年在居民当中是少见的。

公元 62 年的地震

维苏威乌斯的复苏首先已经通过往年的强烈地震预告了。在未来，几乎毫无疑问，这将是维苏威迫近的再次爆发的真正的信号。

公元 62 年 2 月 5 日的一场大地震发生在尼禄的治下，把土地下沉期也考虑在内，它持续了几天，重创了庞贝、斯塔比亚、埃尔科拉诺，给诺切拉、诺拉和那波利造成的损坏较小。这意味着，震级不高，深度大约 7 公里。那正是我们所料想的，由岩浆库里上升的岩浆的活动，还有火山气体渗入岩石层使其断裂而产生的地震波，即地震。

庞贝的不幸仅仅因为靠近震中斯塔比亚。

关于这场地震，有考古学家们发现的令人难以置信的"石头照片"。那是两块浅浮雕（一块已在前些年被盗走了），它们曾在我们于宴会上认识的、稍后还将邂逅的钱庄老板鲁齐奥·切齐里奥·乔孔多的家中。我们不清楚为何他在家中的神龛的两边放了描绘庞贝遭到地震破坏的图景。今天，我们当中谁也不会把几年前的海啸的巨幅图画挂在家中的。

在这些浅浮雕上能看见损毁的广场和朱庇特神庙，甚至维苏威门也朝着一辆套了两头在绝望中奔逃的驴的小货车危险地倾斜过去，无疑是由地震的震波引起的。而水库却纹丝未动。

塔西佗在他的《编年史》里讲述，庞贝几乎被彻底破坏了。塞内卡补充说，一座雕像裂成相同的两截，许多人在休克状态下在田野里游荡，而随后几天，有六百只羊的羊群全部死于窒息，显然是由于从地下冒出来的有毒气体造成的。

现今认为，公元 62 年的地震达到麦卡利地震强度[①]的 9 度（以损失和后果为基础），带有 0.3 的不定限度达到里氏地震震级的 5.1 度（则是以释放的能量为基础）。无论如何那是一场强震，但总之还低于伊尔皮尼亚和拉奎拉的地震。[②]

---

① 以意大利火山学家朱塞佩·麦卡利（Giuseppe Mercalli）在 1883 年和 1902 年修订的量度为准的地震强度。

② 1980 年发生在伊尔皮尼亚（Irpinia）的大地震造成的死亡人数是 2914 人，伤者 8848 人，疏散居民 280000 人；2009 年拉奎拉（L'Aquila）的强震造成 309 人死亡，1600 人受伤，大量的历史建筑被损毁。

我们从塞内卡的文章可以察觉到，继那些事件之后，很多人移居他方，这给经济带来了损失。留下的那些人修复公共浴室、拱门、房屋。

有些人甚至为了攀升社会阶层而利用形势。有个例子是努么留·坡皮雕·昂普利阿托，一个变得极其富有的自由奴，在用他的钱修缮伊西斯神庙时，为仅有6岁的小儿子切尔西诺在为罗马管辖殖民地和自治城的强势的城市行政分区长官团谋得了位置。神庙的围墙上可以清楚地看到写得很明白的文字："努么留的儿子努么留·坡皮雕·切尔西诺，自己掏钱把因地震而倒塌的伊西斯神庙从根基开始重新修筑。行政区分区长官为这种慷慨（的奉献）而无偿地将他收纳在他们的队伍里，尽管他才六岁。"

为了修整62年地震之后的广场，并且由于它是一处公共设施，而需要花费很多时间（有点像现代），在十七年后的火山喷发之际，它还未全部整修完。

然而，从另一个角度来看那场地震，它也给庞贝人带来了一个意想不到的好处：在重建中建造了一座全新的大型综合浴室——公共浴室中心。

继那场地震之后还有过其他一系列的地震，因为我们位于一个真正的群震范围内，它一次次地预示了喷发。特别是在公元64年，一次新灾难使那波利的一个剧院坍塌了，皇帝尼禄刚在那里公开露过面。

前一天的一场地震

不过，有一场地震不大为人提及，也因为它的影响常被混淆于公元62年的那场地震。在很长时间里，它于研究员们就是个"幽灵"，而近来，它明明白白地被确定在庞贝的最后一段生命中。那是发生在命中注定的公元79年10月24日前几天里的一场地震。它的痕迹到处可见。

小普林尼在他写给塔西佗的信里就已经提及，曾经发生了很多天的轻微地震，但几乎没引起什么担心，被当成了坎帕尼亚的一种普遍现象。卡西乌斯·狄奥也证实了这一点。

的确，假如你们进入庞贝的房屋，注意一下便会发现角落里有时堆积着装满石灰的双耳罐（梅南德罗之家或者朱里奥·坡里比奥之家），有时堆积着石膏块（萨切罗·易利阿克之家），码放成行的砖块，成堆的瓦片，甚至一块块用于在地板上拼成几何图案的大理石，重新描绘的壁画（纯洁的恋人之家）以及街道中为修复化粪池的施工。一份十分有趣的资料是那些考古学家们在别墅里发现的贵重物品和珍宝，它们经常被藏在一些秘密的地方，显然，把它们藏起来是为了不让工人们看见，防备来来往往的人以及在一座处于修缮中的住宅里可能存在的小偷。

因此可以推论，那是一场造成中等程度的损失的"轻度"地震，肯定没有建筑倒塌，看见的只是修缮工作而没有真正的工地，意味着曾有过足够的把墙皮运走的时间。这让人想到，那可能是一场发生在三至六周前的地震。

旧金山州立大学的迈克尔·安德森对各座多慕思里面的这些材料的放置位置进行了一项有趣的调查，得出的结论是，石灰堆或装满建筑材料的双耳罐所放置的地方因其角度，是不大容易被进门的人看见的，尤其是不妨碍通行。显而易见，人们在有工人干活时曾经继续在家里住着，但是考虑到方便和体面，尽量给住宅一个较整齐的外观。而在另外一些住宅里，人们重新进入前曾在等待着修缮结束。

结论是，所有这些情况和推理为我们展开了一幅不为人所知的惊人画面，那是庞贝在喷发前的情形，是那场灾难的其他鲜为人知的情景之一。

研究人员估算，在喷发前四十三年当中（自公元 36 年起）发生过不少于十七场地震，震级包括里氏 3 级和 5 级。

所以有个神话需要揭穿。在公元 79 年喷发的那一年,庞贝并不是一座欢乐的城市,就像在电影里看见的或小说中描绘的那样,夜夜盛宴笙歌,少不了的角斗士间的搏斗和富裕的贵族在公共浴室泡澡。这些发生在其他城市里。

庞贝那时到处形势紧急。自来水断了。几乎所有的房屋都有修缮工作在进行。有些甚至暂时无人居住了,另有一些由于 62 年的地震造成了巨大的损失而弃置多年了。街道上到处是开工了的工地。

不过这并不意味着它是一座陷于没落中的无人居住的城市。它的市民们是顽强并且是乐观主义者,他们不顾一切地继续生活,安排晚宴,接待宾客,整修自家的住所。他们继续生活和做生意,想着最糟的情况已经过去了。总之他们是宿命论者。有点像今天的作为宿命论者的那波利人,维苏威近在他们眼前,可他们不会因此而抛弃他们的家园。

而庞贝人甚至不知道自己居住在一座火山的山坡上,他们的脚底下是岩浆。到此刻为止,我们所了解的一切都属于这幅庞贝的最后一天"壁画"的一部分。我们没有描写到建造工程(除了在大理石之家),因为正如我们见到的,在有钱人的住宅里,一切(从活计到石灰堆)都是很有限的。

不过我们可以补充一个信息。很多庞贝人在过去几年、几个月和几周里已经离开了城市。不再有塞内卡形容的"人山人海"了。居民人数难以达到几年前的两万了。地震甚至颠覆了社会阶层之间的关系。富人们走了,照塞内卡的话说来,几年前他曾呼吁当地居民不要盲目逃离,可以感觉到当时应该有过真正的小群体移民,给一座因它的葡萄酒和咖乳而在整个帝国闻名的城市的经济带来了影响。

至此便出现一个明显的反论:在庞贝和附近的很多人得救了,正因为过去几年、几个月和几周的地震和晃动,他们决定到别处生活去了。这特别涉及富裕的家庭。另外一些幸免于难的，因为家中的修缮工作而暂时搬到他处——后来发现是安全的地方（那波利、诺切拉等）。

广场上的话题

庞贝的广场

公元 79 年 10 月 23 日 11：00

距喷发差 26 个小时

(UTERE BLANDIT) IIS ODIOSAQUE IURGIA DIFFER
SI POTES AUT GRESSUS AD TUA TECTA REFER

你客气点，尽量避免辱骂和脏话。不然就向后转，回家去。

跟着马克·爱皮迪奥·萨比诺，我们此刻来到了庞贝的广场（见第一部分插图第 1 页）。在阿博恩当杂路的尽头，一个连着两个小台阶和一些高大的柱子的开阔入口，标示着庞贝的主要广场的巨大的正门。男人上到梯级的顶端，停留片刻欣赏广场。它宽阔，呈长方形，非常明亮———正是因为白色大理石的覆盖层之故。他的淡蓝色眼睛缓缓地移过整道雄伟的柱廊，一座于十七年前那场可怕的地震后建成的十分漂亮的两层建筑，它环绕广场一周，两排柱子上下重叠，使它显得轻便的同时又显得雄伟。在尽头，更加美轮美奂的是庄严雄立着的卡皮多留慕———一座献给罗马三神（朱庇特、朱诺和密涅瓦）的神庙，每座罗马大城市的中心。

朝向广场的或位于它附近的建筑是政府机关，用于民事诉讼的

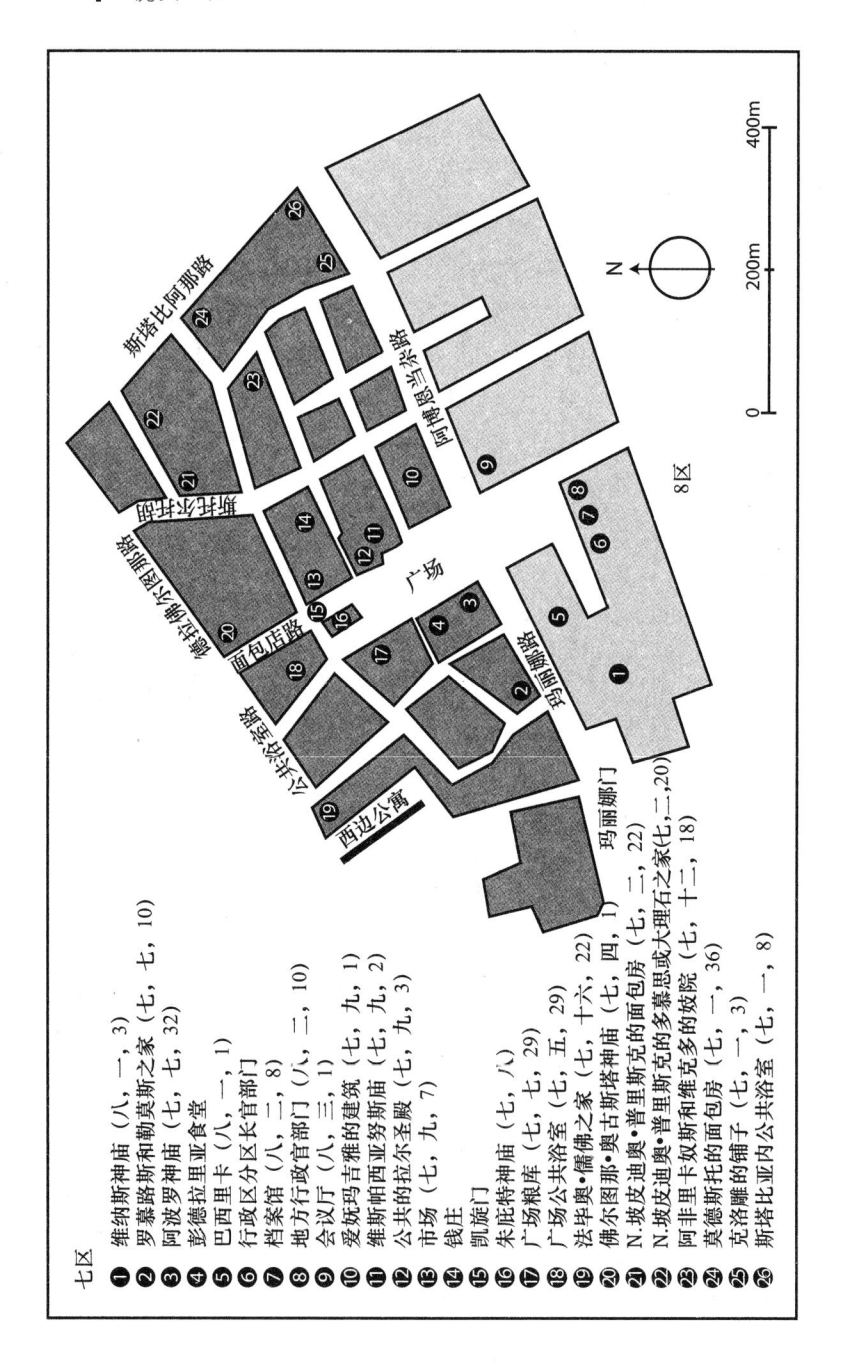

七区
❶ 维纳斯神庙（八，一，3）
❷ 罗慕路斯和勒莫斯之家（七，七，10）
❸ 阿波罗神庙（七，七，32）
❹ 彭德拉里亚食堂
❺ 巴西里卡（八，一，1）
❻ 行政区分区长官部门
❼ 档案馆（八，二，8）
❽ 地方行政官部门（八，二，10）
❾ 会议厅（八，三，1）
❿ 爱妩玛吉雅的建筑（七，九，1）
⓫ 维斯帕西亚努斯神庙（七，九，2）
⓬ 公共的拉尔圣殿（七，九，3）
⓭ 市场（七，九，7）
⓮ 钱庄
⓯ 凯旋门
⓰ 朱庇特神庙（七，八）
⓱ 广场粮库（七，八，29）
⓲ 广场公共浴室（七，五，29）
⓳ 法毕奥•鲁佛之家（七，十六，22）
⓴ 佛尔图那•奥古斯塔神庙（七，四，1）
㉑ N.坡皮迪奥•普里斯克的面包房（七，二，22）
㉒ N.坡皮迪奥•普里斯克的多慕思或大理石之家（七，二，20）
㉓ 阿非里卡奴斯和维克多的妓院（七，十二，18）
㉔ 莫德斯托的面包房（七，一，36）
㉕ 克洛雕的铺子（七，一，3）
㉖ 斯塔比亚内公共浴室（七，一，8）

审判庭或用作谈生意的会议厅（巴西里卡①），大律师的事务所，神庙和用于敬奉皇帝的神殿。还有一个很大的城市粮仓和不远处的一个集市。

阔大的广场上有一些骑着马的罗马伟人和自费建造了纪念性建筑赠给城市的庞贝捐助人的雕像竖立在底座上。

全是大理石的地板在这个晴好的日子里灿然炫目。广场上方是一望无垠的蓝天，正如有时候游客们在现代可以看见的那样，只是缺少神庙后面巍峨的维苏威。不要那些从广场角度拍下来印在明信片上的照片也罢。如我们说过的，当时唯有地平线上一片广阔、低矮的山脊和索玛山的山顶。今天可以很清楚地看到，广场的空地和卡皮多留慕以及索玛山的高地似乎完美地排成一行，而现今的维苏威则偏移在左面。

这片空旷场地的主要颜色就是大理石的白和天空的蓝，加入这两种颜色的是数不胜数的各种色块，那是在场的庞贝人的土呢卡和长袍。在公元 79 年 10 月 23 日这天，人流高峰正在来临，广场的宽阔平地变成了一块富有生命的调色板，涂着罗马的所有的流行色。

庞贝的"昆体良"走进广场，被数百人的吵嚷声吞没了。他一边步态缓慢、庄重地往前走着，一边在每次有同城市民恭敬地问候他时转过头。他在城里确实备受爱戴。

但在我们的周遭会看见哪些人呢？人们与我们料想中的有很大差异。没有那些可供炫耀的声名显赫的先人的罗马贵族阶层，也没有高贵的地主，更没有庞贝贵族的代表人物⋯⋯

从前，广场是那些为城市创造了历史的家庭的聚集地。现在，

---

① 巴西里卡（basilica）是某些建筑的专称，如 Basilica Giulia，Basilica di S. Pietro，其特点是具有平面的阔大长方形，外围有柱廊环绕，屋顶为圆拱形。具有这种风格的建筑通常是一些用于审判、集会的审议厅或大会堂、大教堂。

成为主角并在身边聚拢三五成群的人，一般是……过去的奴隶！他们是庞贝的新掌权人。马克·爱皮迪奥·萨比诺清清楚楚地感知到这一点。他每次进入广场都感觉挨了致命的一刀。所有那些他年轻时就认识的人去哪儿了？庞贝的贵族躲到哪里去了？他曾和他们亲热地交谈，既可以在广场也可以在宴会上对他们展示他的文化。

一场场地震使许多名门望族一个接一个地离开了，他们搬到了别处，在一些更安全的、有他们的其他住宅和生意的地方。

就是这样，他们把他们奢华的多慕思交给自己的自由奴管理，往往是将其出租。或者，他们把别墅卖给了有钱将其买下的人。

这些新富是谁呢？那是一个在庞贝和在帝国崛起的阶层。他们是奴隶，自由后他们赚了很多钱，有人经商，有人搞农业生产，有人做其他一些不总是透明的生意。他们是在攀升和飞跃地储蓄着巨大财富的商人，他们大肆挥霍金钱以显示自己富足的经济条件。

经历了漫长的受欺压的奴隶生涯后，于他们而言，终于到了雪耻的时候。他们争先恐后地炫耀着，看谁更优裕、谁更有钱。完全就如我们早餐时遇见的维提兄弟。

说真的，这已经是全罗马帝国的普遍现象了，不仅仅在庞贝。对此推波助澜的还有尼禄——元老院议员们的敌人，因此也是他们出生的贵族家庭的敌人，他帮助后者——那些被他们的主人释放了的奴隶——升高了社会地位。总之，这个崛起的新的阶层用它的生意为整个帝国带来了一份财富，从农业生产到商业到税收。

然而，这些新富中的很多人依旧保留了他们在奴隶市场被卖掉时同样的狭隘、愚昧和无情。某些人正是在这里被出售。是的，庞贝每个礼拜六都是集市日，在露天剧场的空地上。所以也能够购买奴隶。他们站在一块木头踏板上，一个拍卖商开始一场真正的拍卖。或者，他们靠墙站成一排，脖子上挂一块写着遥远的、受欢迎的原籍（几乎总是捏造的）和主要特性的牌子。

因此，在庞贝，一次次的地震造成了普遍的逃离，这导致的一系列的后果也是你们在参观城市遗迹的过程中可以看到的。一座座别墅和多慕思落入贪婪的自由奴手里，它们被改造成了搞农业生产、建养鱼池、开洗染坊的地方。许多有壁画的厅室变成了商品仓库。这就是为什么你们会在漂亮的壁画上发现粗野的壁文，它们经常是为这些自由奴干活的奴隶们的作品。

出于同样的原因，你们可以在街道的墙上读到选举布告。作为崛起的新一代的商人、工匠和店主，他们攀升着、竞争着，各种行会开始取得稳固的政治地位，每次选举它都将权力（和挣钱更多的可能性）从一个派别移向另一个派别。

而在埃尔科拉诺你们就不会看见任何选举布告，因为这是一座为周边的大别墅和有权有势的家庭提供大量"服务"的城市。所以这里更需要保持行政管理和政治的平衡。因此没有激烈的选举竞争。可能是城里最漂亮的宅院里一些有权力的人做决定。

马克·爱皮迪奥·萨比诺扫一眼尚未完工的卡皮多留慕。庞贝有很多需要完成的工程。

为何我们今天看不见广场的大理石，而只有砖墙和很少几根柱子？原因非常简单：罗马人于喷发后在广场区域进行了挖掘，为了重新得到安装不久的"宝贝"——大理石板和柱子，好再次利用。还有骑马的雕像也消失了。

马克脸色一亮，他与一个老友的视线相遇，便停住与他交谈，仿佛他是这片无知的大海中的一座幸福岛。话题迅速扯到一些陈旧的往事上，扯到有名望的庞贝人和一些不再受遵守的准则方面。就像两个传统的老人，但，那是在两千年前。我们让他们聊吧……

最后的谈话

人们在庞贝的广场上说些什么呢？

在所有的罗马城市，对于它的居民们来说，这个地方是主要的信息来源（紧随酒吧之后）。去广场便等于登录一家报社的网站。一上午，你们会碰到不同的人，好似翻过不同的页面。一个刚刚下船的做买卖的人，将告诉你们另一片大陆发生的事情（海外消息）或遥远国度的那些古怪的风俗习惯（文化）；一名海员将叙述一场刚发生的海难（地方新闻）；一个商人将评论一些快要执行的税收政策（财政）；而一个地主则要说说他当年的农业生产（经济）；一个小伙将告诉你们他听说的、在罗马举行的下一次角斗士比武或马车驭手的战功（体育）；一个自由奴讲述城里的一位名人遭到的背叛（闲言碎语）……

公元79年10月23日，礼拜四，人们在庞贝的广场上说些什么呢？

作为一座着重于农业和贸易的城市，人们讨论的可能是刚刚结束的葡萄采摘；葡萄酒的质量和从中获得的利润并将之与往年相比；咖乳的产量是提高了还是降低了；为下个冬季准备的耕地；下跌的房价，由于很多人离开了（或总之有人打算这么做）；断水和水管修复的进展情况；一些异常现象，比如山崩、死鱼……

人们也谈论越来越频繁的地震，为此自问是否值得修缮，因为要是又发生新的坍塌，那将从头开始。很多人抱怨修补被一条平常的裂缝损坏的壁画的要价太高。有些人忧心忡忡，努力想从别人的谈话中搞明白是否最好离城而去。

这些是庞贝的广场上最后一天中可能的话题。

但是，这天上午大家谈论的还有另外一些事。维斯帕西亚努斯去世不满一年，提图斯刚掌权便已贻人口实：他刚让人杀了敖鲁斯·凯基纳·阿列安努斯，在皇宫里的一场酒宴之后。公开的理由是他阴谋反对维斯帕西亚努斯。但背后也许是个有关女人的平常问题：此人的罪过可能是他企图和皇帝的一个情妇调情。

人们还谈论科罗赛奥，一个即将落成的真正的奇迹（将于公元 80 年开业），以及由朱里奥·阿格利克拉①带领的军团在不列颠尼亚北方挺进的消息。

一顶漂亮的斜穿过广场的肩舆，随着将它抬在肩上的奴隶们的步伐微微晃动着。它看上去仿若飘浮在众人头顶上似的。一个目光专注的女人舒适地躺着。很多人为她的优雅也为她的珠宝而心动。她应该是城里某个富有的多慕思主人的新婚妻子。三个魁梧的奴隶兼保镖在开道，留心着不让任何人靠得太近。肩舆的小帘子在阵阵微风中飘拂着，好似一艘船的船帆。接着，恰如一艘船那样，肩舆"停泊"在柱廊边沿。女人由一个奴隶搀扶着下轿，迈开了撩人、性感的步子。三个壮汉护送着她。

拱廊下面有许多小商贩，正如在庞贝的一所住宅里发现的某些壁画为我们展现的，它们几乎就是那个时代的照片。那是些没有店铺的手艺人，他们在这里兜售他们的货品。一个白铁工在卖各种各样的锅、军用大铜锅，一个铁匠在卖耕种农具；还有人在摆出的五花八门的破玩意之间放一些静物画。

一个在同行和顾客们的微笑中靠着一根柱子的凳子上打盹的老鞋匠吸引了我们，他在卖凉鞋和临近的冬天的鞋子，我们不能不注意到一个御寒的实实在在的"窍门"。那是一种典型的军团配备的冬鞋，就像在靠近科马基奥的海岸挖掘到的一艘搁浅了两千多年的罗马货船时得以发现的那样。军团士兵不是把厚羊毛袜穿在凉鞋里的脚上，那样起不了多少保护作用，被雨水浸湿后更糟，而是在每只脚上穿上类似于异常柔软的皮"袜"的软皮鞋，外面再穿鞋底带钉的凉鞋。在船的货舱里发现的依旧是一只套着另一只的两种鞋，今天可以在陈列着于科马基奥发现的全部出土文物的博物馆里看见它们。

---

① 全名是涅敖·朱里奥·阿格利可拉（Gneo Giulio Agricola），古罗马政治家和将军，为罗马帝国征服不列颠尼亚做出了重要贡献。

那么，很可能普通人也采用这种办法。事实上，就在老鞋匠面前，有个人在打量着他摆放在广场柱廊的石头路面上的这种鞋子，不确定是买还是不买。他的目光忧心忡忡，同时在吃着一块依旧热乎乎的小烙饼。他在哪儿买到它的？离这里不远处。在市场里面还有外面，在广场的拱廊下面和城里的其他一些地方，有人在制售小烙饼，在类似于现今制作小烙饼、夹心面包和馅饼的"临时棚屋"里。他们使用的是有双层底的金属便携式烤炉。即使今天不是集日，可在市场里面发掘到的碳化了的、经他们售出的、残余的饼，是庞贝人的午餐，一如我们的夹心面包片。

富有的罗马贵妇人继续走她的路，完全不理会鞋匠那令人发笑的模样——他的头摇摆得越来越厉害了。

店铺接二连三地排列在通往庞贝市场——它一如既往地预期在后天，礼拜六——的空地的那一侧，她径直走向其中一家。城里的各个钱庄老板的"办公室"（argentarii），就在这里排成一行。

她很清楚她该进入哪家铺户，她用一个示意动作让她的奴隶们明白在外面等她。她跨过门槛。

庞贝最富的钱庄老板

铺子里面，坐在一张大办公桌兼保险箱旁边的是鲁齐奥·切齐里奥·乔孔多，庞贝最有名的钱庄老板。他正在对他的秘书口述一封信。他抬起目光，他的蓝眼睛注视着门口的女人：撩人的轮廓在逆光中一览无余，透过衣物拍摄"X光片"轻而易举。钱庄老板是个清癯的男人，圆圆的脑袋，极短的白发。因为招风耳而使人想起毕加索。他的一尊青铜雕像（有上半身雕像的柱子）留给我们的便是如此模样，他是考古学家们在他那非常漂亮的家中发掘到的。

女人毫不迟疑地走进来，一边夸张地扭动着腰肢。钱庄老板眯起双眼。他不会落入美人设下的圈套。会见将是毫无商讨余地的正式和专业。再说，在庞贝，大家都了解他。

鲁齐奥·切齐里奥·乔孔多是城里最有钱的人之一。我们在蕊柯媞娜的宴席上见过他。他娶了一个与大名鼎鼎的切齐里娅·梅特拉（一位西塞罗时代的罗马的女主角，为简略消息起见，我们想想那些数不清的爱情故事便可）属于同一氏族的女人，和她生了两个儿子：桂殷佗和塞斯佗。他很喜欢他的狗，狗的模拟像就镶嵌在家门口的地板上。

他大约六十五岁，一个在那个时代是很老迈的年龄，可他的头脑还非常清醒。他不可能是糊涂虫。钱庄老板的儿子且本身又是钱庄老板，更是资金保管人。也就是说，除了给人们借款，他还是资金保管人，如同银行，棘手的任务证明的是顾客们对他有多信任。他在生意方面的嗅觉人所共知，从未有过任何失误。

我们是如何知道他这么多事情的？因为在他位于维苏威路的富丽堂皇的家中发掘到了一个保险箱，内有整整一百五十块蜡版，记录了所有的借款和钱庄老板与私人企业、普通市民签订的合同。不过，所涉仅是他的浩如烟海的案卷中的一部分，因为所包含的时期是从 37 年到 62 年，常提到的地震的那些年。因此缺少最后十七年的相关资料。不知哪里去了。也许是在喷发时他将其带走了。也许在位于广场的他的办事处里而被毁了，或者于喷发后，在政府方面剥取大理石之际重又获取到了。可能是他本人要求找到它，这表示他得救了……

然而，那重获的一百五十块蜡版尽管只是他的案卷的一部分，却包括了四百个庞贝人的名字！他们为我们提供了一个关于庞贝的经济和财政生活以及关于市民间的相互关系的非凡画面。

鲁齐奥·切齐里奥·乔孔多与大多数庞贝家庭都有关系，他还是城里多位有钱人的生意合伙人。你们可以简单地把他想象成一个现代的银行家。

女人在一张有垫子的舒适的凳子上坐下，她的浓郁的香水味充满了办事处。她是钱庄老板曾经的一个生意伙伴埃仁奴莱尧·柯慕内的年轻妻子。这个人的名字出现在考古学家们发现的蜡版上,他是个灵活的葡萄酒商,他家的分支机构直至奥斯蒂亚和萨莱诺。他是庞贝高级住宅区里的一座漂亮宅院阿波罗之家的主人,家里的杰作当中有一块三女神马赛克图(今天陈列在那波利国立考古博物馆)。钱庄老板认出坐在他对面的女人是三女神模特中的一个……

随着埃仁奴莱尧·柯慕内的妻子的一个示意动作,一个奴隶有点费力地搬来一个沉甸甸的大匣子,接着在鲁齐奥·切齐里奥·乔孔多的办公桌上打开——它装满了金币。女人要求把这份巨资储存在钱庄老板的钱柜里,她想在城里做一项投资。他不动声色地表示同意,与此同时却不停地转动着一枚硕大的金戒指,一边注视着女人。然后他叫他的秘书为他数金币并在蜡版上登记承储数目。如所有的合同一样,将有三份,一份给她(算是收条),两份存入他的案卷。

就连鲁齐奥·切齐里奥·乔孔多这样一个金融界的斫轮老手,也不容易适应庞贝的这个新兴阶层所拥有的大量金钱。尤其,他更不适应这新生阶层那种周转金币用于购买或是危险的金融投机时的从容。他想起过去拥有土地的、非常清楚金钱之价值的小心谨慎的庞贝业主们。但是,常言说"生意是生意"①,这个钱庄老板当然不在那些谨小慎微的人之列,不仅如此,恰如我们稍后将会看到的,他与"海盗"行动有牵连也不奇怪。

女人就像来时那样离开了。她将永远无法实施那项投资。在火山喷发中,经历一场漫长的绝望的逃生之后,她的生命将结束在角斗士营房的拱廊里,连同身上那些昂贵的珠宝首饰,它们已经毫无用处了……

可现在她还一无所知,她在鲁齐奥·切齐里奥·乔孔多面前一

---

① 此处原文为英语。

边站起身，一边情意绵绵地看一眼在场的人，然后由奴隶们护卫着走向门口。她扭动的腰肢使年轻的秘书着了迷。落在后颈上的一个拍击把他带回到现实中。

伸向城市的手
庞贝的广场
公元 79 年 10 月 23 日 12：00
距喷发差 25 个小时

ABOMINO PAUPERO(S) QUISQUI(S) QUID GRATIS
ROGAT FATUS EST AES DET ET ACCIPIAT REM
我讨厌穷人！任何人要什么免费的东西就是傻瓜一个。
先付钱，然后他将得到他所要的。

　　是打烊的时候了。鲁齐奥·切齐里奥·乔孔多告别了秘书。他站在门口。当灰泥层的粉末突然掉落在他头上时，他已经在脖子上围了一条围巾并正想戴一顶可笑的羊毛帽。他下意识地抬眼看向花格平顶式天花板，它似乎完好无损，其实是地板微微震动了一下。两个人彼此对视着。年轻人担心起来。钱庄老板耸耸肩，用手把头弄干净，微笑着边走边戴上帽子。
　　不过，他在外面立即停住了。一只受惊的猫在他前面蹿过钻进了一条胡同。一匹不听使唤的马的嘶鸣在拱廊里回响——牲畜逃离了它的主人，沿着回廊没命地奔跑。人们躲藏到柱子后面。如夜一般黑的马在一片白色的广场间惊恐万状地奔跑……"谁知可有什么含义，是否属于神的一个信号。"钱庄老板想。大地重又震颤起来，"酒吧"里是明显烦躁的人们，按住桌上的东西使其不致掉落。鲁齐奥·切齐里奥·乔孔多举目望天。三只鸽子迅速飞过广场，朝着亚平宁山脉的方向飞去。"好兆头。"他自言自语道，"它们向着东方向着曙光而去，是来自众神的一个吉兆……"震颤倏然停止，大家重新开始谈天说地，好像什么事也没发生过一样。

广场上，人们开始散开。在庞贝，一如在所有的罗马城市，商店都于午饭时分关门，钟点不同，有的在正午，有的在两点，至于重新开门……只在次日！这是一种习惯。下午所有店铺全都关门，也因为人们从凌晨时分就开始工作了。

总之，从这个时辰往后，就是午餐和去公共浴室了，假如它们处于运转中……

钱庄老板在城里是个有名的人物。当他走在拱廊下时貌似一个又瘦又小、年迈且没有自卫能力的人，可大家都知道他是多么的有权势，会恭敬地问候他。在这方面，他并不掩饰某种让他在生涯将尽时享受着的成功的满足。然而，与我们擦肩而过的是些什么人？可惜，正如我们知道结尾的一场电影或一本小说那样，我们明白他们将有怎样的结局。

譬如那个高个儿的瘦男人，他和一个男孩一起穿过广场。他们将死于神秘别墅。现在你们能在玻璃陈列柜里看到他们。同样的还有另一个和几个朋友们一起笑着的长鼻子男人。近两千年后，人们将在诺切拉门外发现他和另外三个人一起窒息于火山喷发。

相反，那对走向卡皮多留慕旁边的凯旋门的夫妻，将成功逃生。他们将本能地迅速逃离，逃往索伦托半岛，她有亲属在那里。

我们看见在那边尽头的那个和丈夫、两个孩子在一起的孕妇，将无法逃脱。他们将由安东尼奥·德·西莫奈教授在挖掘中找到，并通过水泥浇铸技术使他们恢复了他们的古老面容。在把他们剥离火山沉淀物时，出现在考古学家们面前的是一个异常感人的场面：他们死在了一起，他，在最后一次绝望地试图保护她的时候，尽量用他的土呢卡或斗篷的一角为她盖脸。

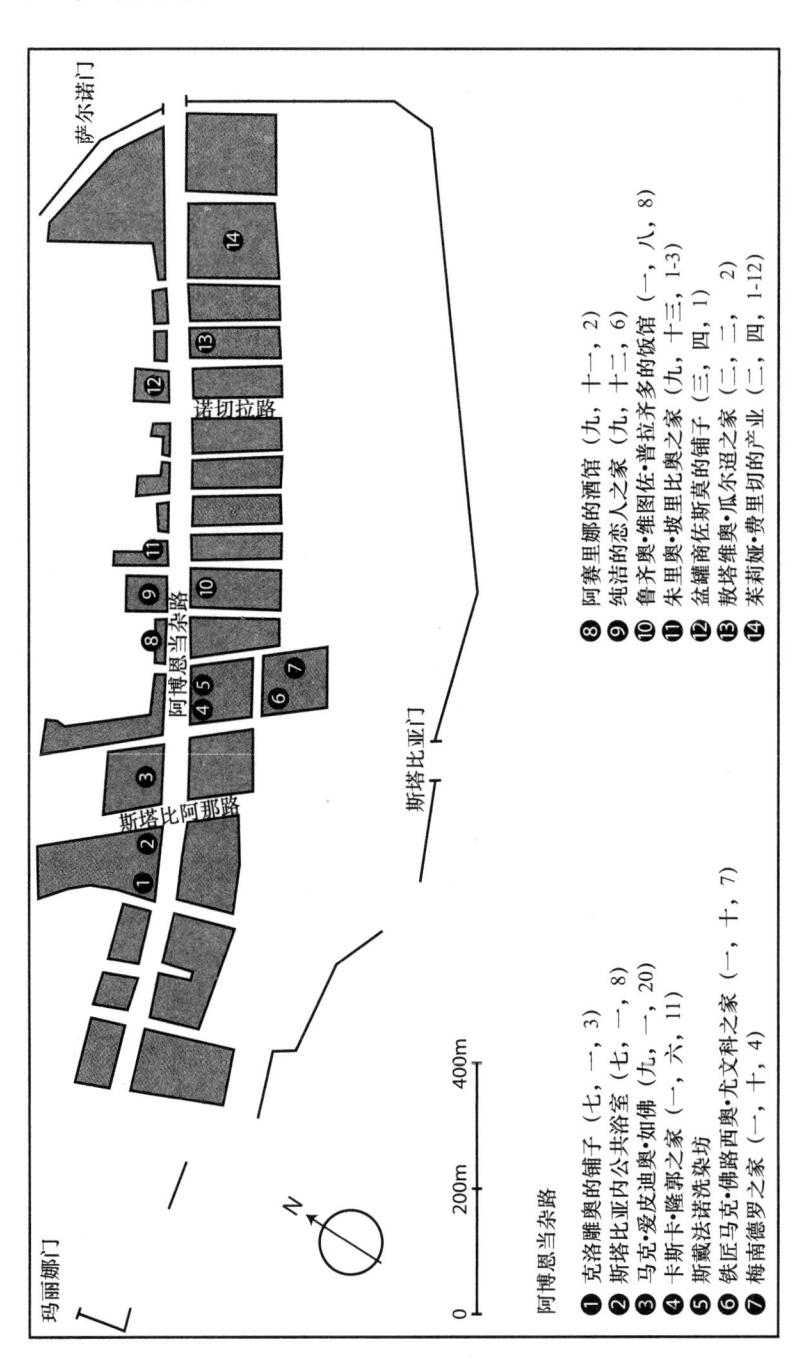

阿博恩当杂路

1. 克洛雕奥的铺子（七，一，3）
2. 斯塔比亚内公共浴室（七，一，8）
3. 马克·爱皮迪奥·如佛（九，一，20）
4. 卡斯卡·隆郭之家（一，六，11）
5. 斯戴法诺洗染坊
6. 铁匠马克·佛路西奥·尤文科之家（一，十，7）
7. 梅南德罗之家（一，十，4）
8. 阿赛里娜的酒馆（九，十一，2）
9. 纯洁的恋人之家（九，十二，6）
10. 鲁齐奥·维图图佐·普拉齐多的饭馆（九，十三，一、八，8）
11. 朱里奥·坡里比奥之家（九，十三，1-3）
12. 盆罐商佐斯莫的铺子（三，四，1）
13. 敖塔维奥·瓜尔迪之家（二，二，2）
14. 茉莉娅·费里切的产业（二，四，1-12）

另外一个家庭，此刻停住在买一个流动小贩的环形蛋糕，因为明天一大早将离开庞贝去那波利探望熟人而将得救。

还有那两个这时和我们一起进入阿博恩当杂路的人，他们将在死难者当中。命运是奇怪的，他们互不认识且将死于不同的地方，但他们将会重新聚在一起，在离这儿不远的现今的广场考古仓库里，在双耳罐、雕像和大理石桌之间，游客们可以隔着厚实的栅栏打量他们。今天，她在一个玻璃陈列柜里，可以认出她来，因为她头上有个髻，腹部朝下躺的同时护着脸。而他则坐在离她不远处，蜷缩着用手护着脸。事实上，考古学家们发现他时的姿势像一个亲吻大地的人那样，可后来被转了个方向摆成一个不同且有点怪的样子（见第二部分插图第13页）。假如游客们看见过喷发前微笑的、充满了生活希望的他们，可能就没有勇气反常地给他们拍照了，不仅如此，也许他们甚至无法接受看见他们被摆放成这样……

火山喷发，命运的一种俄国轮盘赌，它将以此刻任何推理都不能预见的方式让人活着或者死去。我们继续下去将有所发现。

我们重又走在了阿博恩当杂路上，与今天早上相比就是往后走。

鲁齐奥·切齐里奥·乔孔多从一个还开着门的铺子前走过。店铺是斗篷制造商克洛雕的。他的铺子位于公共浴室的大门旁。

他笑盈盈地、带着他那浓重的萨姆尼口音问候钱庄老板。的确，克洛雕有充分的快乐的理由：初寒刚至，生意重又开始兴隆起来了；他的店里果真挤满了买斗篷的人。斗篷其实很简单。它原来是高卢人用的一种披风，由一块普通的四方布料做成。实用又保暖，它在军团士兵中——他们根据级别使用不同的颜色——和在田里干活的人尤其是奴隶们当中极受欢迎。

克洛雕属于那些在自己店里居住的店主之一，一架梯子通往一个小小的亭子间，男人和他的妻儿就在那里睡觉。从街上便能听见小男孩跑来跑去的声音……

庞贝的生意场：有点像华尔街，有点像唐人街，有点像芝加哥

鲁齐奥·切齐里奥·乔孔多前进着，由于年龄也由于很多和他相遇的人的招呼而变得缓慢，他来到了刚才提多·苏埃狄奥·克莱蒙特和"昆体良"相互道别的十字路口。他的家，我们已经提过，却位于另一面。钱庄老板从广场回家，应该走北面的德拉佛图那路。他来这儿干什么？他得和一个权力很大的男人共进午餐，有人将其称作庞贝的"艾尔·卡彭"①。

越过这个十字路口便进入一个特别的世界，阿博恩当杂路上最具有东方色彩的一段。我们将会看到，那是一处挣钱的地方，是的，因为设在街道边的那些商店，可也因为更高的"层次"。它是一个商界、政界、权力圈（和流氓）经常去缔结联盟的地方。为我们指引这段路线的是一个有着四个支柱的大拱门，它的阴影罩住十字路口前面的阿博恩当杂路的最后一段。倘若不是被洁白的石板覆盖着，它就像一只巨大的蜘蛛，用腿稳稳地从路的一边伸到另一边。它是谁建造的？它是我们正要了解的那个与政治界相连的投机活动的标志。

那是原籍为埃特鲁斯的、属于庞贝最显赫最高贵家族之列的奥克尼亚家族建造的。家族因经营葡萄酒、生产双耳罐和经营陶土场而大发其财。实际上他们拥有整条生产链，这就好比如今的一个生产啤酒的企业拥有非洲的铝土矿，在那里开采为生产易拉罐所需要的铝。

昨晚在蕊柯媞娜的宴会中，我们有机会认识了这个强大家族的第三代成员——马克·奥克尼奥·普利斯科。他当选了城里的双头地方行政官之一，依靠的正是我们这个强势的钱庄老板……

---

① 指20世纪20年代开始活动在美国的有名的黑道老大艾尔·卡彭（Al Capone）。

但这座圆拱是他的爷爷儒佛和他的父亲切莱雷的作品，他们的雕像引人注目地供在两座支柱下面。

庞贝的行政部门怎会允许他们在市中心建造一座跨在一条要道上的巨大建筑，难道为了使所有的人都记得自己的权势？它占地一百平方米！你们试着想象，假如同样的情形出现在今天的你们的城市里。

回答是简单的。两个罗马"百万富翁"，爷爷和父亲，如此富有的他们自己掏钱把在62年的地震中损毁了一半的庞贝大剧院重建了，不胜感激的市民允许他们在庞贝交通繁忙的地方建筑这座四门拱（tetrapylon），同时为爷爷在大剧院里保留一个"终身制"座位。

你们别惊奇，我们面对的是罗马社会尤其是行省的一个典型。富裕的家庭——因为出身低微，他们常常在寻求抛头露脸的机会和威望——竞相"赠送"给百姓们大型公共建筑，如剧院、市场，等等。换言之，他们利用这些工程"收买"市民的好感。

然后，在奥科尼亚家族成员的情况中，他们曾为取得元老院议员身份而徒劳地努力过，他们因拥护过卡里古拉皇帝——他掌权时对元老院未曾有过温和的态度——而度过一段黑暗时期，马克·奥克尼奥·普利斯科当选城里的双头地方行政官之一是一种弥补方式。

在他的这场选举中，如我们已经说过的，钱庄老板插了一手。为什么？因为后者是他家的旧交！考古学家们发现的蜡版证明这一点：有名的爷爷儒佛就在他的顾客名单当中！

总之，这座四门拱上面可能有过一尊骑士雕像，庞贝的一张真正的投机活动的名片，一起联手的有银行（鲁齐奥·切齐里奥·乔孔多）、政界（马克·奥克尼奥·普利斯科）和企业（整个奥克尼亚家族）。我们将会看到这并非唯一的例子。

钱庄老板走近标志性建筑的阴影中，他的眼睛得适应幽暗。他好像觉得奥克尼亚家族的祖宗雕像之一在移动并向着他走来。可能吗？他瞪大不再像从前那么可靠的眼睛。最后，那尊雕像原来是他很熟悉的一个人——年轻的政治家马克·奥克尼奥·普利斯科。不仅是他的侧影与爷爷的雕像侧影一模一样，长得也是惊人的相似。此刻他想起来了，事实上他们正是约定在拱门下见面的，为了一起去吃一顿重要的工作午餐。

一声简短的问候之后，俩人继续前行，但是，在走出拱门前，钱庄老板的视线与一个坐在人行道边沿上的、长着卷发和有一双灵活眼睛的男人的目光交错。他衣着寒酸，胡须未刮。他是个流动小贩。在庞贝有很多这样的小贩，他把一些小神像摆放在一块摊在人行道上的粗布上。钱庄老板带着一丝冷淡的笑向他要了一个小神像并递给他几枚钱币。他这么做出于本能，近似于想为正在去的会面祈求一点好运。他是个非常迷信的人。他用瘦骨嶙峋的手抓起小神像后离开了。小贩注视着离开的两个人，当他们稍微走远了一点后，对着他们往石头路面上唾了一口。但是两个权贵没有觉察到，他们如两头雄狮般迈着自信的步子走进阿博恩当杂路的"热带草原"。

即使似乎难以置信，遥隔近两千年，我们仍然知道这个低微的流动小贩是谁。他是马克·卡力迪奥·纳斯塔。他的印章将在这里和那些小神像一起被研究员们发现，为我们提供了我们将要讲述的喷发灾难的一幅定格的物象画面。

我们来到阿博恩当杂路。街道让人印象深刻的是，它既直又长。两边的建筑形成一个密集的建筑群，每隔一定的距离便为胡同小巷所隔断。城里的这一部分显然是由主管部门合理决定的一种城市化结果，为了形成一片井然有序的楼群方阵。建筑正面的下端装饰着一截红色条带，在遥指天际的同时构成一种显著的透视画效果，增添一抹色彩和雅致。其实这是庞贝所有的街道、通常也是罗马其他城市的一个特色。

两人走上高高的人行道。值得指出的是，庞贝的街道由营造司（起初是每年当选的公共管理部的一种地方官兼行政官）直接负责，而人行道却由那些朝向它的房屋的主人负责。

这就是为什么街道总是均匀地铺着石板，而人行道经常改变外观和颜色：有时是深红色的碎瓦片，有时是灰色的熔岩石料，有时是白色的小块大理石，等等。还可以看到真正的"违建"，比如掩盖人行道的斜坡入口，这明显是行政机关视而不见或者是给予了特许的。

阿博恩当杂路上的建筑除了底层以外几乎都有楼上一层，可以看见那上面的小窗或一排细小的柱子（即楼上的柱廊）。偶尔几家会有小阳台伸出来，连带着花盆和攀藤植物。有时则会看见完全封闭的小阳台，有点像我们现代的城市：它们看上去就像悬挂在外墙上的木橱并配有百叶窗帘，为了能让庞贝女人们打量街上的人而不被人看见。

在没有小阳台的情况下，取代它们的是长长的檐棚，飞檐宽约一米（沿路可以看到一些经考古学家们修复了的），它们在人行道两侧形成一片长长的顶，给店铺、酒吧的入口投下阴影，在雨天里为其挡雨。

阿博恩当杂路是庞贝最繁忙的交通要道之一。类似一条唐人街。有种摩肩接踵、接袂成帷的混乱。钱庄老板和政治家在那种仿若一种真正的人类蚂蚁窝中为自己开辟道路。

在他们周围转动着的天地之组合是：排着队走在人行道上的人群，肩上扛着筐子穿越马路的奴隶们，怀里抱一个小孩、手里牵着另一个在哭泣的孩子的进入店铺的女人们，做着夸张的手势在和一个顾客讨价还价的店主们，拴在小酒馆前当街专心排粪的马，在疾步如飞中欢笑着的小伙们，呵斥奴隶的店主们……

这就是庞贝。

无法想象，数小时后他们几乎全都死去，整座城市将只是一个烟雾腾腾的地狱……

此时此刻，这一切似乎都很遥远。我们继续我们的游览。

还可以用一种不寻常的方式去发现庞贝……用鼻子。嗅觉的路程不会不如视觉的惊人，它让你们明白，罗马的世界并不仅仅是由明艳的颜色染就，而且还有气味。的确，假如你们在街上往前走的时候闭上眼睛，你们甚至能够根据气味轻易猜出你们正从哪种店铺前面经过。这不，护肤品的淡淡清香从一个理发师的店里飘出，伴以他的客人们为一句玩笑而爆发的笑声。稍微过去几步，到处弥漫的是刚出炉的面包的香味。对，就是今天清晨我们到过的面包店。接着是刺鼻的尿味混合了用于鞣皮的那些物质的令人作呕的气味。果然，我们置身于一家洗染坊前。再过去一点，取而代之的是放在炭火上烤的、加了香辛料的一条鱼的香味——我们正经过一家小饭馆前面。但随后飘来的，是位于通向一条极其肮脏的胡同的交叉路口一隅的小神坛上燃烧着的外国树脂的香味，从胡同里发出的恶臭令人难以形容。往前一点，浓浓的葡萄酒味告诉我们，我们来到了一家酒吧前。旁边是一个香料店。最后，一阵女性的馥郁的香水味指明刚刚走过一位贵妇人……

庞贝的这种嗅觉体验，在阿博恩当杂路上是特别丰富和强烈的，与其他街道相比，它真的具有一种商业的"爆炸"。从这里到萨尔诺门的六百米之内，研究员们确定了二十余家酒吧和可以吃饭的地方，也就是说，平均每三十米就有一家。密度是惊人的，假如你们知道在另一些街道上竟然难以找到一家。

之所以如此的原因不甚明了。也许当局阻止它们连同随其而来的人潮、喧闹和不可避免的醉汉在居民区或行政机关、神庙附近蔓延。

在庞贝，手艺人的作坊，店铺和饭馆经常用挂在正面的招牌标明自己的营业内容。对啦，关于书写的文字，墙上还会出现选举

"宣传画",它们不展示候选人的画像,只有他的名字和几句话。这些宣传一般出现在那些公开拥护候选人的家庭的房屋正面。有时是一家店铺的全体"员工"在支持他。

阿博恩当杂路不是一条专门的商业街。有时出现一些私宅的大门,如今天依然能看见的那样,高且窄,带有球形把手和拉手。我们看见帝国行政长官提多·苏埃狄奥·克莱蒙特正是从这些门中的一扇离开的,他正在离开的是"昆体良"在庞贝的住宅,今天叫作马克·爱皮迪奥·儒佛之家。这座房屋有个古怪的入口——一堵旁侧有个小梯阶的增高的墩座墙,是庞贝很罕见的一种类型,是所谓的科斯林庭院。它丝毫没有沿用罗马多慕思的传统结构,而是吸纳古希腊皇宫的构造,呈现的是一座配有整整十六根凝灰岩柱子的庭院,整座房屋则绕其一周。

护送帝国行政长官的是两个家奴,易达力柯和迪亚杜梅诺(确实在墙上刻着这两个名字),他们帮他拿卷筒和其他文件材料去往广场的办公室,尽管到了关门的时候,他还是通知临时加开一场会议,为了安排水道的修复工作。

鲁齐奥·切齐里奥·乔孔多那阴险的目光和帝国行政长官那坚定的眼神相遇了。他们以一个快速的点头动作招呼对方后继续背向行走。存在着相互尊重,然仅此而已。事实上他们的行动方式完全相反:一个意在操纵非法交易,另一个却要发掘和打击这些交易。

庞贝的"艾尔·卡彭"

鲁齐奥·切齐里奥·乔孔多和马克·奥克尼奥·普利斯科,钱庄老板和经他支持而当选的年轻政客进入的房屋靠近帝国行政官的住宅。那里住着庞贝生意场上的真正的统治者——伽尤·朱里奥·坡里比奥。有人把他比作庞贝的艾尔·卡彭——由于他的处于合法性边沿的生意和他的为所欲为的做法。一种也许有点夸张的名号,但却使你们明白我们要面对的是怎样的一种人。

他们两个越过的带有两块门扇的大门,将被考古学家们发现并为其制作模型制品,不过,它毁于 1943 年英国人对这座城市的那场荒唐的狂轰滥炸。

走过很短的前厅后,俩人被迎到家中私密的地方,一路经过壁画精美的、装饰了橱柜、凳式箱子和亚麻窗帘的厅室。几扇窗户还配置了玻璃(不完全像我们的那么透明),镶在榆木边框内和装在冷杉木窗框里。

他们很快来到了一座美丽的花园里,有一些半黄半白的柱子将它从三面围绕,在这柱廊庭院的墙壁上,俩人发现一条参选双头地方行政官之一的候选人 C. I. P(Caius Iulius Polibius 伽尤·朱里奥·坡里比奥)的政治宣传记录。张开双臂迎向客人的正是他。他有一双大手,又高又壮实,有着胖乎乎的圆脸和浅色的眼睛。一侧脸颊被一道长长的疤痕毁了,他说是与遥远的外族战斗的结果,可大家都知道那是当他还是个年轻的奴隶时在小巷里被砍的。伽尤·朱里奥·坡里比奥的确是个来自希腊的非常低微的人:中间名朱里奥(Iulius)意味着他应该曾是一个奴隶,后来成了帝国的自由奴,当他处于儒略-克劳狄王朝的统治下时。

在餐室里,已经躺在一尊精妙的阿波罗青铜像(后来考古学家们就在这个位置发现它)旁吃饭的是另一个政治家,他也已经参加过蕊柯媞娜的宴会了,那是非常年轻的伽尤·库斯彪·潘萨,是的,就是那个长着痤疮、有一双蝰蛇眼的人。这里也回荡着他那刺耳的笑声,使一只猴子烦躁起来,年幼的猕猴顺着一张特里克里尼奥的床头上蹿下跳,它被脖子上的一根长长的绳套拴在了床头上。

在庞贝出现猴子没啥好奇怪的,猴子是自非洲引进的,被当作宠物养在优裕的家庭里。这将是一个长期持续的习惯,在费拉拉那座绝美的斯齐法诺亚宫里的十六世纪的壁画上,能看见一只与这只相似的猴子。

伽尤·朱里奥·坡里比奥的猴子将在火山喷发时从家中逃跑。多少个世纪以后，它将由研究员们在城里的另一个地方找到。现在，它的骨头被保存在考古仓库里的一个盒子内。

庞贝的四位权贵开始吃饭，继续着昨晚在蕊柯媞娜家打开的话题。

主持人是伽尤·朱里奥·坡里比奥。他的讲话充满了停顿，一种让人明白他有多强势的"毛病"。他确实是生意场上的一条鲨鱼。我们尚不清楚他的财富来源，但我们知道，自从他摆脱了他的奴隶身份后，便使用一切手段、包括最恶劣的手段在庞贝社会开始了不可阻挡的攀升。考古学家们通过研究发现，他还是个合同证明人，拥有巨大的经济、财政的关系网，他成了城里多家面包房和埃尔科拉诺门（蕊柯媞娜让人停放她的轻便双轮马车的地方）附近一些带有可出租的骡子和赶骡人的牲口棚的所有人。对庞贝和周边地区的小规模运输而言，这些牲口棚是至关重要的。他就好比今天的拥有几个连带着广阔的大型货车停车场的运输公司老板。最后，由于他和阿博恩当杂路上的妓女之间的关系，他还直接或间接地拥有几个妓院。这是稍后我们将会发现的。

总的说来，这份履历丝毫不……高贵。当然，追想到艾尔·卡彭的形象或许是过分了。我们确实没有得到伽尤·朱里奥·坡里比奥在攀升权力时留下有关恐吓和谋杀的信息。然而，在认识到庞贝和芝加哥之间必有的不同时，我们可以说他的为人处世与那个横行霸道、肆无忌惮的美国老大是相同的。

因为他的经济状况，尤其因为他的熟人和默许的稠密关系网，坡里比奥居然成功担任了庞贝的两个关键的要职，先是营造司再是双头地方行政官之一。总之，他"竟然"是在完全合法的情况下经营自己的生意……坐在城市行政机关里，对公共建筑工程和计划做出决定，想来是对他更有利的方式。

他家房屋正面的选举宣传非常明显地在吸引所有路过的人给他投票，因为他"做好吃的面包"。

在坡里比奥的餐室里，四个人想努力搞清如何能从最近地震后的重建中谋取大型的工程。水道系统的重修是一项恰到好处的承包，既有额外的利润也可博取市民的好感。唯一的绊脚石是帝国行政长官，提多·苏埃狄奥·克莱蒙特。自从他来到庞贝，一切都变得难办了……

一个男仆用托盘端着菜肴过来了。正中引人注目地摆放着一个长颈鹿头，周边有很多细嫩的小肉块。尽管提供的是一顿清淡的午餐，坡里比奥还是没放弃给他的客人们一个意外，用一种绝对非同寻常的肉安排了一道绝妙的菜。

庞贝的港口最近确实卸下过几只长颈鹿，在经历了始自非洲的一趟疲惫不堪的旅程后。它们可能是要被送往海滨某些豪华别墅的花园的，我们猜想，某一只没能活下来，主人们便决定以高昂的价格把它的肉卖了，至少能把购买"外国货"的花费重新捞回一部分。

几乎可以肯定，最好的肉成了想让自己的客人惊奇的人的桌上菜，而其余不高档的部分，如蹄子和爪等末端则被某些饭馆利用了，如考古学家们发现的一个例子所证明的那样。

伽尤·朱里奥·坡里比奥的奴隶端上那道美味后返回厨房，那是用在小内院的一侧搭建的一间陋室。那里面，在放置火炭烧菜的灶台上方有一幅漂亮的壁画，今天完全可以看到，它具有供家神的作用。

奴隶匆匆装满另一个托盘，他得立刻把它送到四个男人吃饭的那间房旁边的一个房间去。房间正中，坐在一张靠背很高的餐榻上的，是在专心弹奏吉他的坡里比奥的妻子。听她弹琴的是怀孕的女儿，她躺在另一张餐榻上。今天早上我们在外科医生之家见过她。

旁边还有家中的一个女奴，她用双臂捧着一筐水果。她有着非洲人的相貌，事实上她很可能来自塞内加尔或者撒哈拉以南非洲。谁知她是怎么来到这里的。她与她的同胞彻底终断了联系，身后应该有一个非常悲伤的受奴役的故事。

把画面补充完整的是一只外来的、爪子被拴在餐榻靠背上的鸟和一只小狗，小狗靠近正弹着琴的女主人蜷缩在餐榻上。宠物狗没啥好奇怪的。从那些传到我们这里的马赛克图、雕像和浅浮雕可以推论，在罗马时代已经普遍存在很多种狗了：迅捷或者强壮的猎狗，能够把野兔赶出窝或者围困野猪；还有家里养着玩的，类似约克郡狗（在此方面有个极漂亮的陶土小雕像为证，存放在那波利国立考古博物馆的密室）。

我们再重回四个男人的宴席，如我们说过的，他们代表着罗马社会的新发展。这些野心勃勃和一心一意不择手段地赚钱的前奴隶，其实也在构成一个可观的经济储备，创造着一份最终大家都会享受到的财富。

为什么罗马人历来没有在挣钱时表现出同样的无所忌惮、玩世不恭和毫无道德？在古老的时代，社会准则——比如其中的家族尊严，常常阻止他们随心所欲，因为伦理和道德准则（当然是罗马式的）曾是为集体所赞赏的基础。自由奴，他们往往不是古意大利籍的，而是来自被帝国军团征服了的地区，他们颠覆了这样的构建，他们不介意钱从哪里来，无论是来自娼妓们还是来自投机倒把，成为有钱人那才是重要的。

说真的，奥古斯都曾经努力重倡古老的道德风尚，可为时已晚，社会已经改变了航向。然后在尼禄的朝代，重返社会准则更是彻底无望了。对那些节节高升的前奴隶，一个共和国时代的罗马人会对你们低语："他们真是没有尊严的野蛮人。"

当四个庞贝权贵在交谈的时候，我们离开，重返街头。在阿博恩当杂路上工作的人是谁，他们在做什么？考古学家们的发现为我们揭开了一个迷人的世界。

洗染坊每天进款一千塞斯特尔兹奥

走出坡里比奥的别墅时，我们被一股强烈的干草味包围了。在旁边的一条小巷里果然有一个牲口棚和五头驴或骡。它们用来给城里运输面粉或送面包。这不是唯一的气味，在同一条巷子里，他们正在修复一个因最近的地震而受损的化粪池。

奇怪的是，一个如伽尤·朱里奥·坡里比奥这样有权势的人的家，竟也被如此强烈和令人讨厌的臭味"熏染"。不过，从前没人对此太在意。臭气在那时候的日常生活里普遍存在着，城里尤甚。

然而，洗染坊那种刺鼻的味道，在两千年前也是让人感到厌恶的。

在我们沿着阿博恩当杂路行走的路线中，一个必须的停留点便是斯戴法诺洗染坊。找到它轻而易举，有很多晾着的和放在人行道上——由于政府给予所有洗染坊的一项公地"私用"的特许——晾干的衣物。它的大门敞开着，而且有人进进出出，我们发现它还在正常运转，一次预料之外的观察。因为城里缺水，这家洗染坊是还能工作的少数洗染坊之一，水管其实是空的，但是河水的供应和水槽的备用水让生意得以继续。

我们探身看看。它的结构看上去就像一座传统的多慕思，有入口、前厅、柱廊庭院。但是它被改造成了一家洗染坊！

这座宅院的经历是典型的。它漂亮雅致，无疑曾是一个富有的家庭住过很久的。业主们并未在62年的地震之后离开，他们修破补损，而且用第四种风格的美丽壁画重新描绘了墙壁。不过后来，于火山喷发前几年，他们决定离开。"驱逐"他们的是不断的地震和新近的很少被人提及的地震，如我们说过的，那才是灭顶之灾前真正的洪水猛兽，造成了部分庞贝社会的迁移，为寻找发财之路的自由奴们打开了通道。

这里我们有一个完整的例子。一座漂亮雅致的罗马人的房子卖给了一个前奴隶，他无所忌惮地把它改造成了洗衣店。就这样，美丽的壁画旁边是一些臭烘烘的池子、晾挂着的衣物……我们设想一下过去的主人来庞贝探亲访友时的惊愕！也许不！房屋主人可能留下了，他们把它租给了他们的自由奴中的一个，他将其改造——为大家——成一个有利可图的财源。我们永远不得而知。

我们可以说的是，从墙上的选举宣传我们了解到，在洗染坊工作的全体人员都站在一位候选人那边，在稍微往那边去点的另一条宣传中，甚至斯戴法诺也这么做了。

我们跟上客人中的一个，他刚进去。马上进入右边的一个有账台的房间。一个女孩接过他的刻有数字的骨牌——他的存衣牌，对照着一块蜡版查看是什么衣服。一切就绪，稍后将交货。客人付了钱，然后在等待衣物之际进入房屋中，在一间朝向庭院的宽阔的厅室里坐定。我们也照此做，从这里，我们能发现一家洗染坊的全部工作程序。

脏衣服被拿到房屋过去的花园里。花木还在，同样存在的还有柱廊庭院的柱子，但是，尽头的墙壁被拆除了并重新加建了一层，那里排放着五个椭圆形小"澡盆"，是些地道的澡盆。在这里，一些小伙一面把肘撑在隔离矮墙上，一面用脚踩踏浸泡在一种用水和碱性物质，如氢氧化钠以及……尿液混合的液体（肥皂还是未知的）中的脏衣服。气味恶臭难闻，这些十分年轻的奴隶得每天用脚踩踏多时，包括冬季降临时。这是一份艰辛的劳作。皮肤很快龟裂，裂开的伤口动辄感染。像我们今天早上看见的一家洗染坊的瘸得厉害的送货小伙，关节先是发炎然后变形，使得简单的步行变得困难且非常疼痛。

在现代扩建铁路的施工过程中，在罗马发现的一家大型洗染坊附近，还发掘到一片墓地，那里近似真实地埋葬着在洗染坊里干活的奴隶，他们全都死于很年轻的时候，关节都损坏了。

一个令人困惑的现象是，在罗马人的洗染坊里，尿液是用于工作的一种重要"原料"。每天都需要大量的尿液——人的或牲畜的，最受欢迎的好像是特意从东方引进的单峰驼的尿液。

　　如何提取？在路边在胡同里经常能看见一些旁侧有口的罐子。可以用它们来收集尿液。然后，洗染坊的奴隶定时提取存液。总之，那些双耳罐便是为私人利用的公共尿盆。

　　正是为此，之前，皇帝维斯帕西亚努斯决定为洗染坊使用的尿液征税。面对一些抗议，他在用一句后来载入史册的话"钱不臭"回复的同时，也让我们直觉地嗅到弥漫在这些地方的那些气味了。

　　在这些小盆旁边有另外三个很大的池子，它们被放置成不同的高度并以"瀑布式"彼此相连。小伙们叠好的衣物接下来就是在这里被仔细冲洗，除去使用的物质的每丝痕迹。

　　这道工序还考虑使用从摩洛哥引进的去污黏土，随后的冲洗和捶打为了使纬纱变得更密实。而较精细的衣服，根据某些学者的意思，它们被放在靠近大门的前厅里那个以前是家中的承雨池、边沿被增高了的池子里洗涤。然后呢？

　　衣服被拿到房屋的那个当作晾衣场用的平坦的阔大晒台上。那里还进行一个硫处理的工序，这种处理使白色布料变得更加明亮。硫放在由一个柳条编织的圆顶（相似于鸟笼）罩着的小碳火盆里燃烧，衣物就晾在上面。

　　洗染坊事实上不只清洗旧衣物，还有那些刚刚织好的或引进的新布料，因为需要在市场的货摊上展示。除此，很多洗染坊还为刚刚织就的布料染色。

　　最后，衣物如何熨烫？人们将衣物叠好再将其放在螺旋式大压力机下面，它们与古腾堡的那种①很相似。

----
① 指欧洲活字印刷术发明人古腾堡发明的螺旋压力印刷机。

置于晾着的衣物下面的小炭火盆里可能还放着东方的树脂和香精，以此给衣物增添一种好闻的味道，如常言所说的"散发出干净的味道"。在某些东方国家至今还习惯这么做。

　　我们正要出去，看见洗染坊的一些工人走向一个房间，从那里飘来食品的气味。如同一家现今的公司那样，工人们在这里拥有一个自己的"食堂"。

　　我们在和他们告别之前再提一个问题：他们所有人的结局如何？考古学家们给出了一个答案。在挖掘火山沉积物的时候，他们找到了一些尸骨。在一个房间里，也许正是有账台的那间，他们中的一个在身边带着可能是当天的进款：一小笔有1089.5赛斯特尔兹奥的钱币，差不多是六千欧元。

　　其实，也可能是个随身带着一袋他所有的钱的外人，在灾难时被收留在洗染坊的。关闭入口的木板的确都拴上了，除了一块充当门用的。这个逃生的庞贝人是从那里进来和斯戴法诺的工人们待在一起的吗？我们永远不会知道了。

谋杀恺撒的凶手，印度的神和妓女

庞贝

公元 79 年 10 月 23 日 13：00

距喷发差 24 个小时

PRISCUS CAELATOR CAMPANO GEMMARIO FELICITER
老迈的凿匠深深祝福坎帕尼亚的珠宝商。

我们重又置身于大街上，每扇打开的大门都在泄露着某个小秘密。譬如，在一座美丽的多慕思里，一张带有狮头的三条腿的白色大理石桌（今天在厅室的中央、承雨池边沿可以看见）留有一条奇怪的壁文，它被一层大理石遮盖了很久：P Casca Long。这无疑是个名字。但它不是房屋主人而是谋杀恺撒的凶手之一的普布聊·塞尔维廖·卡斯卡·龙格（Publio Servilio Casca Long）。

根据那时候的讲述，是他对恺撒——从身后对准脖颈——进行了第一刀的袭击。

他从平民变成行政长官，随后又遭废黜，只得让位，与布鲁图斯和卡西乌斯及其军队一起逃跑，在公元前 42 年那场著名的腓立比战役中被马克·安东尼和奥古斯都打败，他就地自尽。

在奥古斯都决定的一次除忆惩罚①——通过销毁一个人的所有画像和刮除碑文上他的名字来删除与其相关的记忆——的行动中，他的个人财产被拍卖，这张桌子显然是被庞贝的房屋主人买来了，他们把它展示在花园里。不难想象那行刻字将引起的议论和经久不息的争论。

在第四种风格之家，考古学家们发现了一尊非常独特的象牙小雕像，它表现的是一个丰腴的裸体女孩，阴部一览无遗。她戴着珍珠项链和手镯，脚踝上套着很多个圈。唯有一个特殊的细节：她不是罗马人。她来自印度！她就是拉克什米，掌管生育和美貌的女神。

她怎会在这个家中，又是如何来到庞贝的？

拉克什米的性感小雕像告诉我们两件事。古罗马人和我们一样，他们热爱别种文化的杰作。很多人的家里有希腊和埃特鲁斯的花瓶，或者还有埃及文物——这个时代人们已经在欣赏古董了。

当然，涉及的都是些罗马人感觉与之相连的文明的产物。在希腊和爱特鲁斯的情况，相似性显而易见；而至于古埃及，只要想想，在庞贝甚至有一座为伊西斯而建的庙，连带着很多祭礼和祭司。

不过，象牙小雕像似乎是被当作一种社会地位的象征。是的，拥有一件如此漂亮、珍贵且来自遥远的印度——那片丝绸和辛香料的大地——的物品，应该会给每一位客人留下深刻的印象。

其实这尊小雕像告诉我们，罗马帝国曾与印度次大陆保持着不

---

① 原文此处为拉丁语。除忆惩罚是一种通常由罗马帝国的元老院发令实施的严重的侮辱和惩罚：消除受罚者所有的画像，抹杀一切与之相关的文字记录，使人们彻底忘却这个人的存在，有时甚至篡改其人其事。

断的贸易关系。甚至有过统计，罗马的一个港口每两天就发出一艘商船前往红海，然后返回时满载着丝绸、胡椒和其他辛香料，还有象牙小雕像。不排除在庞贝的街道上，时常有几个有血有肉的印度人在散步，海员、商人啊，或者客人啊什么的。

我们继续。吃午饭的时候到了。

一群手臂上、腿上甚至脸上都带有石灰的工匠在横穿马路。他们是从坡里比奥家旁边的那座房屋出来的。是我们今天早上在那里买过面包的同一座房屋，今天叫纯洁的恋人之家。他们是些壁画工。显然，他们正在为这座被最近的地震所损坏的多慕思的墙壁作新的壁画，如考古学家们将发现的那样。

他们边聊边走上人行道，进入一家"酒吧"。这些场所在罗马的所有城市都很普遍，在很多书籍里它们还被称作特尔莫坡里亚（Thermopolia），但那是源于希腊的学者语言，在普通语言中其实不存在。在庞贝这里，没人懂你们，如若你们要求他为你们指引一家特尔莫坡里亚。倘若你们问哪里有一家酒馆或者饭馆，如果它更像放有桌子的饭馆，你们可能会得到满足，因为罗马人通常是这么叫它们的。

我们跟随着壁画工正要进入的这个地方，由于书里杂志上一再地提及，可能是庞贝也是罗马社会最有名的一个了。它是鲁齐奥·维图佐·普拉齐多的产业。

它里面有个"L"形的柜台，顶端的墙壁上有个家神龛，连带一幅描画着一座神庙的十分漂亮的壁画（见第一部分插图第7页）。正中画着一个家族的守护神，有两个保护住宅的家神在他两旁舞蹈，再过去一点还有巴库斯和墨丘利。下面是两条保护家中炉灶的阿伽忒俄斯蛇，它们向着祭坛爬行。

庞贝的很多酒吧里的柜台常常由颜色不一、种类各异的一块块大理石板铺就,增添了一种阿莱其诺①的风格。接着,立刻进入视线的是柜台上的孔,事实上那些孔是让陶土坛多里阿(dolia)的口通过并露出来,几乎能肯定它们原是用盖子盖着的。

对这些坛子的真实用途争议颇多。一般的理解是,它们用作装葡萄酒,然后根据季节添加热水或用冷水冲淡。"酒吧"里有一个装热水的容器。

但是并非所有的人都同意。事实上,研究员们鉴定了八十九家酒馆和一百二十家饭馆。吃饭喝酒的场所总共超过两百家。针对估算的六千至两万,但更可能是八千至一万两千名的居民量,那就意味着,大约每二十五个,最多六十个居民便有一家饮食店。因此,如果坛里装的只是葡萄酒,那就得把庞贝视作时刻都有狂喝滥饮的大量酒鬼的城市了!

事实上,情形可能不是这样。坛子的内壁是多孔的,所以装酒或其他液体不太实用,还会使必要的清洁工作变得非常复杂,更何况坛子是砌在柜台中的。

在各处的发掘过程中,出土的葡萄酒罐其实是靠在柜台边上的,而发现的杯子则排列在一个梯式的小型水泥结构上。

此外,埃尔科拉诺有残余的搁放双耳罐的真实的架子(见第一部分插图第16页),而"酒吧"的柜台里的孔内发现了干的食品:鹰嘴豆,菜豆,中午的快餐中使用的干果。由此又多了一个推测,比如英国学者玛丽·毕俄德推测,这种场所中的某一些,事实上可能还是食品杂货店并倒卖食品。

当然,在一座城里有大量的餐饮店还意味着另一个事实:曾有许许多多的顾客。庞贝曾是一个设有港口的贸易中心,它是一处将内地行政区和大海联系起来的锁钥。因此,它曾天天都被商人、车

---

① 阿莱其诺(arlecchino)是意大利喜剧或哑剧中的丑角的专称。此处举之是因他总穿一身杂色百衲衣之故。

夫、海员、旅行者……"侵占"。完全像今天挤满游客的意大利的古城那样（酒吧确实不缺少！）。

　　这个饮食店的经营者鲁齐奥·维图佐·普拉齐多正在柜台后面为顾客服务着，手脚片刻不停。在小炉灶上烹制的各种美食从店铺的后室送出或者取自砌在柜台里的坛子。协助他的是他的妻子阿丝库拉和两个奴隶。他懂得如何把他的工作做得很出色，不仅仅因为店大，经营得不错——最近的漂亮的装修说明劳而有获，还因为他知道精心选择重要的保护。从墙上的选举宣传我们得知，他和他的妻子全力拥护了那个有痤疮和蝰蛇眼的小伙伽尤·库斯彪·潘萨的参选。他们这么做，可能是对就住在前面的朱里奥·坡里比奥不加掩饰的压力的回复……

　　可能也因为这些依靠，尽管这条街上的饮食店（如我们已说过的，至少有二十家）之间存在着激烈的竞争，生意还是顺利、红火的。考古学家们将使整整1385个塞斯特尔兹奥（相当于八千多欧元）重见天日，它们藏在柜台里的六个坛子之一的底部，在一层鹰嘴豆、菜豆或干果下面。在喷发中的紧张逃亡时刻，夫妻俩没找到一个最好的藏钱的地方，显然是怀着回来重新取出它们的希望，他们永远未能回来……

　　庞贝人午餐吃什么？一顿快餐，如我们的现代城市中的人从办公室出来，在酒吧吃个三明治那样。有钱人在自己家中吃饭，而最低下的奴隶则在他们工作的地方以不多的食品充饥。所有其他庞贝人则到这些路边的饮食店里吃顿快餐。然后，在这些人当中需要加入一些外地人和因工作之故经过庞贝的人。

　　在酒吧和饭馆里，午饭时分总是人满为患，人们站着或坐在小桌旁吃饭。在靠近纯洁的恋人之家的一间酒吧里，有些客人甚至在墙上刻写了对女招待的评论，这折射出一种有点像西部电影中的沙龙的那种环境……

这里的午饭能吃到熟鲜酪，橄榄，豆类和蔬菜，烤熟的小鱼和面包。两千年后，假若你们想想酒吧的夹心面包片里面的配料，会发现吃的东西并没多大的变化。

庞贝人食用的主要食品是谷类、豆类、蔬菜、蛋、奶酪和鱼，肉食罕见。饮食均衡。在欧洲的别处，肯定是没有如此丰富多样的。

庞贝的富人和穷人在盘子里或在市场上看见的那些食物主要来自附近。大海提供鱼，软体动物（贻贝、牡蛎、帽贝、蛏子），甲壳类，刺海胆。而田里出产小麦、蚕豆、二粒小麦、兵豆。树林里可捕猎野猪和各种各样的鸟。

许多食品在现代的厨房里是极其普通的，而在维苏威地区，对于那时候的庞贝人却是完全陌生的，譬如西红柿、土豆、辣椒，它们在发现美洲后传入。甚至连莫杂莱拉①也不存在，需等待四百年后西罗马帝国衰亡，才能在贝内文托和周边地区看到给伦巴第人带来的最初的几头母水牛。

所以真的难以相信，在庞贝谁也不会为你们做一块玛格丽达比萨，②它完全不为人所知！同样的还有咖啡——那波利的标志，它尚野生在埃塞俄比亚的高原上。它于一千六百年以后才抵达意大利，差不多在庞贝将要被重新发掘出来时……

糖也是未知数，蜂蜜是唯一的增甜剂。它还用作水果的保存，而蔬菜则用醋和盐。肉只用盐，在沿海的盐场里有的是，它也是在整个帝国都有名的、常常提及的庞贝咖乳的来源。

一个年轻女人扭着腰肢款步走在餐饮店前面。鲁齐奥·维图

---

① 莫杂莱拉（mozzarella）是意大利美食烹饪中使用较多的奶酪之一。
② 玛格丽达比萨是有名的那波利的传统比萨，饼上的配料通常是西红柿酱、莫杂莱拉、罗勒叶、盐和油。

佐·普拉其多看见她便停止了洗盘子，用目光追随着她。她回敬他以绵长的一瞥。

端着两盘烤熟的绯鲤的阿丝库拉刚从厨房出来，撞见正发生着的那一幕，便冲那女人一顿臭骂，后者无动于衷地继续她的性感的散步，吸引着街上其他男性的目光。看上去像是小巷里争风吃醋的情节，事实上在这两个女人的舌战后面另有原因。

在一旁看着的还有个坐在凳子上的男人，他大约二十五岁，高，胖，鹰钩鼻，淡蓝色眼睛，像演员阿道夫·切利。他立刻明白了那个情势，微笑着并饶有兴味地观看着。他是个容易相处的人，讨人喜欢。我们将于三十年后在图拉真的治下，在罗马的一座多慕思里再次遇见腰缠万贯、功成名就的他——在马西莫竞技场坐在我们身旁。他是我以前的两本关于罗马的书里描写的罗马人之一。我们会重逢在帝国的每趟旅行中，简直像是命运开的一个玩笑。他来庞贝探亲。现在他站起身，留下两个塞斯特尔兹奥走出了饮食店。他左右看看以便认准方向，然后朝北面埃尔科拉诺门的方向走去，他将在那里乘一辆把他送往那波利的封闭双轮车。他代表那一群沉默的幸存者，我们对他们一无所知，他们由于偶然的原因而逃离灾难。

但是我们现在重新跟上那个步态忸怩的年轻女人。她没走多远，她的目的地其实离鲁齐奥·维图佐·普拉齐多的饮食店很近。这才是那个妻子阿丝库拉所担心的。我们已于数小时前在医生那里见过这个姑娘了。她叫丝米莉娜（Zmyrina），是另一家和我们刚见到的餐饮店竞争的酒馆的服务员兼陪酒女。我们这就理解了阿丝库拉的担心，她认定那姑娘的媚悦会对他们的饮食店构成一个实际的危险。

其实，丝米莉娜工作的那家酒馆比较简陋，只有两层。可她的女主人更具有生意嗅觉且无所顾忌。她叫阿赛里娜，如某些描写指明的，她的年龄在三十五岁至四十岁之间，她考虑周到地安排了三个诱人的姑娘做招待：丝米莉娜、爱格勒和玛丽亚。

当考古学家们在那些描写中发现了她们的名字后，他们明白，她们是外国人，几乎毫无疑问。丝米莉娜应该来自现今的土耳其，或者来自爱琴海海岸的一个希腊城市，因此也就容易从帝国最大的奴隶市场提洛岛过境。玛丽亚之名则指明了她的出生地——犹太（巴勒斯坦），刚刚经维斯帕西亚努斯和提图斯的军团平息了一场大叛乱的行省。近似真实的是，为了庆贺皇帝的凯旋，她和无数犹太籍奴隶一起被带到罗马，抵达庞贝。爱格勒（Aegle）则是一个出自希腊的名字。在处于竞争的情况下，在餐饮店安排三个原籍不同的女服务员的想法是非常狡猾的。城里的这个区域，是到庞贝来做生意的人来往最为频繁的区域之一。拥有一个配搭了会说不同的语言，并且了解远方国度的习惯的工作人员的饮食店，可说是与众不同的。

当然，事实上那也可能是"艺名"。的确，奴隶尤其是妓院的妓女们，有取东方名字的习惯，一般是希腊名，为了增强她们的性吸引力，作为东方人，她们被视作更淫荡更性感。

阿赛里娜的饮食店夜里也营业，在这个时间段，年轻的女招待便卖淫。

这，当然也能发生在白天。在罗马人的习惯里，如我们已说过的，任何一个在公共场所工作的女人（包括经营它的阿赛里娜本人），会被要求性交易。我们可以想象，对此就需要使用楼上一层。一盏挂在酒馆的中楣上的以男性生殖器为造型的大油灯，和一幅在墙壁上的刻画中可见到的挺着一个硕大的性器官的墨丘利，使人不再怀疑发生在饮食店里面的事情。此外，阿赛里娜的"酒吧"与庞贝其他所有的都很相像：有许多葡萄酒罐（两个分别画了公鸡和狐狸），销售柜台的一端砌了一个用于热菜的青铜大锅，相当于现代的微波炉。

我们对老板娘阿赛里娜了解多少？很少。她肯定是个自由奴，她的保护人可能同样是——住宅区的"艾尔·卡彭"伽尤·朱里奥·坡里比奥。也许,阿赛里娜做过他的奴隶。我们如何知道这些的?只消看看饮食店的正面。上面还有一条文字,她和三个姑娘在此自称为"阿赛里娜们",呼吁大家为他投票。说真的,丝米莉娜的名字被坡里比奥本人用石灰划掉了。可能因为,她在她的第二职业中显得太厚颜无耻,名声太坏了。

使我们结束思索的,是一只搁在阿赛里娜肩上的大手,然后它顺着背脊下移直至带着渴望抓紧她的臀。她转过身,很清楚是谁——坡里比奥和他的三个客人进了她的餐饮店。他和姑娘们交换了几句话,可没放过在她们身上摸摸捏捏的机会。他询问了收入情况,接着,在最后一次揩油后走出餐饮店,在街上继续向前。

四个庞贝的权贵午餐后的目标是去公共浴室洗澡,在那里沐浴和按摩之际继续他们的话题。因为唯有几家开放,肯定很挤,他们走向一家拥有私人浴室的漂亮多慕思:梅南德罗之家。

不过,他们将先到位于街道尽头的敖塔维奥·瓜尔迢家走一趟,为了把房主人拉入他们的计划中。那是一座令人叹绝的宅院,巨大的花园里有水池和小溪,它们象征性地重现着人造的尼罗河的泛滥。

去一趟贫民区和角斗士竞技场

阿博恩当杂路上的一个生意人靠在他的店门口,看着他们走过去。他是佐斯莫,一个盆罐商:卖双耳罐和花盆。他蓄着长长的黑胡须,带有明显的中东人的特征。可能他的原籍也是犹太行省。他打量着他们,低声说了一句:元老院议员们是好人,可元老院却是头恶兽(Senatores boni viri, senatus mala bestia)。

是西塞罗在一个多世纪前说过的一句话。含义是明白的:涉足政治的人也能拥有个人健康的道德标准,但这些人组合在一起

（在此情况下，比如在元老院或庞贝的行政部门）便迅速将道德遗弃，自甘腐败和堕落了。这句话是指两个当选的政治家挽住了庞贝的"猫和狐狸"——坡里比奥和钱庄老板。

佐斯莫回到店内。我们跟上他。灰尘遍布一片杂乱，就像中东集市里的商店那样。有一堆油灯，一堆装咖乳的下脚料——给中、下阶级食用——的陶土容器。这些被叫作 faex 或者 hallex 的余渣提供给容器本身一个名字：残渣罐（vasa faecaria），纯粹是说明文的定义……为了避免运输途中的破损，它们被裹在一层麦秸中。这是一种使用广泛的保护陶土和玻璃容器的办法，过去在我们的桌上看见的裹着麦秸"衣装"的大肚酒瓶就源自这个方法。

佐斯莫盯视着一面墙壁上的壁文。他心事重重地抚弄着胡须。墙上有什么东西是如此重要？是一条集市一览表，记录着每周设在坎帕尼亚和罗马的集市。从这条书写的文字中我们了解到，佐斯莫不只在庞贝售卖他的产品，还经常驾着货车流动在各个不同的广场。这份于二十个世纪以后被考古学家们发现的日程表（他们认为它正是公元 79 年的日程表），是他用来安排行程的。于是，我们知道，庞贝和诺切拉礼拜六有集市；而礼拜天则在阿泰拉和诺拉；礼拜一在库玛；礼拜二在波佐利；礼拜三在罗马；礼拜四在卡普阿。礼拜五不是集日……

佐斯莫是个非常严谨的人，如同所有的商人，他保持每天记账。只不过他不总是使用蜡版。有时候他书写的"纸"就是店里的墙壁。这样，在今天，我们了解到他把一些双耳罐卖给了某个弗罗若，他没付钱。他还得从一个阿丝库拉那里把钱收回，几乎能肯定就是那个我们刚刚看见的餐饮店的女老板。

佐斯莫的生意不错。考古学家们在他安置在商店后面的家里发现了一些首饰，可能是他的妻子的，其中有金耳环和两个镶嵌着玛瑙的戒指。

其实戒指原本有三个，但是第三个碎了。现在包在佐斯莫手中的一小块布里，他关上店门出去了，去更换一块新的宝石。他朝一个宝石匠的作坊走去，它位于城里的住宅区偏南方向。

佐斯莫沿着那条今天叫作诺切拉路的街道往下走，途中他决定绕道去观看角斗士的训练。去露天剧院是他的爱好。几分钟后他穿行在大体育场的宽阔空地上。它实在太惊人了。你们想象一个足球场四周有一道漫长的拱廊环绕的样子。在布满高大的悬铃木（树根将被挖掘出来，通过石膏浇筑技术，今天可在原地看到它们）的绿茵茵的草地中央有一个游泳池。有一些青年正在训练。他们属于一个称作"尤文图斯"（与现代的足球队无涉，足球尚未诞生）的青年协会。

这个地方不仅仅用于体育。人们在拱廊下面约会、聊天和学习。一班学生在高声朗诵着一首诗，老师准备好了要用他那长长的芦秆给走神的学生以可怕的一击……

佐斯莫继续走着。此刻出现在他面前的是庞贝的露天剧院那巨大的建筑。它要比科罗赛奥（还没有人看见其内部，因为如我们已经说过的，它的落成典礼尚未举行）矮和小，但可以容纳两万名观众。

佐斯莫登上两座外楼梯之一的那个斜坡。数秒钟内便出现了那些阔大的阶梯，连同其顶端很多伸向表演场地中心的大炮似的横木——大篷布便铺在那上面，好为阶梯观众席遮阳。

从那建筑的中心传来叫喊声。表演场上有一些角斗士正在训练。他们在用木剑和柳条盾较量，比他们将在搏斗中使用的剑和盾更重，以此来锻炼肌肉和动作。佐斯莫认识切拉多——最有名的角斗士中的一个，庞贝胡同小巷里的真正的偶像。尤其在女人当中。他在用一把一种弯曲的短剑搏击，而不远处的是科瑞先特，一个用网和三叉戟拼搏的雷仔阿留。①

―――――――

① 雷仔阿留（reziario）是对使用网和三叉戟的角斗士的专称。

由于一些令整个帝国震惊的血腥事件，这座露天剧院更属于"地方新闻"而非历史。在尼禄朝代的角斗士搏斗中，庞贝爱好者和诺切拉爱好者之间发生了辱骂进而动手，不，是动武。由此而引发了一场杀人和伤人的地道的对人的围捕。

一个庞贝人让人在家里画了一幅壁画（不知何故），描绘了这场人被从墙上扔下或被刀捅杀的市民之战。结果是，露天剧院被罚取消比武。罗马元老院决定，那里整整十年不得举行角斗士搏斗。后来由于尼禄的第二任妻子泼裴阿的从中斡旋惩罚减轻了，因为泼裴阿有撑腰的人，而且，她可能有一座别墅离这儿不远，在欧普龙提斯。

佐斯莫在和其他一些爱好者们一起观看了训练（完全像现代在一些有名的球队的训练中心那样）之后，他举目望天。由于没有手表，是太阳的位置在指明钟点，有点像钟表的指针。还是赶快为好，不然他就来不及找宝石匠修补戒指了。

在他正经过的地方竖立着一幢简朴的建筑，如我们在前面说过的，那是为了收纳诺切拉的居民——汉尼拔的军队蹂躏他们城市后的幸存者——而建造的。今天我们会把它视作一个廉价房住宅区。房屋全都一样，是"批量"建造出来的。但能看到庞贝的——也是整个帝国的同一个特点：周围有很多绿色。对此我们刚刚有所目睹，在大体育场，事实上那是一座可与美国大学城媲美的构型。而且家中也有绿色。每所房屋确有一片当菜园使用的地，种着甘蓝、蒜、葱、芦笋、莴苣等；或者是果树（苹果、梨子、无花果、榛子、桃子……），花卉更别提了，如水仙、玫瑰或堇菜。甚至有几株葡萄树也非罕见……

佐斯莫在一条他很熟悉的街上走着，但是他没有如往常那样听到熟悉的召唤鸽子的声音。他抬眼望去，在一所房子的墙壁顶端的确有一个鸽舍。认出它并不难——即便在如今的遗迹之间。房屋的墙上总能看见一扇带有几层小拱顶的陶土"窗"，仿若科罗赛奥的一个正面。

佐斯莫记得，每个敞口上一般都会有一只咕咕叫的鸽子。可今天，鸽舍静得怪异，尤其它还空空如也。所有的鸽子都去哪儿了？

佐斯莫不安起来。他也曾饲养过鸽子，他了解它们，它们只在受惊时才会飞离……

他叩门求解。那是他的朋友贝立洛的家。他是一名基督教徒。庞贝有一些基督教徒：有点像犹太人那样，他们组成一个很小的团体。

连他也说不清鸽子都去了哪里。这天早上，突然间便消失得无影无踪……

庞贝的小"香港"

佐斯莫在城墙上走了一段，为了可以看看萨尔诺河和内河码头。停泊着的帆船有许多，其余的则列队等待。能听见正用心操纵的海员的声音，令载满商品的货船出发的哨声……这是一个总能打动花盆商的精彩场面，特别是当他想到他的小货车和各地的集市时。他在高高的城墙上考虑着如何利用码头来扩大他的生意。

一匹马的嘶鸣使他转过头去。两名骑士边聊边从他身边经过。最令我们感到惊愕的是马的身高。在古代，人们骑的马比马驹稍微高一点。在一些浅浮雕上，一个站立的男人的头往往超过它们的高度。

佐斯莫继续往前走，我们就快到了，他进入了商业区的中心。由于它靠近内河码头，这是庞贝十分热闹繁忙的一部分：真的很像置身于一座跟香港一样紧张忙碌的小城，商品源源不断地运抵，卸载，再转运……

此外，在码头，老居民们的迁居对崛起的自由奴阶级的帮助非常明显：这是一处工匠的店铺遍布的地方，宝石镶嵌工住在这里并不是随意的。

走上如今的诺切拉路，佐斯莫从一家铜匠铺子前经过，一些青铜男性生殖器在他的门口摇晃着。是些配有小铃铛的吉祥物（tin-tinnabula），用于当有人进入它们悬挂着的地方时发出摇铃声，更多的店为了驱除凶神和厄运。这些吉祥铃铛中的一个将于两千年后被陈列在那波利国立考古博物馆里。但是此刻，当然无人知晓这一点……

稍稍往前是一家玻璃店。看看工人们怎样干活的确很有趣：他们不制造玻璃，他们把做成的未加工的玻璃半成品原料运来，重新熔化。然后全像穆拉诺①的玻璃师傅那样，对着一个木头盒子里吹，那里面有一个大瓶子的模子。玻璃在里面因玻璃师傅的吹气而膨胀，重塑出一个完好的模型。当把盒子像书那样打开后，出来的就是一个瓶子成品了。玻璃师傅可以重复操作。最后，如在庞贝出土的很多这些一模一样的容器能说明的那样，玻璃厂能够以一种早期工业形式批量生产。

再过去一点是埃尔科勒的花园之家。新的房主人——一个自由奴，他甚至推倒了三座带有壁画的房屋，为了建一座栽花的花园。目的在于提炼香水。

继续往前还有某人产生了类似的主意：一个苗木培植员。据德·西莫奈教授回忆，在挖掘这个地方的时候，原本搞不懂花园里为何有掩埋的瓦盆片。事实上那是一些让小苗成长和保护根须的小"花盆"。在读着古人的"园艺手册"时，研究员们得以了解文章里写的很多建议的运用。比如说，这所房屋好像正是应和了一条提议所说的，最好是在城中一块小的但能得到照看的地里培植花木，而不是在无法保护好它们的乡村。此外，完全就像古代资料里建议的那样，根不该有手臂那么粗，而以细瘦为宜，如两根合并的手指。因喷发而消失的小苗在地里留下的洞，恰恰就是这个直径。

---

① 威尼斯的穆拉诺岛，最闻名的玻璃器皿生产地。

当时还不清楚为什么宅院的室内也写着选举宣传，理论上那些是私人地方。后来，考虑到那可能是一个做买卖的店，可以推测客人们进入住宅买小苗，因而这座房屋也就是一个公共场所了，好似广场，所以选举宣传也就有了意义。

佐斯莫继续走。他越过一个专做席子的手艺人兼做店铺的住所。这人把买下的房子的内花园两边的小排水渠拓宽，将其改造成几个水池，麦秸就在那里面被浸水泡软。

正如在我们的这趟庞贝之游中粲然可见的，自由奴们把他们购买的房屋推倒、改造。他们中的任何人都不会真正考虑到保护美好的东西。它们的新的实用性才是最重要的。

至此便自动冒出一个想法来。买下这些房子的人肯定不是财源滚滚的富豪、大人物伽尤·朱里奥·坡里比奥的自由奴，而是一些更卑微的工匠和小业主们，总之他们还是有能力购买从经商的角度来看属于繁忙热闹的区域里的大房子的。他们是怎么做到的？唯一的解释是，令居民们惶恐不安的持续的地震造成了低廉的售价，很多人想离开，这就可能使价格大跌。也许后来群震减弱，使这些不再担惊受怕的自由奴得以接替。对此我们不甚了解。然而，我们重申，一场刚发生不久的、可能就在喷发前几天的地震，能在此刻佐斯莫进入的宝石匠的家里得到证实。

它的内部环境如同一场战争后你们所见到的那种。房屋正在重建。一个角落里堆放着碎瓦片，另一个角落里则是那些完整的瓦，一些石块则经过细分以便重新在修复中使用。

宝石匠俯身在桌上全神贯注地工作着，他在察觉到佐斯莫的靠近时抬起了眼睛。他有个用带子系在头上的古怪的单片眼镜：其内有一片石英充当他的镜片。佐斯莫惊呆了：他发现了一种如此细微又精密的工作的秘密，他的视力越来越差，当他想看墙上的壁文时，他差不多得退后一步……

我们离开佐斯莫和宝石匠，走出这座房子。到了离开庞贝，去探索喷发前最后这一天周边发生着什么的时候了。不过，较之我们此刻所在的地方，我们将要通过的城门位于与居住区相反的那一面。所以我们将穿越城市，但是，我们一面以一种不寻常的方式行走，一面追随着庞贝人的话语。墙上的那些文字……

我没对你说出的话……
庞贝的一万条壁文

NUGAE NUGAE
小意思，没什么……

今天，任何一个走在庞贝的街道上的人，都是行走在寂静中的。尽管他被无数声音包围着，它们在窃窃私语，在大喊大叫，在相互取笑，在朗朗大笑，一种快乐的充满生命力的喧闹充斥在这些街道中，完全像曾经发生在罗马所有的城市里那样。

庞贝人已经消失近两千年了，不过，他们的话语的回音依旧清晰脆亮。犹如每个词都印在了墙上，转变成壁文。总之，"倾听"这些古老的话语无须用耳，而是用眼。

迄今为止，仅在庞贝就重现了大约一万条各种各样的——有些是彩绘的（如选举宣传），其余的则是普通人刻写的——文字，它们揭开了当时罗马人的日常的生活，往往还是非常私密的。

为此我给你们一个建议：当你们进入庞贝的一座住宅，当你们置身于它的那些公共浴室或即使在街道上时，你们一定要看一眼抹了灰泥的墙壁（最佳方式是利用下午的太阳的斜射光，但你们也可使用手机的光），你们会发现淡淡的壁文。它们广泛存在，但无人注意它们。壁文最多的地方之一是那条狭窄的剧院路，它把广场和阿博恩当杂路与妓院巷之间的那个交叉口连接成三角形。每天，成百上千的人从这里经过，却不知道这些褪色的墙上登载着令人难以置信的大量绘画和文字：从船舶到披着铠甲的马，再到搏斗中的角斗士，从俯瞰中的剧院连带着有拱顶的阶梯观众席（可能是为了指明座位）到一个天赋极高的人的漫画，到庞贝人的普通名册……一切都在数米之内。

　　那么，既然在我们的讲述中我们得重新穿越城市，那我们就以一种不寻常的方式去走，从一条壁文走到另一条，没有严谨的顺序，你们将看到，有如魔术似的，庞贝的日常生活之面貌和情形将在我们眼前恢复生气。那是些真实的生活镜头，它们带着一点往往是出人意料的人性，充实着城里的小街窄巷和住所。

　　接下来的当然只是选自多位研究员收集和翻译的壁文中的极小一部分，其中值得一提的是安东尼奥·瓦洛内和文森特·哈宁柯。如将会看到的，与在学校学习的"传统"拉丁语相比，在这些碑文里核对出一些拼写的差异并非少见，那是由于在正规的大碑文中几乎绝对缺乏对通俗和地区性的词形的推广造成的。

喜事

IUVENILLA NATA DIE SATURNI(H)ORA SECUNDA
VESPERTINA IIII NONAS AUGUSTAS
幼薇妮拉，生于礼拜六晚上第二时辰，八月二日。

　　这条壁文是用木炭写就的，是一种易损的物质。因此我们能够推论，它恰恰可追溯到公元 79 年的八月，也就是说仅在喷发前的两个半月。

奴隶的世界

BALNEUS LAVATUR

卫生间清洗过了。

这是刻在纯洁的恋人之家的柱廊庭院的一根柱子上的,显然涉及奴隶们的职责,但是……有一个错误:其实应该写成 balneum(见第一部分插图第 6 页)才更正确。写壁文的人把中性名词改成了阳性。这并非出于偶然。"街上的"拉丁口语已经取消了中性名词,取而代之的只有阳性或阴性,一如现代意大利语和其他拉丁语系的语言。依据古代文献,可以认为这种变化出现得很晚,但是那些碑文证明,日常口语将它提前了。

OFFICIOSUS FUGIT
奴隶在逃。

这是逃跑者本人写的,好比是告别留言。就一次,做出选择的是他。那两个单词里包含着对主人们的一种报复。生存将异常艰难,任何人都可以像弄死一只狗那样杀了他。然而,他选择了自由……

小酒馆的气氛

TALIA TE FALLANT UTINAM MEDACIA COPO TU VEDES ACUAM ET BIBES IPSE MERUM

店家,如此的谎言会让你大吃苦头的。你卖的是水,喝的却是纯酒……

在那时候葡萄酒就掺水了,使酒馆的这个客人火冒三丈。

SUCCESSUS TEXTOR AMAT COPONIAES ANCILLA(M) NOMINE HIDEREM QUAE QUIDEM ILLUM NON

CURAT SED ILLE ROGAT ILLA COM(M)ISERETUR
SCRIBIT RIVALIS VALE
INVIDIOSE QUIA RUMPERES SE(C)ARE NOLI
FORMONSIOREM ET QUI EST HOMO
PRAVESSIMUS ET BELLUS
DIXI SCRIPSI AMAS HIREDEM QUAE TE NON CURAT

事情是，一个织布工爱上了小旅店女老板的名叫伊丽丝的女招待。其实她根本就不爱他。可他苦苦求之，而她对其唯有怜悯。这就是一个情敌写的话。你嫉妒得要死。但为一个比你英俊、万事皆能且长得讨人喜欢的人，吃醋是徒劳。我说了并写了：你爱伊丽丝，可她不爱你。

(RUCTA) QUOM BIBERIS FELICITER AC QUOQUE
CRUDE LUSUM CLUM(IA)RIS AUDE VOCILLA (M)A(G)IS

你喝酒时就使劲打嗝，吃饱肚子胆气也壮了，屁股一阵噼啪响。你让它再响点儿。

这里重现的是庞贝小巷里的小酒馆的具体氛围。

FUTUI COPONAM
我干了饭馆女老板。

理论上说来，酒吧和饭馆的任何一个女人都是可以与之发生性关系的女人。完全像西部电影中的酒馆里的女人那样。

值得纪念的"体育"冠军
OCEANUS L(IBERTUS) XIII V(ICIT) ARACINTUS
L(IBERTUS) (VICIT) IIII (PERIIT)

敖切阿奴斯，前奴隶，赢了十三次。阿拉青图斯，前奴隶，赢了四次，死了。

这是在庞贝露天剧场里的角斗士搏斗的当天记录，刻在墙上的一则"体育新闻"。这些字写在两个角斗士画像下面，一个米尔米罗（murmillo）和一个特拉切（thrax）。① 前者魁伟壮实，躲藏在一块形状像瓦的大盾后面，他左腿上有一个护腿铠甲，戴一顶有防护格栅和一簇彩色羽毛的大头盔。他不大移动，但如果对手靠上前来就休想躲过他的短剑。后者则使用一块长方形小盾，高高的护腿铠甲，大腿上有皮革绑腿，戴一顶有防护格栅和羽毛冠的大头盔。一般都矮小清瘦，十分敏捷。

女人吹嘘性事

庞贝的墙上完全被刺激甚至是淫秽的文字"贴满"了，不过不总是嘲弄。性曾是自由和开放的。不少见的是，既有男人也有女人吹嘘自己情场的得意或者大胆的性事。

PRIMA CUM SUO HAC
刚才我和她的男人在这里做爱了。

PITHIA PRIMA CUM SPARITUNDIOLO HAC MODO
媲紫阿·普里马此刻正是在这里和斯帕里屯雕罗做爱的。

PIRAMO COTTIDIE LINGUO
我每天都吮皮拉莫。

---

① 罗马时代的角斗士分很多种类，每种角斗士都有一个专称，所持武器和护身装备也各有特色，米尔米罗（mirmillone）和特拉切（trace）便是其中两种。

IUCUDUS MALE CALA
乔孔多奋功不行。

VITALIO BENE FUTUES
维塔留，你的性交功夫真棒。

FUTUTA SUM HIC
我在这里给干了。

EUPLIA HIC CUM HOMINIBUS BELLIS MM
爱妩普丽雅在这里和两千个美男子做过爱。

MULA FELLAT ANTONI(UM)
FORTUNATA A(ERIS) A (SSIBUS) II
穆拉吮安东尼奥。佛图娜塔这么做是为了两阿塞。

男人吹嘘性事
NY(M)PHE FUTUTA AMONUS FUTUTA
PERENNIS FUTUTU
宁珐（女人），干过了；阿莫诺（男人，但有女性化倾向），干过了；培雷内（男人），干过了。

不能说刻字的人在乎区分……性别。

HIC EGO NUNC FUTUI FORMOSA(M) FORMA
PUELLA(M) LAUDATA(M) A MULTIS SET LUTUS
INTUS ERAT

我在这里和一个广受称赞的漂亮女人做爱了,可里面却是泥。

可能是女人用的避孕药(一种内用药膏,那个情人把它当做了泥)的最古老的证明。由于它是刻在艾如迪提之家的一扇门旁,可能壁文提及的是一个很受欢迎的"陪同",有个男人决定在自己的家里接待她。这也就解释了女人何以使用避孕药膏(如我们已经了解到的那样,罗马时代不存在避孕套)。

DAPHNICUS CUM FELICULA SUA HAC
达夫尼柯和他的费莉克拉在这里一起做爱了。

CRESCE(N)S RETIA(RIUS) PUPARUM NOCTURNARUM
MAT(UTIN)AR(UM) ALIARUM SER ATINUS⋯MEDICUS
科雷新佐,一个雷仔阿留,失眠的、早起的少女和其他少女们的医生。

ARPHOCRAS HIC CUM DRAUCA BENE FUTUIT DENARIO
阿尔佛可拉特付了一块德那里奥,和德劳卡一起痛快地做爱了。

PEDICAVI Ⅵ
我鸡奸了六个。

HIC EGO PUELLAS MULTAS FUTUI
在这里,我干过很多姑娘。

提供性交易
  EUTYCHIS GRAECA A(SSIBUS) Ⅱ MORIBUS BELLI(S)
  爱妩媞琪德，仪态万方的希腊女人，两阿塞便可委身。

  这个女奴尽管生活在金玉满堂的自由奴（维提）的家中，还以约等于三欧元的性交易来增加收入。

  MENANDER BELLIS MORIBUS AERIS ASSIBUS Ⅱ
  梅南德罗，清秀俊美，两阿塞即可（委身）。

  这里，提供廉价性服务的是一个男人，很可能是个男孩。

文字累累的墙啊！
  ADMIROR TE PARIES NON CECIDISSE QUI TOT SCRIPTORUM TAEDIA SUSTINEAS
  我为你感到惊奇，墙啊，你还没倒塌，因为你得支撑住大家的愚蠢文字。

两千年前的便利贴
  FELIX AERIS AS Ⅳ FLORUS X
  费里切：四阿塞；佛罗如司：十阿塞。

  墙壁还当作古代便利贴用。是些小量欠款，或者是借给那两个人用做一笔小开销的钱。这是刻在灰泥层上的零星账本，为了使之成为手续，不致忘了。

威胁

SPORUS OMO MORTUS

斯坡如司,你是死定了。

重口味的评价

MATRENA CULIBONIA

玛特蕾娜有个漂亮的屁股。

PAMHIRA SIIFERA

帕尔米拉风骚撩人。

MIDUSE FUTUTRIX

美杜萨是个性交能手。

侮辱

REGULUS FELLAT

雷枸罗做口交。

罗马社会的男同性恋曾是非常普遍和可接受的,但是有一个条件:罗马公民得是性交中的主动方和口交中的被动方。

IMANIS METULA ES

你是个头号蠢货。

M TITINIUS CINAEDUS LX

马克·提提尼奥男同性恋六十次。

AEGROTA AEGROTA AEGROTA
愿你病魔缠身！！！

罗马人不懂感叹号，他们用重复单词多次来代替它。在这个例子里就相当于有三个叹号……辱骂，常常就是将自己所害怕的发泄在别人身上，疾病是那时候最普遍的担心之一。

一份早期的"谜语周刊"

R O M A
O L I M
M I L O
A M O R

罗马—从前—米罗（专名）—爱情

R O T A S
O P E R A
T E N E T
A R E P O
S A T O R

轮子—作品—保留—阿雷坡—播种人

这些是文字游戏，两个"魔力"方块，拼成的词语可以从各种方向来念（从左边念起，从右边念起，从上面或下面念起）。

爱的煎熬

AMANTES UT APES VITA(M) MELLITA(M) EXIGUNT VELLE(M)

恋爱中的人宛若蜜蜂，有一段极其甜蜜的人生。

另有某人补充了:但愿如此……

MARCELLUS PRAENESTINAM AMAT ET NON CURATUR
马切洛爱上了普莱内丝媞娜,可她却不爱他。

CAVE USORIBUS
你在注意妻子们。

幸福

(H)IC SUMUS FELICES VALIAMUS RECTE
我们在这里是幸福的……我们继续如此!

引文

FULLONES ULULAM(QUE) CANO NON ARMA VIRUMQUE
我为洗衣工和荡妇歌唱,不为武器和英雄……

这是对维吉尔的《埃涅阿斯纪》的第一句诗歌的滑稽模仿。

AENEADUM GENETRIX
爱尼亚德们的母亲。

引自卢克莱修的《物性论》(第一章第一句)。

SEVERUS
MILLE MEAE SICULIS ERRANT IN MONTIBUS AG(NAE)
塞维罗说:"我的千只羊儿牧放在西西里山间。"

又是一条引文，这一次是维吉尔的《牧歌集》（第二章第二十一句）。

CONTICUERE OMNES
众人缄默无语。

在返回到《埃涅阿斯纪》（卷二第一句）的同时，我们止于此。

有学问的引句在庞贝的墙上到处可见。出人意料，为什么？然而这个现象可解释为，因为那时没有伸手可得的小活页本和记事本，能够用于书写抑或涂抹的材料总之是少见且相当贵的。所以，要给后人留言便使用墙壁。维吉尔是被提及最频繁的作家之一，这表明，与奴隶和农民们不可避免的愚昧并存的，是在城里传播相当广泛的文化。不过，把这些壁文当成一种学会研究的表示可就错了。或许要把它们与引用名歌的歌词来相提并论。

街头的哲学
QUI MEMINIT VITAE SCIT QUOD MORTI SIT HABENDUM
思考人生的人知道死亡储存了什么。

再来一点性爱
CANDIDA ME DOCUIT NIGRAS ODISSE PUELLAS
ODERO SI POTERO SI NON INVITUS AMABO
一位白种姑娘教我憎恨那些黑种姑娘。我将恨她们，假如我能够。否则（唉）……我将应该爱她们。

这些戏谑的文字意味着庞贝的多元人种。

SABINA FELAS NO BELLE FACES
萨碧娜,你吮他,但你技巧不行。

宴席之礼数(道学者之家的主人写在餐室里的)
LASCIVOS VOLTUS ET BLANDOS AUFER OCELLOS
CONIUGE AB ALTERIUS SIT TIBI IN ORE PUDOR
勿用好色和诱惑的眼看别人的妻子,让你的双唇始终守住节操。

换句话来说:不要和主人的妻子调情。

(UTERE BLANDIT)IIS ODIOSAQUE IURGIA DIFFER SI
POTES AUT GRESSUS AD TUA TECTA REFER
你客气点,尽量避免辱骂和脏话。不然就向后转,回家去。

某种说法
(VENIMUS H)UC CUPIDI MULTO MAGIS
IRE CUPIMUS
我们满怀希望地来到这里,又更加心甘情愿地想离开……

这是庞贝的墙上层见叠出的一条壁文,是由失望的主顾、客人或观众画的。显然是一种说法或是一句广为流传的习语。

永远不会太晚
ABCDEFIGHIKLMNOPQRSTVX

字母表，可能是一个正在学习的奴隶写的，或者可能这里有过一所街道学校。

困难的教师职业
  QUI MIHI DOCENDI DEDERIT MERCEDEM
  (H)ABEAT QUOD PETIT A SUPERIS
  谁为我的课付费，便能得到他向神祈求的那一切。

教师们那时得到的报酬很少，他们的境况往往近乎于穷困潦倒。

预言终局
  NIHIL DURARE POTEST TEMPORE PERPETUO
  CUM BENE SOL NITUIT REDDITUR OCEANO
  DECRESCIT PHOEBE QUAE MODO PLENA FUIT
  VEN(TO)RUM FERITAS SAEPE FIT AURA L(E)VIS
  万物皆不能恒久不变。
  杲日辉尽复投大海之怀，
  残月方才还是丰腴婵娟。
  狂飙时常化作轻风徐来。

我们的选择以一个无名诗人刻在一家店铺门旁的墙上的四句五音步诗结束。诗句很美，它们象征性地包含着一座曾经学会与自身发展的几经盛衰共生存的、充满活力的城市的脆弱，希望也容易破灭等全部意思。

埃尔科拉诺：海湾的一颗明珠

埃尔科拉诺

公元 79 年 10 月 23 日 14：00

距喷发差 23 个小时

VIVAT　VIVAT

太好啦！

  船身触碰到了水底。菲利克斯清楚地感觉到沙在龙骨上的粗糙的抚摸。他敏捷地跳入水中，在一道海浪的帮助下把船推上了海滩。

  他的船不是唯一的一艘。就在那旁边有很多其他被拖上岸的渔船。它们几乎全是红色的，在加长的如海豚嘴似的船头上画着一只眼睛。运输用的大船则停泊在自海滩伸向大海的木头堤道边沿。

  我们已经碰见过这个渔夫了：昨天他曾问候蕊柯媞娜船上的海员——当他们在埃尔科拉诺的深海处相遇时。

  脚下的沙是热的，男人四下张望着寻找应该来帮他的男孩。他打量着许多带有拱顶的敞口，它们汇拢在海岸上，有点像高架导水渠。等于是船只的"车库"，叫作"穹窿"，是存放休航的船舶或者摆放渔具如网、钓鱼线、桨、桅樯和帆布的地方。他不知道，在喷发中那激烈紧张的时刻，那里将成为一处人山人海的地方。可男孩还不见踪影。

有个声音在远处呼唤他。过来的正是他，他顺着通往海滩的阶梯斜坡往下跑。他用那灿烂的笑容每次都可以得到原谅。两人拥抱在一起。他们同样的粲然微笑，证明他俩是父子。他们的全家都齐了。母亲数月前死于分娩并带走一个小妹妹。剩下他们俩在努力为自己重建一份新的生活。他们比过去更加亲密了。

男孩看看船里，他的脸焕发出惊奇的神色。鱼是如此之多，以至一个筐子都不够用！怎么可能？父亲说是得到了维纳斯和内图诺的帮助，或许还有墨丘利，仁慈的神想在妈妈走后帮助他们。然而原因却是另一个。海底的许多气孔改变了靠近海岸的海域。在某些区域鱼类消失了，另一些区域却增加了，可能是温度增高或是弥散在海里的物质之故。谁知道。这天早晨，菲利克斯在走近岸边时看见很多鱼漂浮在水上。海底正发生着什么。但他不知道是什么。

父子俩开始往家走：前者扛起绑着帆的桅樯，拿起钓鱼线和其他船上用品；后者用双手提着沉甸甸的筐和一只挎包，很多鱼尾巴从包里露出来。他们从一群奴隶身旁经过，他们在专心转动着一个木头大绞盘，要把一艘由几个男人站在齐腰的水里推着的沉重的桨船拖上岸。他们不知道，这艘有个形如鲜红色天鹅头的漂亮船头的船永远不会再航行了，考古学家们将在海滩上发现被汹涌的海浪和喷发推翻的船。

俩人看见一群渔夫在担忧地争论。他们放下筐、钓鱼线和帆，倾听着。人群中间有个人坐在沙滩上。他的一条手臂和腰上有着可怕的烫伤。一名医生在用药膏给他涂抹伤处。那是一个罗马时代的"潜水员"。气瓶当然还没有，这个男人得长时间且危险地憋着气完成潜水，就像直至数十年前采集海绵的希腊渔夫或波斯湾摘采珍珠的渔夫所做的那样。

潜水员们的工作就是打捞沉没得不是太深的船上的货物，解开在港口缠住了的那些锚，捞取从船上掉落的双耳罐，等等。但是，在那波利湾，他们中的有些人专门采集另一种水底的珍宝——红珊

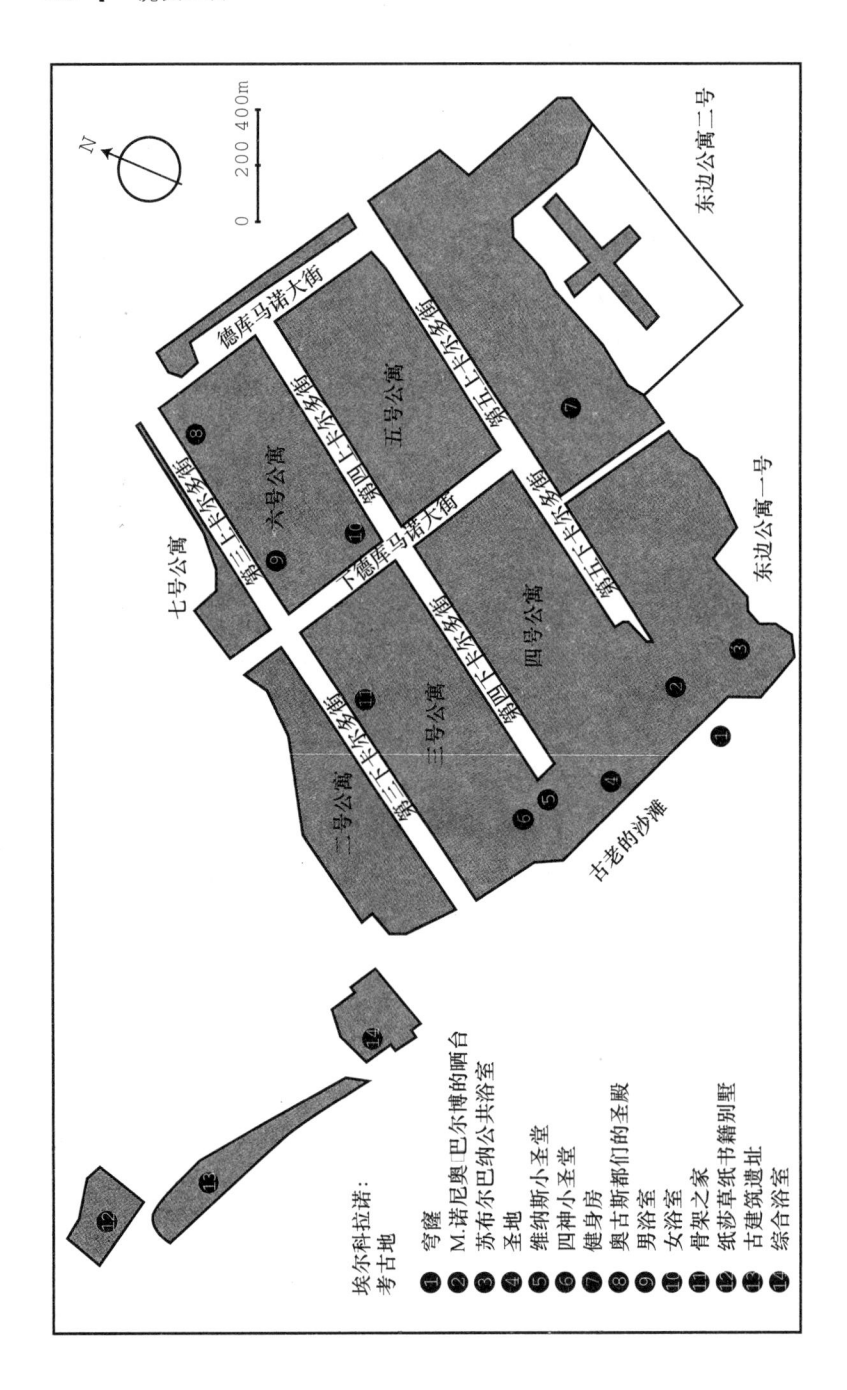

埃尔科拉诺
考古地：
❶ 穹隆
❷ M.诺尼奥巴尔博的晒台
❸ 苏布尔巴纳公共浴室
❹ 圣地
❺ 维纳斯小圣堂
❻ 四神小圣堂
❼ 健身房
❽ 奥古斯都们的圣殿
❾ 男浴室
❿ 女浴室
⓫ 骨架之家
⓬ 纸莎草书籍别墅
⓭ 古建筑遗址
⓮ 综合浴室

瑚，它将在未来的世纪中成为一种有利的交易之源，将以托雷德尔格雷科为中心。罗马时代的"珊瑚人"就已经开始采珊瑚枝了，可能用船在水底拖着那些系着大麻网的木头大十字架［正如这些地区在后来的多少个世纪里使用的所谓的"圣安德烈十字架"或"因杰袅"（ngegno）那样］，在那些更有利的地方肯定只需短暂的憋气下潜。

这天上午，这个潜水员发生了一个严重的事故。当他和"同事们"一起采集珊瑚的时候，一团突然喷出的滚烫气体罩住了他。这不是唯一的怪事，最近一段时间里，海面上常出现突如其来的剧烈的阵阵沸腾。接着总有一股臭鸡蛋的气味，随之便是少不了的死鱼在数分钟内浮出水面。

渔夫们说，最近几周发生的不正常事件太多了。港口前的浮标失踪了，好像那些将它们拴住、固定在水底的粗缆绳被一下子割断了。有时渔网缠在礁石上，据渔夫说，水底以前不存在凸出部分的礁石。在海岸边，过去稍微露出的一簇礁石现在粲然可见地立于水上……

对一件事大家的意见一致：需要尽快做一场仪式，向内图诺、维纳斯和埃尔科勒祈求保护。所以，他们忧心忡忡地跑去叫祭司了。

"为什么要祈求埃尔科勒？"菲利克斯的儿子问。

父亲边回答边重新讲起属于这座城市的神话由来，重述着历史学家狄奥尼基·迪·阿里卡纳索①在他的著作中流传给我们的相同描述。

---

① 狄奥尼基·迪·阿里卡纳索（Dionigi di Alicarnasso），约公元前60年—公元前7年，历史学家，修辞学教师，主要作品是《罗马史》。另一译名是《哈利卡纳苏斯的狄奥尼修斯》。

埃尔科拉诺，这个名字显示它和埃尔科勒是联系在一起的。城市由希腊勇士"本人"在结束他的第十大英雄业绩之际建立，它见证了他夺取一个残酷的、长相恐怖——有三头和六臂——的魔王杰里奥内的一群公牛。回途中，在重新进入希腊之前，埃尔科勒在坎帕尼亚的海岸停留牧放公牛，因为这里的沃土是人所共知的。

的确，埃尔科拉诺位于一个关键的和具有巨大吸引力的方位，在那波利湾中心的一个矗立于海上的山嘴上。

当罗马人征服了这个地区后，他们也像希腊人一样为它的美景所陶醉。他们在海岸上建造了大量的别墅，如我们见到的——鳞次栉比。坎帕尼亚的这一段，从波佐利到斯塔比亚海堡很快变成了罗马贵族的美丽的隐居地。① 西塞罗本人在庞贝城外便有一座府邸。

在仿照着一座文化味道浓厚的希腊城市的同时，埃尔科拉诺被建造成了那波利的象征。其实，由于那波利与雅典持续保持往来，它始终保留着一丝希腊的痕迹，竟至连萨姆尼侵略者（在罗马人之前曾是他们在统治这个地区）也未能将其抹杀。相反，他们是如此着迷于它高雅的文化，以至从征服者变成了"被征服者"，他们甚至开始将他们的名字也希腊化了。

后来的罗马人自己甚至也未能避免帕尔特诺贝②文化的魅力。就这样，那波利成了一个讲希腊语（不仅只讲拉丁语）的地方，在多少个世纪里成为意大利的一片希腊。

从某种意义上来说，埃尔科拉诺是这座城市的结果，在此可以感受同一种氛围。不仅仅是因为它具有极其相似的位置图，还因为优雅的生活作风，"现代化"的住宅和讲究风格的布置。

庞贝是一座主要致力于贸易和生产，尤其是手工业的城市，埃

---

① 原文此处为西班牙语 buen retiro：原指靠近马德里的一片内有一座驰名的公园的王家领地，现常用来借指美丽幽静的隐居地。

② 那波利的古名。

尔科拉诺却更偏于渔业和接纳旅行者以及商人。游客们的确为温暖的气候和旖旎的风光所吸引，为此做证的是住宅楼上大量的出租房，它们常常有一个单独的入口和直接往下通至街道的楼梯。

两个渔夫正是在这些有上坡的街道中的一条上行走的。父亲把一条手臂绕在儿子的脖子上，他正对他提着五花八门的问题。

就在他们渐行渐远时，海滩上又回响起发自深海处的一艘大船的沉闷呼叫：一名海员正在吹着一个法螺壳，地中海最大的腹足纲，像一个大"号角"：这是起航信号，正如今天还有很多船只会鸣号一样。

对其作出的呼应的是另一只船，它抵达才几分钟，刚把两个锚抛下。要靠近防波堤它太大了，它的呼叫信号是要求小船的协助，为了给装满贵重的上好布料换船。

先前的那只大货船驶近那刚刚抵达的第二只船，进入越来越蓝越来越深的水中。船上没人知道，这次渡海分隔了两个世界：那个属于已经出发的、将幸免于迫近的灾难之人的世界和那个属于留下来并将注定死得惨烈之人的世界。一个纯属偶然的选择，如在我们每个人的生命中的许许多多个时刻一样。

一座百分之八十的居民是前奴隶的城市

埃尔科拉诺真是小：它面向大海的那边宽三百二十米，城内勉强占地二十公顷；居民不会超过三千至四千人，大约是庞贝的三分之一。可以成为它的一个大的住宅区。

它建造在火山台地上，垂立于大海之上。左边和右边，城市被两条劈开陡立的海礁的水道划定了界限，让人觉得小城有如卧在一个小小的半岛上。

即使埃尔科拉诺在现代似乎下沉了（以至游客们为了游览它得往下走二十余米），而在罗马时代，它在海岸上是微微"崛起"

的，为出现在那里的任何一个人提供海湾的醉人美景。从它的那些矗立在海上的公共浴室开始。

父子俩继续沿着第六卡尔多往上走，那是埃尔科拉诺大量的有坡度的街道之一。如在许多其他街道上一样，住宅的二楼向街上"突出"，在人行道上方形成一片屋顶（见第一部分插图第13页①）。有些房子的这些正面的突出的空间由几根红色和白色的小柱子支撑着，这样就形成一道十分狭窄的拱廊，赋予城市一种特别的市容。

俩人每次从一户人家或一家商店开着的门前经过时，他们的肌肤总能感觉到一阵惬意的温暖，那是由于室内点燃了炭火盆。它们一般放置在角落里，考古学家们常常就是这样发现它们的，一个支撑秋季之论点的重要因素。

两个人继续往上走，一面与一些步履匆匆的行人交错，直至来到几乎位于街道尽头的一家零售店。它和现今的内图诺和安菲特里忒之家合并在一起。门口有个淡色眼睛的胖男人，看见他们走过来不禁微笑起来。他是店主。他帮着男孩把鱼筐放进店里。他对它飞快地瞄一眼，泰然地决定全部买下：他清楚他们的经济条件困难，再说那些鱼是他的顾客们的理想小吃。他还肯定他能转卖一部分给在商贸"领域"使海岸的经济运转的咖乳的生产者。

在等待付款的同时，男孩打量了一下商店。它是典型的罗马时代的"食品店"。不大。大约刚满二十平方米，但样样俱全。这个唯一的不大的房间却担任着三个角色：它是一家商店，一个仓库，一所住宅。一个罗马人会对你们说那是维特鲁威②用他的加高的空

---

① 原文此处为"第5页"，有误。
② 马克·维特鲁威·坡聊内（Marco Vitruvio Pollione，约公元前80年—约公元前15年），古罗马著名的建筑师、作家。

间——住在如封闭阳台那样加高的空间——所指的完美典范。为了对此有个明确的概念，只要想想在一套小公寓房里怎样使用高架亭子间和双层床来布置孩子们的房间即可。

下面有一个"L"形的柜台，两个坛子嵌在其中，坛子口从典型的"孔"里冒出来，里面装了粮、水果或者豆类。另一边有排列成行的双耳罐。那些细颈的双耳罐用于灌装液体（葡萄酒或油）。其余那些大口的则用来装干果，如蚕豆、鹰嘴豆或者还有海枣。在它们上面，钉在墙上的一个木头架子装有一些排列好的、仿佛从一艘四桅大帆船的旁侧探出来的大炮似的双耳罐。店家使葡萄酒从那里面漏出，然后为客人送上。

那个架子还配有一个用于升起双耳罐的滑轮（考古学家们甚至还发现了完好无损的绳子），这是为了利用半空中的空间，如此也就变成了一种架空的仓库。还是在一半的高度，仓库以一个横架顺着墙继续到顶端。它有一道栏杆和很多排列着的双耳罐，一个奴隶正在重新排列，并叹着气，因为低矮的天花板使他不得不蹲伏着。

在这个"阳台"下面是店家的住所，是由厨房（或更准确地说，是一个烹饪角落）和一个漂亮的有着十分精细的格栅木头屏风组成，在它后面便是他的简单床铺和他那些挂在几根钉子上的衣服。卫生间不是必需的：要洗澡，街角后面就是公共浴室；要方便，有公共厕所。总之，你们已经明白了，这个单间房的空间利用是惊人的现代（化）。

为了结账，菲利克斯和店主消失在了屏风后面。在等待中，男孩听见楼上的脚步声。越过天花板有一套非常雅致的寓所，然而它属于内图诺和安菲特里忒之家的一部分。能清楚地听到移动床的声音，也许是为了搞卫生。接着，掉落在地的锅指明厨房在右边。

注意到一个不同于庞贝之处是有意思的。如果在那下边，有钱人的房屋都很大——优裕的同义词，而在埃尔科拉诺却缺少地盘，于是便重视质量而非规模。因此，富人的家，比如这个，到处有壁画、马赛克和非常高档的布置。

我们描述的那一切都将因喷发的"石化"而被考古学家们完好地重新发现。是的，火山熔岩将像水泥那样不仅把双耳罐和柜台密封了，还把木头高架亭子间和架子密封了，阻止了空气的进入和分解（而发生在庞贝的则是，具有透气性的火山砾积层造成了木头、布料和普通有机物的消失）。所以，这里的一切都还能看得见，任何人进入这个地方都能见到埃尔科拉诺的感人的生活物影照。

渔夫和男孩走出零售店，他们显然是心满意足的：因为"奇妙的捕鱼"，父亲挣到了几天的钱，儿子独自享用一块面包，那是店家边抚摸着他的头边送给他的。在这天早晨烤制的这块面包上，能清楚地看到面包商的印。

两个人往家走去，它是位于埃尔科拉诺城墙外的一间简陋的住房。城里住的是阔佬们而不再像过去住着渔夫们。我们看不见我们的这两个因一场厄运而变得更加亲密的人物了，他们混杂到这些街道上的人群中了。

事实上，较之庞贝，这里能感受到的是另一种氛围。这是一座港口城市，但它更有文化，更高雅，尤其是……更富有。它是精英们的所在地。当然，埃尔科拉诺也有在攀升中的自由奴，一如帝国的每处地方。不过这里的有钱人更有格调，是的，他们也在炫耀他们的新地位，但不显得低下粗俗。

自由奴有很多。浏览一下城市"黄页"上的名字，也就是刻在大块的大理石碑上的埃尔科拉诺的市民名单，能发现百分之八十的人是前奴隶。

一个奴隶从获得自由起，他在新的环境中使用的是个人名字加主人的名字，所以在记载和标记中不难辨别谁是自由奴。某个马克·诺尼奥·大马让人想起叙利亚（大马提示了大马士革①），所以极有可能是个具有中东的出身和特征的男人。获得自由后，他在试图攀登社会阶层的过程中应该还是十分坚定的：他的名字刻在一块石板上——它刻有两条碑文，每面各一条，肯定是邻居间的纷争的结果——表明他的一份产权是埃尔科拉诺街道上的一堵墙。从一面可以看到"这是马克·诺尼奥·大马的财产"，另一面是"这堵墙是茱莉娅的"。她也是前奴隶……奔向新生活的一个男人和一个女人间的纷争。不只有他们俩。

　　一个趣闻：这些年里生活在埃尔科拉诺的奴隶（或者是奴隶的后代）至少有五十个曾经属于同一个主人——马克·诺尼奥·巴尔博。总而言之，他就像个埃尔科拉诺社会的"播种人"。遥远的行省的前政府官员，他在那些地方积累了巨额的财富，后来回到城里可能成为它最大的捐助人。感激不尽的同城市民们在陡立于海滩上的公共浴室入口处，为他竖起一座引人注目的骑马雕像。

　　此刻正在埃尔科拉诺两条不同的街上散步的另外两个自由奴，他们的经历告诉我们，他们在获得自由后对罗马公民的身份有多么的渴望。

　　她叫佩特罗妮娅·朱斯塔。在二百年之家里面发掘到一批蜡版，这些蜡版给我们讲述了一场艰难的官司，以便确定在她出生时，母亲是否还身为奴隶或已成为自由奴。在前一种情况下，佩特罗妮娅的命运就是一个奴隶的命运，在后一种情况下，她就是一个自由的罗马公民，享受这种身份的全部利益。一个非常棘手的问题，从那些蜡版上确实可以看出她曾需要过亲戚和邻居们的证明。稍后你们将会发现事情是如何结束的……

──────────

　　①　在古罗马，有些人的姓经常是根据其籍贯、某种外貌特征等编造的，比如：达尔波（Dal Po），意为"来自波河"；格拉索（Grasso），意为"肥胖的"。许多类似的姓都传代千年、沿用至今。

还有鲁齐奥·维尼迪奥·艾尼克。他的故事真能起到指导作用。一个获得自由的奴隶可以取得罗马公民的身份，只看他是否满三十岁。但维尼迪奥未满三十岁。他有了一个"意大利式"的解决办法……事实上法律规定，如果他娶了一个罗马女公民并有一个孩子，在向当局备案这一事实时，当局必须授予公民身份。维尼迪奥就是这么做的。在他家发现的蜡版之一——应该曾是一块得到精心保管的蜡板，它证明了某个丽薇娅生下一个小女孩："鲁齐奥·维尼迪奥·艾尼克（本人证明）和他的妻子丽薇娅·阿科特生了一个女儿"。

我们知道——仍然是从在埃尔科拉诺挖掘到的那些蜡版上得知——办法奏效了，对佩特罗妮娅·朱斯塔也是。被奴役了很多年后，二者最终都取得了罗马公民的身份。

在继续我们的行程之前，需要说明一下罗马社会的一种体制，剑桥大学的教授安德里·华莱士·哈裘对此做过特别研究。除了在农村或在采石场的奴隶是被"用到"灯枯油尽的悲惨境遇之外，所有其他的——比如那些在家中干活的——奴隶知道，到了某个时候，获释的希望大多是能够实现的。这就使得他们在家中保持低首下心的模样、表现得像模范奴隶，总是随叫随到、能干和机灵。他们一旦自由了便竞相争取社会地位，不知疲倦地努力发财，做生意，搞农业，等等，如此带来的利益最终以农产品、商品、各种货物甚至捐赠给城市的建筑，这些又让整个集体受惠。总之，他们变成了帝国经济和财政的真正的"储备金"。假如他们没有获释的希望，这一切永远都不会发生。不仅如此，每个获释的奴隶都曾是注入一个越来越少生孩子的社会中的新元气。

这当然启示了一种对罗马时代的奴隶制的新看法：它无疑是极端的，还是无情和残酷的，可又是惊人的开放。在维苏威地区的穆莱齐内出土了一个有着 dominus ancillae suae（老爷致他的女奴）字样的金手镯。可能是一个前主人赠送给他的一个获释的女奴的，也许她结婚了。

萨图尼诺

我们跟随着人群来到了埃尔科拉诺的一条要道，位于城市高处（已挖掘出来）的德库马诺大街（见第一部分插图第 12 页）。它是一条与海岸平行的阔大的街道，十二米多宽的夯实的土路。一些阻止双轮马车通行的石柱使之形成一条步行街。

我们从那些行人之间发现了一些打入土地里的桩，它们为每周一次的集市中的货摊和篷顶的搭建提供便利。街道两边的游廊和房屋的窗台下面，各种各样的店铺把这条街变成购物中心和城里的人潮。

其中有一家铺子是小手艺人青铜匠的，一个富有的埃尔科拉诺人刚给他送来一尊非常漂亮的青铜雕像：埃尔科勒披一张镶嵌的即用一种将不同的金属熔合的特殊的东方冶金工艺做成的狮子皮。青铜匠永远不会有时间修复它。考古学家们将在铺子里发现它。

同样在城市各处还发掘到其他一些更大更美的雕像。比如在健身房那片宽阔的场地上出土了一尊埃及第十八王朝（正是图坦卡门的那个朝代）的亚图姆神像，还有一座以树为造型的喷泉，上面盘绕着一条令人难以置信的三头蛇，水流便从它口中喷出来。在埃尔科拉诺，艺术品显然到处可见……

在离青铜匠的铺子不远处，透过人群可以看到一家外墙上写着使人感兴趣的文字的酒馆。高处画着——原属萨宾人的保护誓约的女神赛媒·桑库斯，下端是在诺拉举行的表演通知。城市的名字用了特大号字母书写，字母间插入要小得多的对表演的描述，根据一种非常现代的广告书写策划，那是为了使消息达到最好效应。然而，最有趣的点缀是一人高的地方画着一个长颈大肚酒瓶以及相应的价格。这样，我们了解到，一升普通的葡萄酒价值一塞斯特尔兹奥，也就是等于六欧元，而一升优质酒则需支付双倍的钱——两塞斯特尔兹奥，相当于十二欧元。然后，要是某人想享用一升法莱诺葡萄酒，那他就得准备付出四塞斯特尔兹奥，也就是相当于今天的二十四欧元。

　　书写的文字和壁文布满城里的墙上，但是我们没看到选举消息。这表明了一个重要的事实：埃尔科拉诺当时不存在各种手艺人团体之间的竞争，完全与庞贝相反。每件事都由上层社会决定。城市（和它的百分之八十的前奴隶居民）与它的行政部门曾"应该"存在过一种持续的平衡。原因呢？埃尔科拉诺首先是一座为林立在它四周的那些富丽奢华的别墅服务的城市。住在别墅里的富豪和贵族们亲自上阵引导每一场的选举，把各团体间每次竞争的企图扼杀在萌芽状态。怎样做？用不断重复的捐赠和美化城市的市政工程使全体市民保持"安静"。

　　这些捐赠人中有那个正从那家正面墙上贴着葡萄酒价格的酒馆出来的小伙的家庭。我们是在昨晚蕊柯媞娜的宴会上认识他的。他是敖罗·福利奥·萨图尼诺。他的家庭是个备受尊敬的自由奴的家庭（这还要问吗？）：他的奶奶薇碧狄娅和他的父亲自己掏钱重建了一座重要的小圣堂，那座位于沙滩上面的维纳斯神庙，公元62年的那场地震将其摧毁了一半。我们知道他们耗资二十万塞斯特尔兹奥。那是一大笔钱财，差不多是一百二十万欧元。另外，他们还出资建造了献给提图斯和图密善的两座雕像，修缮了广场上的一些建筑，继而花费五万四千塞斯特尔兹奥。这使人对前奴隶家庭为居民们的投资金额和他们变得多么富裕有了一个了解。他们总共"赠送"给城市超过三十万塞斯特尔兹奥①……

　　但是，他们从中得到什么好处呢？社会的认可和神的保佑……奶奶薇碧狄娅是在她还相当年轻时获释的，随后嫁人结婚。丈夫死后，她在经济上得到了自由，由于海上的贸易（这就解释了为何

---

① 原文此处为"欧元"而非"塞斯特尔兹奥"，有误。

选择修复维纳斯神庙，她是这类生意的保护神）而变成了一位有名的女老板。她让人刻成碑文的文字不仅告诉我们她花费了多少钱，还以此方式对儿子进入骑士等级加以颂扬。

敖罗·福利奥·萨图尼诺年仅十七岁，但对他的选择却是自信和明确的。他也是注定要青云直上的。然而，维苏威乌斯将粉碎他的梦想……

走了短短一程后，他进入住宅——埃尔科拉诺最美丽的宅院之一。我们为诸多细节所惊讶。天花板是花格平顶式。带有一块块的方形板和镶嵌细工是极其高超的细木工的劳动结果。在镶入希腊方形回纹浮雕内的多角形里面，能看到"星星"或漂亮的几何图案。或者是三个正方形一个套一个，正中雕刻着一朵花。天花板上的所有这些异常精细的木工雕刻都描绘了鲜艳的色调：红，淡蓝，绿，白。当然还有金色。一扇扇做工精致的高大的木移门能为家中的书房隔音，以便在开重要会议时提供最好的私密性，并且还给这个家增添一点东方的韵味。尤其是大量的珍贵木质墙裙在家中散发出一股特别怡人的木头清香，这是今天任何一个进入埃尔科拉诺或庞贝遗址的人所想象不到的。萨图尼诺闭着眼睛走在黑暗的城市里也能辨认出他的家……

家中有已经年迈的奶奶，她由两个女奴搀扶着。她的脖子上挂着一条用玻璃弹珠般大小的天然水晶珠做的漂亮项链。她们小心翼翼地让她坐在一张放满靠垫和点缀着象牙雕片的床上。一个奴隶在她旁边安放一支高高的青铜大烛台，那上面将放置一盏油灯好让她更清楚地看书。这支大烛台确是一件杰作，是用镶了金片的青铜做的。它给人印象深刻的是各个连接点，每一处都以一个有螺纹的尖头结束，奴隶将它们拧紧拼接起来。如若我们不是在公元79年的埃尔科拉诺，我们会以为自己正身处一个现代的装饰品商店——杆与杆的嵌插之精确和青铜的装饰真叫人不敢相信。

随身带上些青铜币塞斯特尔兹奥和银币德那里奥后，萨图尼诺向奶奶道别，她已经开始了高声阅读，如古代人们普遍做的那样（事实上，默读将在中世纪的修道院普及，为了不打扰默祷）。她颤巍巍的双手捧着一个印有维吉尔的文章和另一位伊壁鸠鲁派哲学家费罗德莫·迪伽达拉的诗歌的纸莎草纸卷。

萨图尼诺从家里出来，快步走向郊区的陡立在海滩上方的公共浴室。来到一个十字路口时，他的目光为一个商人摆放的一盘海枣所吸引。它们刚从北非运来，惹人注目地摆在那里。他停住了，他有意买一点，为了品尝它们那甘浓的味道。考虑一番后，他决定离开，这使他得救了。他没来得及听人们的叫喊声。他的眼角瞄到一团黑色物体向他身上砸来。是一辆双轮马车从路上滚落下来。他勉强来得及避开它。假如他没停住那一瞬间来考虑，可能就给砸中了……双轮马车，没套马也没人在车上，继续它的奔驰直至撞毁在一根柱子上。几秒钟后，它的主人上气不接下气地赶来了。到处挤满了人。幸好没人受伤。但是发生什么事了呢？车主不敢相信。在双轮马车绝对是自行开始滚动时，他刚把驴子从车上解开……他不明白是怎么搞的。他在那个位置重复过很多次同样的操作，双轮车从来没有移动过。他不知道，城里的一些坡度在昨夜有了改变，难以觉察地。火山正在做准备。

萨图尼诺瞪着双轮车，抿着唇做了一个深呼吸，然后继续步行。他来到了公共浴室。

在等待他的是他的父亲。和他叫同样的名字，他的骑士身份使他成为一个受大家尊敬的人。此外，他是十人骑兵队队长，还是信奉朱庇特的大祭司。

俩人都进入公共浴室，同行的有一个自由奴，他将负责修复最近几天的强烈地震中受损的建筑，那是个千头万绪的工地。寒冷和湿气将萨图尼诺包围，他打了个寒战。第一个大厅是在埃尔科拉诺所能见到的最漂亮的厅堂之一。那是个黑幽幽的前厅，光线从屋顶上的敞口垂直倾泻下来。正中有承雨池，围绕着它的是由两个拱顶连接起来的四根红色的柱子。一边有一尊石雕半身像，也就是一根方柱上端放着一尊令人叹绝的希腊大理石阿波罗胸像。

从这尊雕像里喷出的一道喷流应该注满一个阔大的大理石水盆，由此溢出再落进承雨池，发出一阵清脆悦耳的、通常会在整个厅堂里回荡的响声。应该是这样……可它并未如此，因为这些浴室一如庞贝的那些，不在使用中。原因同样是一场发生在几天前的地震（现代的专家们认为，地震发生在六至十五天之前，不会更久）。

萨图尼诺和父亲来这里正是为了巡视修复公共浴室的施工进展情况，因为他们家决定为城市提供资助。这是一笔适度的开销，因为所涉只是修整和恢复使用而非重新建造一座公共浴室，可对这个家庭在埃尔科拉诺的形象却能产生重大影响。

当然，建筑公共浴室的专业工人和技术人员的费用高昂，同样如此的还有对那些不透水的房间、水池和用作流通热气的高效的缝隙的修复。今天的确不大会想到的是，公共浴室其实就像一些巨大的"壁炉"，它们的那一条条穿过墙壁的烟道给各个房间加热。通风必须畅通无阻。

施工尚处于开头阶段，正如走过的一个拿着一块以后要用来做脚手架的长木板的奴隶提示我们的那样。他把它靠在锅炉——公共浴室的心脏——的一堵边墙上。今天仍然能看见靠在过道里的这些从未用过的备用木板。同样的还有堆在楼上的一摞摞有孔的砖头——是为替换热水浴室那些受损的砖头而备用的。然而……它们堆在那里，和刻画在墙上的一幅有趣的、表现一个女人的轮廓的漫画一起，被遗忘了二十个世纪。下面的文字使人明白，那正是诺薇拉·普里米杰尼亚。关于她，如我们已经说过的，我们没有她的画像，但是根据这幅漫画，我们可以想象她有淡色的眼睛，修长的鼻子，丰满的唇。一种"强烈的"美，可能与索菲娅·罗兰相像，再说，她也出生在这个地区。

公共浴室的停业使埃尔科拉诺失去了木柴燃烧的味道，对于帝国所有的居民而言，这与失去热水澡、闲聊和放松的时刻是等义的。

推开在厚厚的合页上嘎吱作响的门，父子俩走进温水浴室，在那儿等待他们的是在灰泥上完成的高浮雕里的战争英雄和勇士们。然后，他们进入热水浴室，浴池的扁平龙头是如此的现代。他们打量着一扇彩色玻璃窗下的一个用作沐浴的沉重的大水盆。它是用一种漂亮的云母大理石做成的。父亲把一枚钱币放在它里面滚动，它在停止之前几乎转完整整一圈。这是一个古老的诀窍，在他曾是少年时，一个埃尔科拉诺老人教他的，为了让他看看十分灵巧的希腊大理石匠的这种作品有多完美。我们将看到，澡盆会为埃尔科拉诺在喷发中的悲惨时刻留痕。

两个人顺着他们的路线继续前行，来到公共浴室的游泳池。它的那些用来缓缓进入水里的小梯级，这可能是最吸引人的所在了。水很热，这是因为设置在中央的一个古怪的青铜大圆柱：借助一条地道，一个奴隶在那下面烧火使青铜发烫，进而加热游泳池里的水。一种所谓的"俄国式茶炊"的办法。好比人进入一个装着水放在点燃的炉灶上的巨大的锅里……

当然，游泳池现在是空的。他们把放在边沿上的那些雕像也搬走了，平常它们代替喷水池。留下的只有弯曲的铅管，正如考古学家们发现它们时那样。

萨图尼诺打量着池子的边沿。他从未真正注意过它，可能由于水中有人时的混乱。离开边沿三十厘米有一个轻微的凸起环绕一周，凸起的作用是阻止水从池子里溢出来，这样就防止了可怕的滑倒的危险。还有一些因踩踏而磨光的石板被重新打凿过，为了减低它们的光滑度——事实证明这曾是公共浴室的重要危险之一。

透过雅致的玻璃窗可以看见整个海湾，连带尽头的卡普里和伊斯基亚。但是，在有一些形成两排拱顶的窗户的热水浴室，看到的风景更加令人叹绝———一片海景……

迄今为止，只有四分之一的埃尔科拉诺得以重见天日，但在我们可以参观的那一小部分中就有三座公共浴室、八十个公共厕所和一个安排非常合理有序的阴沟系统。总而言之，可以毫无疑问地将它看作一座干净的城市。水是宝贵的，既于城市的卫生也于城市的装饰，那似乎是行政部门的最高目标。一条刻写在一座公共泉水池旁边的文字说，任何人用垃圾弄脏喷泉将处以罚款（倘若是罗马公民）或者鞭打（如果是奴隶）。处理的差别耐人寻味……

埃尔科拉诺的一场凶杀案

就在萨图尼诺和父亲继续巡视损失和为了给予公共浴室新的光彩而需完成的整修工作时，不远处一条生命在惊人的暴力下消逝。那是一场命案，其残暴会挑起埃尔科拉诺的广场上多日的激烈争论，还有庞贝、波佐利、那波利直至罗马的广场。前提是被人发现而成了地方新闻……然而，凶杀成了一个秘密，没受到制裁。直至十九世纪的挖掘中才重现。

一切就发生在公共浴室数十米之外，在一个不起眼的商店里。

街上的人谁也不会太留意铺子后室里的喊声和正发生的争吵，传出来的声音减弱了，而且也不是什么新鲜事：在街头巷尾和家中，到处有人在呵斥和责骂一个奴隶或一个自由奴，由于做坏了一项工作，送货迟了……最近经常听见这个店里的叫喊声。

谁知那个脚步匆匆并遮着脸刚离开的女人是否与那叫喊有某种联系，抑或她只是一个碰巧在争吵发生前一瞬出来的顾客……

经营这个店的自由奴最近总是紧绷绷的，以致对邻居们都不愿招呼了。显然，他在担心着什么，尽管生意不错。我们尝试着进去。

店里此刻唯有寂静。我们越过为了招徕顾客而摆放在门口的货物。其间有刚从北非运抵的美味的海枣，有装着橄榄的或无花果干的小双耳罐，还有一箱箱用盐腌的沙丁鱼和其他种类的食品醒目地摆放着。每走一步，浓烈的海洋尤其是鱼类的气味就更强烈。这里主要卖鱼和咖乳，如考古学家们发现的许多鱼骨所提示的。

一切都似乎凝固了，甚至仅由几只苍蝇穿透的空气也凝固了。视线落在地板上。有一个小包，是日常买东西时用的那种，带子扯断了，周围有一些塞斯特尔兹奥。不可能是发生了抢劫。而是更严重的什么事⋯⋯

一幅薄帘把我们与店堂的后室隔开，透过它我们分辨出一个男性的身影抵靠在一个坛子上。他的双手插在头发里，瘫了似的。然后他将目光转向我们，但似乎对我们视而不见。他在思考⋯⋯他得迅速思考⋯⋯一个解决办法。

对啦，解决什么问题呢？我们的答案就在地板上。

地上倒着一具没有生命的男人躯体。手臂的姿势像一个进入安静的梦乡中的人那样。事实上，他的最后一些脑细胞——仍然活着，但却是短暂的——可能依旧对一个闻所未闻的残忍情节保留着记忆。

靠着大罐的男人变成了一头野兽。每一刀都带有绝望和愤怒的力量。最后两刀对准了咽喉，是致命的，它们割断了动脉，数秒钟内使受害人失去知觉，难以避免的死亡此刻正在他的体内扩散，如若笼罩大地的黑夜——一个永恒的夜。

在半昧不明的店堂后室里，血泊在那具已经没有生命的躯体周围蔓延。两个人在搏斗的时候，翻落在地上的几桶栗子和核桃此刻被血潮浸没，又仿若岛屿浮出血潮⋯⋯血液流至凶手的凉鞋边，他本能地缩回脚，好像不愿和这场惨剧有牵涉。

他的呼吸不仅没有平缓下来，反而不明所以地越来越急促了。会有人到店里来并发现这一切的。他得做点什么。他用几个空桶挡住尸体。接着他走向门口。一位老夫人停在人行道上，意欲看看放在一个小木匣里的一层麦秸上的漂亮的小酒瓶——一个值得带回家的不错的纪念品，在明天早上离开埃尔科拉诺的时候。这个时代的商店里的确已经有"纪念品"① 出售了。这是个把玻璃吹进一个有海湾港口和一些主要的建筑、公共浴室、牡蛎养殖等的模子制作而成的小酒瓶。店主用一块布将小木匣飞快地包好，几乎忘了收钱又给错了零钱。女人带着她的礼品摇着头走了。

几分钟后，趁着下午停业用木板把店关好，他重新回到店堂后室看看尸体。他手里握着一把斧子……

没别的解决办法。得在被人发现之前使尸体消失。在一座城市的中心，帝国的人口最稠密的地方之一，杀一个人会使事情难办得多。唯一的办法是将尸体肢解，装入一个袋子中将其带走，以便在夜里摆脱它，也许将其抛进大海。

他明白他的店在这个计划中可以帮助他。他经常将渔夫们带来的大鱼在后面进行分割和清洗，或者还分切有待抹盐的大块的动物。甚至还有一张专用于干活的操作台。他对类似的活儿习以为常了。他还知道使用哪些工具：一把把锋利的刀就插在操作台旁边的刀架上，几个小盆，等等。一旦清洁了，谁也不会注意到那少许血迹。看上去将一切正常。此外，散放在店里各处的装鱼的筐子和坛子将把气味掩盖……

于是他开始着手他的穷凶极恶的计划，像个屠夫似的"工作"着，干了整整一下午和部分晚上的时间。他的动作在油灯的照耀下显得冷酷、机械。他集中精力，脑子里一片空白，什么也不想。在夜半更深，有人将看见一个男人离开那条街走向沙滩边的船，扛着一个古怪的沉重包裹……

到了某处，男人看中了一个齐颈埋在地下的大坛子。他先把在"肉铺"工作的工具放在底部（三把斧子和一把折断的双头小锤子），接着是受害者的部分肢体，再用别的什么东西，可能是厚厚

---

① 原文为法语。

一层鱼全部盖好。然后，在深夜，他像什么事也没发生一样，带着一个装有受害人的头的袋子走出铺子。需要摆脱它……

他的意图将得逞。永远不会被发觉。喷发将把一切湮没。

然而，凶杀将暴露在 1869 年 7 月 10 日，差不多十八个世纪以后。在挖掘第三条卡尔多街一角的一个商店的过程中，出土了一些被埋的坛子。它们高一米多一点，口径四十至五十厘米。在其中之一的内部发现了受害人的骨头……但不是全部。

缺少的正是头骨……

今天我们对那场凶杀能说些什么？谁是受害人谁是凶手？

我们只能做几个推测，全都可以接受。

我们的讲述确实留下了未决的很多可能的情节。听听因为职业而对这些可怕的事件有经验的人的看法倒是有趣的，比如侦探、警察、宪兵、法官或犯罪学专家……

你们对此有什么看法？

根据情况，我们可以假设那是一时冲动的杀人，是由急转直下的情形引发的，没有预先计划。不然的话他在乡村里作案会更容易，而肯定不会在一座居民密集的城市的中心，何况它还是小城，那里大家都会窃窃议论，并且与其他店主们和其他家庭仅一墙之隔。

也许是一次下场糟糕的抢劫。不然就是店里的奴隶之间（或是一个主人和他的一个下人间）的争吵恶化成了一场血案。或者受害者可能是个来自外地的客人。

这一类的凶杀常常是由嫉妒点燃了一个受骗的丈夫的怒火而发生的。从一些古老的文献中我们了解很多类似的案子，如那个把妻子从窗户扔出去使其致命的大法官，事后说因为女人探身出去太多并且滑了。争论无休无止，事件变成罗马乃至全帝国的一桩令人担忧的新闻，甚至连皇帝也得为此操心，亲自在永恒之城的市中心那幢住宅里做了现场临检，检查出一场厮打的痕迹。于是大法官被判了罪。

　　在罗马的社会里（不是唯一的），情杀如果是由男人们犯下的，那大多是因冲动和怒气造成的；相反，女人们似乎倒是预先密谋和精心策划，主要是使用毒药。

　　这个案子呢？在我们面前是一场夫妻间的因为争风吃醋而发生的争吵？受害人的尸体，根据所了解的，是一个男人的身子，这便能（当然是理论上）展开"典型的"剧情。首先跃入脑海的是一个受骗的丈夫和他的妻子的情人间的直接冲突……也许他当场撞见他们了？也可能，凶杀是发生在店里的一场正面的激烈较量？情人曾是一个熟客或邻居，被一个借口引到案发地的？或者是个在那里干活的奴隶，被杀死在工作岗位上（在拉丁语的原始资料里，我们有很多关于罗马女人有一个男奴情人的诉讼证明）……

　　最后，针对凶杀还存在最后一个令人感兴趣的推测，因为它显示出构成罗马社会的等级制度之特点的另一个方面。也许店主是无辜的。受害人可能在别处、在附近的一所住宅里遇害了，尸体被搬到店里分块和销匿。为一个更有权的人毁尸灭迹。[①] 我们是如何作出这个推测的？根据一个事实：店主几乎肯定是一个自由奴，一个前奴隶，他总之始终都依附于老爷——那个给了他自由的老爷。常常，一些富有的罗马人在帮助他们的前奴隶时给他们一个店和一份工作，以此保证他们的销售利润和某种庶民地位。所以可以假设是主人杀死或唆使别人杀死了——比如妻子的一个情人，然后要求他的前奴隶处理掉尸体。

　　不管怎样，这场凶杀留下一个令人困惑的问题：根据挖掘时的记载，骨架上没有头颅……为什么？

[①] 此处原文为 lupara bianca，意大利记者创造的一个新闻术语，专指黑手党以各种手段藏匿销毁受害人的尸体。

可能是为了防止尸体被辨认出来。也许受害者是个很多人都能认出来的人，因为他住在埃尔科拉诺或者是个名人。正是这个原因，头被销毁了，没准在喷发前给扔进海里了。在以后的日子里，店主会一块一块地把尸体的其余部分都同样处理掉。然而，火山阻止了他。

埃尔科拉诺街上的珠宝首饰和迷信

萨图尼诺重又走在了埃尔科拉诺的街道上。与庞贝相比，如我们已说过的，这里的社会阶层显然更高，可以看到更多衣装华丽穿金戴银的人。作为一个善于观察的人，萨图尼诺注意到他遇见的那些人身上的衣服和首饰上的诸多细节。于他，那是一些平常的细节，而于我们，它们揭开的是另一些关于日常生活，关于迷信还有关于周边的自然环境的小趣闻。

比如那个姑娘，她戴着像篮子的漂亮耳环。这种珍贵的篮子其实仅仅作为"架子"。事实上，编织篮子的金线穿连着许多淡水小珍珠。结果是，那姑娘的耳垂上挂着两个洁白的圆串儿。

在罗马时代，河里还能找到蚌，一种淡水牡蛎，它们偶然能长出不规则的珍珠，是古代首饰店大力搜寻的珍宝。因此，在河流溪水中不难碰上捕捞这种河蚌的名副其实的"猎人"，而今它们几乎彻底绝迹了。

埃尔科拉诺有很多女人身上都戴着真正的"水底珠宝"。只消打量一下那两位由自己的奴隶护卫着的、平静地走在人行道上的贵妇人就够了，她们不时地停步看看店铺摆放着的商品。她们中的一个戴着一条镶嵌着一片贝壳的金项链。这片又白又亮的贝壳，形状有点像一粒咖啡，它是抵抗不育和性病的护身符（仔细看看，它的确与女性的生殖器相似）。

在考古挖掘中的频繁出现使人明白这些贝壳在居民中有多普

通，显示出一个社会阶层之间的区别：富有的女人展示的是非洲海湾的非常美丽和珍贵的品种，中、下阶级的女人则戴产自意大利水下的普通品种。

直至整个十九世纪，女人们继续在脖子上戴这种贝壳完全出于同样的目的——一种在地中海、中东的很多地区都广泛流传的风俗，甚至在黑非洲（纳米比亚的辛巴妇女在脖子上挂一个巨大的、给视作对她们具有同样的保护能力的贝壳）。

另一位贵妇人一边聊着她和军团支队的一个十人骑兵队队长的新的会面，一边烦躁地转动着用金项链串着挂在脖子上的红珊瑚枝。它是在这里的海里于一个世纪前摘来的，它由曾外祖母传到祖母再到母亲最后到了她这里——是家传的吉祥首饰。

迷信认为，珊瑚能抵御不幸和神话中的那种毒眼。美杜莎用她的目光能使任何人石化。当帕尔修斯割下她的头后，他跨上那匹有翅膀的马佩伽索斯，并将刚杀死的怪兽的头提在手里。在飞行中，几滴血从割下的美杜莎的头上滴入大海并石化，转变成了红珊瑚。可怕的美杜莎的血就这样变成了一种自卫武器，抵抗厄运和他人的恶意……

两个女人这时走进一个宝石匠的铺子，为了购买或者是一次普通的近距离"观赏橱窗"。这可能是埃尔科拉诺供货最多的首饰店。考古学家们在店里（东面公寓楼2区10号）发现了由于喷发而没来得及出售的商品：整整两百件首饰，从宝石到有侧面雕像的饰品和各式各样的坠子。

萨图尼诺转过一个街角，他的视线被一对蓝宝石耳环尤其是一位年轻姑娘戴在脖子上的项链吸引住了。它由许多小坠子组成，正如当下流行的那种手链。只不过这些坠子是琥珀的、硬石的、天然水晶的……造型是一个丘比特、一只虾、一个水滴、一只小老鼠以及一根……阴茎，如我们了解的，它是生命和生殖力的象征。教人感到好奇的是一只天然水晶苍蝇，几乎能肯定它来自埃及，在那里，这样的坠子用来驱虫和防止它们的叮咬。

如果我们加上她的帕拉的丝绸，这个姑娘身上穿戴着来自当时所知晓的全世界的原料：琥珀来自波罗的海，天然水晶苍蝇来自埃及，丝绸来自中国，蓝宝石来自斯里兰卡……

考古学家们在庞贝和埃尔科拉诺的住宅里发掘到的这种超前的"全球化"贸易的例子比比皆是：胡椒粉和其他香辛料来自印度；砗磲贝壳来自热带的珊瑚礁；织锦芋螺（Conus textile）的贝壳来自印度洋；阔大的产珍珠的牡蛎壳来自极其遥远的海洋，甚至可能来自印度洋、太平洋，它们被精心磨光以便突出它们那绝美的彩虹色。

萨图尼诺在他遇见的人当中——为我们——做最后一个重要的"发现"。那个老媪的金手镯造型独特。对我们来说它有点像手表。"表带"由两根厚实的金线编织成一条宽宽的链环，取代表面的是一个半月（半月是另一种与女性生育有关的吉祥护身符）。依罗马人之见，月相周期为二十八天，与月经的周期是有关联的。正中是两块有两个小孩像的用旧了的小纪念章。它是一个不太符合罗马贵族们审美标准的手镯，显然是根据一个"奶奶"的意愿用不同的构件做成的。两块小纪念章刻的也许是两个孙子，也许是两个长成大人的儿子，女人总是随身带着。在那波利国立考古博物馆的宝库里收藏的许多首饰当中，它是我所见到的最令人感兴趣的出土文物之一。

萨图尼诺步履匆匆地继续往前。他们在海岸边的纸莎草纸书籍别墅等着他，越过将它与城市隔开的一道水流便是。他和别墅主人以及蕊柯媞娜有约。

对啦，蕊柯媞娜此刻在哪里？

幸存的杰作：神秘别墅

依然活力充沛的舞蹈中的法乌诺壁画。

幸存的杰作

这幅壁画展现一位贵妇人正在做画的场景。

精美的镶了祖母绿的金手镯。

结局

喷发柱从维苏威乌斯火山升起的复原图。如图所示,当时并没有高大的火山锥。

露出浮石层的所有的一切都遭受了岩浆流的摧残,就像这根被折弯了树干所展示的那样。

喷发后：食品

在埃尔科拉诺出土的一块面包，上面留有面包商的印章。

近两千年前的无花果干。

保存很好的核桃。一条显示火山喷发是发生在秋天的线索。

一个保险箱,今天陈列在那波利国立考古博物馆。

在埃尔科拉诺出土的熔化并凝在一起的钱币。

奢侈品

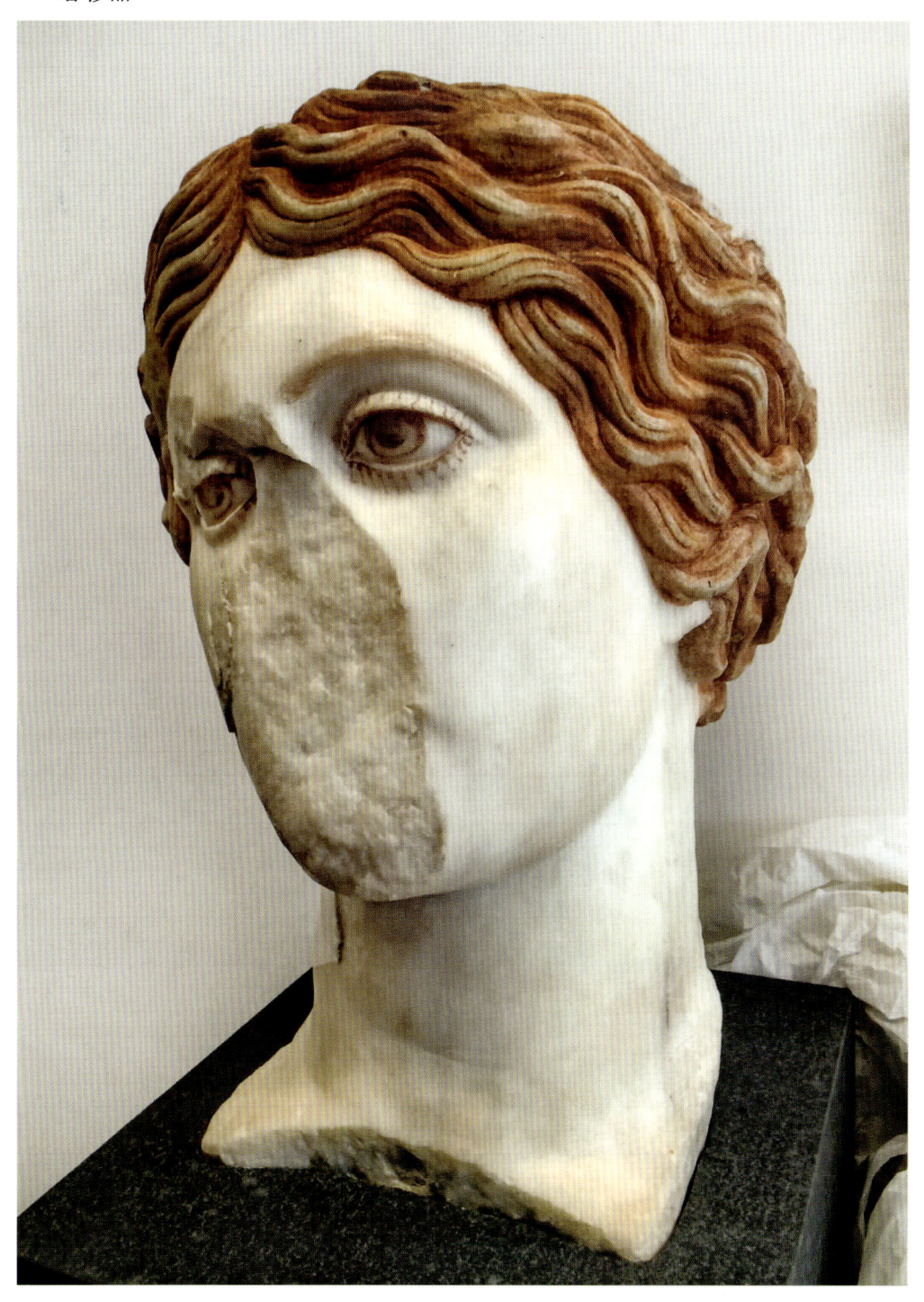

一个保持了颜色的漂亮女人头像石雕,但是,淹没它的岩浆流的高温,将金色的头发变成了红色。

埃尔科拉诺的悲剧

埃尔科拉诺公共浴室的一扇门,凝结在门框内的岩浆,记载了火山岩浆淹没城市的瞬间。

未能护佑埃尔科拉诺的居民们逃出生天的那些穹窿。

在穹窿里发现的一些骨架。死亡瞬间降临。

这个男人死在最后一次无望地试图起身时。

生命于这个女孩也是瞬间即逝。

庞贝的死亡

细密的火山灰以惊人的方式纤毫毕现地复制了遇难者们的姿态。图为在金手镯之家发现的小男孩,他将永远只有五岁。

岩浆流保存了遇难者的最后姿态。这个男人曾尽力为倒在地上的孕妇护脸。悲惨感人的爱的见证。

看起来像是坐着的一个小伙,用双手护着脸。事实上,他被发现时在地上弓着身子,脸向着地面。

一位母亲抱着一个小男孩,他绝望地努力起身。小哥哥在旁边。这组人是在金手镯之家发现的。

岩浆流一视同仁：它也将动物杀死，比如这只还套着项圈的狗。

他们找到朱里奥·坡里比奥时，他还躺在特里克里尼奥餐榻下。

在诺切拉门的一家人——母亲（下图），父亲和儿子（上图）——被冲倒并杀死。

庞贝最漂亮的一张脸

神秘别墅的最驰名的壁画之一。画中人出人意料地符合现代人的审美。

纸莎草纸书籍别墅的约会

纸莎草纸书籍别墅，巴亚
公元 79 年 10 月 23 日 16：00
距喷发差 21 个小时

RES AUSIM INIRE
我想开始……

　　蕊柯媞娜看过医生后回到了她的别墅。她洗过澡解了乏，处理了几个她的田产管理问题，对以后的耕种做出一些新的计划。她是个刚强、泼辣、独立的人，懂得反对庞贝最能干的业主们。但她终究是个女人，她头脑里仍然渴念有个孩子，因为她在第一场婚姻里未能如愿得到。其实只要遇到一个合适的男人……也许正是她交往了一段时间的提多·苏埃狄奥·克莱蒙特，和他在一起她觉得莫名的惬意自在。

　　此刻她正坐着轿子赶往纸莎草纸书籍别墅。她的行程的第一站是计划去参拜一座与生育力有关的小圣堂。它离她的别墅不远，朝向城里。是一座普通的自然喷泉，极其纯净的泉水从一面岩壁上汩汩流出，形成一个小池塘。早在罗马人到达之前的远古时代，当地女人们就到这里来了，因为她们认为这股泉水具有医治不育不孕的疗效。在那一小片清水的旁边建了一座供有一尊朱诺·卢西娜的银像的小庙。

蕊柯媞娜手握一尊将要供奉的青铜小雕像，以求获得怀孕的恩德。半隐半现在轿子小帘后的她正凝神想着她的心思时，觉察到抬轿人的步伐变了。他们慢了下来并在窃窃私语着。有一个障碍。负责开道的侍从奴隶走近女主人——他要和她说话。她拉开小帘子便立即明白有麻烦了：这里路边的岩壁也出现了坍塌。一些熔岩石块滚落在路上，一个个大土堆妨碍双轮马车的通过。坍塌应该刚发生不一会儿，因为他们是首先发现这情况的人。

一阵沉闷的响声吸引了奴隶、蕊柯媞娜和抬轿人的注意力。一阵越来越响的噼啪声——它来自他们身后。路边的小树林里有什么东西在动。一棵高大的海地松越来越斜，接着便如一把斧子似的劈向地面。它在路上轰然断裂，树枝和碎片四下飞射。大家面面相觑。蕊柯媞娜将雕像抱紧在胸前，本能地蜷缩起了身子。然后什么事也没发生……唯有一片寂静。好像大自然也愣住了。

"一切安然，"奴隶宽解道，"不过现在最好离开……"是的，最好在发生什么事之前离开。一伙人抬着轿子里的蕊柯媞娜，沉默地在石块和土堆之间探着路。女人打量着因坍塌而光秃的岩壁：松树根从新鲜的土壤里露出来，一如伸直的断臂。她感觉像面对一道深深的伤口。不，更有甚之她似乎能清楚地感受到大地的痛苦，它几乎在呐喊着。地下究竟在发生着什么？

我们正在经过的崩塌，如已经说过的，是火山内在改变的结果，因为喷发已迫在眉睫。然而，另有一个意外在等着这一小群人。

到了圣水边，抬轿人止步，一声不响地把轿子放好。蕊柯媞娜下轿，她用披肩盖住头，走了几步。她面前的情景令人惶惑。平时，有鸟儿们的歌唱给环境增添活跃气氛。然而，这里也沉浸在仅为汩汩的水声所打破的静谧之中。事实上，池塘……在沸腾。一层薄雾在水面上袅袅飘摇。到处是令人难以忍受的硫黄和臭蛋的气味。

蕊柯媞娜掩住脸继续走。四下都是死鸟。当她的脚几乎要碰到池塘时，女人弯腰捡起一只：看上去它就像一个橙色的毛团。是一只欧鸫。它无神、凝滞的眼睛确定了她的担忧。这个池塘，大家都视作是给予新生命的希望的一个象征，此刻它只产生死亡。

蕊柯媞娜继续在水边走着，一面把雕像紧贴在胸口，一面用披肩遮挡住嘴巴。奴隶靠近她，做好保护她的准备。她来到砌筑的小庙。它大小如一顶衣橱，看上去好像未损丝毫。但是，蕊柯媞娜睁大了眼睛。女神的银像不发亮了，她彻底变黑了。那个本该是闪闪发光的女神此刻恰似一团煤块，她好像被死亡的颜色笼罩了。蕊柯媞娜轻轻触碰一下她，一层黑锈留在了她的指上。

她合眼片刻，做了个深呼吸，然后把还愿小雕像放在小庙里，同时祷告了几句。在她身后，池塘水面上的沸腾在加剧。担忧在抬轿人之间蔓延，他们开始害怕了。有的悄悄低语，有的祈求神仙们。她的贴身奴隶艾乌提克走上前执意要走。这个地方已经不再安全了。

蕊柯媞娜起身，朦胧的泪眼向女神像投去最后一瞥，然后迅速地离开了。

当一群人离开通往圣堂的小路，回到大路上朝着纸莎草纸书籍别墅的方向去时，一个牧人走了过来。他似乎失去了知觉，目光迷惘地走在路当中。奴隶上前拦住他。精神恍惚的男人抬眼看向他并用游丝般的声音喃喃着，机械地重复："六百只羊……全死了。"在离这里不远处的一片私田里，整个羊群都被从地里散发出来的一些物质夺了命。它们原本是被赶进一大片洼地里，在那里的几个能给牲畜提供自然屏障的岩洞里过夜。昨天黄昏时它们都还活着。今天早上唯有遍地陈尸。

牧羊人继续走，他依旧处于休克状态。一夜之间他失去了一切。可是，至少他生还了。

蕊柯媞娜和奴隶注视着他离开，他们彼此交换了一个充满不安的眼神，然后，一群人继续朝纸莎草纸书籍别墅的方向走。

62年发生地震之后，塞内卡本人描写过相似的一件事。但是，类似的事件在世界各处，在不同时代都出现过。例如，2001年3月，在靠近罗马的阿尔巴尼丘陵上发现了多只死于同一情形的绵羊。

根据专家的意见，火山地区地面经常会冒出气体。那是上升的岩浆释放出来的物质，主要成分是水蒸气混合了二氧化碳和各种气体。这种气体的散发可以是致命的，但只在特定的条件下：需要气体处于低温，如此便可集中贴近地面（不然它就会上升并散开）；除此以外，它得在盆地里、在凹陷处或在空气流通不畅的环境里变浓，正是那些地方能制造这种大量死亡的条件，否则是非常罕见的。

沸腾的池塘和（变黑的）① 银器，则是一些将重现在很多个世纪以后的另一次著名的喷发中的相关现象，1902年马提尼克的培雷火山的那次喷发，它的"火山云"使小城圣皮埃尔的三万居民丧生。"火山云"一词正是在那次的喷发中，为了描绘炽热的滚滚灰末和气体的特性而创造的，那同样的特性给埃尔科拉诺和庞贝带来了灾难。一切都发生在几分钟内。当云雾散尽，美丽的小城变成了一架砖头骨架。居民们假如那时是在路上，他们留下的只有碳化的没有衣物的尸体，假如是在家中遭受了云雾杀手的袭击，则是烧伤、膨胀和呈现出桃红色，但身上还穿着衣服。劫后子遗仅四人：一个地牢里的囚犯，一个鞋匠，一个保姆，以及一个留给她照看的、在海湾停泊处停靠着的一艘船上的小女孩。这能使你们明白，在火山云中幸存的真正可能性是多少。

这是在对公元79年的喷发的分析研究中通常不大考虑到的一

---

① 此处括号中的文字系译者补充。

个悲惨情节,尽管相似之处是惊人的。那场喷发的描述、照片和相关的证明可以为庞贝和埃尔科拉诺的浩劫提供说明以及有利的诠释。甚至那座热带小城的位置、大小与庞贝相似,所处位置与埃尔科拉诺相似:在海边一个宽阔的海湾里,在火山脚下——也存在特殊的巧合。在对我们正要看到的那场灾祸的某些特征所做的研究中,我觉得把这个令人难以置信的重大信息也考虑在内是合适的。

在之前的一些日子里,在俯瞰着圣皮埃尔城市的培雷火山上的一片小湖——远足的游客经常要到达的目的地——出现了喷气孔,火山斜坡上的其他地方散发出的二氧化硫使鸟类丧生,使银器变黑……还有蚂蚁的侵袭和涌入城里的蛇在前几天里被证实为一些征兆,不过需要谨慎,因为也可能是与火山活动没有关系的现象。

纸莎草纸书籍别墅

萨图尼诺穿过那条把埃尔科拉诺通向城郊,即城市附近地区的马路,来到纸莎草纸书籍别墅。他走到近前看见蕊柯媞娜的轿子和那女人的在激烈交谈着的奴隶们。看见年轻人过来,他们沉默了,并像士兵见到一位将军那样低下头去。接着,在他走过后,他们重又开始七嘴八舌争论起来。

迎接年轻人的是一个理家的自由奴。他已经来过这座美轮美奂的宅院几次了。但他对面前这么多漂亮精彩的物品无法不惊叹。这是他见到的最漂亮的别墅之一。

我们能做的就是确证别墅的雄伟和漂亮。别墅垂立在海上,长达两百五十米,几乎与埃尔科拉诺城的正面等长……

纸莎草纸书籍别墅确实是考古业的最大珍宝之一(见第一部分插图第14、15页)。它是于1750年挖一口井时偶然被发现的,国王卡罗·迪博尔博内下令设置一个大型发掘工地。由于无法使埋在深达三十米的石化了的火山灰下面的别墅重见天日,瑞士的考古学家卡尔·韦伯——发掘工地的负责人，决定通过筑一条隧道去勘探它，同时建造一个与矿井相仿的坑道网。恰似在一座矿井里那样，他找到了数不胜数的珍宝。由于他的挖掘，我们今天拥有别墅完美的平面图，由马利布的保罗·盖蒂博物馆按实物大小重新绘制的。

事实上，在一个从1996年5月进行到1998年5月的庞大的挖掘工程后，建筑的一小部分——前厅出土了，后来停止了，因为政府部门的资金短缺，任凭别墅其余部分仍被掩埋……多少年来一切情形依旧……

萨图尼诺穿越过有承雨池的前厅。这座别墅的房间都很大，到处是精致珍贵的马赛克、壁画，在最漂亮的雕像中有八十一尊是罗马时代的大理石和青铜，它们甚至能排成几圈（大多数能在今天的那波利国立考古博物馆里欣赏到）。与这座海上别墅相比，现代富人们的豪宅要逊色多了。

年轻人穿过前厅和它布满几何图案的精美的马赛克地板。别墅的这一部分大到可以建一个单独的居民区。

跟随着自由奴，萨图尼诺来到一座柱廊环绕的内花园（小的柱廊庭院）。中央有一个长方形水池，绕其一周的是五尊神情冷峻严厉的青铜大雕像，塑造的同样是达那伊得斯，根据神话故事，她们是国王达那俄斯的五十个女儿①，受父亲的教唆而杀死丈夫们的罪人（除了伊佩尔美斯特拉以外其他全是）。为此，她们在地府受到惩罚——往一个有洞的罐子里永不停息地灌水。

一个声音在叫萨图尼诺——是房屋的主人。年轻人走向他，这才进入别墅的东面，那里越过一个家庭淋浴设施便是一个大图书馆（见第一部分插图第15页）。给予了别墅一个名字的那一切正是在这里发现的。是的，考古学家们将发现一千多卷纸莎草纸书籍，尽

---

① 五十个女儿总称为"达那伊得斯"。

管经历了喷发并在地下度过了近两千年,它们还是奇迹般地保存了下来。今天看到的它们有种烧成炭的样子,当有人想把它们打开时却发现,纸莎草纸就像烧焦的纸张那样极其易碎。

总之还是打开了这些藏书的一小部分。是些主题十分广泛的文章:爱情,音乐,死亡,诗歌,疯狂,经济,口才。马尔切罗·基岗特教授对它们做了数十年的研究,可惜,这位了不起的大学者已于2001年逝世了,他甚至为研究这些书籍建立了一个专门的研究所——埃尔科拉诺纸莎草纸书籍国际研究中心。

迄今为止,考古学家们知道并阅读的拉丁语纸莎草纸书籍有五十七卷(它们被认定是卢克莱修、恩纽斯和可能是奥古斯都治下的一位诗人瓦里奥·儒佛的作品)。其余的纸莎草纸书籍是希腊语,涉及的是哲学话题,几乎全是关于伊壁鸠鲁学派的。

萨图尼诺面前的情景很有意思。房屋主人坐在一张椅子上,身边有个拿着蜡版的秘书。他们前面有另外一个秘书在小心地从书架上抽取几个带有红丝带的卷册。每个卷册便成一册(volumen)("volume"一词由此而来),一本"书"的内容就是一位古代作家的一部作品,可以边读边慢慢打开这卷册。他每次抽出一卷便高声念出书名,他的同人便把它写在蜡版上。至此,卷册交给另一个奴隶,他把它放进一个木箱里。出什么事了?

房主正在把整个图书室的书一卷一卷地搬往家中的另一间房。由于近来的地震,那间房更安全,还因为便于开展修缮别墅的紧急施工,如几块掉落在地板上的彩色灰泥所证实的那样。

那个奴隶高声念出的书名让我们对这座别墅的巨大遗产,喷发"赠送"给我们的一个货真价实的珍宝有了一个概念。你们听:伊壁鸠鲁的《论自然》(一部三十七卷的重要著作,在发现别墅之前我们一无所知);迈特罗多鲁斯的《论财富》;克罗特斯的《反对柏拉图的"吕西斯篇"》和《反对柏拉图的"理想国"》;坡里斯特拉多的《论哲学》(两卷)和《论对公众舆论的无理漠视》;德梅特里奥·拉科内的《论诗》,《论几何》,《论伊壁鸠鲁的说教》；克律西波斯的《论命运》……

别墅里有一座非同寻常的图书馆,证明它曾经是伊壁鸠鲁派哲学的一个重要的中心。不仅如此,该学派的哲学首要代表人物费罗德莫·达伽达拉的很多作品使人设想这里可能正是他的私人图书馆。

迄今为止,发现的纸莎草纸书籍大多是希腊语的。拉丁语作品几乎完全没有。很可能还在那下面,载着从前的大家们的陌生著作,等待着出土。对我们的学识有用的、更是一个最大的古代作品收集的、世上独一无二不可重复的宝藏……就在那下面,只等着被发现！但是,如我们说过的,挖掘停止了便再也没有重启。

主人从椅子上站起来,对秘书们示意他不在场时照样继续。他一面穿过图书馆一边当心着不踩到地板上到处放着的卷子。然后挽着萨图尼诺的手臂,边聊边走在别墅的大花园里。这花园能让你们明白这些住宅的规模：内花园（大的柱廊庭院）长一百米,宽三十七米,长的一边有二十五根柱子,短的一边有十根。在一些漂亮花坛的正中,有一个长六十六米的池子,也就是说比一个奥林匹克的游泳池还长。周边有一些勇士、神和动物的雕像。所有的这一切全都垂直矗立于大海之滨,与海浪近在咫尺……

你们可以设想,清凉温柔的海风把生长在花园里的地中海花草的香气向四下里飘送。

然而,是谁把这座别墅变成了一个伊壁鸠鲁派的哲学中心的？存在着各种推测。最令人信服的一个指出是尤里乌斯·恺撒的岳父,大富豪卢修斯·卡尔普尔尼多斯·皮索——执政官,喷发之前一个多世纪的别墅主人,可能曾是费罗德莫·达伽达拉的保护人。或者是他的儿子,他也是执政官,死于公元前32年。或者还可能是某个阿庇奥·克劳狄·普尔克罗,西塞罗的一个朋友……鉴于别墅肯定有过不同的主人，也许三个人都是，每个人作出了一份贡献……没人知道。同样的，没人知道火山喷发时的房主是谁。

无论怎样，或许有过一些希腊哲学家和热爱哲学的罗马贵族们在这座花园里散步，在拱廊下面谈论各种作品，重新营造一种雅典哲学的学派氛围。

当萨图尼诺和房主走在水池边的时候，不难想象维吉尔也会来这里！是的，照安东尼·奥·德西莫奈教授来看，别墅作为一个伊壁鸠鲁派哲学中心（或许是由维吉尔、费罗德莫建立的），而且诗人来过那波利得到了证实，考虑他正是来这里寄居的就再正常不过了。

两人来到了花园的尽头。大海用深沉的呼吸迎接他们的视线和他们的思绪。

别墅的构造顺着一条上方有漂亮的拱顶的大理石过道延伸，直到那个貌似一个巨大的灯笼之处。那是个雅致的圆形观景台，一种带点东方风格的凉亭，全部覆盖着雪白的大理石，上面有个圆顶。地板上的马赛克表现的是绝美的同心几何图饰。在它的那些柱子之间，蕊柯媞娜惬意地躺在一张特里克里尼奥餐榻上。旁边是一个跟她一样有魄力的庞贝女人茱莉娅·费里切。茱莉娅是一座让人感兴趣的大楼——部分出租了——的业主。那座楼是在合并了两座完整的公寓楼，除去了将其分隔的一条接近阿博恩当杂路尽头的街道而成的。在那里面，茱莉娅·费里切以几个相连的住宅区和其间的各项服务设施构建了一座小型的"城中城"：有一个用餐的饭馆，附带一家"酒吧"。稍稍过去点是一座公共浴室，连带一截直接建筑在人行道上的阶梯出入口（我们能想象她获得了怎样的特许）。

在庞贝的公共浴室几乎全都关闭期间，茱莉娅·费里切的收入猛增。人们排队进来，坐在庭院四周的柱廊里的长露台上，然后开始公共浴室的传统戏码。考古学家们在漂亮的综合大楼里发现的一段文字，道明了这个罗马女人在生意场上有多么的敢作敢为："在斯普廖·费里切的女儿茱莉娅的房屋中，向规矩人租赁一间雅致的浴室，二楼的寓所，搭建了空中卧室的商铺，从次年8月1日起、第六年的8月1日止，为期五年。五年一过，合约失效。"茱莉娅是个主见明确的女人，没得说的。

两个女人和两个男人相互约见是为了建立一个生意"联盟"，以便应对庞贝葡萄酒受到了来自高卢的酒的威胁而销量下跌的问题。蕊柯媞娜和茱莉娅不是例外，她们代表的是不受关注的罗马上层社会的女企业家的前景，她们在经济和财政局势中担任了一个历来由男人们担任的重要角色，这在西方历史上也许是首次。随着帝国的危机和罗马时代的结束，要重新遇见女经理重见天日要等到现代……

富人集聚的巴亚

就在蕊柯媞娜、萨图尼诺、茱莉娅和纸莎草纸书籍别墅的主人进行讨论的时候，蕊柯媞娜贴身奴隶策马向北，奔往离老普林尼指挥的舰队基地米塞诺不远的巴亚。

他在这三十多公里的路程当中碰上的另外一些"信号"，使他越来越确信有什么事在发生着。马路边，那些一直构成一种熟悉的认路标记的高耸的大坟墓之一，此刻岌岌倾向一边，好似有个巨人将它推了一把。他甚至害怕从坟墓旁经过。

这不是唯一的迹象。一个放置在换马的驿站旁的日晷，向来准确无误，现在超前了两个小时。好像有人给它转换了角度似的，可那日晷仪是安装在墙上的！奴隶的脑子越来越乱。事实上，从科学的角度来看，解释是简单的。上升中的岩浆的压力在造成火山山体的变形的同时，也改变着地层的坡度。

到了罗马著名的社会名流①聚会地巴亚，仿若进入了另一个世界，它远离了埃尔科拉诺和庞贝的那些令人担忧的问题。这里，人们只想着娱乐和放松。这里有大型公共浴室，牡蛎养殖池，每晚都开设宴会和小聚会的海边别墅。乘船游海常常是寻欢作乐的借口，晚上的海滩上什么事都会发生。这些地方传给后代的便是这样的氛围。

奴隶走在城里的街头巷尾，马上就觉察到这一点了。载着年轻的、浑身珠宝的姑娘们的轿子一辆接一辆排着队，饭店酒馆里传出喝多了的醉汉的叫嚷声，老年男人们拉着少年们的手……埃尔科拉诺难得一见的情景。毫无疑问，这里是一片纵欲的红尘。

然而，巴亚还是公共浴室的发源地。在古代，人们到这里来，进入那些喷涌着热蒸汽和含有丰富的矿物质的温泉岩洞里治病。人在那里面大量出汗，然后带着皮肤上的一股硫黄味出来。当地的美丽风景和多处温泉，应该从一开始就吸引了大量甚至来自更远的地方的病人和喜欢温泉的人。不难想象人满为患的情景。直至某人有了一个主意：人工制造同样的效果，起初使用炭火盆，然后是真正的火炉在把烟通过房间的墙内时为其加热。一种可在全帝国输出的办法今天仍然存在于土耳其的哈芒浴，②"外来"名词指的却是众所周知的罗马人的浴室。

这个主意好像出自伽易欧·塞尔乔·奥拉达，根据一些证明，我们应该说同样是他发现了养殖牡蛎的办法，为了总能享用它们，还因为当时牡蛎被视作激发性欲的良药！

事实上，我们并不确切了解所有这些主意是否真是他的，其中

---

① 此处原文为 jet-set，20 世纪 50 年代一名美国记者创造的一个新闻术语，用来形容组织和参加社交活动的那样一批国际上的富豪、名流们。

② 哈芒浴是一种蒸气浴。

还有挖在礁石里的用海水蓄养鱼类的鱼池，一个轰动一时的成就。总之有个神话是需要揭穿的：罗马人并未曾在养殖海鳝时用他们的奴隶做食料。你们在小说或在电影里看到的情节纯属杜撰，对历史无益，倒是海鳝曾成为宴席上的美食。

蕊柯媞娜的贴身奴隶已经为女主人完成了任务正要回去，他进入一家酒馆，想在开始一段漫长的骑马赶路之前喝最后一杯酒。从这个酒馆能看到一片旖旎的风光：有着一艘艘帆船的海湾，竖立着一座座镀金的青铜雕像的长码头，一座高大的凯旋门，那是当地真正的标志。但是，男人很快就凝神细听坐在他周围的客人们议论着的话题。他们说的是一段时间以来一些反复发生的严重的事情。治病的岩洞不能再进去了：待在那里面没法超过十几秒钟，因为接下来眼睛灼痛就得出来。在另外一些岩洞或地下室里，有些人被突然喷射出来的热气笼罩，他们要么失明了，要么皮肤上留下了可怕的烫伤。有人说是神的报复，根据是当地的一句俗语，这里的女人"来时像佩涅罗珮一样纯洁，走时像海伦一样淫荡"。女神们当然不满意这样的谣言……还有人则说地底下有个锅炉要爆炸了，又有人轻描淡写地说，那仅仅是某些处于危机中的公共浴室因为顾客稀少而散布的诅咒……

有一个便于火山学家理解的简单的科学解释，升到上面的岩浆造成喷气孔内成分和温度以及地热系统的改变。这就引起眼睛的灼痛，有时是严重的烫伤。随之还出现新的气孔（据酒馆的一些客人说，有的农民在突然生成的喷气孔上煮饭做菜）和含水层的化学成分及温度的变化。

奴隶没把酒喝完。他明白了。他结账后迅速上马。目标是他的女主人。

藏着一批惊人财宝的农庄

碧飒奈拉别墅

公元 79 年 10 月 23 日 17：00

距喷发差 20 个小时

DUACI CAPEL(L)A DONATA NOMINE ABER(R)AVIT
杜阿科的一只小母山羊，叫朵娜达，迷失了。

  吱嘎吱嘎的双轮马车随着车轮的每一次转动而重复发出一阵刺耳的声响。车上的女人凝神想着她的心事，沉浸在这种宛若一支单调的小曲中，使她记起小时候他们为她哼唱的那些曲调。距那时已经流逝很多岁月了。现在她正处于人生的秋季，两个儿子已长大，她在等着抱孙子。这个面容疲惫的女人，头发在脑后梳成一个髻，穿的是高价布料做的衣服，双手保养得很好——贵族的另一个标记，她是大家都认识并受到大多数庞贝人尊敬的——主要是因丈夫而引起的尊敬。是的，她就是钱庄老板鲁齐奥·切齐里奥·乔孔多的妻子。她正赶往他们自己的一座农庄，一座罗马人称为乡村别墅同时兼做农场的宅院。

  双轮马车通过埃尔科拉诺门驶出城墙。坚实的城墙得追溯到萨姆尼时代，大家都还记得庞贝军团——那时候他们还说着奥斯克语——的英勇抵抗，与苏拉及其战争机器对抗。有几段巡逻队士兵用奥斯克语写的文字今天依然可见。埃尔科拉诺门是庞贝的七座城门之一，由此可达埃尔科拉诺、欧普龙提斯（曾是城市的一片郊区，如今变成了托雷安农齐亚塔）和盐场，然后还通向海滨大道直抵那波利。

北边有维苏威门，通往维苏威乌斯，那座被"山峰"、泰尔齐尼奥和奥塔维亚诺伪装起来的隐蔽的火山；东边是诺拉门和萨尔诺门（通往萨尔诺和内地）；南边是斯塔比亚门和诺切拉门，由此正好通向诺切拉和斯塔比亚的一座座别墅；西边有玛丽娜门，从这里可抵达庞贝港口，去往斯塔比亚和索伦托的沿海马路。

总之，庞贝具有各个方向的"安全出口"，火山喷发时，位于东西南三侧远离火山的五个出口将挤满从城里逃出的人，而正对着维苏威乌斯火山的埃尔科拉诺门和维苏威门则相反，将挤满逃离乡村想在城里找到庇身之所的人。然而，此刻一切都好像还如此遥远……

双轮马车继续着它的行程，把庞贝和一些别墅——比如那座有名的神秘别墅——抛在了身后，进入到乡村。我们身处乡村，城外的一片乡村，连带一个城镇，好比是"首府"，往往就是一簇房屋，一个乡镇。

从 pagus 还产生了" pagano"① 一词，因为基督教之前的宗教信仰正是坚定地存在于农村，尽管城里确立基督教已经好久了，这种现象一直延续到现代，即使是时有时无的。

双轮马车途经的风景，于我们而言充满了关于庞贝和大致整个罗马时代是如何生活的好奇和信息。

我们不描写复杂的土地的细致划分，对此经常可见到执行过的土地分配，即根据卡尔多和德库马诺（在南、北和东、西中心线上的道路）的交叉线划分的农田，形成一种棋盘，一张网，在朝向诺切拉南面和东面的网眼更细密，朝向维苏威乌斯方向的北面的

---

① pagano：异教徒，非基督教徒；异教的，非基督教的。

网眼稍疏落。

给人印象最深刻的，是围绕着庞贝的各不相同的环境，当地异常丰富的物产提供了充足的食品和原料。西边是大海，北边是火山（那是一座有着肥沃的山坡的山），南面是拉塔里山脉，最后是东面的穿越着一条河的一片平原，背景是萨尔诺山脉。

当钱庄老板娘的双轮马车在前进的时候，我们尝试着眺望一下庞贝的周边地区，从海岸到山脉，明白了它为何历来被视作一座"幸运的"城市（当然，是在地震和喷发前……）。

大海曾经鱼鲜丰饶，只消在马赛克上停步，比如农牧神之家的那些龙虾，欧洲鲈，须鲷科，章鱼，细点牙鲷，海鳝，虾，鲷鱼，鲻鱼，金鲷鱼。软体动物更不用说了，从海蛏到味道鲜美的帽贝，从养殖在海岸鱼池的贻贝到刺海胆到瓣鳃螺，再到一种瓣鳃纲，一种（Glycymeris），它们成为维苏威地区不富裕的阶层的一道普通菜，事实上今天依旧叫作"贻贝与奴隶"。

有一件稀罕事。没任何庞贝人带着遮阳伞去海边，也没人将肤色晒黑。其实很少人会游泳。因为海洋有潜在的危险，地中海被视作禁区。人们在沙滩上散步，一如在现代很多城市的海滨那样。少年们从防波堤上跳水，有人用钓鱼线垂钓。

时而可以看见几辆双轮货车驶近海滨，奴隶们把海水装上车。为什么？咸水用来清洗酒罐。

埃尔科拉诺和庞贝的沙滩都很黑，因为沙里含有大量的火山成分。在它们后面，越过盐场（后面我们将说到它们）便是沙丘和一片典型的海岸植被，其间，与迷迭香和其他香料植物一起生长的还有各种松树：那种海地松最著名，一贯出现在传统的那波利的明信片上。从这些树上采摘的松仁在烹饪中用得很多，但从松脂中提炼的松节油和松香对于填塞船缝也十分重要，同样重要的还有给双耳罐做防水和密封。然后，松果用来点火最佳，而松针用来做刷子和小扫帚。

另一种景观出现了——萨尔诺河的河道和它的位于入海口的沼泽地。这里有可捕猎的水鸟，还有用于编织篮子的灯芯草，有可用作搭建花园的或农村里的栅栏以及房屋（篱笆棚）的墙和屋顶的芦苇。

通过发现的鸡窝可知，河岸边还曾长着杨柳，农民用柳条来编织篮子和缠绑葡萄树。

可惜这些地方还存在过庞贝人的一个烦扰，喷发没有保存下来蚊子（我们不了解是否出现过疟疾）。不过我们知道，庞贝的居民尝试过改良这片布满沼泽地的河岸，他们栽植柏树并利用它们的枝叶做一个层层交叠的、能够拦挡松软的沃土和落叶的底基，以便将死水塘地带重新覆盖。

在河对面的南边，耸立着拉塔里山脉。这里曾经种植橄榄，供应部分城里用的油。还牧放着大量的山羊和绵羊，它们于庞贝意味着奶、奶酪、羊毛、羊皮、筋腱，当然还有肉（有名的是用咖乳、油和大马士革李子做成的馅填塞了的"安息式"小山羊）。

而北方则有维苏威乌斯那样的提供不同"资源"的高地。那时的气候较之现代要更加凉爽和多雨。维苏威乌斯山上有山毛榉树林，里面生活着大量的狍和鹿！再往高处去轻易就能找到白冷杉。而且也不缺少栎树林，庞贝人在那里猎杀可挂到城里的肉铺内的野猪。

还没完呢。

贵妇人的双轮马车继续它在庞贝城郊的行程。它刚刚越过一片榆树和桤木林。向着诺切拉方向走，平原里的榆树和桤木更多。榆树木用于造船，又因为它的坚固性而用作建筑桥梁。

可以看得出，庞贝为一个真正的天然的"超市"所包围，它有多个区域：饮食，工艺，建筑，等等。

就快抵达目的地了，双轮马车此刻穿越的农村遍布着乡村别墅，广耕密种着谷物豆类，特别是一片片能酿制出使庞贝驰名全帝国的葡萄酒的葡萄园。葡萄树缠绑在高高的木架上，好让葡萄串在高处生长，接受阳光的照射和远离土地的湿气。

双轮马车突然停住。乡间的小路似乎被"切断"了。出现了一个台阶，地面好像有过一个横向的漫长的崩塌。夫人由两个奴隶陪护着下了轿。她淡色的眼睛扫视着塌方的全部区域，地上的一道裂口延伸出百余米。几块滚落的大石砸倒了一片葡萄园中的两排葡萄树（幸好是邻居的……）。

这种石头滚落、伴有地震的崩塌是地震学家们认为最需警觉的迹象之一，它属于那种岩浆不是从一个火山口缓缓地流泻出来，却受阻于一个"盖子"而造成名副其实的火山爆发的喷发类型。上升的岩浆的压力顶起、拱弯和挤破大片的地底岩层而造成地面的变形，直接或间接产生这种塌方，在局部发生，一般少于一公里。

公元 79 年的 10 月，当地的水道中断不排除正是这些现象造成的。

女人得步行前进。好在碧飒奈拉别墅——今天是如此称呼它的——就在不远处。

庞贝的一座庄园……

尽管上了年纪，夫人还是步伐稳健地走到了她家的住宅。她立刻受到了别墅里的奴隶们的迎接，包括主要负责监管别墅运转和经营的自由奴。别墅真是宏伟。从外面看它像一座低矮的长方形建筑，而在里面却隐藏着一个我们将要看到的宽阔的院子。女人穿过对开的大门，立刻有了"归家"的感觉，她喜欢来这里，远离庞贝的喧嚣混乱、拥挤的人群和闲言碎语。在这里，她找到真正的价值、田间劳作的节奏，觅得无边的静谧尤其是内心的安宁。

碧飒奈拉别墅是乡村别墅，是一座小农庄的完美典范。的确，于罗马人来说，一座农村的或海边的别墅应该以农业生产或养殖鱼类的形式产生利润：它若只是休闲小住，那是无法想象的。要更好地理解一座乡村别墅的作用，就应该想想美国南部分裂主义者的那些连带着种植园和田里的奴隶的大别墅。换言之，就是《飘》里的那种环境和那种奢华的宅院。

别墅分成两部分：一边用于搞农业生产，另一边是房主人们的住所。

在所谓的雅区那边是给主人们保留的，有卧室、厨房和装饰着第三种风格的壁画的餐室。有些甚至还配置了私人浴室。而在农区看到的一切则都与农业生产有关：一间橄榄榨油房，一个干草仓，一个粮仓，几个榨葡萄汁的房间，两架用于酿酒的压榨机，一个牲口棚，一片打谷场，用作筛拣的地方，等等。此外还有一个用作储藏葡萄酒、油、谷物的区域。

在此一切之外还得加上奴隶们居住的所有房间，楼上的仓库和房间。归根结底，它就是一座独立的小"城市"。为了每天都吃上新鲜的面包，甚至还有一个配置了石磨的面包房。

碧飒奈拉别墅是一份广阔的田产的心脏，研究人员以那些仓库的容量和各间屋子为基础，认为这份田户大约有二十四公顷。这份巨大的产业超过二十公顷的埃尔科拉诺。

不过一个罗马人会用别的名词来说明它的面积，他会说……一百尤杰罗。① 那时的一尤杰罗就是两头牛在一天当中犁的地。所以，它的面积根据土壤翻耕的难易程度而改变，平原里更宽阔，在山里难度大的地方则小些。

在雅区那边休息恢复了精力后，夫人穿过院子，正欲去往农业

---

① 尤杰罗，古代面积单位，1 尤杰罗约相当于 2500 平方米。

生产部的中心，那个我们可以称为地下宝库①的地方，家族的部分财富取决于此的地下酒窖。一路走着，她被各种各样的招呼包围了：奶牛们在哞哞叫，母鸡们扑棱着翅膀，还有叽叽喳喳的小鸡们和她抢道而过使她莞尔。不过这并不属于罗马人的可用"温情的"场面，那些小鸡更是被当作未来的午餐和下蛋工具看待的。类似的情况同样也可用于那些养在小陶土坛子里的睡鼠。沿途就排列着几个那样的坛子。一种螺旋形的"檐槽"顺着内墙壁升上去，睡鼠可以在那里蹿上溜下。它们不是被当作宠物来养的，而是被关在黑暗中增肥，然后根据埃特鲁斯的一道菜谱做成宴席中的菜肴。

最后，酒窖到了。整整一百二十个高一米多的坛子，齐颈埋在地下——九万多升的一份真正的葡萄酒遗产（第一部分插图第16页）。

在挖掘到另一座乡村别墅时，出现在考古学家们眼前的应该是一个十分相似的情景，是离这儿不远的波斯科雷亚莱的那座非常有名的别墅。坛子都密封了，还再用一层保护"壳"覆盖好了。葡萄酒已经开始了将使其成为这个地区最佳琼浆之一的发酵过程。

夫人看着心满意足了，她问她要的一杯水怎么还没送来。陪同的自由奴请求原谅。一个奴隶不得不跑到农庄外面去找水，事实上，主要的那口井从今晨起令人费解地枯涸了。近日里水越来越少。直至今天发现根本没水了。

他们不知道，这一切都是火山的活动的结果，它正在"吸"地层里的水。一场迫近的喷发的征兆。

"几天来就连奶牛出奶也少多了。"另一个自由奴附和他道。这不是个别的迹象。在一些农田区内，有些植物由于地下散发出的气体而突然枯萎了，也许还是因为土壤的温度升高之故。可他们当

---

① 此处原文为一个法语多义词caveau。这个单词出现在意大利语当中时，通常是指银行那种存放贵重物品的关卡重重的地下室或地下保险箱，故译作"地下宝库"。

然无法知道。

再说,乡村别墅周围栽种的植物是如此之多,失去一些也不至于引起太多担忧。的确,房产的围墙边都栽植了果树和葡萄园。在与我们所处的这座别墅非常相似的波斯科雷亚莱的皇后别墅,甚至可以将石膏灌注到消失了的植物留下的坑里,清楚地辨别出构成葡萄园的那些树根和葡萄树的完美行列,还有由一辆双轮车——农村的一种典型的双轮车——在地上留下的辙痕。

一个从田间回来的奴隶把一头公牛牵向牲口棚。牲口的蹄子一周有什么东西,那是能使它在田里移动更利索的真正的"蹄铁",一回到庄园,奴隶就给它取下。不光农场的牲口有趣闻,有些猪的长相与我们的猪不一样。其实那是与野猪杂交的品种。罗马的牧人习惯将它们牧放在树林附近,常常是在沼泽地。首先是无须给它们喂食,因为这里有大量的橡子和块茎;再者更容易吸引野猪来交配,生成一个肉质细嫩且十分鲜美的品种。

女人回到碧飒奈拉别墅,为了检查丈夫嘱托的一件重要又复杂的工作。由于地震不断,鲁齐奥·切齐里奥·乔孔多让人把家里的一批惊人的"财宝"秘密转移到了这里,在这座私人别墅里:整整108件做工精美的全套银器,有水罐,杯子,镜子,汤匙,等等。其中尤为令人惊奇的是那些底部有凸起的面孔的高脚杯,杯底的面孔会随着佳肴越吃越少而像岛屿般浮出来,真是个值得在席间夸耀的有趣的"特效"。如今,这些罕见的珍品中的大部分被粗疏平常地收集在巴黎的卢浮宫内一个照明不足的玻璃柜里。

这些财宝还包括千枚金币和一些首饰,全都装在几个木箱里。任何人都不清楚它们装着什么。受命将它们藏在葡萄加工房的一个酒槽内。

这个细节提供两条重要的信息,从未有人把喷发的日期与之联系起来。第一个是,把装有财宝的箱子藏在一间于葡萄收获期使用的屋子里,意味着这个收获期很可能已经过了,屋子将在一年后再度使用，所以现在可以关锁并且还可能很安全地封住了。明知葡萄采摘期将开始，谁也不会把一批笨重的"宝贝"藏在这里，届时还得重新转移它。此外还得考虑为了清洁房屋和为随后几天要压榨葡萄而准备榨机，奴隶们往来不息会使这个农业地下宝库不太安全的。

第二个信息与最近一次地震的日期有关，它们损坏了庞贝和埃尔科拉诺的房屋、水管及公共浴室，迫使修缮工作因为喷发而中断了，今天仍然可以看到修缮的遗迹。

秋季的葡萄采摘已结束一个月了（如陶土坛上的封印显示的），鉴于葡萄加工后要做的清洁工作，这就意味着屋子接纳和隐藏的财宝不超过四周或更少。因此较合理的推论是，最后一次强烈地震是发生在这段时间之内（从几天到最多三四周），不在之前，否则银器就藏到别处去了。

不管怎样，财宝在地下存放期间，曾由钱庄老板所信任的一个男人鲁齐奥·切齐里奥·阿富罗迪西奥看守，他甚至把自己的床放置在作为隐藏处的酒槽上面，带着一个大烛台、一张青铜床头柜和一个装有他的个人用品的箱子。

正是他给女主人打开了他和财宝藏在一起的那个隐居处——葡萄加工房的门，让她放心，因为一切安好。

还剩下一件事要做。女人转向两个陪伴她到这里的自由奴。从他们的名字便能明白，当她和丈夫买下这座农庄时，他们原是别墅的"附属品"的一部分。他们不再年轻了——一个已经满头白发了。较年迈的是提比略·克劳狄·安费奥，代替钱庄老板经营农业生产。

在他的名字中我们看到一位皇帝的名字。如我们已说过的，奴隶一旦获释了，他们一直都用主人的名字和姓氏，因此他是一个"帝国的"奴隶。也就是说，他曾在提比略或尼禄的治下，换言之，是在儒略-克劳狄王朝为帝国的行政部门服务过。当新皇帝维斯帕西亚努斯掌权后，发现由于尼禄的大肆挥霍使得财库空空如也，为了重新清理账务而拍卖了很多家产，其中也有这座农庄。很可能钱庄老板嗅到了商机，他投进他的部分财力把它买下来了，肯定不是每天都能碰上出售如此挣钱的一个企业的！在财产中还包括奴隶和自由奴，农庄里的劳动力给成批转手了，包括可能是最重要的人提比略·克劳狄·安费奥，一个专门的别墅经纪人。有点像在买下一艘帆船的同时，他们把船长和海员也一起卖给你们了。

我们是从考古学家们发现的一枚戒指上得知他的名字的，同样的还有另一个自由奴，鲁齐奥·贝里提奥·爱若斯。

两个人把几块陶土板递给女主人，让她做最后的核查并请求她的赞同。女人认真地念着，一边轻轻抚弄着她的镶嵌着三粒黄玉的金耳环。

接着，她对着她的那枚刻有圣甲虫的宝石戒指打量了片刻，用两根指头轻轻转到有印章的那一面。握着拳，她以一个干净利落的动作在蜡版上钤下她的"签名"，一面点头表示赞同——通过了。自由奴离开了，他走了几步后敏捷地跳上一辆载满双耳罐的双轮马车，上面有个长相威猛的奴隶在等着他。一声干脆的吆喝，一记鞭打，双轮马车吱吱嘎嘎地移动了，去往欧普龙提斯的海岸……

为全帝国供给葡萄酒

欧普龙提斯

公元79年10月23日 17:30

距喷发差19个小时30分钟

AVETE UTRES SUMUS COT ESTIS ERE VOLUIMUS QUANDO VENISTIS ERE EXIMUS

你们好,我们是酒囊。你们成为如此模样正是我们为了钱而想要的。你们来后,我们带着钱离开了。

目的地已经快到了,乡村的种种香味逐渐淡去,取而代之的是地中海灌木丛的芬芳和海的腥味。风大了,吹乱了鲁齐奥·贝里提斯·爱若斯的头发,却弄不乱肌肉结实的日耳曼奴隶那极短的头发,他坐在他身旁,沉默地盯视着自己的前方。

到现在为止,他们越过的是一片密布着丛丛小树林和农作物的农田,而此刻,庄园慢慢地被一些豪华的大别墅取代了。比如从他们身旁掠过的那一座。而今所有的旅游指南都称它为"欧普龙提斯别墅",那里装饰着绝美的壁画,它可能是尼禄的第二任妻子泼裴阿的。倘若果真如此,那我们经过的是那份权势——很多人认为是穷奢极侈——最具有代表性的地方之一,是罗马的一段政治和生活的独特典型。一想到尼禄可能来过这里,他的目光凝视过那些壁画,他的脚在那些马赛克上踏过,他的要求(包括那些平常的)

在如今是寂静无声的各间厅堂里回荡过，几乎使人不寒而栗。

　　谁知道真实的情形究竟是怎样的。现今我们掌握的主要是毁谤尼禄的文字，毁谤者们受了要判尼禄处除忆惩罚的坚定决心的驱使。不过我们还了解，皇帝在陷入一种破坏性的无上权威的疯狂之前还是站在百姓一边的，他公开站起来反对统治罗马的那一小群二十几个元老院议员家族的傲慢权势。就像我们已经说过的，在他的统治时期，社会在转型，一个新的富人阶级在产生，自由奴们在社会里启动了一架新马达（今天我们会说"自由职业和新型企业"）。

　　其结果我们可以在欧普龙提斯的所谓的别墅"B"观察到，它不如另一座有名，但同样是重要和使人感兴趣的。

　　欧普龙提斯的名字好像源自 ob fontis，所指是当地的一股泉水，这也就解释了该地区怎会有一些公共浴室。确定无疑的是，欧普龙提斯将继续存在，对于在那条沿着海湾由北向南、从那波利通往索伦托的大道上旅行的人来说，它在喷发之后仍然是一个关键的驿站。甚至在喷发后三百年，在众所周知的罗马帝国的地图佩吴廷那地图上也标定了它（不是以温泉疗养所标明的）。

　　事实上，根据我们看见的那些来判断，两座别墅（加上一些连接着几个店铺的小住宅）构成一个单独的小镇。

　　双轮车驶离马路，从一座高大的拱门下通过并进入别墅"B"。

　　呈现在我们眼前的是我们在庞贝地区尚未见过的一番出人意料的新天地。

　　建筑整体是庞大的，但它的作用不是富人们的闲居之所，它甚至也不是一座乡村别墅。这座巨大的建筑更像是别的什么。像某种很接近现代的、具有综合贸易特点的罗马社会的事物——它的确就是庞贝地区农产品的一个分配中心；我们感受到的和我们目睹的环境及活动，是普通集市上所具有的。的确，各座乡村别墅的农产品都运载到这里，被批发后再被运往别处，输向其他市场或遥远的销售地。

  这个地方是它的房主，一个前奴隶的"现代化的"商业头脑的一面忠实的镜子。一个真正的批发商，他把庞贝和帝国的其他部分连通，好比是把"庞贝制造"产品销往国外。

  他的名字是鲁齐奥·克拉索·特尔佐，我们于昨天下午在蕊柯媞娜的宴席上认识他了：一个健壮结实的男人，眉毛浓密，手指粗大，举止间有点像乡下人，昨天曾有个漂亮的姑娘、坤伶诺薇拉·普里米杰尼亚陪伴着。大家都很清楚，能使这个企业家得以征服那个姑娘的是钱而不是他的相貌或语法错乱的拉丁语。然而这是一条延续了千秋的古老陈规，它还将在整个人类史上持续往前，这种运转即使在今天也能推进几乎所有的娱乐杂志的销量。

  当然，陪伴这样一个人是需要有一副铁石心肠的。但是对她也可以同样这么说。在她的诱人的外表下，她唯一关心的就是尽最大的可能在庞贝的社会攀升，对所有的人都笑脸相迎，不惜任何代价，好看的丑陋的，只要他们一个比一个更有权……

  鲁齐奥·科拉索·特尔佐出现了，他在柱廊下边走边叫喊还边打着手势，围在他身旁的自由奴们简直跟不上他的步子。从我们所处的位置我们听不清他们在说什么，但好像是关于一批运送的货物出发太迟而丢失的问题，因为一场秋季的暴风雨导致了船只沉没。

  的确，由于不存在实际上的竞争，这个男人的主要敌人就是天气状况。糟糕的季节会损害收成，因此也就使销售市场的盈利下跌，一场意料之外的暴风雨会打沉船只——那些用来售货的"载重货车"。

  正因为如此，罗马时代有个习惯，从不冒险地海运或旱路运送全部商品。几个商人谨慎地分担费用和危险（就是股份制）为上策。一趟运送的投资人多了费用就减低，在沉船的情况下造成的经济损失也是最小的。当然，顺利运抵后的盈利也少。有点像你们决定买彩票时那样：你们更愿意自个儿独买还是组团合买？

在这方面，鲁齐奥·科拉索·特尔佐真是一头雄狮，他支付一切费用，船"完全"是他的，只用他的货物把它装满，令人难以置信。一个赌徒，今天人们会说是个与好运赌一把的人。有时候一帆风顺，盈利异常丰厚，有时候全部丢失，恰如赌博一样。但是他有嗅觉且又是幸运的，能够建立起一个真实的帝国，此刻我们可以欣赏一下，就在小货车靠近卸载双耳罐的地方之际。

鲁齐奥·科拉索·特尔佐从钱庄老板那里购进酒罐，再以高出其他市场的价格售出。有时候则是他和制酒商分摊收入。还有另一些情况是，他批量购进葡萄酒，将其灌装到刻有他的名字的双耳罐里，再在沿海地区，在罗马或地中海那边零售，就好似是他生产的一种葡萄酒。

交易的方式有许多。这里我们看见的是罗马经济的一个核心的运作，它与土特产的输送紧密相连。

自由奴从小货车上下来，走进一间事务所去办理销售手续和收钱。目光沉着而威猛的日耳曼人留在小货车上看守着。鲁齐奥·贝里提奥·爱若斯去"销售处"得穿过几间屋子，同时为我们揭开别墅里发生的事情。

这座宅院的大半部分都用于商业活动。相较而言，它远不如"泼裴阿的别墅"那么奢华，装饰和用于休闲的空间也少得多。它除了是销往全帝国的商品的起运点，在这里还能直接购买，因此这座宅院还有市场的功能。当鲁齐奥·贝里提奥·爱若斯在通过一条大柱廊和经过几间屋子的时候，我们发现几个大理石的和铅的大秤锤，稍微过去一点，在柱廊的边侧我们看见大量的双耳罐，有四百多个！它们用于运送酒和油。有些带有一个标记，另一些有好看的图画说明，是真正的商标了。前者说明双耳罐的制造人是谁，后者说明谁是葡萄酒酿造人，往往并无任何差别，因为最终同是富得流油的地主本人或是同一家"企业"。引人感兴趣的是，它们几乎全是空的且倒扣着，已经为用作灌装而洗干净而准备好了。

这是另一条说明我们正处于秋季的线索。葡萄采摘期结束了，正等着葡萄酒的发酵期一过便灌装进埋入地下的坛子，如我们看到的，或者直接装入双耳罐，这样便能在运输中和在目的地的存放期间变陈。

在罗马时代，酒的变陈过程可以持续多年，尽管人们并不讨厌新酿的葡萄酒。虽然这种饮品的种类极其丰富，有时真的相似于我们的，但它的质感像蜂蜜一样稠厚，而且它的度数很高。在冬天，葡萄酒得掺入热水稀释（得到一种有点像"Vin brulé"① 那样的东西），夏天则加冷水，往往是通过一柄装满冰块的小漏勺把它倒出来。

添加香辛料是非常普遍的，这能使你们直觉地嗅到酒的香气，在古代的宴席中，葡萄酒通常能够提供多样的味道、香气和口感。

至于装酒，这座别墅里似乎什么都不缺。双耳罐已用海水清洗过，为灌装做好了准备。一个盛着松脂的锅正搁在一个石头灶上烧着，这些松脂是用来保养双耳罐的，一股强烈的香味散发到空气中。到处放着青铜小锅，等待为移灌葡萄酒而派上用场。

我对你们描述的这个为喷发所"冻结"的场景将于近两千年后由考古学家们发现。

与运输葡萄酒有关的工具中有一样颇为神秘，在罗马时代的很多遗址中都发现过，它真是一件很古怪的物品，我们可以称其为用于双耳罐的"开罐器"。对啦，它就叫 anforisco。② 它是陶土做的，像一个微型双耳罐，有个异常大的口。对于这个工具的真正用途有过各种各样的推测，其中有一个实在惊人，它与那种用来搬运玻璃的吸盘的原理相似。如研究员艾米廖·若德立圭兹·阿尔梅达提示的，很可能这东西是抵在双耳罐的盖子（软木的或陶土的）上面，

---

① 用红葡萄酒、糖和香辛料调制的热饮。
② 因为双耳罐的拼写是 anfora，可见这种 anforisco 确是与 anfora 有关的一样东西。

盖子事先已经裹了一层滚烫的树脂。因此陶土"杯子"没入树脂，它很快就会在变得干硬的同时将盖子密封。滞留在"杯子"里的空气在冷却收缩时产生"负压效应"，使得封在双耳罐颈处的灰浆或石膏在拔盖子时裂成碎片，省了很多力气，与此同时使之保持完整而可再利用。对这个可能正确的推测给予证实的，是在圣塞维拉（Castrum Novum）① 发掘到的带有树脂残留的双耳罐开罐器。

我们重新跟上别墅里面的自由奴鲁齐奥·贝里提奥·爱若斯。他刚刚处理完销售中的例行手续，此刻正走向小货车，他挂在土呢卡里面的一个小包里装着收来的金币。在他走向双轮货车时，那里已经开始卸载双耳罐了，他从装有核桃和榛子的袋子前面经过。不经意间，他的视线落在了那些放在树叶堆上晒干的石榴上面，石榴小且未熟，可能是用于鞣皮或者药用的。

其他很多地方我们看不到，比如半地下室式的十四个仓库，或者楼上鲁齐奥·科拉索·特尔佐住的那些地方，他完全就是"歇息"在他的财富堆上……

这座别墅里的活动仿若一个蚂蚁窝内那样沸腾。双耳罐运来送去，奴隶们头上顶着大包裹和装满奶酪的筐子你来我往。而钱庄老板的自由奴的双轮货车则重新启程驶往乡村别墅，在它后面另有一辆满载着双耳罐的货车也上了路。它们在入口处的拱门下分道扬镳。前者往农村去，后者奔向庞贝的盐场。

现在我们将去的正是那里。

庞贝的白色金子

小货车驶上一条慢慢开始下坡的马路，我们显然在进入当地的一片洼地。植物似乎不敢在这个区域生长，只有一些低矮的灌木丛

---

① 圣塞维拉（Santa Severa）是罗马省的市镇圣马里内拉的一个区。

和几棵长得弯弯曲曲的树。这里的一段海岸在一片广阔的平地上延伸，天空在我们的头顶上越发显得苍茫无际了。拐过最后一个弯和超过一堵不用灰泥的墙，出现在我们眼前的是一片出人意料的风景，使得我们在庞贝周边所见到的自然环境千变万化得叫人不敢相信，因而也说明了它的物产有多丰富。一片片长方形水面无边无际，一座座雪白的小金字塔穿插其间……我们来到了盐场。

我们知道，盐对我们的机体是至关重要的，从古代起它就一直很受重视，几乎和黄金一样。那时候曾用盐支付士兵们的军饷——"工资"① 一词便起源于此，在古城奥斯提亚提炼出来的盐顺着一条可不是随意地叫作"salaria"的马路运走。

还有一个迷信至今仍在广泛传播：把盐撒在桌上"不吉利"。迫使相信这一点的人把盐瓶搁在桌上而不直接递到身旁同席吃饭的人的手里，它源自罗马人的一个习惯，为了使不浪费这种极其宝贵的天物更具有说服力（在今天这真是个不合时宜的举动）。

因此可以知道，这些人工小湖绝不止于厨房里的一种主要调味品的来源。事实上，那是庞贝人用于生存的重要储备，一个最关键的经济资源，一种白色石油……用盐给动物提供养料，用盐保存食品，尤其是用盐制作整个罗马帝国中最好的咖乳之一。什么是咖乳？我们对它已经简单介绍过了，那是一种美味的酱（至少于罗马人而言），宴席上的很多菜肴都用它调拌。大体说来，就是把层层叠放的鱼（连带它们的内脏或者不带，根据大小而定）、香料和盐置于一些特殊的桶里浸泡数周，其实就是浸在盐水中。然后全部进行过滤，把厚实的部分和较稀的部分分开，这道工序将决定咖乳变成上品与否。味道与沙丁鱼酱相似，但要咸很多。的确，罗马人的饭桌上没有盐瓶，咖乳被当作一种为食品增添味道的香盐。

它会让人皱鼻子，然而，你们若是想想至今仍然很受欢迎的普

---

① 工资 salario 与动词 salare（放盐，加盐）近似。

普通通的一道用点儿油和沙丁鱼酱翻炒的包心菜，你们便会明白这种酱的味道和它的广泛性。

庞贝的咖乳品质上乘，销往整个帝国。它很贵，就它的名气和它的价格来说，我们可以把今天的摩德纳香醋与之相比。一切都产自这些盐场。

由于海潮，海水进入一些海峡，它们再将水导入那些不深的大"游泳池"。然后，在太阳的热量下开始蒸发，水中的盐分的浓度在增加。到了这一步，通过一些闸，水流入另一些池子里，在那里，仍旧因为蒸发的效果，某些于我们的机体有害的物质，比如碳酸钙沉淀到池底。在最后的池子里，浓度已经很高了，沉淀的是我们全都熟悉的盐。奴隶们排着队，拿着像铁锹似的工具，完全同步地以迅捷的动作打破和分割很硬的氯化钠表层。其他人用铲子收集疙瘩块儿装入筐子，然后顶在头上。就这样开始漫长又辛苦的行走，沿着分隔各个池子的凸起的土地，摇摇晃晃的。

远远望去，这些奴隶好似蚂蚁一般。走到他们的路线尽头，他们把所有的盐倒在同一处，堆成一座座洁白的小丘，然后用瓦盖上为其挡雨。这是一份艰苦的工作，既因太阳的反射光，又因要搬运的重负。因为盐具有刺激性而需要十分当心不伤着或揉眼睛。

这些地方时常能见到黄脚绿鸠，它们来这里捕食咸水甲壳纲小虾，其实它们是唯一一种能生存在这样高浓度的盐水里的生物。

如果在喷发时有人丧生在盐场里，然后被火山砾和层层火山灰掩埋了，他的丝毫未损和脱水的遗体可能还在那里。

庞贝的港口

小货车因刚刚载满装着纯盐袋子而变得沉重，在盐场的污泥地上留下深深的辙痕。它再次开始了走走停停的行进，终于抵达了目的地：港口。庞贝从不停止让人惊讶。我们所处的地方其实就相当于古老世界里的一个现代化的国际机场，从这里起航可以去往地中海的主要靠岸口和沿海城市。不惟如此。港口还是接收来自内地的所有货物的地方。萨尔诺河就是在它的最后一段向着大海拓宽，形成一个宽阔的海湾。一个天然的靠岸口，避风又挡浪。正是在庞贝的对岸建筑了港口，事实上就是一个双港口（内河的和海洋的）。

河上，几艘驳船正航行在最后一段水路上，准备将载运的内地的农产品和木头靠岸。要是风向允许的话，轻巧的小型船只借助帆能在萨尔诺河逆流而上，不然就需要拉纤，即由公牛或奴隶用缆绳拖拉着逆流的驳船，顺着岸边的小道行走。

港口由几个停泊着一些货船（已提及的罗马时代的用帆的货船）的石码头构成。长长的一排仓库存放着港口营运所需要的物资以及商品。堤道上有一排排的双耳罐，仿若许多士兵整整齐齐地排着队，为登船做好了准备。

即使在一天中的这个时辰也的确是忙得热火朝天的。奴隶们、包装好且用结实的网加固了的商品、像很多木头小集装箱那样叠放起来的箱子、乱七八糟堆积着的袋子……这是一种激烈紧张的交替轮换。还能见到小孩子们在货物间追逐玩耍，一个老头用鱼线在防波堤上垂钓，几个自由奴边清点商品边把一切都登记在蜡版上。

人们在装运和卸载各种各样的货物。我们面前有一队用链条拴住的奴隶从一艘船上下来，他们可能要被送去某座乡村别墅——矗立在庞贝四周的一百五十座不同的建筑之一。再过去一点，另一些奴隶在把装着酒的双耳罐搬运到一艘船上。每个罐子都以这种方式搬运：一根绳子穿过两个耳柄后系在一根棍子上，两个奴隶前后排好抬到肩上。

罗马人甚至连双耳罐的形状也不是随意做出来的。它们又窄又高，以便在货舱里配成双，一对一地合扣在一起。它们的金属箍不仅为底端加固，使它们在置于陆地上时更结实，而且在船上也有用，能让最下面的一排插进货舱底的一层沙里去，能让上排的和下排的彼此相插。耳柄在上端，便于在货舱里（或双轮货车上）轻易取出或插入。用这种办法，一艘货船可以装载一万个双耳罐，这是一种最理想的、无疑是现代化的运输……

这些堤道见证了最美好的岁月。当地产的葡萄酒连着几年处于前所未有的危机。在统治了市场一代又一代以后，它正遭遇着来自高卢的葡萄酒的激烈竞争，此外，十七年前的那场地震使其在一段时期里生产停滞的同时加剧了危机。

蕊柯媞娜、萨图尼诺、茱莉娅和纸莎草纸书籍别墅的主人，这时还在就此问题寻找着对策。

在那辆把我们带到这里的双轮货车旁边的那个码头上，走过一个壮实、较矮和有张圆胖面孔的男人。他刚刚看完装货入舱，走向他的那艘泊在码头尽头的非常漂亮的船，几个奴隶在那里等候着他。

是彭坡尼亚诺，蕊柯媞娜的别墅里的另一位客人。他和陪伴着他的自由奴们说着话，一面可笑地打着手势，完全像他昨天在宴席上做的一样。然而，在他那引人发笑的外表下，实际上他是个有权又很知名的人。他是罗马舰队的司令老普林尼的朋友。而且他也非常富有。他有一座大别墅在河对岸的斯塔比亚。

不大一会儿，他的漂亮的桨船驶近另一个靠岸口，这条船较小，但很美观。两个奴隶迎上前协助船停靠。彭坡尼亚诺不顾他的笨重身子，十分敏捷地跨上了陆地，独自走向堤道尽头的建筑，看上去是一处显得奢华无度的所在。

果不其然，考古学家们在发掘到这座宅第时吃惊不小。首先它的外形十分特殊，因为它是围着一个正方形花园建造的。三面专门保留了用作设宴的厅室，而第四面则不存在，只有一个美极了的敞口对着数米之外的萨尔诺河。绝对的恬静和隐蔽。

楼上是些用作睡觉或和某个姑娘幽会的房间。楼下，围着花园设有整整八间餐室。一间连着一间的许多餐室作何用途？

遗址发现于20世纪50年代，粗略地研究过后，于90年代末重新掩埋了，随着那波利至萨莱诺的高速公路的扩建工程，最终由安东尼奥·德·西莫奈教授重新挖掘出来做研究。

德·西莫奈的挖掘复原了它的完整的美丽面目，他认为它是一个为生意人提供的旅馆，也就是说，一个在萨尔诺河上来往旅行的或旅居庞贝的生意人的河畔豪华旅馆。

各间设宴的厅室开设工作午餐或安静的晚宴，好在白天的劳碌疲惫之后得以松弛身心。

彭坡尼亚诺好似是家里人一样，奴隶们恭敬地问候他，当他探向餐室中的一间时，躺着的人都露出一脸的喜色。他是这个地方——今天为大家熟知的名字是穆雷齐内——的常客①，他一般在此和地主们、路过的高贵的商人们或罗马上层社会的家族的代表碰头和成交生意。这个地方好像确实符合这样的会面，它占地950平方米，无处不奢华无处不富贵（见第一部分插图第10页）。

每间餐室都有几幅漂亮的壁画，是帝国的这个地区从未发现过的。彭坡尼亚诺进入的那个厅室，墙上到处以红色为主，上面画着缪斯和抱着琴的阿波罗。画像似乎在吃喝着的客人身后移动。

客人们躺的餐榻摆放成马蹄铁形状，其中一头有几个喷出水流的小喷泉。水落进一条檐沟似的大理石槽，它从每张榻前经过。这就让客人们可以躺着洗手，无须起身。厅室中央有一个大理石圆柱，水从那里面喷出，如从一座喷水池喷出那样。

尽管整座构造正处于因为扩建而进行的重要修建中，在彭坡尼亚诺的坚持下，楼宇的主人，伽易欧·苏尔皮乔·法乌斯佗和伽易欧·苏尔皮乔·奥尼若兄弟俩还是满足了他，在当前堆满瓦片和大理石板的各餐室之中营造出一片小"绿洲"，正如考古学家们将发现的那样。

研究员们甚至将在其中一间餐室里发现一艘船和一个铁锚，可

---

① 原文此处为法语。

能是在喷发时被拖上岸的,为了避免沉没在萨尔诺河里,既因为降落的火山砾也因为所有漂浮在水面上的那些东西,证明大家都曾为了逃生而等待着"火山冰雹"的结束,不知道正是留在那个地方而被判定了死刑。

那是一场微妙的讨论,事情要求完全保密。于是,已经给奴隶脱掉鞋子和洗过脚与手的彭坡尼亚诺打起榧子,奴隶们谨慎地用移动格栅将厅室关上。讨论开始了。

宴席上的菜肴是在后面的一个大厨房里烹制的,在各道菜肴中,有用配着小杯子的特殊青铜盘送上来的蜗牛卵,有做成看上去像卧着的野兔模样的鱼糕,① 有山鹑、棘刺龙虾、海鳝、烤小山羊,然后有石榴,有用很精致的玻璃杯装着的无花果干,在各道甜品中还有看上去像卡萨塔②的那种……它的现代名字来自拉丁语 caseus,也就是"奶酪",正因为它是用加了糖的新鲜的熟羊酪做的。

只有一位客人注意到了放在小圆桌上的两个玻璃罐发出的叮当声。他的目光死死盯住葡萄酒上面那些停不下来的同心小涟漪。然后,为同席者们的声音所吸引,他转过头去,为那个听过无数次的笑话放声大笑起来。

---

① 原文此处为法语。
② 卡萨塔(cassata),西西里岛的一种特色甜糕。

"赌场",性和妓院

庞贝

公元 79 年 10 月 23 日 18：00

距喷发还有 19 个小时

SUM TUA AERE
只要一枚小币我就是你的。

  弗拉维奥·克莱斯多，蕊柯媞娜的宴会中的另一个客人，他在途中已经快一个小时了。

  这个生于希腊的自由奴因经营海上运输而成名。他出发自斯塔比亚的一座占地两万平方米的豪华别墅——在庞贝以南七公里，他生活和工作的地方。他得以在当天结束之际挤出几小时的娱乐时间，想在夜间提供很多消遣"机会"的庞贝度过这几小时。萨尔诺河把城市和斯塔比亚隔开了。幸好有两座桥。一座是砌筑的，在上游，另一座是木头的，在距离庞贝港口不远处的下游。弗拉维奥·克莱斯多走的就是那座木桥，他不知道明天它对于无数人将代表生与死的差别。为了办最后一件事，他只得绕道走港口那边，而此刻，他向着他的消闲娱乐的夜晚"扑去"……

  他加快步伐，因为不想在日落后、到处黑黢黢的才抵达。日光果然越来越暗，夜幕即将落下。他一边朝着与港口相反的玛丽娜门方向走去，一边注视着在他面前的自己的影子，看上去那影子似乎想赶在他前面到达似的。影子在低垂的太阳下变得很长,盖住了路上的一大半石板。在冬天,那是个让他从小就一直感兴趣的情形:那个影子将他变成一个双腿极长的巨人。

他的影子已经越过了高大城门的拱顶,而他才在上坡路上行至一半。

到了城市的入口处,在隐入那遮蔽了庞贝里面开头几米的上坡路的半明半暗的一小段隧道之前,他面向大海转过身去。太阳仿若一个横卧在天边的橘红色的球,为沉入深渊做好了准备。

就在这同一时刻,另一双眼睛也在凝视着那个在向罗马的庞贝告别的火球。是蕊柯媞娜,她倚在她的美丽别墅的晒台栏杆上。微风弄乱了她的头发。他们的面容因这颗恒星温暖的抚摸而神采奕奕,它似乎直觉到了在等待他们的命运,为他们送上最后一个微笑。

他们观看着太阳滑入海里并等待最后一缕光线隐遁在天际。他们的后脊上起了一阵寒意,他们耸起肩转过身:蕊柯媞娜回到别墅的装饰着壁画的客厅里的温暖中,男人迎向隧道里的黑暗……

他们想不到,明天,那同样的颜色,那在今天是如此惬意的同样的热量,将给全城带来死亡……

弗拉维奥与很多人交错而过,他们三三两两地从广场出来。他们刚刚还曾是剧院内的观众。表演本该结束好一会儿了,但是预定的时间被延长了,因为"明星"把观众撩拨得群情激昂……总是她——诺薇拉·普里米杰尼亚!

她是诺切拉的一位女演员:她和一群演员一起工作,在维苏威地区各个主要市镇表演。一如所有的女演员所做的那样,她也去富有的男人的家中表演,不必说她尤为男性观众所热烈渴慕。一个男人,他甚至在靠近诺切拉门的墙上写了类似一首流行歌的词句"问候奴切里那爱的普里米杰尼亚。我情愿成为戒指上的宝石,只一小时,好让她在钤印自己的图章时用唇润湿。"这流露着激情的壁文，为一个也许不值得的女人；出现在我们眼前的正是她。

诺薇拉·普里米杰尼亚坐在一顶肩舆上，在一个秃顶的胖男人身旁。两人随着每一次强烈的晃动和每一次胡同里的转弯而大笑。他是罗马骑士阶级的一个重要的代表，来庞贝探亲。他还不是元老院议员，诺薇拉却与之走得很近了……她已经把鲁齐奥·科拉索·特尔佐忘在了九霄云外，还有在他之前所有的那些人。现在她抱着的这个男人长相平庸，但肯定非常有权。

无须过多地谴责诺薇拉。她，作为一个坤伶，是罗马社会内部无足轻重的一员，以致常常是和娼妓们平起平坐的。她这样的人，奴隶或者前奴隶，要走出她们那可怕的处境，她们只有一个办法：在表演时打动有钱的男人们，因为他们可以把她带离一种已定的、唯预见贫穷与困苦的命运。

此刻她正放荡地亲吻着坐在她身边的男人。那个亲吻里面没有激情，只有纯粹的欲望。

肩舆由一小群追星族以及几个得保护他们的主人和他的新欢的自由奴护卫着，消逋在小胡同里，不知去了何处。

诺薇拉·普里米杰尼亚能逃生吗？我们的直觉告诉我们，能。她有能力应付任何形势……

弗拉维奥·克莱斯多认出了她，可她装作没看见他。男人微微一笑，摇着头继续走路。

庞贝的街巷已经开始变得静悄悄和空荡荡的了。能听见从住宅里传出的声音，而街上的行人好似只是墙壁上的一些追赶不上的"幽灵"。弗拉维奥被街道尽头的一盏灯吸引了：那里是一个赌场。

要到达那里需要顺着斯塔比阿那路上去，然后在某处它更换名字，变成了维苏威路，对啦，通向同名的城门。我们已经能够说我们熟悉这座城市了：赌场靠近水库，导水渠到达的地方，我们今天上午跟着提多·苏埃狄奥·克莱蒙特和庞贝的"昆体良"一起参观过。

我们往上去的这同一条路已经在检查管道状况时反向走过了。走不了多远，右边便是钱庄老板鲁齐奥·切齐里奥·乔孔多的家……世界真小。我们从他的多慕思前面经过。这时候钱庄老板肯定还醒着，在认真审阅一些合同或在核算他的生意账目。而他的妻子，那位我们跟随到农村的戴着镶有黄玉的金耳环的夫人，她将在乡村别墅过夜。两人都不知道他们将永不再相见……

弗拉维奥·克莱斯多到了赌场，可以将其称作我们现今的小赌场。

可惜，这个赌场的一部分毁于1943年英国人的炮弹之下，我们不知道业主是谁。但是我们能确定房屋的用途，因为在一连串的选举宣传中可看出是些掷骰子的人，还有招牌：一块凝灰岩小镶板上画了一个用于掷骰子的小器皿，旁边是四个吉祥阴茎。

弗拉维奥打量了一下标志，微笑着进去了。里面充斥着酒味汗臭味。没有烟，烟草将与克里斯托弗·哥伦布一起来到欧洲。至少，一眼看过去没有女人，只有男人们在喊叫，在小桌上掷骰子。大堂的墙上有几幅小画，其中两幅描绘的是巴库斯和墨丘利——商贸、生意的保护神，但也是盗贼们和骰子赌徒们的保护神。

楼上住着业主，而楼下有各间朝后面开的房间，也许是为了在某个执法过严的营造司"意外"来访的情况下能让赌徒们逃散——掷骰子事实上是禁止的。然而这里总是睁一只眼闭一只眼。这已经成了一种遍及社会各阶层的真正的嗜好，甚至连奥古斯都都是一个上了瘾的赌徒……

弗拉维奥向一张桌子探了探，一般用两个骰子赌。最幸运的是维纳斯点（双六），最倒霉的是狗点（双一）。遗憾的是，骰子经常是做过手脚的：骰子穿过孔并在一个内壁上用胶固定了一块铅片，好使骰子在滚动时偏向于停在那一侧。当然，孔后来给巧妙地封上了。在照明不好的赌场，在酒精的效力下，这项"伎俩"不易被发现。

男人们掷下骰子，叫叫嚷嚷打着赌。弗拉维奥仔细打量四周，他发现了一个女人。事实上，靠近大堂旁有一个"用于性的小房间"，附有一幅色情画，表现的是一个躺在床上的女孩。但是还有第二个女人移动在幽昧之中，她令人畏惧，但也为很多赌徒所渴望……

她叫珐妩丝狄拉，放高利贷（foeneratrix），她以极高的利息放债牟利。我们如何知道的？由于墙上的壁文。珐妩丝狄拉在这个赌场的墙上留下她的有利可图的交易记录："二月五日薇提娅从珐妩丝狄拉那里借去十五个德那里奥。每月八个阿塞的高利。"百分之四十的年息！

有意思的是，她把钱借给了另一个女人，薇提娅，她也是赌场的常客。不过，也许是以妓女的身份。再说，珐妩丝狄拉可能也曾是妓女。

她的名字再次出现在赌场里由某个 A. 格拉尼奥·洛马诺留下的另一条壁文里，其内容是："七月十五日我把一对耳环以两个德那里奥典当给了珐妩丝狄拉。她扣除利息一个青铜阿塞，这笔钱的三十分之一。"

写此文字的应该是 A. 格拉尼奥·洛马诺本人（或妻子），为了应付一个经济困难时节，他迫不得已典当了一些财物。

一阵叫喊和凳子倒地的声音突然在赌场里响起。一个捣鬼的家伙叫人发现了，一场吵闹这时爆发了。弗拉维奥飞跑出去，钻入宛若迷宫的庞贝的街巷中。倏地，他被寂静吞噬了。

庞贝的性

缓步徜徉，几分钟后男人发现了另一个标志。是妓院的那种标志，庞贝名声最旺的那家，尽管它不是城里唯一的妓院。能认出三十余家。如往前数米隐约看见的那样，"妓院"有时就由一个单独的房间构成，里面仅一个妓女工作，像我们刚在小赌场看见的那个用于性的小房间一样。一切都进行在一幅拉开的帘子后面，它将为两个人遮挡路人的视线。在其他情况下，用于性交易的房间在"酒吧"或饭馆的楼上。

不过，有时娼妓们连个固定的发生性行为的地方也没有，她们在街道边等待和引诱客人，然后在临时的隐蔽处做她们拿了报酬该做的那些。从某种意义上来说，她们像我们现代城市郊区的路边的那些"专业"妓女们。在庞贝，她们中有些人也直接在城外等客，常常躲在墓地的坟墓之间，比如诺切拉门那里的墓地。

这种地方偶尔也是秘密情人的幽会之所。在一座坟墓的拱顶下面，今天依然能看到一个男人用炭笔写就的一行字，也许是一场激情后的"遗存"，作为对一个受骗的丈夫的侮辱：(H)yginos (alutem). Edone Piladi fellat. 也就是说："亲爱的易基诺，要知道你的爱朵奈正给枇拉狄做口交服务。"事实上他使用了另一个词，可信息是明白无误的……

我们回到弗拉维奥这边，他此刻在那个最有名的妓院门前。它位于两条街的一个拐角里，有两个入口。所有的妓院都有的一种传统，便于人们进出通畅，也许在出来时有点私密性。里面有个像走廊的小厅堂，由此通向五个小房间（见第一部分插图第6页）。做爱用的床是砖砌的，床沿凸起，铺的是草褥。为了营造一点隐秘性，小房间的门口拉着一幅帘子，别无他物。大家都听得见，有时还隐约可见正发生着的事情。好像付费后还能窥视一对男女交欢。墙上的很多划痕和带钉的鞋底在地板上留下的痕迹，说明客人交媾时经常不脱鞋……在写下的文字中我们能看到有人自豪地吹嘘：Hic ego puellas multas futui（在这里我干过很多女孩子）；我们直觉意识到还能要求少年提供同性服务（他们中有一个为他的朋友的死而哭泣，像他一样的"男妓"）。

这些妓院里的妓女是谁？是些"外来"的、几乎总是希腊名字的女奴们。姑娘们被"利用"到丧失能力为止。房间的门口有一些描绘了几种性交姿势的小壁画（见第一部分插图第8、第9页）。旅游指南往往把它们说成是可以要求的给付"分类表"，然而这种说法没什么意思，还因为并不存在为单独的姿势规定的特殊价格。进入这个地方的人很清楚该做什么……

事实上是些用以营造相应的气氛的性交姿势的演示：模仿的是"爱经"（figurae Veneris）风格手册的典型画像，两千年前便已经在罗马人之间流传了，常常由自称为前陪同的人书写，揭示性爱的秘密。富人们的家中，在一些为恋人们的幽会而构造的小房间里也有。

一个很多人会提出的问题是，男人们是否谨慎地使用某种类似当今的避孕套的东西。回答是不。罗马社会里还不存在避孕套。对于一个罗马人来说，"阻拦"自己的生育能力就等于否认他的男性生殖能力。那这些姑娘如何做到不怀孕呢？口交（那时候很受欢迎）或者"另一种"性交关系只能使麻烦有所限制。真实的情况是：罗马女人已经提前知道使用避孕药了，还有那种所谓的"次日型"。然而，对于妓院的女奴们而言，这些方法都太贵了。我们从一些古老的文献得知，她们使用浸透各种物质尤其是柠檬汁的棉团。不过，一条相关的壁文很有说服力。是一个男人写的，他写道："我和这个为大家所传颂的姑娘做爱了，可里面却是泥。"这句话一直被视作妓女们不讲卫生的一个证明。依我之见，其实女人当时使用的是"杀精膏"，仍然是借助一些古老的文献，我们甚至知道它的成分，比如陈年橄榄油、香橼树脂或爱神木油。因此我认为，我们面对的是关于女人使用"有效的"避孕药的最古老的证明。

可以继续描述罗马人在性爱中的偏好，同时列举出对镜子、人造阴茎、色情书的使用，甚至还有能观看的色情电影的始祖：一个给唤来的奴隶在一扇朝向"红灯房"的小窗上插入一张张性爱姿势总是各不相同的小画,以便两个情人模仿。最后这种实践恰恰能在庞贝这里、在百年之家得到证实。

  妓院里的气氛丝毫不欢愉。姑娘们是用作性交的女奴,客人们根本不是在浴毕或宴席散后来这里的富裕的罗马人。我们所说的很可能是奴隶和少数贫穷的自由奴,总之是社会最底层的卑微的人。富人和优裕的人不来这里。是妓女去他们家,与在妓院例如这家妓院工作的妓女们相较而言,那是个档次更高的专职人员。

  再说,高层的头面人物除了和自己的妻子交欢以外,还与情妇和家中的女奴做。更何况同性的性关系在罗马时代是自由且比较普遍的。

  不过存在着一些需要遵守的"不成文的规矩",既对异性关系也对同性关系有效:罗马男人应该和一个社会地位低于自己的男人交媾,在性行为中他得处于主动方,而在口交中他始终得是被动方。这些曾是指导罗马人的性行为的"规矩"。然而,真实地发生在床单上的,那就是另一回事了……

  在期望从一个有名的自由奴那里得到丰厚报酬的引诱下,朝向娼门外的妓女们的呼唤是具有说服力的,尽管如此,弗拉维奥还是决定不进去而继续前行。

  最后一个夜晚开始了。庞贝将不再拥有另一个夜。此刻,群星在它的大街小巷之上,在一座座内花园一片片屋顶和那些绝佳的壁画之上最后一次闪烁。

  在公元 79 年 10 月 23 日的这个星空中,有天蝎座和它的红超巨星心宿二。有人漫不经心地看了它们一眼,一如既往地为夜幕中的星光感到惊奇。他丝毫想不到他将永远也不会再在庞贝的上欣赏到它们了。命运,宛似一片无情上涨的黑色汪洋,将把城市淹没,把它从历史上从时代中抹杀。无数庞贝人正待安然入梦,也许一边还做着明天的打算，为了一个永不再临的未来。

　　一尊维纳斯雕像被从底座上拆下以便得到修复，搁在一个晒台的边沿，被工人们粗心地遗忘在了那里。月光下，雕像投在石块铺就的路面上的黑影仿佛在拥抱玄武岩。可是，正发生着什么事。黑影令人不易察觉地颤动起来，在似乎是无止无尽的片刻之后，它突然消失了。随着一声巨响，雕像掉落在了路上，裂成了无数块。不祥的响声在街道的沉寂中回荡……

陨灭的开始
公元79年10月24日，从6：57到12：59
从距喷发差6个小时零3分钟到差1分钟

VENIT SUMMA
最后一天到了。

　　太阳最后一次自庞贝东方的山头间冉冉升起。像每天早晨那样，第一缕阳光照出的是索玛山巅上由极其古老的、喷发的火焰造成的焦黑的秃石，仿佛太阳意在指出向着庞贝人迫近的致命的危险。如同一个哑巴在指明来临的险情，然而，这种告诫和建议——恳求尽早逃离一场凶险的命运——不幸的是，无人听取。谁也不明白，谁也不知道……一切都重新开始运转，依然如故。这天早晨，醒来的庞贝仍旧带着它的千百种活动、千百个梦想、那注定要在短短几个小时后熄灭的打算与希望。

　　对于那个早晨，那最后几个小时，挖掘为我们复原了一张快照。面包工莫德斯托已经在他那离我们昨晚参观的妓院不远处的德立奥古斯塔里街的面包房忙碌起来了。大家都熟悉他的铺子门口那块连带一个象征祈福的阴茎的牌子。此刻，莫德斯托正在揉圆面包，接着用一把长木铲把它们送进烤炉。完成这道工序后，他关上铁炉门。他不知道，再次打开它将是大约两千年之后由考古学家们完成。考古学家们将在里面发现八十一块面包，尽管烧焦了，却完好得令人难以置信。莫德斯托没来得及把它们取出来，这就表明，灾难的来临是多么的突然。仔细观察一下，这个面包房里还藏有一条有意思的线索。

倘若，像古代记述的那样，喷发始于十三点，面包于这个钟点出炉似乎有点怪。[①] 此外，所发现的面包的数量在提示，这些面包不是用作零售的，而是批发给酒馆、饭店、私宅、流动商贩……好在午饭时食用。

送面包当然是件费时的事情，所以，设想面包在半上午时出炉是合理的。这就提示了正当面包在烤炉里时发生了什么事，某种非常严重以至于莫德斯托和他的奴隶们忘记了面包和相关收入的事情。对啦，是什么事呢？

众多火山学家、考古学家和研究员们认为，早上就已经能听见起初的几次爆炸声，几小时后喷发的通道便已打开。莫德斯托的面包好像是对这种推测的一个间接证据，也可以设想面包是为那个晚上的某场盛大宴席而定做的。

事实上，如学者艾尔内斯佗·德·卡洛里司指出的，小普林尼提供给我们的对喷发的描写——一根巨大的火山柱高高地冲向天空（见第二部分插图第3页），可能是从很远的观察角度得到的，譬如他那时恰恰就在米塞诺，距离维苏威约三十千米，这就妨碍了他察觉到爆发的最初阶段的现象。

发生了什么？在火山管道里上升的岩浆和地表水的相互作用引爆了害死无数人的恐怖的喷发。你们知道，如果你们将一个水杯里的液体泼于火上会发生什么吗？蒸汽和气体的爆炸反应非常剧烈。现在你们想象一下岩浆和地层水之间产生的灾变。即使没有直接的

[①] 直至现代，面包房也通常是从黎明时分开始面包的制作和烘烤，上午边烤边卖，下午完全停产只卖剩货。

接触，岩浆在上升的同时也会造成地下水的沸腾。地下水多的是，只要想想雪天和雨天所积存的水，还有蓄存在维苏威乌斯边沿的集水盆地里的水。总之，水被加热了，转变成了蒸汽，对岩石的压迫更甚以致达到碎裂的程度。

　　在维苏威乌斯的"原爆点"①，公元79年10月24日，一切可能就是这样开始的。

　　凌晨刚过不久，依旧不闻鸟儿啼啭。昨天它们全都飞走了。一个猎人，满腹疑云地在树林里前进着。"它们去哪儿啦？"，他惊愕地自问。就连鹿和狍也不见了踪影，一般在这个时候能在植物树丛间看见它们的。好像一切都静止了，纹丝不动，寂静无声。猎人查看了他两天前设置的陷阱：原封未动……似乎维苏威乌斯的整个动物群都消失了。怎么回事？感觉像走在施过妖术的魔境里。猎人只听见自己的脚步声，他慢慢走近火山那个古老的破火山口。硫黄味和臭蛋味越来越浓。他已经走在了枯萎的树和灌木丛里。这里的草竟然也在他的脚下噼啪作响。他得用一条粗糙的围巾把脸遮挡起来。气味令人难以忍受，空气随着每一次的呼吸刺激着喉咙。还有一种奇怪的声音，持续的，像沉重的喘息。会是什么呢？此时的树木形状恐怖。它们是干枯的，没有针叶没有叶片，枝杈上裹着一层很薄的淡色硬皮。

　　空气中弥漫着灼眼的热蒸汽。猎人握着弓，咬紧牙关。就差几步了……他没入具有腐蚀性的雾霾中，由岩石和杂乱的石块构成的空阔的月形出现在维苏威乌斯那古老的破火山口中央。猎人经常来这个地方，但是今天一切都不同了，能见度降低了，到处是蒸汽和喷气孔。有些蒸汽喷射的规模是巨大的，高若间歇泉，持续产生喷气声。石块是黄色的，结了一层硫黄硬壳，在猎人眼前出现了一种地狱般恐怖的场面。他脚下的地在震颤，频度越来越大，能感觉到

---

　　① 原文此处为英语。

来自地底下的摇撼，颤动在整个地区扩散，好似绷紧在鼓上的皮。特别是有一次几乎使他失去平衡。对那一时刻他唯一记得的便是他开始拼命狂奔，为了尽量跑得更远。但由不得他决定，命运占了上风。

片刻后，在半上午时，在一些乡村别墅和离维苏威乌斯更近的房屋里，很多人都停止了劳作，向着山那面张望，连续的隆隆声和沉闷的爆炸声从那边传来，而大地则又开始摇动起来。

一系列的轻微爆炸随之而来，有些延长了，伴着一种类似撕裂床单的声音。农庄和附近别墅的居民们感觉大山似乎正在开裂，他们中有人伈伈逃遁。在离开仅数千米的埃尔科拉诺也是人心惶惶。

11 点：距喷发差 2 小时

在庞贝，成千上万的人注意到了一块诡谲的灰色云团罩在维苏威乌斯正中。不同于别的云团，它仿佛是大地制造出来的。随着令人心悸的响声在增加，爆炸的规模在加大，它扭动着、翻腾着，然后松松垮垮地沿着山坡下降，同时落下一层很薄的灰烬，近两千年后火山学家们将在泰尔齐尼奥和帕尔马坎帕尼亚之间重新发现。它是将要害死所有人的一个漫长的致命序列的第一层。最初的这种大量的灰末，温度低，蒸汽成分高，所以它会形成许许多多潮湿的小珠，被叫作豆石。

远远望去它更像一团尘雾而非云团，以一种淡灰色笼罩了山坡的上半部分，遮蔽了它的那片农庄、别墅和农作物的田园风光。城里惊恐不安、慌乱失措。然而还未到达埃尔科拉诺的恐慌程度，这里一切已是迫在眉睫。

于庞贝，危险貌似在近处，可并不紧迫，岩屑雾事实上只落在有限的范围。庞贝人不知道，这种由岩浆和水的相互作用引发的爆燃仅是一个开始，其实它们正在捅破堵塞维苏威乌斯的石化了的老通道的塞子。

12 点

爆炸越来越剧烈、越来越频繁，回响在庞贝的是远处那低沉的巨大轰鸣。城市陷入慌乱之中。大家已经明白形势在急转直下。

为了搞清该怎么办才较妥，很多人都去广场打探消息了。从内地的别墅骑马逃出来的人的最新讲述在这里传开，是些令人胆战心惊的讲述。以一传十，消息很快传遍大街小巷。有人立刻回家，回到自己的亲人身边。有人购买储备面包，很多商店提前关门了。有人骑上马向着城外狂奔，意欲让住在维苏威乌斯附近的别墅的亲属或熟人逃生。

轰隆隆的声响让多慕思的玻璃震颤起来。正发生着那些非常简单的事实：爆炸正逐渐打开火山通道，排出将其堵塞了多少个世纪的岩石（火山学家们会说，岩浆流开流阶段）。岩浆此刻畅通无阻……

喷发的第一阶段是惊天动地的，然而它只对最近的人构成切身的威胁。可现在情形正在改变。永远变了。崩裂和爆炸减轻了岩浆上面的岩石层的重量，此刻它像个强盗似的更迅速地上升，遇到水，在与之相互作用的同时变成粉末，结果成为一种由气体、水蒸气、灰末和岩浆的小碎片组成的致命的混合物，为异常猛烈的爆炸做好了准备。

原爆点前一秒……

我们停留片刻，最后的片刻。在我们面前，庞贝还是完好无损的，它的乡村，它的港口一如既往，同样的还有埃尔科拉诺、欧普龙提斯、斯塔比亚、波斯科雷亚莱、泰尔齐尼奥，连同它们的壁画，极其漂亮的喷泉和精美的雕像。

这里，成千上万的人在说在笑、在工作，有些人正在吃午饭，另有一些人正下着楼梯或在签订合同，某些人也许正在做爱……一秒钟后，所有的这一切都将倏然中断，数小时之内将被摧毁、抹杀，每个生物都将被活活烧死或窒息。

统计得出，维苏威乌斯的喷发释放的机械能量和热量将等同于五万枚投向广岛市的原子弹。区别在于，原子弹的爆炸在一瞬间释放它的能量，而火山喷发却在一段更长的时间里完成。

在不满二十个小时里，火山向空中发射出一百亿吨岩浆！将以厚约三米的火山砾，把朝向庞贝方向的十二至十五千米范围全部覆盖。

它将产生由灰末、粒子和气体构成的滚烫的"雪崩"，巨流和火山碎屑流（在本书中我们选用了不同于如火山云这样的一些术语，目的是期望使一个连带着地壳运动的复杂现象通俗化）能够以每小时一百余千米的速度前进，温度波动在四百到六百摄氏度之间。这将改变海岸的构造，将把埃尔科拉诺掩埋在二十米深的致密的火山泥流之下，把庞贝掩埋在近六米的火山砾和灰烬下面。

成千上万的人将逃散，将寻找庇护所，将向神祈福，祷告，却死于使人毛骨悚然的境地。他们中的有些人将被考古学家们重新找到，另外的人将被狂暴的火山永远地抹杀了。

众多学者都认为，居民中得以逃生的将是极少数，主要是那些立刻逃走的人。留下的人死定了：被活活烧死，被倒塌的房屋压死，或者在数十秒钟内被气体和灰末窒息。

所有这一切即将发生———一秒钟后。对蓬勃繁忙的罗马城市庞贝和维苏威海岸的一颗明珠埃尔科拉诺看上最后一眼的时间。最后一次呼吸的时间……

原爆点：火山喷发
庞贝，埃尔科拉诺和周边地区
公元79年10月24日13:00
倒计时结束了

FELICES OMNES VA(LETE) FELICES
幸福的人们，别了，幸福吧！

死里逃生的人将会叙说那一切发生时的寂静。他将一边叙说，一边睐睁于虚空中，好似还在寻找一个答案。

突然，从维苏威乌斯的平原中心升腾起一个巨大的黑色烟柱，它以迸发的速度直冲云霄。任何人都从未见过如此大的东西以如此快的速度移动。惊人的、数以吨计的气体、蒸汽和碎成小片的岩浆以每秒钟百米左右的速度蹿升。

烟柱像一根要刺穿天空的长矛般竖立着。很多人觉察到柱头下面一点突然出现了一个蒸汽"领子"。它几乎立刻消失了。是什么？

没时间寻找答案了。它消失片刻后，烟柱上方的空中形成了一个巨大的白圈，一种圆形的云团。好像自乌有中出现，在蓝天下雄壮地扩展，甚至变得比维苏威乌斯还要阔大，接着便消散了，留下了呆若木鸡的庞贝人。

烟柱不停地往上升，变得更加浅淡和庞大，向着高空发展时，它在扭曲和"奔腾",好似一道岩浆碎屑流向着太阳升腾。几秒钟后,所有的庞贝人都听见了沉闷有力的巨响。无休无止。

忽然,叫喊和喧闹震动了聚集在广场上和街道上的人群。很多人指向天空,可以清楚地看见一些黑色的大石块从烟柱旁侧射出来并向着地面开始抛射。巨大的石块。尽管相隔多少千米的距离,还是看得一清二楚,甚至能感觉到它们的大小。有的石块简直像整座多慕思,另一些像一辆双轮马车那么大……较重的那些几乎垂直落在维苏威乌斯的山坡上,与地面发出巨大的撞击声。其余的,不太大,可总之是致命的,呈伞状射落在火山四周,很远,甚至射入海里,落下时激起一根根高大的水柱,仿佛一群恶狗扑向任何活着的东西。还没完呢。

与此同时,由于冲击波和气浪的作用,大山的整片山坡都在摇撼,尘土和微粒组成的柱形尘雾在升腾。最令人惊骇的,是那拥抱万物的沉寂。没有常常听说的那种火山的"咆哮"。仅有开始时的猛烈的爆炸声,随之时而有过一些微弱的爆炸以及因上升的岩浆和地下水相互作用而产生的水爆炸。但是,我们刚刚描述的那些奇怪的现象是什么呢?

很多庞贝人对这些现象的理解是,这证明喷发时有位神在作法。其实,明摆着的,这是完全可以用科学术语诠释的现象。2014年8月,一位游客在纯属偶然的情况下拍摄到了巴布亚新几内亚的塔乌鲁火山的突然爆发。它复制了维苏威乌斯火山喷发的现象。尽管存在规模上的差距,它较之维苏威乌斯要小多了,可在这段珍贵的摄影中的塔乌鲁火山喷发的最初时刻,揭示的大量细节可能是在公元79年的庞贝也曾看见的,特别是那些从未有人描述过的视觉和声音方面的细节。

从火山里升起的环绕着烟柱的那个白色蒸汽"领子"是什么呢?我们能在军队的歼击机周围看见相似的东西,在它们每次打破声障之际。维苏威乌斯火山的蒸汽、气体和成为粉末的岩浆所构成的烟柱，极有可能是以每秒钟341米以上的速度开始冲腾，在打破声障的同时肯定也形成了这同样的现象。

像一团圆形薄云的白色圆圈，在蓝色的天空下迅速扩散，它是由围绕着维苏威乌斯作"球形"蔓延的冲击波造成的，它的效果既能从火山的山坡上看到（肉眼看，尘土好像随着沿山坡而下的"阵线"往上升），又能在空中看到。

要对此现象有个概念，只需想想一个落进池塘的足球所造成的同心波扩散的样子。冲击波进入充满蒸汽的空气中时也同样如此。我们还能肯定，要是烟柱在上升的同时打破了声障，那么大约二十四秒钟后在庞贝可以听到一声"乓"，而在埃尔科拉诺则是十八秒钟后。喷发的唯一"巨大"响声。

事实上，上升的喷发柱不发出如在小说中读到或在电影里看到的那样声响。这种寂静与喷发的庞大规模联合在一起，更让庞贝人感到不安。

然而，打破声障的那声"乓"总之还是十分剧烈的，足够使所有的人都跑出屋子。

卡西乌斯·狄奥根据一些现在已经遗失了的证据和记载，似乎也间接确定喷发柱曾打破了声障："听见一声突如其来的巨响，仿佛大山一座对着另一座翻转过去似的。这时，竟然有大块的石头开始飞射出来，甚至落到更高的山巅上。之后，喷出大量的火焰和烟雾……"（《罗马史》第66册，21—23页）。

那么，在这些震撼人心的时刻，庞贝的街道上正发生着什么？

吓呆了

庞贝

公元 79 年 10 月 24 日 13：02

喷发后两分钟

OPTIME MAXIME IUPITER DOM(IN)US OMNIPOTES
乔维·奥提莫·马西莫，① 万能的神啊！

所有的庞贝人都一动不动，全都呆住了，城市似乎被雕像占满了。管道工司塔里阿诺站在一条沟里，手里握着一把榔头。面包工莫德斯托被一群奴隶围着，张大嘴巴站在他的面包店门口。他只想着他的妻子和刚出生的儿子。

伽尤·朱里奥·坡里比奥从餐室冲了出来。此刻他置身于院子中央，透过芬芳的杨树观看着那庞大的云团上升。手里还紧紧抓住一把汤匙，嘴角上粘着酱汁——他一生中最苦的一口饭菜。他的妻子吓傻了，倚在一根柱子上。

钱庄老板鲁齐奥·切齐里奥·乔孔多，对着天空匆匆望了一眼后，已经在收拾较重要的那些蜡版，以便带走保存。

维提兄弟甚至都没觉察到空中的喷发柱，他们在一间寝室里过

---

① 乔维·奥提莫·马西莫是照意大利文 Giove Ottimo Massimo 译出的朱庇特的全名。

于专注地查看着一些东方的绸缎，并为了改变他们的餐室外貌而考虑购买清单。

阿博恩当杂路上有很多人纹丝不动地停留在街道上：佐斯莫，双耳罐销售商站在茱莉娅·费里切旁边，她正用丝绸披肩把脸遮盖起来。

稍稍往前是丝米莉娜，阿赛里娜的姑娘之一，她吓得紧紧贴住商店的一面墙。还有"竞争对手"鲁齐奥·维图佐·普拉齐多也在注视着那个向天空升起的怪物，妻子则含着眼泪抱紧他的胳膊。

街上还有曾忙于给纯洁的恋人之家的大厅绘画的一群壁画工。他们把一切都放下了。考古学家们将发现装颜料的小瓶小罐和他们的很多工具都还在地上。我们可以想象那个情形。他们是为了搞清发生什么事而跑出去的，跑走之前，他们中有一个已经抹平了灰泥层并描出了人物的轮廓，他贸然丢下覆在他的作品上面以使之保持湿润的潮石灰，似是相信会尽快回来完成它。这是说明当时仍然没有人意识到喷发的无比严重性的另一条线索……

就连那个如此认真的工人也没有返回多慕思。工地将在两千年后重现，它将对罗马壁画工们的工作方式提供极其宝贵的资料。

克洛雕——斗篷销售商，他刚关了店门。他也张着嘴站在街心，因为害怕和惊愕而呆住了。他甚至没有觉察到从他身边过去的珐妩丝狄拉，她得赶在大家都离开城市之前收回她的一笔账款。

提多·苏埃狄奥·克莱蒙特已经远离了庞贝。在去往罗马的方向，这时候他靠近那波利。他下令将双轮马车停住，下车以便观察升向天空的可怕的喷发柱，此刻他明白了。地震，摇晃，诡谲的现象，井里降低的水位……一切都有了一个答案。他下令回头，连年来他自觉确实是被城市管理缠住了，在这种特别紧急的情况中尤甚。

同样的念头在萨比诺的脑子里闪过,庞贝的"昆体良"和其他很多人一起站在广场上。刹那间,他心里忽然痛苦地意识到,他的世界,"他的庞贝",到了日暮途穷时。

别处又在发生着什么呢?

泰尔齐尼奥上空的尘雾和石块

泰尔齐尼奥的形势动人心魄。这天早晨,喷发的火山云降落在山坡上,把一切都笼罩在一种诡异的雾中,好像它把风景抹杀了,不仅看不见了连带着庞贝、萨尔诺河的银带和索伦托半岛的景色,而且农作物似乎也消失了……到处飘散着浓稠的热雾,伴着一股浓烈的硫黄味。

奴隶们从田里回来要喝水,一边咳着喘不上气。有人试着骑马赶去庞贝求救,却再也没有回来。人们等待着。什么都看不见,就连农庄和别墅的院子里也伸手不见五指。奴隶们和主人们躲进各个点燃了油灯的房间。尤其使人胆战心惊的,是低沉的连续的隆隆声伴着大地的摇晃和震颤,以及突然轰响的爆炸声。这里与在庞贝相反,爆炸声是清晰又剧烈的。

接着,灾难爆发了。一阵巨大的隆隆声,一次恐怖的爆炸——前文描述的"乓"——像打在鼓膜上的一拳,在耳朵里留下很长的鸣响。一盘子面粉飞散出去。瞬间,冲击波猛然推开了门,粉碎了仅有的一点玻璃,掀翻了桌子和凳子,撕破了缠在柱子之间的帘幔。很多人摔倒在地上。当他们站起来四下打量时,到处杂乱不堪。地板上,盘子和瓷器碎成无数片,翻倒并碎了的罐子和撒了一地的粮食,掉落的油灯蔓延着火舌。在呻吟和叫喊中,自己的亲人的脸变得难以辨认。脸上沾满了灰尘,女人们的头发散开,乱糟糟的披散着。

就连要搞清发生了什么事的时间都没有,大地开始震颤起来,强度越来越大,壁画裂开了,灰泥从天花板上掉落下来。与此同时刮起一阵强风，是喷发柱开始升向天空时产生的那个"漩涡"。一场真正的风暴，它好像能把任何东西卷向火山口，卷向地狱（核爆炸蘑菇云可以产生一种相似的现象）。在一次次的震颤中，大家都注意到了那连续的响声：有些人形容它像一个处于窒息中的人的急促的喘息，另一些人把它比作震耳欲聋的瀑布声。

任何一个靠近喷发口的人都熟悉它们的"呼吸"，好似重复的吹气和喘息。然而此处是一个由气体和完全膨胀了的岩浆构成的急速升高的喷发柱，是历史上破坏性最大的喷发之一。在现代，能与它的巨大声响更近似的，也许是喷气式飞机的发动机低沉的呼啸。

正当人们彼此互助，试图搞清自己的家人是否安好，以及摔碎的油灯在半明半暗中熄灭了的时候，大家又被另一个现象吓呆了。除了地板的颤动和摇晃，除了喷发柱升空时的巨响，除了灼肺的空气，开始产生一些非常非常急剧的闷响。像一个巨人的脚步声……

石块如雨般的坠落就这样开始了。起初是落在屋顶瓦片上的一阵轻微的叮当声，像一阵不大的冰雹，接着硕大的石块从天而降，造成一个个偌大的坑，产生的气流冲击着窗板。这里变成了阴曹地府。在一片叫喊、祈祷和呻吟中，人们只希望它们不会砸中房屋。有时能清楚地听见一个屋檐突然为一块大石所毁的声响。还有时能听见什么东西在柱廊的地板上跳起和翻滚。为了搞清是什么东西，他们启开门缝，出现的是一块热气腾腾的黑色石头……还有时又能听清一块巨石砸中了葡萄园……

波斯科雷亚莱、碧飒奈拉别墅、埃尔科拉诺离得较远，可并不安全

在庞贝附近，核定出的建筑和构造大约是一百五十座，包括别墅、农庄，等等。每一座都有个特别的故事值得一叙。

譬如，皇后别墅的所有人都逃离了。房屋附近落下两块巨石后，房主本人决定，最好搬去更安全的地方等待最糟糕的情况过

去。农庄里只留下一个看守,像一位不弃船的真正的船长,守护着十八个埋入地下且密封了的装满葡萄酒的宝贵坛子。然而,除他之外所有人都谨慎逃离的这一事实,说明这里的人都认为,在这种最初的发泄之后,情况应该好转起来的,然后将回来像过去一样干活。

不远处,在碧飒奈拉别墅里,气氛完全不同。女房主做出了另一种选择。钱庄老板鲁齐奥·切齐里奥·乔孔多的妻子的确是在这里过夜的。她的决定将是致命的。此刻她远离貌似安全的庞贝,却更靠近灾难中心……

我们在农庄里可以看到的场面相似于泰尔齐尼奥的一些别墅,不过它们附近没那么惨。笼罩了那边地平线的低矮的尘雾没有抵达这里,可以通畅地呼吸,景物是清晰的,可使人意识到喷发柱的距离之近,那是叫人心生恐惧的事。肯定难以平心静气地工作,尽管如此,他们还是准备好了向欧普龙提斯发送的另一批双耳罐。这一次,和沉着、高大的日耳曼人一起坐上双轮车的不是鲁齐奥·贝里提奥·爱若斯,而是庄园里的另一个自由奴,他迅速抓住了这张意外的"关键的一票"。

我们去埃尔科拉诺。这里的情形迥然不同。要迫使某人工作是不可能的。恐慌统治了城市。在发生喷发的时候,大家都看见了升向空中的喷发柱,听见了很响的"乓"。埃尔科拉诺与喷发柱其实只相距六千米。从最初的一瞬间,人们就叫喊着涌向了街头,逃跑被视作唯一得救的可能性。

稍后,几乎如流星似的,由爆炸的通道中碎裂的并被喷发柱拖进大气层的石块宛若流星般开始从空中落下。有人备马想尽可能地逃远,一位得把小女儿抱上马的父亲耽搁了:一块巨石对着他们砸了下来,撞击是毁灭性的。一切都恰好发生在萨图尼诺的面前,他正沿着第三条卡尔多往上走。此刻,在他眼前,地上躺着他们的尸体，还有几匹马的尸体。石块砸断了父亲的双腿。

考古学家们将挖掘到这个触目惊心的场面，证明谁也未曾为搬走尸体而停留过。

恐慌已经蔓延开去。石块洞穿屋顶，砸碎石头路面。人们叫喊着寻找藏身之所，又不能不惊恐地望向扭曲着升上天的庞大的喷发柱。晃动使家家户户有东西坠落，使店铺的柜台坍塌。

大海的情形也不好：石块掉落时激起的水花溅到与海岸隔开一定距离的抛了锚的货船上。

我们昨天上午认识的渔夫在又重复了一天特殊的捕鱼后，正驾着他的船返回。两块石头掉落在他旁边，其中一个甚至溅了他一身水。他面前有一个恐怖的情景：天空中，喷发柱越发雄伟地上升，城里成群结队的人四下逃遁……很多人都涌向沙滩。本能地，男人用目光搜寻着儿子。他看见儿子被吓傻了，站在川流不息的人群中。好啦，他几乎靠岸了。他呼唤着儿子，同时用桨把船调转向深海，几秒钟内男孩上了船。父亲使出绝望的力量，拼命划桨。船驶离了海滩，向北沿着坎帕尼亚海岸逆流缓缓前进。这个决定是对的，俩人都将获救。

沿着海岸一路过去，他们看见的场面都一样，小屋子一如奢华的海边别墅：惶恐不安的人在逃奔。

事实上，这里，维苏威乌斯近在咫尺……

平静的米塞诺

所有人都能看见维苏威乌斯的喷发柱了。可是，住在火山脚下或近处的人家和街道上此刻正发生的那一切，完全不为住在海岸的其他居民们所了解。比如说米塞诺，舰队基地所在，我们知道，那里还有老普林尼。

小普林尼将写信给塔西佗，如我们见到的，除了是一个不同寻常的证据，还带有一个平时不受注意的方面。它传达给我们的信息是，身处二十至三十千米之外的人在那些恐怖时刻里是在绝对的平静中度过的，完全低估了事发地的惨烈。尤其只要考虑到，通知帝国的主要舰队总指挥的是他的妹妹，在她无意间注意到了喷发柱在地平线上升腾之后，而不像人们所意料的那样来自一份官方的快讯……你们听听描述。

你要我讲述一下我舅舅的辞世，好将此最准确地传给后世。……

普林尼那时在米塞诺亲自指挥舰队。九月朔日前的第九天，大约早上6、7点，我的母亲告诉他，她发现一个规模和外观都异常的云团。他在晒过日光浴又洗过冷水澡后，正躺着边吃点心边做研究；他要来鞋子，登上一处可以看清那个现象的地方。一团尘雾正在形成（他们当时从如此远的地方观察，看不出是从哪座山产生的，后来才知道是维苏威乌斯火山）……

身为一个博学的人，普林尼认为应该更近地好好观察那个现象。他下令准备一艘里布那小船。他允许我，假如我愿意，和他一块儿去；我回答他我更愿意留下来学习，而且恰好正是他本人给我布置了一份作业。

总之，在米塞诺、那波利和其他很多城市，云团被当作一个值得欣赏的"奇观"，一个纯粹的自然景象……不过，由于它的规模，即使相隔这么远也是一个能引起惊悸的奇观。外甥的借口——他不能去因为他得阅读和学习舅舅本人交给他的文章，实在不太可信，有种站不住脚的辩白的意思。只不过是看见云团让他感到害怕罢了。不管是胆小或是勤奋，那份谨慎救了他的命。

一开始，谁都不明白那云雾是从哪里升起的（再次证明，维苏威乌斯火山那时的高度应该和其他山一样，如已经说过的，没有一个高高耸立在天际的山锥)。

罗马的舰队司令,身为一个无可挑剔的博物学家,老普林尼想就近研究那种现象。他下令放一艘里布那快船到海里,也许正是两天前蕊柯媞娜用过的同一艘船。

然而,当他就要上船时,传来一个伤心的消息,恰恰来自那个女人。这就是那个情节,仍然通过外甥的言辞:

> 舅舅正要离开家的时候收到蕊柯媞娜的一封短函……她被突然降临的危险吓坏了(既然她的别墅就在山脚下,除了船她没有其它脱险的办法),她乞求被带离如此恐怖的境地。舅舅改变了自己的计划,为了责任而停止对科学的爱好所做的那一切。他放入海里几艘四列桨船并亲自上船,为了救助不仅仅是蕊柯媞娜而是很多其他人,因为怡人的海滨曾是居民密集的地区。

总而言之,舰队司令把他的现场科学观察之行变成了急救行动。有人,譬如研究员弗拉维奥·如索,称其为历史上第一次市民保护行动。是的,甚至还动用了强大的军队交通工具用于救援普通百姓。四列桨船是庞大的战船,能够装载四百名士兵。老普林尼的用意是明摆着的:他想用它们尽可能多地救人。

我们不知道蕊柯媞娜的措辞,但既然普林尼立刻作出了反应,她便具有说服力,更应该是个很受重视的女人。

舰队司令正是从那封信中第一次直觉地意识到灾难的实际规模,他是以最快和尽可能"现代"的方式行动的。我们不知道当他捏紧那张由一名通讯员气喘吁吁地送交给他的短笺时,他的脑海里闪过了什么,但是不可否认,身为一名最佳指挥,他在极短的时间里衡量了形势并果断行动了,完全像罗马军中的将军们所做的那样。

幸好，由于训练有素，四列桨船都已经装备就绪，也因为罗马军人们行动敏捷，所以集合船员、把精简的必需品装上船和解缆未曾花费太长时间。鉴于情况紧急，普林尼主要考虑节约时间，保持船只的轻便好尽早施救，接纳更多的人并将其带回米塞诺或其他安全的海滨。

蕊柯媞娜呢？我们只能设想她是在哪种条件下发送消息的。我们倒退几个小时。

早晨，一个应该管理很大一份产业的人的惯有的事务如常开始了。但是很快，像所有的庞贝人和埃尔科拉诺人一样，她听见了隆隆声，从维苏威乌斯传来的低沉的爆炸声……她停下了所有的事情。

显而易见，这天会不同于昔日。因为担心房屋倒塌，她叫人把午饭摆在露天里，在面向海景的漂亮晒台之一上的凉棚下面。正当她在口述一封给在罗马的阿姨的信时，她听见了一阵很强的轰响。喷发柱向着高空冲腾，携带着一千个太阳的热量。如果，打破声障的轰响传到庞贝费时大约二十四至二十六秒，穿越八至九千米的距离，那么传到埃尔科拉诺它费时十八秒，因为仅有六千米。

蕊柯媞娜睁大眼睛从特里克里尼奥餐榻上站起来，被云团惊呆了，它升得越高越是扭曲。她一动不动地停在原地，石化了似的。直到她的贴身奴隶艾乌提克跑过来。大地剧烈地颤动着，整座别墅处于猛烈的摇晃中。接着，一声脆响使两个人都转过了头，一段大理石栏杆不见了。是塌了还是被击倒了？

从高空传来的一阵嗞嗞声吸引了他们的注意力，空中布满了移动的黑点，好似一群蜜蜂。有一些黑点变得越来越大。

又是一阵轰响。这次来自一座邻近的别墅，它的屋顶被击穿了。接着，百米开外的地上扑通一声响……再过去一点又是一声响……又是一声……

待在露天里太危险了。奴隶喊着蕊柯媞娜要她躲避，但见她纹丝没动，差不多痴呆了，便毫不犹豫地抱起她，就这样，他们开始顺着礁石上的一个晒台的台阶往下跑。在低处，有几个在岩壁上挖出的壁龛，一个理想的庇护所，正因为它们朝向大海，所以与石块掉落的方向相反。

自阶梯往下是一场拼命的狂奔，一边还不时地回头去看云雾和石头杀手。进入一个壁龛后，两人转身望海，蓝色的水面上有许多白色水花在飞溅，宛若草地上的春白菊……

他们在那里待了很久。脑子里思绪万千。现在怎么办？

降落的石头和大石块刚停，艾乌提克便探出身，他察看过再没什么危险了，示意蕊柯媞娜出来。

他们在面前看到一场不现实的情景。别墅的状况似乎还好，屋顶只有两处被击中，一尊雕像摔得粉碎，更可能是因为震动而非从天而降的"炸弹"。所有的东西都盖上了一层灰末和在凉鞋底下嘎吱作响的黑色小石头。从前厅里传来一阵奇怪的声音，像汩汩的流水声……承雨池中冒出一团浓浓的蒸汽。

两人小心翼翼地走近池子，看见那里面有一块黑色的大石头，一边在水里"煎炸"，一边使水沸腾起来。

家里的其他奴隶也从幸运的藏身地出来了，没有伤者，只有一个园丁在试图逃遁时一只脚踝脱臼了。可是，别墅又开始摇晃起来。大家都跑出门去，举目望天，想看看是否又有石头来了。

对于像蕊柯媞娜这样离火山如此近（其实"就在它的脚边"）的人，形势是悲惨的。喷发柱发出持续的极其洪亮的喷气声。如果在泰尔齐尼奥我们把它比作远处的喷气飞机的喷气式发动机，那么在埃尔科拉诺它就像狂风暴雨中的海洋发出的那种声音，伴以不断的雷鸣般的爆炸声……

蕊柯媞娜命令她的所有的奴隶设法保命，她尝试过坐着一辆匆忙套好的双轮马车逃生。但是不可能去往那波利。街道马路被塌方和倒塌堵塞了。已经死了很多人。

可以逃向庞贝和斯塔比亚，但似乎是个最糟糕的办法，因为那就意味着向着地狱、向着那团正笼罩着景物的黑影而去。唯一的出路是海。然而，一个去探察情况的奴隶返回别墅时浑身湿透了，逆风和狂暴的海阻止起航，至少对他们所使用的小船是这样。

从附近逃出的丧魂落魄的人来敲别墅的门，在蕊柯媞娜的命令下他们得到了收容，她应付得像个名实相符的"贵妇人"，为受她庇护的平民提供帮助和指引。来的主要是妇孺们，他们被安顿在花园里和柱廊下。有人哭泣，有人绝望，有人求神……还有人在墙上写下永别的话。情势每况愈下，加剧的地震引起一片喊声和哭声，不断有人来到别墅。同时，从埃尔科拉诺来的人讲述着一种类似的境况和所有居民的绝望。

然后又开始了大块的火山石的轰击，大家再次躲避到别墅里，蜷缩在各间屋子的角落，目光朝向天花板，担心着更糟的情况……

这时，蕊柯媞娜想到了唯一可做的事：向老普林尼求救，如果他来，用他的那几艘船可搭救更多的人。

她跑向她私宅一角的信号塔。她没有敲大门，直接跨过了围墙……不难想象看见她冲进会议厅的海员们的惊愕。在翻倒的搁板和破碎的盆盆罐罐之间，一些小地图被几只手按稳在桌上，士兵们正在寻找形势的要害所在。怀着一点点自豪，蕊柯媞娜证实了任何人未曾逃跑。他们留在了他们的岗位上，为了和米塞诺基地以及其余的军事信号塔保持联络，利用回光仪发出和接收发光信号。

保持镇静并非易事。天花板上的大梁晃动着，使灰尘和墙皮往下落，墙壁开裂了，各种器皿在桌上翻滚着，可信号塔顶住了，由于为经得住军队的进攻而设计的坚固的结构……

以不容置辩的口吻，蕊柯媞娜下令直接向最高指挥官发出一封求救信。她要求信上加进她的名字，以便拥有绝对的优先权。海员们了解她和老普林尼的私交，立刻遵命了。可以肯定的，想到军船来了他们也得救了应该是当时发送紧急求助信号的另一个原因（也许是决定性的那个?）。

数秒钟，正好是发送一连串的闪光的时间之后，消息传到了米塞诺。几分钟内，一名气喘吁吁的海员已经在舰队司令的面前了，如小普林尼讲述的，"他接到卡斯柯的妻子蕊柯媞娜的信，她被近在咫尺的危险吓坏了。"

此刻在米塞诺，几艘四列桨船正在起锚。它们是造船技术的珍品，是坚固又细长，庄严又轻巧，漂亮又致命的……如同用于作战的猛犬，一艘连着一艘驶出了港口。在第一艘四列桨船的船头上，老普林尼片刻不曾停过地盯视着那团可怕的火山云：他用目光寻找着蕊柯媞娜的别墅。它就在那边下面的某处。他想起她的十分温柔和性感的笑容，在心里求神保佑她还活着。

隔着数千步①的距离，蕊柯媞娜正仔细观察着大海，试图发现普林尼的船。她握紧垂立于海上的一个大晒台的青铜栏杆。栏杆上每隔一截便有巴库斯的双面的头，其中之一将被考古学家们挖掘出来。或许正是蕊柯媞娜在震动最强的时候拼尽全力抓牢的那个头呢，谁知道。她明显感觉到大地在脚下波动起伏，这让她心里产生一种与生俱来的恐惧，一种无法控制的恐惧将她包围。她自觉濒于绝境。但是，她什么也不能做，除了等待。还有希冀……

---

① 千步，古罗马的长度单位。

那团火山云越来越高

庞贝

公元79年10月24日13：30

喷发后30分钟

VADE AGE NATE VOCAS ZEPIRIOS

快跑儿子！呼唤泽费罗斯①们！

一块云团正在形成……若把它比做树，它的外观更像松树。既然它好似一根极高的树干伸向空中，接着又像枝杈似的展开，所以我认为，它在产生之初是由一股气流托起的，然后由于气流中断了或者为自身的重量而塌落，又整个儿地往下沉，慢慢地伸展开来。几段儿白净几段儿脏，是有斑点的，由于它带有泥土或灰烬之故。

小普林尼这样描述喷发柱。自维苏威乌斯的"塞子"炸开，岩浆以超声速通过石化了的老通道的出口喷出，仅仅过去了三十分钟。

仅三十分钟内，它已经达到了十四千米的高度！假如你们觉得你们看飞翔在天空中的一架喷气式客机的小点儿已经非常"高"

---

① 泽费罗斯是希腊神话中的风神。

了，要知道火山云是远远超出那个高度的，至少高出二分之一。换言之，喷气机的驾驶员会看见它高出他几千米。这使你们对在火山内部运动已久的、喷射到如此高度的岩浆压力有了一个概念。于是也就能明白近些年里所有的可怕的地震了。还有庞贝人脚底下的那枚装了雷管的"炸弹"。现在它爆炸了。

喷发柱是个十分炽热的浓稠的混合物，包含了碎成小粒子的岩浆、岩石，特别是气体（蒸气和二氧化碳）。在上升过程中，它把自身周围的、侧面的，尤其是地面上的空气吸进漩涡。这就形成了把每样东西都吸向火山的非常强劲的径向风。

在那山坡上的人便被狂暴得难以置信的风卷走了（如我们在泰尔齐尼奥说过的），完全就像发生在广岛市、长崎市那样，或者像在第二次世界大战中为同盟国的狂轰滥炸所点燃时的汉堡那样。一种把尘雾吹入眼睛的巨大的"烟囱效应"，卷起碎石和反常的积聚物抛向火山对面的山坡上。

这些风不是火山云唯一的结果。喷发柱一边吸着周围的空气，一边在缓缓上升中变得不太浓稠了。升至一定的高度，内部的空气流动便使喷发柱呈伞状展开，同时撒下小石头、凝固的岩浆片和非常轻的类似蛋白小酥饼的"吹制的"岩浆碎片——浮石，所有这一切从令人发晕的高度重新坠落到地面。

在庞贝，几乎所有的人都跑向自己的亲人以核实他们的情况，但也有很多人为了要搞清该怎么办而留在了广场。有人想奉献祭品好使火山神平静下来，而另有一些人则说这只是一时的发泄，几小时之内他将会平息的。很多人都看向庞贝的"昆体良"萨比诺，等待着他的使人开窍的意见。他的建议是谨慎的，可十分明智。离城而去为上策，至少妇孺们最好离开。他对十七年前的地震记忆犹新……

然后，广场和整座城市全都缄默了，就像发生日食那样，日光突然消失了。数不清的眼睛都望向天空，喷发柱伸展得越来越大，它像一团乌云向着太阳升去，几秒钟内便将它完全遮蔽了。在场的任何一个人都永远不会再见到它。

死亡之夜开始了。寒冷和焦虑使所有的人战栗。即使在那突如其来的昏暗中，"昆体良"还继续宽慰着他身边的人。正在他说话的时候，一小块浮石击中了他的头。没伤着他，却让他住了口。浮石在地上弹跳了一下停在了他的脚边。萨比诺弯腰将它捡起。仍是热的。他觉察到同城市民们在盯着他看。接着，很多在场的人开始四下张望起来。一阵轻微的嘀嗒声响彻广场，好像开始下雨了。但不是雨，是雹，非常特殊的雹……

数不胜数的小块浮石开始从空中掉落下来。轻如软木的小石头在地上弹起，发出噼噼啪啪的声音。然而，声音几乎马上又变了，变得更响亮和可怕了。

现在掉落的是石子和石块，它们从十四千米的高度坠落，你们想象是以怎样的速度和威力！

全体陷于恐慌。广场瞬间空了。地上留下了两具尸体。惊惧万分的人们躲避到了柱廊下面。广场地板上那雪白的大理石板逐渐在改变颜色，变得越来越灰和越来越黑。庞贝正沉入一片浮石汪洋中……

人们发了狂地在街上奔跑。夹在他们中间的还有佐斯莫，他绝望地试图返回他的家人身边和阿博恩当杂路上的铺子。当他为了有个庇护而贴着墙走过一个又一个檐棚时，他在身边看到的唯有焦虑和集体发狂。

他的眼睛收集了一些它已经笼罩了全城的恐怖画面：一具头颅破碎的尸体躺在街上，一个男人在人行道上爬行，一群面带慌乱的人围着一家酒吧，一个女人被某个要在大阳台底下寻找庇护的人推倒在路当中，一只手飞快地偷拿了陈列的商品……

周遭，比在奔逃中遇上的任何画面更恐怖的，是浮石落在屋顶上的不断的震耳声响，同样的还有被从天而降的岩石打破的瓦片的那种可怕和清脆的声音。

就连简单的穿越马路也会是致命的。佐斯莫对此是清楚的,他知道不能跑,那太危险了。人行道和街道开始铺上了一层薄薄的砾石,因此得小心着不迈大步或快步。的确有很多人在这场绝望的逃奔中摔倒。此外,大地不停地在摇晃,随着每次晃动,佐斯莫耳边回响的是摔碎的陶土盘子和碗、翻倒的搁板或者破碎的双耳罐的声音。

佐斯莫不知道——那一时刻谁也不会知道——这是大家最后一次彼此相见。从此刻往后,人们独自或小群地努力求生,一如海难幸存者绝望地寻求生路那样。在庞贝,多少个世纪未曾中断的凝聚力和集体的意义,几分钟内便土崩瓦解了。

可浮石是从哪里来的?它们是怎样产生的呢?

可以将维苏威乌斯火山的喷发与开启一瓶香槟相比较,这样看起来就不难理解。在把盖子去掉的时候,瓶子中间的酒属于液态。它越是往瓶颈处上升,形成的泡沫就越多,那是酒和气泡的混合体。从某种意义上来说,发生在维苏威乌斯内部的情形也是相似的。在岩浆库的中间,不稳定的炽热流体的压力异常高,它稠密且不存在气泡。但是上端气泡已经趋向形成,它们的数量在逐渐上升的过程中增加,直至岩浆支离破碎,也就是当它破碎成难以计数的粒子——浮石,轻因为是"吹制的"——和气体时。总之,进入到火山通道的那些就相当于香槟的泡沫。后者就是这样从瓶子里喷射出来,达到较远的距离(你们想起一级方程式赛车大奖的颁奖结束时的欢庆者们了吗?),维苏威乌斯火山也同样如此。

庞大的喷发柱正是一种超声速的"泡沫",这就是为什么浮石升得那么高,落得那么远……

此外,由于这种向外喷射的摩擦和压力,导致火山的通道和出口渐渐增宽。这只会增加喷发柱的"射程"。

有些挖掘证明，庞贝的喷发的浮石投掷得很远，至少离开火山七十二千米，直到阿格罗波利。除此，伊奥尼亚海湾的海底钻井也挖掘到了一些较薄的浮石层，它们正是由公元 79 年的维苏威乌斯喷出的。

火山灰飘得更远，直至冰岛格陵兰……

空中的地狱

庞贝附近的乡村和别墅

公元 79 年 10 月 24 日 14：00

喷发后一小时

QUI IACEO ICTUS
我被击倒了……

时间一分分地过去，第一个小时过去了，可浮石雨还没有减少的意思。喷发柱升至二十千米的高度，呈现出恐怖的景象。

顺着它的柱身爆发了真正的雷电，突然形成的一些光环围绕着不断翻腾并继续可怕地上升的柱身。

不可能不想到朱庇特，不可能不感到恐惧，不可能不想要得到大自然和众神的宽恕。

这，在一个古老民族的思想观念里阻止了一切适当的与自然现象斗争的意愿。很多人走向家中的小祭坛，向朱庇特、火山神祈求帮助，或者简单地求助于家庭炉灶的保护神拉尔们。他们不知道他们正在浪费宝贵的逃生时间……

轰隆隆的雷鸣之外又加上维苏威乌斯持续的"喷气声"。可对此很少有人注意到。到处不断响着浮石和岩石的噼啪声。

乡村里的情形是悲惨的。任何一个在田里的或在放牧羊群的人都匆匆回到了农庄和别墅里，或者是觅得一处幸运的避身地，利用一些旧棚屋或某个特别粗壮的树干。还有人躲在了双轮货车底下。对于很多人，那将是他们长眠的地方。

我们回到庞贝。在城墙外不远处的一座别墅——马赛克柱子别墅（那些柱子包裹着一层玻璃熔浆做成的马赛克，今天陈列在那波利国立考古博物馆）里正发生着一场悲剧，它将于很多个世纪以后才被发现。

一个脚踝处绑了足枷和笨重铁链的奴隶，他的皮肉正处于磨蚀中。他的处境和其他很多奴隶不同。如果某人选中你，让你在一个铺子里、在一所宅院里或者总之是在城里干活，如我们已经说过的，对你就真实存在着某天得到自由和开始新生活的可能性。但是，如果某人选中你，要让你在农村干活，你的命运就注定了。你将受到虐待，将被非常繁重的劳作"榨干"，直至你的健康彻底毁了。你将在短时间内死去……

这个男人，一个和你们、和我一样的人，他的不幸是成了奴隶并被买走，用来干农活。但是他的第三个且是最大的不幸还将到来。

我们不知道他犯了什么错以致被套了足枷，但无论怎样，在喷发中他被判了死刑。考古学家们将出土他的在胫骨和腓骨处围扣着粗大铁链的骨架。

为惩罚奴隶而使用足枷，在庞贝农村的其他地方也有过考证。比如，在皇后别墅出土了一个连有更多环的足枷，因为能同时囚禁更多奴隶。为他们称幸，它那时是空的……

另一个让人骇异的现象是，喷发正在改变局部地区的天气。伸向空中的庞大的喷发柱，温度极高，形成具有破坏性的旋风和气流。我们说到了回吸的强风，但这不是唯一的"次要的效果"。甚至连海也开始起伏不定，波浪开始升高，白色的浪峰越来越多了。稍后我们将说到真正的烈风。

在这些风浪之外还得加上一天中和一年中的这种特殊时段常刮的风,注定了喷发柱在它的伸展中要被在高空中的东南风"折弯",同时使得它的可怕的容纳物坠落在一个比较明确的方向和区域(事实不像人们一般认为的那样,都"径向"和均匀地落在周围)。庞贝处于放射状的方向中,同样还有斯塔比亚、欧普龙提斯、泰尔齐尼奥、波斯科雷亚莱……在别处没发生同样的事,比如,在埃尔科拉诺连一块浮石也没找到。诺切拉、诺拉、那波利和波佐利无能为力地"旁观了"一场好像饶过它们的悲剧。在眼下是这样……

太阳消失了,冷了,地面上起了一阵十分强劲的吹向火山的风。这还不是全部,需要加上因大量蒸汽涌入大气层而产生的雨水,它凝结并再在维苏威乌斯的山坡上方最高处落下,暴雨连同由火山灰构成的又浓又急的泥流突然涨满河床……

这些雨经常是酸性的,这就引出另一个问题:此刻漂浮在庞贝的住宅前厅内的池子里的浮石正在把水变成毒水吗?

依那波利国立地球物理学和火山学研究院的火山学家乔万尼·马切多尼奥之见,掉进蓄水池和萨尔诺河中的浮石,不会给水的化学特性带来重要的变化。但是,它们可能含有会溶解在水里的有害物质。因此,大量的浮石在一个水池里,水的酸性就增加了,但喝水人的死亡并不是这个造成的。

另一个话题则关于喷发时飘散的灰末,它趋向落于水里,那东西刚从火山口出来含有有毒的和污染水罐及水槽的物质。

我们说到了火山灰,这,自然就把我们重新带回到庞贝……

逃跑或死亡：相遇的命运

庞贝

公元79年10月24日14：30

喷发后90分钟

AUDE OMNIA

勇敢地全都试一下！

在城里，颜色非常浅淡的火山砾雨没有停息的意思，覆盖街道、花园和屋顶的厚度继续增加着。火山碎屑岩，也就是大小各异的石块和岩石的坠落倒是减少了。

所有的人都找到了一处庇身之所。有人在家中，有人在一座拱门下，有人在一个铺子里，有人在一家"酒吧"或饭馆与很多陌生人在一起，彼此帮助，相互鼓舞打气，正是在这样的时刻里能发现一个人的真实脾性：健硕魁梧的男人们总是时刻准备着叫他人安静，却不知道该做什么，而一些绝对是默默无闻的普通人则变成了参照标准，头脑冷静的领导人……

少数穿越马路的人边走边挡住头。他们使用枕头或锅。恰似坎帕尼亚人在1906年维苏威火山的另一次喷发中所做的那样。

但是，除了震颤、从天上落下的浮石和岩石，使得情形更惨的是由这次喷发产生的另一个"启示录中的骑士"①——我们刚刚提及的火山灰。

和浮石一起,庞贝从一开始就立刻被异常细的灰末重新覆盖了。一种可怕的雾袭来,城市不仅在从远处望着它的人的眼里完全消失了,而且对住在它里面的人也是——能见度降至一米多一点。

然而,它不是一种普通的雾。眼睛灼痛并不断流泪,呼吸困难。能做到的,就是用一块湿布遮在嘴上。的确,每次呼吸都能引起喉咙和肺部的烧灼感,这是因为火山灰是由许许多多细小和锋锐的火山碎片构成,它们刺激并弄伤气管。除了从空中落下的浮石的噼啪声和岩石的闷响之外,在庞贝这样紧张的时刻里还能听见很多人在咳嗽。

1980年的圣海伦火山的喷发,造成的火山泥石流和大量的火山灰与公元79年的喷发相似,我们还能想象一下庞贝的道路状况。

其实就像一场大雪那样,火山灰沉积和"黏附"在所有的东西上面。树木被笼罩了,正如在大雪中,重量开始压断枝杈。不仅如此,有时候是整棵树都倒了。突然响起的炸裂声加入所有其他声响的行列。

要是圣海伦的火山灰在人们试图使用扫雨刷时在玻璃上留下划痕,你们完全可以设想,在庞贝,每一次的呼吸能带来怎样的感觉……

佐斯莫到家了。因为火山砾钻进了门扇底下,费了好一番功夫才得以打开大门:他几乎把它推倒了。他一进去便迅速思考和行动。他马上把妻子和两个孩子叫到身边,给他们每人头上放一个枕头,他带上水和他们一起穿过萨尔诺门逃出了城。携带首饰或其他

---

① 启示录中的骑士有四个,根据现代的理解为:骑白马、握弓者象征战争;骑红马、持剑者象征暴力和杀戮;骑黑马、拿天平者象征饥荒;坐骑带点绿色的骑士象征死亡和瘟疫。

贵重物品只会浪费时间。这就是为什么考古学家们将发现它们还在他的寓所里。他们是毫不犹豫地逃离的。逃向哪里呢？

他从街上人们的议论明白了，最直接的逃生路是那条通往诺切拉的马路。当然，诺切拉离这里差不多有十五千米，但只要过了萨尔诺桥，一切都将有所好转。得离开维苏威乌斯火山。不过桥肯定不近，那将是十分艰难的一次行进。幸好有时雾好像散开一些，这就能够间断性地看见正走在那里和周围的一切……

过了萨尔诺门，小家庭看到的是一片无法辨认的荒漠：所有的一切都被一层淡颜色的浮石和火山灰覆盖了，使景物变得不真实。城墙外路边的坟墓被覆盖在火山灰下面，看上去就真的像米开朗基罗学派的"囚徒"般的粗凿雕像。

然而，最令人担心的是，道路几乎看不见了，完全就像在面对雪的困扰时一样。在接下来的几个小时里，一切都将从视界中消失，这将给寻找逃路的人造成另一个障碍。在山区，即便是现代，人们还会谨慎地把一些棍棒绑在竖立在路边的那些石柱上，以便在大雪之后也能标出路线。这里当然没有任何类似的东西，需要跟着记忆走。

但这不是唯一的麻烦。跟佐斯莫家一起的还有其他小群小群的人。我们遇见阿赛里娜的姑娘中的一个——丝米莉娜，她骑着一匹马，缰绳由一个男人牵着，显然是这个狡黠的姑娘的最新"征服"。马呼吸急促，艰难地前进着。不远处，夹在逃难人群里的还有斗篷制造商克洛雕和他的家人。

他们举步维艰，同时用布块和披肩遮挡眼睛和嘴巴。好似一支处于一场沙尘暴中的溃军……他们超过一辆停在路当中动弹不得的双轮车，浮石层太厚了，骡子在那如同一片石子荒漠中一样再也拉不动双轮车了。

一路上他们还遇到其他车辆。已经有很多，排着队，永远停滞并被抛弃了。在接下来的时间里将逐渐被浮石掩埋。可能，这些人的残骸还在那里，待分布于庞贝四周的那些道路重见天日的那天，他们将能重现。

佐斯莫边走边紧紧拉住妻儿。他们处于休克状态。他们无法明白，一切怎能在如此短暂的时间里全部改变。在不停息的浮石雨下，路程将是漫长的，一次次，尤其是孩子们，他们认为坚持不住了，要求停一停。

在路旁一排很多乡村别墅的房檐下的几次短暂休息，能让逃难的人得以喘息和恢复体力。商人是坚定的：不能停歇，这是唯一可以得救的办法。然而，在雾中和此刻已经至少有二三十厘米高的浮石层上行走并非易事，它在继续升高的同时使得行进困难重重。

佐斯莫对这条路记得清清楚楚的，因为他驾着双轮货车辗转于当地的各个市场，他能够闭着眼睛走完它。为此，他谨慎地避开行车道的正中而走在稍微高点儿的路肩上，那里的路基给人感觉更稳固……

仿佛是个奇迹，萨尔诺桥终于出现了。它长五十来米，生路就在对面。不过，在到达这里的人之间，害怕更甚于轻松。聚集着一小群人，但似乎迟疑着不动……原因是各种各样的。

一场场地震削弱了桥的结构。不过真正的危险是浮石造成的。此刻，浮石把桥覆盖了厚厚的一层，重量是可观的，达到具有多个桥拱的砖石构造承重极限。此外，还有上游的浮石层正被河水费力地带往下游，这时堆积在桥边。之前它们从桥拱下过去，可现在，还因为一层厚密的横七竖八的枝杈和树干正在隆起形成丘陵，压迫着那唯一可以伸向生路的通道同时堵塞了桥拱并形成一道真正的坝。总之，此刻在挤压着桥的还有河。从浓雾里传出的可怕的声音让很多人感到恐惧，没人能够看到对面。根据逃难者所知，桥还可能已经坍塌了一部分。

可是佐斯莫决定了。停滞不前等于死定了。他看看妻子，她脸上流着因为悲惨事件而非火山雾霾引起的泪水，迫使他再次行动起来。他抱起最小的儿子，用一只手拉紧另一个儿子，和妻子一起迈开步子。

逃难的人看着他在雾中隐没。丝米莉娜（她的"骑士"抛下了她）和另一群人也一起跟上他们。每一步都愈加的艰难。河堤构成了一个长长的装满了浮石的"池子"。有一处河堤塌了，佐斯莫惊恐地看到，与在桥身另一侧的上游堆积如山的浮石相比，下游的水位是多么的低。猛然间的晃动引起一阵慌乱的大叫。

不是地震，是桥开始坍塌了。大家都绝望地为生存而奔跑。然而即使是前进几步也是如此的难……

佐斯莫用尽全力终于抵达了对岸。他放下孩子们回到妻子那里，精疲力竭的她落在了后面。这时雾散开了些，他能清楚地看见她。一阵猛晃将他推倒在地，如同有人抽掉他脚下的地毯那样。他重新站起来，明显感觉到桥在晃动。他边跑边向困在浮石里的妻子大喊，她无望地呼唤着他。只差几步了……

他以绝望的一跃靠近了她，抓住她的一条胳膊试图将她拉出浮石：不可能。他使尽全部力气，可好像有什么东西把她从下面困住了。与此同时，声响越来越大。桥开始从中间断裂。

佐斯莫咬紧牙使出全力再拉。无果。然后，他突然感觉到有别的手臂来拉妻子。女人完全是被两个陌生人以最后一点超常的力气拖向岸边的。刚一到桥头，个个都疲惫地瘫倒在地，拼命地吸着氧气……就在那一瞬间，雾中传来一声巨大的轰响。桥断了，坠落水中被卷走了。能听见叫喊声。那些仅在最后才决定尝试过桥而迟了的人被冲走了，淹没于水中。

通向生存的路已经断了。留在另一面的人将不能得救。佐斯莫在这时才认出靠在一个雕像底座上的两名搭救者，是他的儿子们的老师。谁都说不出话来，只使劲呼吸着，但他们的灰末面具收缩成了一种微笑。

稍后他们将继续前进，空气将慢慢地变得更能呼吸了。他们将会得救。

桥的另一头则陷入惊慌之中。现在怎么办？浮石雨不停地下。游泳过河，在这种条件下等于真正的寻死。有人想回头，有人绝望，有人折回在途中看见的农庄里寻找水和庇护。有些人提议回头并往港口那边去，那里有另一座木桥通向斯塔比亚。不过，大家都知道，在一座砖石结构的地方所发生的一切，更会发生在下游。

事实上，木桥还在，尽管它的命运是注定了的。它因地震和浮石的重压而逐渐毁坏了，最终将倒塌，因为河水由于上游的桥梁坍塌而突然间"涨"了。它将被冲走，同时卷走所有那些正在过桥的人。他们当中还有珐妩丝狄拉，赌场的高利贷者，她斜挎在肩上的装满金币的包肯定拖累她慢下脚步，造成的迟缓对她将是致命的。

在与佐斯莫和生路隔开数步的河对岸的陷于困境中的人之间，还有鲁齐奥·维图佐·普拉齐多和阿丝库拉——酒吧经营者。在逃离之前，他们把进款藏在了店里的柜台中的一个陶土坛子里，在一层干的食品下面，要带走实在太重了。他们永远都不会再回来取出它们。他们将在桥附近的一座庄园里寻找庇护，被第二天早上从火山流出的火山泥石流淹没而丧生。考古学家们将挖掘到这笔小小的财富，整整1385个塞斯特尔兹奥（相当于8310欧元有余），是对当时的一家酒吧兼饭馆的"营业额"的宝贵证明。

当然，在这段路上丧生的不只有鲁齐奥·维图佐·普拉齐多和阿丝库拉。很多人躲避在自己的双轮马车的篷布下，和他们的家人一起等待一切都会过去。他们将在那里丧生……

一场无法实现的逃生

研究员们研究了公元79年那场毁灭性的喷发活动，他们确定了在庞贝的一段构成生与死这一差异的时间。

选择在喷发最初两个或三个小时内逃走的人有成功逃离的可能性。彷徨不定或决定等待维苏威乌斯停止发泄而留在城里的人则死定了。生与死之间的差别，有时竟然只是一些平平常常的细节问题。但是，如果我们头脑冷静地分析问题便会发现，没有需要等待、留下或耽搁的原因的那种人确实很少。

好像合乎逻辑的是，大部分庞贝人把宝贵的时间浪费在了去城里找自己的亲人商量对策。在那时候，那段便于逃离的"天窗"时间可能已经流逝了。同时，可见度变得极差，浮石使得行走越来越困难并妨碍看清道路。很多人认为留下等待最糟糕的情况过去可能比较明智，在他们的家庭小组中有小孩或老人的尤为如此。（再说，你们会怎么做？）

另一类犹豫了或有意选择留下来躲避在家中的人，由那些不愿和自己的财产分离的人组成。对于一个致力于攀爬社会地位的自由奴，要丢下千辛万苦累积起来的财富（金币，银餐具，工艺品，证明所有权和生意账目的蜡版，更不用提奢华的私人多慕思了），那甚至是难以想象的事。

最后，有一类人是奴隶：于他们而言，预见在喷发结束后被抓将处以非常严厉的惩罚，对这惩罚的，这种恐惧无疑是很深的。

另一个因素在庞贝人的选择中占有一定的分量：任何人都无法想象事态会如何结束，火山砾和火山灰的降落是会很快结束还是会延续很久无人知晓。可以肯定的是，任何人都没想到情形会恶化到什么程度。从留下的人（波斯科雷亚莱别墅的看守）到把进款藏在店里的人，所有人都曾深信灾难迟早会结束，他们会回到自己的家中或铺子里。在这方面，我们应该说，庞贝人表现出了对未来的一种正常的和不可动摇的信心，可能也是一种被很多次地震——在此之后城市总是重新恢复了元气——磨砺出来的乐观主义。

这就是为什么众多学者都认为，庞贝的大多数居民均丧生在了喷发中。谁也不知道这会是一场终结，当他们明白时已经太迟了。

证实这一点的是很多在城墙外出土的骨架，表明留在城里的人的一场最后的徒劳绝望的逃命。

在恐怖的两小时后，除了逃生的困难，还有个可以脱险的实际问题：逃向何方？

谁也没向北逃。从埃尔科拉诺门或维苏威门出去意味着走向火山，也就是自杀。也许仅是谁有需要救援的亲人才通过了那两道城门中的一道。

向着东面去往诺切拉曾是"最好"的办法，起码直到萨尔诺河上的桥被摧毁为止。选择这条路的主要是东边住宅区的居民，比如那些住在阿博恩当杂路附近的人，这是说得过去的。同样的说法对于东边的另一道城门诺拉门也有效，在经过漫长的行走之后，它可使人逃离，抵达诺拉然后是卡普阿，与维苏威乌斯火山逆向的"环球旅行"。

无疑的，很多人会骑马奔逃。在挖掘中出土的马的骨架与骡子、驴子等等的骨架相比确实要少。但是，出土的那些对我们讲述着一个悲惨的故事：他们是被套在双轮马车上的，这就意味着作出的选择并不及时，因为轮子曾异常艰难地滚动在路上和乡村的厚厚一层浮石上。

另一条逃生的路应该是很多人尝试过的，那条向南通往斯塔比亚的路，从那里可以抵达索伦托半岛，尤其可抵达港口和救援的船只。

斯塔比亚门，诺切拉门和玛丽娜门，它们应该见证了逃难中绝望的人群。当萨尔诺河上通往斯塔比亚的木桥也倒塌了后，庞贝和穆雷齐内的港口在很多人眼中该是唯一脱险的可能。可当他们赶到港口寻找船只，明白了连那条逃生之路也行不通时，不难想象他们的精神状态。

如说过的那样，大海确实由于喷发造成的变化而波涛汹涌。此外，相反的风向阻碍帆船出港，把每个在海上的人推往庞贝、斯塔比亚和他们的地狱……

很多已经绝望了的人云集在港口仓库的檐棚下或者附近的别墅里，等待风改向、海浪平息或者喷发结束，考古学家们就将如此发现他们。

一言以蔽之，过了起初两个或三个小时后，逃离庞贝实际上是不可能的。一面是火山，另外几面，在波浪翻滚的海、逆向的风和坍塌了的桥之间，每一条逃生的路都断了……肯定是死路一条了。可能的选择有很多。

考古挖掘充满同情地揭示了几种"抉择"。我们昨天遇见的宝石匠不知跑哪儿去了。但是在他的多慕思里的小祭坛上发现的焚烧过的供品，证明直至最后一刻他都在向神们祈求帮助和保护。然后他丢下了他的珠宝顺利逃脱了。

我们推想了三个女服务员兼妓女中最厚颜无耻的丝米莉娜的逃奔，但我们完全不知道在她的两个同事身上发生了什么……

每个人都试着进入到庞贝人经历过的悲惨遭遇中去。你们会作出怎样的选择？

陷于绝境：最初的坍塌

庞贝

公元 79 年 10 月 24 日 17：00

喷发后四小时

SALUTEM ROGAMUS
我们努力自救吧！

梅南德罗之家是一座非常漂亮的多慕思，有个由修剪成几何图形的植物点缀着的美丽的内花园，甚至还附带了一个小型的私人浴室。柱廊里的一根柱子上，有个女人写了一首献给另一个女人的爱情诗。这座宅院保存了还能看到的一场悲惨事件的遗迹。

我们返回到那些恐怖时刻……

花园完全被火山砾和浮石掩埋了。前厅同样如此，在那里，屋顶上的一直作为生命与光的传送者的方形敞口转变成了死亡通道。

承雨池整个儿地被浮石填满，它们堆积成一个锥形，又像章鱼那样伸向周边的各个房间。火山砾层真厚，以至如果有人想打开朝向路边的门，便被一道真正的浮石"浪潮"淹没。

一群人被困在了这个家里。就着油灯的光线，男人们女人们孩子们，绝望地试图从墙上打开一个出口。他们得加快干。可怕的嘎吱声从他们头顶上传来。屋顶上的浮石的重量在无情地考验着屋梁的强度。一次又一次紧张地敲击后，墙凿穿了，现在要把洞扩大即可。油灯的微光时而因天花板上掉落的灰尘而变暗，它快要塌了，然而多慕思里的人尽量不去想它，除了一个把脸藏在母亲衣服里在啜泣的小女孩。

突然，巨大的轰响充斥室内。连遮挡一下头的时间都没有。梁和瓦对着不幸的人落下，瞬间砸死了所有的人⋯⋯

这只是曾在庞贝的很多房屋中发生的事实中的一个例子。

最初的坍塌开始于房屋的晒台和屋顶上的浮石厚达四五十厘米时。以一种时钟的精准性，城里到处开始不断响起倒塌声，伴随着瓦片破碎时隐约的玻璃碎裂般的声响。

在一座房顶上，三个头上包着布块的奴隶，裹着雾霾、顶着持续的火山砾雨，正在铲除浮石。他们是第三次上去清理屋顶和平坦的大晒台了。不只是他们，这时候有很多人都在尽量给自家屋顶去除石头的重压，尤其在听到因邻近的房屋倒塌而引起的混乱后。

对着三个奴隶喊继续铲的是我们很熟悉的一个尖锐的嗓音——伽尤·库斯彪·潘萨，长着蝰蛇眼的年轻政客。他在前厅里，观察着通过屋顶上宽阔的方形敞口所能看到的那一点点。他头上戴着头盔。那是爷爷的，一位因作战英勇——是这个政客没有继承的勇敢——而扬名的士兵。他继续叫喊着，却是徒劳的，因为奴隶们在那上面听不见。接着，悲剧突然发生，前厅顶棚整片檐口重重地塌落了。那是奴隶们还未清除的一处，现在三个人都探着脸想看清家里发生了什么事。他们听不见伽尤·库斯彪·潘萨的声音。在一堆瓦和梁下面，他们能看见一只还在颤抖的手处于最后的抽搐中。旁边，祖父的头盔完全变形了，布满了血点⋯⋯

类似的场面重复在很多多慕思里面，可有一座给我们留下特别深刻的印象，它是法乌诺之家。那个非常宠爱她的孔雀们的高雅的女主人成了孤身一人。她的奴隶们全都失踪了。

通过挖掘出土的那一切，考古学家们得以恢复了她的最后的绝望举动。她把金器和珠宝收在一个包里，跑向大门准备逃离。但是应该有什么吓住了她。

可能是因为浮石堆积而未能打开门，或者慌乱得不知所措了。她把装着"宝贝"的包丢在了前厅，跑向了她最喜欢的地方——伊苏斯战役马赛克图，也许是为了寻找屋檐下或天花板下的一处庇身地。不过，天花板在某一时刻塌落在了她身上，使她当场丧命。挖掘报告上描述，她的骨架被发现时双臂上举，呈一种绝望地试图护住头的姿势……

庞贝的每座多慕思、每个铺子或每家"酒吧"都在讲述着一个故事。

比如罗慕路斯和勒莫斯之家，如此称之是因为它的那些壁画表现的是罗马的诞生。这里被倒塌物压死的是两个成年人，一个孩子和两只狗。两个男人中的一个手里握着不止十六枚金币，两个戒指，其中之一刻有开首字母 FA-H。男人可能叫法毕乌斯·H，这个细节向我们揭示他曾是有权有势的法毕家族的成员。

在六区的一个靠近维提之家的饭馆里，坍塌可能砸中了饭馆老板，名字是萨尔维奥，以及另一个男人。饭馆的楼下发现了一条玻璃熔浆项链，可能是一个成功逃脱的妓女的。而饭馆老板和他的朋友则等得太久了，也就是说直到浮石层已经变得如此之高，为了从屋子里出去，需要利用楼上的玻璃窗。恰恰就在那时，屋顶掉下来压住了他们。萨尔维奥手里抓着个人财产，当然也不少了——三百零五枚银币，六枚奥雷欧金币和一些首饰。

我们在这个场所将能看到的情景，今天还能在饭馆的墙壁上，在文字和小图画的形式下使人忆起。在一幅小画、一种超前的连环画上，表现了一个女招待在为显然"微醉"的客人们服务的"艰难"任务。顾客之一对她说："拿这边来"另一个说："不！这杯子是我的！"于是女人恼了，说："谁要就拿去！敖切阿诺，这杯你喝吧！"。

在另一幅小画里可以看见两个男人在掷骰子，可正要吵起来：第一个赌徒——奥尔托——还拿着掷骰子的杯子，一边数着骰子的点说："我投中啦！我赢了！"于是另一个边回答边指出骰子停在了两点上，因此是他赢了："不是三点，是两点！"奥尔托则坚持："骗子！我中了三点！我赢了！"另一个便开始辱骂起来："奥尔托，你是个口交者！是我赢了！"在接下来的画面里情况恶化了，两个人撕打起来，于是饭馆老板介入，把俩人都赶出店去："你们到外面吵去！"这个特殊的小天地永远地完结了，被浮石埋没了。

连神庙也变成了死亡之地，比如伊西斯庙。根据一些复原，喷发时刻几个祭司和他们的助手们正在神庙后的厅室里吃午饭，享用着面包、鱼和蛋。他们魂飞魄散地收拾了一些较神圣和珍贵的物品，把它们装进一个袋子里，等待一个更合适的时刻逃出神庙逃离城市。然而刚一上路，一个被指定背袋子的祭司摔倒了，所装的一切都翻落在地。在同伴们的帮助下，大家一起继续朝三角广场走去，在那里，一次强烈的地震造成了柱廊的倒塌和他们的死亡。

考古学家们重新找到了散落在地上的物品。其他祭司没有逃走而留在了庙里，不过同时就被困住了。有些人在靠近厨房后面的一个楼梯处死于窒息。他们中的一个，可能是更健壮的一个，用一把斧子劈开几面隔墙试图出去。直到碰上一堵更牢固的墙，他也死于窒息……

铁匠马克·佛路西奥·尤文科一家的经历太震撼人心了。他家与梅南德罗之家仅两步之隔。那是一座简朴然庄严的住宅，装饰了几幅漂亮的壁画（其中突出的是一幅"伊达山上的帕里斯和海伦"和一幅"伊卡洛斯的飞翔"）。除了各种工具，其间有一系列用于关锁木箱的装置，还有一辆给孩子玩的四轮小车，表明铁匠做木工也很熟练。

他的妻子（或妾）在桌上留下了几个小香水瓶和几样首饰，

其中之一是一条用二十七个青铜珠子、骨头和琉璃做成的 27 个不同的神像护身符穿成的项链，其间有伊西斯。俩人逃避到了餐室，认为那是家里最安全的地方，在那里徒劳地等待。考古学家们就是这样发现他们的。铁匠的骨架是靠在一张特里克里尼奥餐榻上的，脚上有凉鞋的残余（发现了一枚小钉）。靠近他的榻尾处是女人的骨架，上肢缩起并弯曲在头下，下肢搁在地板上。还有百来个塞斯特尔兹奥银币。

这些故事都在讲述着坍塌，窒息，因不可能打开一条生路而破灭的希望。我们还知道由于滚烫的火山砾或掉落的油灯引起的着火：比如在阿博恩当杂路的一座多慕思里发生的那些。

正是这里又再现了另一个感人的故事。有关马克·卡利迪奥·拿斯塔，卖神像的流动小贩，"推销"一尊小雕像（并唾了一口）给钱庄老板的那一位。

如我们所了解的，奥克尼亚氏族那个巨大又俗气的四门拱是他经常摆摊的地方。在这座大建筑下面，现在避着好多人和几匹马。他们拿不定主意该做什么，无疑等了很久。太久了……

四门拱在某一时刻倒塌了，压死了他们中的很多人。考古学家们找到了至少三个男人的骨架，不过他们还使另外一样东西重见天日了，即五十个青铜和陶土小雕像（可能是装在一个袋子里的），刻有销售者的印章，正是马克·卡利迪奥·拿斯塔的。

这就是我们怎会知道他叫什么和在哪里"活动"。袋子并非在路面上而是在八十厘米的高度上被发现的事实，说明流动小贩是在逃命时经过这里并丢弃了袋子，太沉重太碍事了。

鉴于浮石层当时抵达的高度，事情应该发生在二十点左右。你们设想一下那个情节：他带着一副怪相放下他的宝贵的袋子，然后，他深吸了一口气，继续艰难地在浮石层上前进，消失在雾霾和黑暗中。自这一刻往后，我们再也不了解他的任何事，不知道他是否得救。

至此，在那种大家看来都似乎已是世界末日的形势中，人有多少不同的秉性便有多少不同的行为。

诗人切斯奥·巴索可能是立刻逃离的。他入住的那家"酒店"的老板科斯奥·里巴诺，最初看见云团升向空中之际便立刻明白了要袭击城市的灾难的规模。当大家都还在广场上想搞清该怎么办的时候，他及时准备了三辆双轮马车（在埃尔科拉诺门，旅馆近旁确实有几个牲口棚），载走了全家、较宝贵的财物和几个熟人，同时邀请诗人搭乘一程。但是他拒绝了。他无法把昨天刚刚见到的那个美丽的贵妇人从脑海中驱除。当最后一辆马车远去时，他已经走到了城里。

他来到别墅之际，维苏威乌斯爆发了。他怀着惊惧看到了升向空中的巨大的喷发柱，他敲响了大门。可是没人来给他开门。多慕思里面慌乱成了一团，谁也没想到去开门。切斯奥·巴索就这样站在街头，一动不动，被从四处逃散的人围绕着。他的眼睛与一个小孩的目光交接，他也僵在了路中央。

他马上跑向他，为了帮他逃离石块和火山砾。他紧紧揽住他避到一片屋檐下，在恐怖的噼啪声中，他问他住在哪里，他的父母是谁。一望而知，他出自一个优裕的家庭。然而他不说话，完全处于休克状态。他只指了指仰倒在地的一个女人的躯体，几乎能肯定是孩子的母亲，她被空中落下的岩石砸中了。两个人手拉手找到了一处庇身地，等待着魔雨停息。他们试着赶往港口，从柱廊下面经过广场，每次走过一具尸体，诗人都要挡住小男孩的眼睛，然而，只是一份徒劳的努力。到了某处，他们跨过了一具老先生的遗体。他看上去没受伤，面容安详。

切斯奥·巴索没认出他，但是小男孩认出了。他睁大眼睛，一边抓住了诗人。那个人是他的爷爷，是城里为大家所熟悉的人。也是我们熟悉的人。我们把他称作庞贝的"昆体良"。应该是梗塞害死了他，可能并非独有的例子。在这场灾难中，梗塞肯定也造成了人数众多的大批死亡，尤其在老年人当中……

诗人继续和孩子逃奔。两个人在一家"酒吧"得到了帮助和庇护，还有提供给他们的食品。然后他们继续已经变得非常困难的行进。他们在处于这场浮石和灰末雨下难以辨认的剧院稍停了片刻。正当切斯奥·巴索沮丧地打量着塌了破了的戏台时，一声闷响袭击了他。

本能地，他把孩子推出了房檐。他没受苦。小男孩坐在那里，傻了。那个声音不再和他说话了，他只能看见从废墟中露出来的长袍的一条边。他在浮石上移步，离开诗人的没了生命的身体，看了他最后一眼后便再次被雾霾吞没了……

徒劳的等待
蕊柯媞娜的别墅
公元 79 年 10 月 24 日 17:30
喷发后四个半小时

VIDE QUE PATEOR (…) ROGO
看看我有多痛苦……我求求你……

蕊柯媞娜呢?年轻的女人没离开过晒台。寒意渐浓。她叫人在她身边放了一个炭火盆,并要求不断地给她送热饮。还不见普林尼的影子。

大海波涛汹涌,在其他日子里会是值得观赏的令人叫绝的一景,而今天却是许多敌人中的一个。在蕊柯媞娜的身后,火山持续地为可怕的火山云助威,它带着它的那些闪电光环高高耸立在自然风景之上,浓雾笼罩着庞贝。它仿若是从天上垂落下来的一幅帷幕。而这里,地平线上空无一物,空气凉飕飕的,也许还太凉了。风狂乱地吹着。

蕊柯媞娜有置身于陷阱的感觉。背后是势不可挡的火,前面是惊涛骇浪的海。往哪儿跑?她只能期望着老普林尼来救她,可海天交接处不出现任何船只,蕊柯媞娜除了贴牢在青铜栏杆上,什么也不能做。

突然,一个奴隶指着水面:"那里!"在高高的波涛和白色的浪花之间，隐约可见水上有几个又长又低的巨大黑影——四列桨船！总算来了。尽管海上状况困难，它们还是列着队前进，所有的帆都张开了。一道美丽加威力的奇观，最主要的还是一条真实的生路。光信号不断地从信号塔发向船只。

老普林尼始终站在船头，无法将视线从那已经位于他们上方的庞大喷发柱上移开。不仅仅是他，还有惊恐、沉默的海员们，他们目不转睛地看着那个携带着火光、喷气声的怪物，以及庞贝上空的火山砾和灰末瀑布，从这里看去是如此的清晰。老普林尼用他的眼睛观察着每一样东西，然后把他对现象的亲身感受口述给他的秘书，秘书抓住缆绳做着记录（我们想象一下秘书那半死不活的样子，不知是因为害怕还是因为晕船……）。仍旧是小普林尼讲述了这一切：

> 他（老普林尼）赶紧去往别人都在逃离的那个地方，径直把舵转向危险所在，毫不畏惧，口述和形容了出现在他眼前的那场可怕的灾难的每一种现象，每一个特征。

可这时有什么事发生了。

还在远处的船，慢了下来。它们位于埃尔科拉诺的深海处。离开海岸一段距离，好像迟疑不决似的。随着时间的流逝，可以明白船上有什么问题。蕊柯媞娜不明白，她的贴身奴隶却是清楚的："夫人，他们不过来，他们没法靠岸，海浪太猛了……"

其实，过错不在海。小普林尼在他的信中明明白白地解释：

> ……接着，出现了一片意想不到的浅滩，沙滩淤积了从山上喷射出的石块。

事实上，岩浆库逐渐排空造成水底升高，水底就在水面下或者甚至还在某几处露了出来。从海上看（如普林尼认定的那样），感觉是崩塌物在填满了水底时增加了它的高度，阻止了四列桨船的靠近。

谁知道，也许发出警报的是龙骨"刮"到了水底，它莫名其妙地比往常浅。这并非是个不寻常现象：1983 年，在波佐利和整个坎皮佛莱格瑞地区发生过一次类似的情况，地面缓缓上升，以至渔船再也无法靠近海岸，因为海底升高了。

舰队司令进退两难的处境是有多简单就有多可悲：他能冒着沉没四列桨船的危险去救援这一段海岸上的居民吗？可去较安全的另一段营救其他居民不是更好？

老普林尼咬着嘴唇，他决定转往偏南方向。斯塔比亚有个吃水好的港口，在最糟的情况下，深海处有个可靠的锚位。当然，这就意味着把蕊柯媞娜丢给命运了，但他别无选择。于是，几艘四列桨船重新起航，伴着岸上盼望救援的人的惶恐的喊叫。小普林尼写道：

>　　他犹豫着是否该靠岸，但随后，他对劝他如此做的舵手叹道："好运帮助勇敢的人，驶向彭坡尼亚诺。"
>　　后者那时在斯塔比亚，在海湾的另一边（因为那里的海在一边顺着海岸进入的同时慢慢转成一个弯道）。

老普林尼不放弃。他下令改变航向去斯塔比亚，船上的很多人都低声诅咒他。

航行继续，四列桨船在蕊柯媞娜模糊的泪眼前列队前进，而新的震颤又向着她的别墅袭来……

消逝的太阳和生命

维苏威海岸
公元 79 年 10 月 24 日 18 点
喷发后五小时

OMNIBUS POMPEIANIS FELICITER
祝所有的庞贝人快乐!

蕊柯媞娜重又陷入休克。船再也救不了她了,现在她得设法自救。在一次连着一次的震颤中,她唤来贴身奴隶艾乌提克,她对他说,必须离开这里。

有先见之明的艾乌提克已经让人备好了两匹马——肯定是一种更快的交通工具。

正当他们要出去之际,看见一名禁军向他们跑来。他越过围墙,请求打开别墅的大门。为什么?提多·苏埃狄奥·克莱蒙特来了,为了把蕊柯媞娜接走。

在他急急忙忙地向着庞贝折返的途中,他明白了他永远不可能回到已经注定要消亡的城市了。然而,带着至少救助蕊柯媞娜的打算,他还是继续前进了。

俩人紧紧拥抱着,女人在这个拥抱里尽情流露出她内心深处对保护的需要。对于她的恐惧,提多的宽肩和胸脯是一个安全的庇护所。一次新的摇晃使他们猛然回到了现实中。数秒钟内他们上了马，一小群人迅速离开别墅。蕊柯媞娜回首看着她的世界消失在一个拐角后面。

越过一条干涸了的大运河上的一座桥，他们从埃尔科拉诺最高处的住宅区"掠过"。家家店铺都关闭了，扇扇门都上了栓，城市已经成了的一个介于生与死之间的无人地带。很快，他们越过了第二座桥，把埃尔科拉诺也抛在了身后。在他们通过后的片刻，一声巨响把马吓住了，一道湍急的火山泥石流冲垮了他们刚刚越过的那座桥，顺着大运河注入海中，把它染成一片浅灰色。

他们从未见过的事情正在发生……正常情况下，两条环城大运河是干的。桥仅仅是为了确保通行更快更安全而已。然而，维苏威乌斯向大气层喷射的超量的蒸汽形成了大暴雨，把河床突然涨满，同时把大量的火山灰冲向下游。结果就是，湍急的泥石流冲走一切，我们可以想象，也包括两座桥……

现在埃尔科拉诺孤立了。那段向北的通往生路的两个或三个小时的路程，这时变得窒碍难行。

蕊柯媞娜、她的贴身奴隶艾乌提克、提多·苏埃狄奥·克莱蒙特和三个护卫禁军，穿越在一片好像不再属于帝国的领土上。

他们遇见的皆是遗弃和破坏。有时他们被迫避开墙壁、房屋或者倒塌的高大建筑绕行。一座座大别墅空空如也，尽管他们不止一次看见成群的窃贼带着金器和首饰走出大门。他们已经记不清倒在路上的尸体的数量了。

太阳低垂在海上，稍后即将沉下。它的斜晖穿破大气，从怒涛滚滚的海上越过，照亮耸立在地平线上的喷发柱。

那个在海岸上看来别有一轮美丽的落日，在庞贝却具有不同的效果，它在万物之上散发出一种阴森森的气氛。太阳，对于能够看到它的人而言，像一个又白又冷的球，无力赠献哪怕是最低的热量……

面包商莫德斯托逃遁到城里的一座防御塔楼内——我们昨天早上参观的那座。这绝对是个最佳主意，因为它是为了抵御军队的火炮而构思的。他被阳光吸引到窗前。有一片刻雾霾似乎在消散，庞贝出现在他的眼前。他惊恐地发现，城市正在"沉没"……

浮石层大大超过了一米，正逐渐将城市掩埋。红屋顶不复存在，此刻，主要颜色就是浅灰色。路边的喷水池几乎全都消失了，同样消失的还有人行道。到处都着了火，因为某些坍塌的屋顶压碎了在这个由维苏威乌斯造成的虚假的夜照明的油灯……

他试着看看港口处于怎样的状况，那是他想等浮石和灰烬雨一停就逃过去的地方。但他不知道一切都已经于事无补了，即使可能出海，要购得船上一个位置，他得和与他抱有同样念头的密匝匝的人群搏斗。

借着暂时的明朗，他看见一群来自农村的逃难者朝埃尔科拉诺门走去。他们的周遭是月球般的景色，田地难以辨认，好像盖了一层雪似的。很多树倒在地上。它们的枝杈于断裂中，使在坠落浮石时到它们的枝叶下面寻找庇护的人死于非命。这里那里隐约可见一些"小高地"，那下面埋着坟墓或还愿祭坛。

现在，一切都絮了棉花，包括风的低沉的怒号……

从瞭望楼上看去，进城的那些人仿若一群来自地狱的幽灵。他们披着一层白色灰烬，无声地走着，他们那绷紧和恐惧的脸在灰烬下显得表情呆滞。

摔倒在地的人和倒下的雕像变得完全难以辨别。唯一的不同便是，当一次新的强烈地震突然来袭，眼睛大睁时的眼白。假若它们还会睁开……

舰队司令的最后一趟旅行
斯塔比亚港口
公元 79 年 10 月 24 日 18：30
喷发后五个半小时

QUI MEMINIT VITAE SCIT QUOD MORTI SIT HABENDUM
为生命思考的人知道死亡保存着什么。

老普林尼也不安地凝望过那同样的落日。他的内心渴望研究和搞懂这个雄伟景象：就是火山喷发。与他那习惯了到处看到神的标志的罗马人的思想相反，力求理解在一个如此重大的现象里隐藏着怎样的启示。

每只低翔在水上的鸟，每根漂浮的木头，在船上看到的一切都被理解成凶兆。大家都知道，海员们是迷信的……

在深海处的人可以看到困在码头和私人别墅靠岸处的那些船，同样如此的还有埃尔科拉诺前面的货船。海浪汹涌得令人难以置信，风是逆向的，实在不可能驶往深海逃生。几乎能肯定有人试过出海，然而较可能的命运是沉没了，就在滞留陆地的人惊惧的目光中消失于浪涛之间。

只有像四列桨船这样坚不可摧的船只，加上老练和经验丰富的船员，才能应对这种形势。的确，老普林尼的那些海员是帝国最优秀的……

舰队司令完全能理解挤在堤道上的人们的恐慌，尤其是看到他的几艘四列桨船时。根据罗马人的思考方式，万一要搭船，那首先是富人、贵族和政府行政人员的特权，然后才会附带考虑普通百姓，至少在理论上是这样（需要说明的是，事实上只有其中两艘船能够充分营救后来考古学家们在埃尔科拉诺海岸发现的、在绝望中等待救援的所有的遇难者）。

接近埃尔科拉诺，四列桨船减速并准备靠岸和载运能清楚地看见位于城市前方的沙滩上的那些人。很多人来到岸边正是为了能够上船。他们身后，喷发柱和闪电的蓝光以及它的内部热量的红光，产生的是一个世界末日般的场面。然而，如我们借用蕊柯媞娜的眼看到的那样，救援将因为水底的升高而取消。

再往前是不可能的，援救人员会变成遇难者。现在我们设身处地为在四列桨船上的老普林尼想想，不难想象他的内心有多苦恼，然而他别无选择。现在，太阳低垂，大海咆哮，寒冷开始无情地钻入海员们的体内。鉴于海况，需要尽早找到一个靠岸处，在黑夜把海变得于四列桨船也是险恶的之前。

当他们朝着斯塔比亚前进，把埃尔科拉诺留给它的命运时，一些海员忍不住落下泪来：他们的家人住在埃尔科拉诺……

在城市的沙滩上和蕊柯媞娜的别墅里，我们看见了无限的失望和沮丧。被抛弃在获救的希望触手可及之际是痛苦的。很多人扑倒在沙滩上，放任自己绝望地哭泣。

四列桨船舰队放下了帆继续向前，片刻后开始进入掉落的火山砾的"锥体"。能见度也降低了，所有的人都愈加清楚自己正缓缓滑入一场劫难的内部。风只朝着这个方向吹，返回基地是不可能的。"我们掉进了陷阱"，大概不止一个海员想过。

航行变得越来越艰难了。海上铺盖着一座座漂浮的浮石岛，舵手每次都得努力避开。当它贴近他们漂过时，大家都默默地打量着。有时可见大块的布满了冠子的黑色岩石在漂浮，冒着热气从船旁边漂过，然后被水流带走。海员们惊呆了：岩石在漂，仿佛软木似的。事实上，因为它们多孔且因含有的气体而浮于水上。

另一个使大家感到意外的特点是气味。之前谁都没有闻到过：海洋的那种典型的难闻的腥味与硫黄味混合成第三种气味，任何人都忘不了（在夏威夷，我们在拍摄熔岩流向海里的过程中，我亲自体验过这种混合的怪味，我可以保证它的确令人难忘……）。

然而，海里不只有浮石。还有从空中坠落的火山砾：

> 现在，他们越靠近，落在船上的灰烬就越热也越密，还落下浮石和被火灼蚀、破碎了的黑色石块……

这些在甲板上发出"油炸的吱吱声"的石头被泼了水，产生一团蒸汽。常常再一脚把它们踢进海里。尘雾变得越来越浓，海员们开始咳起来。那个看上去像一条伸进海里的"泥舌"其实是一堆巨大漂浮的浮石。船只越过庞贝港口，或最好说它应该坐落的地方，因为所有的一切都被雾霾笼罩了，得摸索着前进，要找到一个停泊处是难以想象的。

强大的四列桨船在深海处停下。也许恰恰就在那个叫斯科聊迪若维里阿诺①的小岛附近。再往前就欠谨慎了。

老普林尼把海上部队的指挥权交给级别最高一个将军，坐着一艘桨船进入位于瓦拉诺山丘下的斯塔比亚港口。

港口的场面是悲惨的。几条小堤道上挤满了想获救的人。场面混乱不堪。一些人意欲乘着不适合那种海况的挤满人的小船逃离。

---

① 斯科聊迪若维里阿诺（Scoglio di Rovigliano），是那波利海湾中、若维里阿诺境内的一座小小的礁石岛。

甚至老普林尼的船身也受到了冲击，但船上的军人把任何一个靠近的人都推开了。不难想象那绝望的情景，事实上，在灾难中没有一个不失去一位家人或亲人的人。

老普林尼停住和他们中的几个交谈并试着使他们安静，然而，最终为大家做决定的是风。狂风，朝着相反的方向刮……舰队司令最后发现了他的老朋友彭坡尼亚诺，蕊柯媞娜的宴会上的宾客之一。仍然是小普林尼讲述的情节：

> 桂维·彭坡尼亚诺，尽管危险不曾临近，但看上去随着发展会变得紧迫，他把他的东西搬运到了几只船上，决定逃走，要是逆风会平息的话。而风当时有利于我舅舅的抵达，舅舅拥抱焦虑的朋友，鼓励他安慰他……

普林尼满身灰尘，几个小时没进食，完全累垮了，他请求朋友能让他去他家里，痛快地洗个澡和吃点什么。我们设想彭坡尼亚诺不情愿地接受了，可是海况不容他作出另一个选择。稍后，俩人已经在他的富丽奢华的家中了……

外甥以那段时间和舰队司令在一起的人的陈述为依据继续讲述，这些人中很可能还包括彭坡尼亚诺本人：

> 为了用自己的信心平抑彭坡尼亚诺的恐慌，舅舅想被带到浴室去：洗过澡，愉快地吃晚饭，或者更是假装出的愉快。

老普林尼，他心里完全清楚他们当时所处的极端危险的形势。事实上，出奇的平静恰恰表明舰队司令的内心深处明白了，已经不可能再做什么了，唯有等待并希望一切都会结束。间接地，这几行字让我们了解了无数躲在自己家中或临时庇护所里的人脑子里想的是什么。

与此同时，太阳落进了汹涌澎湃的大海。它的光线将在三天以后才重来温暖斯塔比亚和这个历经劫难的地区。

而在火山内部正发生着什么呢？

最初的死亡之云

维苏威乌斯

公元 79 年 10 月 24 日 20：00

喷发后七小时

(VENIMUS H)UC CUPIDI MULTO MAGIS IRE CUPIMUS
我们满怀希望来到这里，又更加心甘情愿地想离开……

喷发柱已经达到了二十六千米的高度，是现代的一架正规客机飞行高度的两倍多，喷发柱每秒钟从火山喷射出的岩浆达七千万千克，惊人的数字。

很多个小时以来，含水层的水（也许还有海水）再也无法进入火山通道了。从专业角度来看，喷发已经从含水相态过渡到了纯岩浆相态。换言之，如果之前有过因和水相互作用而产生的爆炸，那现在只有狂喷的岩浆在引致喷发。

从喷发开始，射向空中的岩浆有整整一立方千米，显然，这导致岩浆库排空了一部分。为了不断保持住它的体积，岩浆以产生许多气泡来补缺，它们已经占了它的体积的百分之二十。

炽热的熔化物的大半部分都转变成了白色的浮石，四立方千米的浮石从空中掉落，覆盖了东南方向一片非常广阔的区域内的景物。估计仅在庞贝，浮石的厚度大约是一百四十厘米……

现在，我们知道一立方米的浮石重半吨多，也就容易明白屋顶为什么会坍塌：好比是每平方米的屋顶起码站立着六个男人……因此可以明白，为何竟然有百分之三十八的遇难者是被坍塌而非气体或火山云夺去了性命。这意味着三个遇难者中便有一个死于坍塌。

观察由地质学家们绘制的浮石坠落的地图，可以发现在斯塔比亚核定出的厚度较低（在五十厘米到一米之间），而在欧普龙提斯，它尽管更靠近维苏威乌斯火山，却还要低（二十五至五十厘米）。这就意味着，庞贝不幸地建造在火山有一天会把它的喷射对准那里的所在。

至此，火山的中心在发生着什么。气泡起先集中在岩浆库上端，随着它的逐渐排空，它们还开始在下端形成，造成温度各异的几种物质和化学"配料"以及一些稍有不同的结晶体之间的重新搅拌，对处于火山山坡上的人造成致命的后果。

现在从通道出来的浮石较黑（今天，任何一个参观庞贝遗址的人都能清楚地看出淡颜色浮石和灰色浮石之间的区别），体积更大，更密实，更重。

我们所有的人都会想到，这种浮石会造成房屋的进一步坍塌，然而坍塌的却是喷发柱！事实上，从火山喷射出来的物质含有越来越多的浮石、重砾子和大量的气体，蒸汽和挥发性物质越来越少。换言之，它更"重"了，到了某个程度，它无法再往高处推进了。它停住，然后沿着山坡下滑，并转变成致命的滚烫的崩塌物。

从考古学家们发现的沉积物可以确定，这种崩塌发生了两次，紧接着连续产生的两次几百度的火山碎屑流淹没了附近的别墅和庄园，比如在泰尔齐尼奥，它们在转瞬间便使屋里的人死于非命。

在所谓的"2号别墅"和"6号别墅"里，考古学家们发现了十二具骨架。至于"2号别墅"，更是具备了搞清住户们在生命最后一刻里的活动情况的可能。两只狗和五个人躲避在了餐室里，其中一个靠近门口。碎屑流刹那间便杀死了他们，接着天花板塌落在了他们身上。一个女人，也许是房主，在看见或听见滚烫的火山碎屑流袭来时，和她信任的奴隶一起尝试过绝望的逃奔。她曾带着一个装有银器的袋子。逃跑时她把它遗落在了餐室所面对的柱廊下。一场徒劳的逃奔。炽热的云雾顺着别墅大门口的墙，转眼便追上了他们……他们的骨架就是在那里被找到的……

泰尔齐尼奥的别墅都毁了，它们悲惨的命运是记在地名里的，它可能源自拉丁语 terra ignita，即"焚烧过的土地"①，或者源自 ter ignis，由 oppidium ter igne ustum 产生的拉丁短语，即"给火烧过三次的地区"。

别处的形势怎样？在欧普龙提斯，火山灰的堆积造成了所谓的泼裴阿别墅的屋顶和柱廊的坍塌，迫使很多曾躲避在此的人匆匆赶往毗邻的多慕思——"别墅 B"，那座做批发的别墅。

在这同一时刻里，庞贝在发生着维提兄弟的事变，这里我们来转述一个推测性的、但也是近似真实的描写。

两个人在逃走和抛弃他们的财产之前等得太久了。现在，他们由一个自由奴带引着，由几个举着油灯帮助他们跨越已经有一米半高的浮石堆的奴隶围着，艰难地穿过城市。他们的目标是一只连带着划桨人的船，带路的自由奴保证它能使他们得救。它就停泊在庞贝城墙上最漂亮的别墅的主人法毕奥·儒佛的私人堤道处。房主没了踪影，有人说他出城了，另一些人说他死了。然而船完好无损，只等着起锚，当然要在一份丰厚的报酬之下……

无所顾忌的自由奴想乘着灾难发财。谁也不会去关心一只偷来的（或如他所言"借用的"）船。维提们的付款是城里只有少数人能够拿得出的一笔数目。这种"生存的市场"可能也属于庞贝的灾难的一部分。

---

① 这里也可译成"焚烧过的村落"。

海在起伏翻滚，风是逆向的，可依照自由奴所说，用桨就能离开并安全逃往索伦托半岛。他安排了一小群同伙（再说他们也急不可耐地要离开城市），这时在极力阻止任何人靠近漂亮的船。

维提们在柱廊、毁损了一半的阳台下、已遭抛弃的屋子里，穿行着一条"抵御了"坠落的浮石的真正的军事演习路线，在雾霾中行进了一程后，终于抵达了防波堤。他们几乎是跌落进了船里的，跌倒在用木头和镀金青铜做的雅致的斜顶棚下面，浮石在顶棚上叮当作响"叮叮当当"。

船缓缓地驶向深海。划桨人使劲划着。在这种雾霾里，船仿若横渡冥河阿刻戎的卡隆的船。其实，犹如在地狱的河上横渡的幽灵，维提们也为这次渡海支付了一笔钱。他们希望那是用作救命的。由于临时船员和深海处等着他们的浪涛（对此，船上的他们还不甚了了），实际上他们可能将在阴曹地府下船……他们消失在了雾霾中。我们将再也听不到他们的消息。

在斯塔比亚，谁也不知道其他市镇正发生的事情。但从这里能看见维苏威乌斯山上爆发的火灾。火山云引发的火焰，在泰尔齐尼奥的别墅废墟之间熊熊燃烧。这就是外甥的叙述中老普林尼对现象作出的解释：

> 与此同时，从维苏威乌斯山上的很多地方闪射出大团大团的火焰和一处处严重的火情，夜的黑暗把火光映衬得更加强烈了。为了缓解恐惧，舅舅跟人说是农民们因逃跑而留下的空屋着火了。然后他去休息，还真睡着了。因为，他的由于体格庞大而显得沉重和响亮的呼吸，被从门前经过的他们听见了。

同样是小普林尼，他还提供给我们一个在三十千米开外的米塞诺所能感觉到的气氛的宝贵描述。尽管远离维苏威乌斯，惨剧在这里也粲然可见。

我舅舅出发后，我把时间全都花在了学习上，因为这正是我留下来的目的；然后是洗澡，晚餐和不安且短暂的睡眠。

如已经说过的，就连埃尔科拉诺也未曾受到浮石的袭击。但是，它的居民们不同于米塞诺的那些，他们被火山发出的轰隆隆的声音和持续的强烈地震吓坏了。一个普遍存在的想法是，祸患迫在眉睫，城市将无法幸免。所有的人都在逃遁。

埃尔科拉诺：市民们在哪里？

埃尔科拉诺
公元 79 年 10 月 25 日，夜半时分
喷发后 11 个小时

VICINOS FUGITIVOS
邻居们逃走了。

  我们与火山只相距六千米，在为它可怕的活动而产生的恐惧之余，又加上了逃难到城里来的绝望的人们讲述的恐怖消息。
  我们位于埃尔科拉诺的一条要道，最大的德库马诺路，城市的一条"大道"上。所有的卡尔多街都笔直又狭窄，向着大海伸下去，这条街道则与海岸并行，它是如此的宽阔，以至可以设置市场。这个地方惯常的混乱与现在的安静和荒凉反差强烈。只有一个篮子在路中央。周围的窗户全都关闭了，店铺也是如此。在近两千年后的今天，仍然可以看到一家店铺保存完好、排列整齐的门板。从中发现，门板是以普通木地板同样的方式，一块一块相互拼合起来的。每块门板的边沿都是凸起的，能不偏不倚地嵌入旁边那块的边沿上的长沟内，边框上也有沟，好让门板移动。
  我们试着在街头巷尾转转。城市真是空荡荡的，在我们身后的空旷中，只有火山的巨大轰响在回荡，对此作出呼应的是起伏不定的大海的响亮喘息……

风把一所房屋高处的墙上的一扇忘了关上的小门吹得砰砰直撞。这是一种不祥的感觉。那些住宅里全都井井有条的。没有迹象表明仓促的逃亡，完全不是。

我们进入奥古斯都祠堂——祭司们聚集在为奥古斯都做仪式的地方，奥古斯都已故数十年，但被"神化了"，像神一样受着崇拜，连带着很多宗教仪式、庙宇，还有祭司。在那好像是个重要圣地的尽头的墙上，却有两幅表现埃尔科勒的壁画。正当我们在欣赏着这些杰作时，我们听见一阵深沉的呼吸声。响声领着我们越过另一面墙去看个究竟，真有可能某人会在这样的一个夜晚睡觉？

我们向着门那边窥探一下。一个男人在睡觉！会是谁呢？可能是个大声打鼾的门丁，留下来守护奥古斯都祠堂的。如我们已经说过的，罗马人确实是早起早睡的。这个男人使我们想起这一点，尽管在这样一个世界末日般的夜晚睡觉似乎是不可思议的。或许另有原因：他病了。我们永远无法知晓……

我们出去并走向海滩，顺着那些卡尔多街中的一条往下走。我们的每一个脚步都在回响：我们真的置身于一座鬼城。在到达那个通往沙滩的小阶梯之前，我们听见一个小孩的哭声，从垂直耸立在沙滩和大海之上的苏布尔巴纳公共浴室上方的一所房子里传来。

我们探头看看，场面好像是那种耶稣诞生的情景。一个女人轻轻摇晃着一个摇篮，里面有个婴儿。两人的旁边是目光怔怔地瞪着虚无的父亲。他戴着一枚宝石上刻着蝎子的戒指，可能是一名在休假或退役的禁军。

在靠近沙滩的同时，我们开始听见一阵乱哄哄的声音，一阵随着岸边的临近而增大的喊喊喳喳声。我们走下阶梯，穿过公共浴室大门前的一小块平地，那里有城市的大捐赠人马克·诺尼奥·巴尔博的一座高大的骑马雕像。

最后一级阶梯，然后……

沙滩上人头攒动。看看，所有的埃尔科拉诺人都上哪儿去了！

岸上。沿着海岸，是离火山较远、离援救更近的地方。摇篮中的小孩的父母也作出了一个更有谋略的选择：他们不加入拥挤的人群，但是如果有援救的船只来，他们立刻便能赶到海滩上。

不过，可使用的船已经没了。除了一只翻转的、一侧船身被激浪毁坏了的。它就留在那里的沙滩上，如同给予任何一个试图驶向深海的人的一种警告……有两百九十六个人，而在沙滩侧面可能（也应该）有更多人。依安东尼奥·德·西莫奈教授之见，全体居民（我们所指大三四千个人）都分散在这一段海岸边是合乎逻辑的。

我们走在沙滩上。由于寒冷、潮湿、风和浪涛的喷溅，在场的大多数埃尔科拉诺人都躲进了穹窿顶下——渔夫们平时"停放"他们的船只的"车库"（见第二部分插图第8页）。我们发现在那些拱顶下面坐着很多人。他们在正常地交谈和聊天，没有歇斯底里或者慌乱无措的场面。

埃尔科拉诺人对自己的逃命试着做了用心安排。十二个小时前，在喷发开始之际，他们是吓呆了。他们肯定试过逃走；不过，同样如蕊柯媞娜的求助那样使我们明白了，通往那波利的道路难以通行（给废墟堵住了掩盖了，可能某几段因崩塌而毁损了，而且城边的桥几乎肯定倒塌了）。另一条逃生大道是海，可有个难题：它汹涌澎湃，即便到了深海处，风也会把船刮向庞贝，直落魔鬼之口，迎向确定无疑的死亡。简而言之，他们陷于绝境中；只有立刻出发了的人才有更多得救的可能，那当然不是带着小孩或老人的人。

在第一个下午，当耸立在他们头顶上的火山云已经变得如此庞大，以至把太阳都遮蔽了（好像它还想延伸到城市上空并将其吞噬似的）的时候，形势进一步地急转直下了。在那危急关头，与庞贝相反，大家都抛弃了住所，由于这里没有肆意掉落的火山砾，地震比附近的城市还要强烈，最好是在露天里待着，这就是为什么我们发现他们都在沙滩上。

有孩子、女人和老人们在场，说明离家的逃遁并不是混乱而绝望的。不仅如此，对穹窿的占用是在井然有序的安排下实施的。是的，看看穹窿被占用的情形，有点像泰坦尼克号的救生"小艇"：那里面有很多女人和孩子，而在沙滩上的主要是男人们。

大家都在等待新一天的黎明，大海也许会平静下来，届时将有某些船只过来营救他们。

不远处，雄伟的纸莎草纸书籍别墅耸立在沙滩附近。这里也在沸腾着一种全然不同的"有秩序的"活动。它的主人正绝望地竭力拯救他的阔大的图书馆。一只船在私人堤道上等着他，尽管如我们说过的，大海激荡得让人不敢相信。

别墅里面形势紧张。在主要的房间里，地上有一些纸莎草纸书籍，还能看见几个"便携式"提箱，装了柄的小箱子，所装之物毋庸置疑是其他纸莎草纸书籍。

有点像小小大拇指的石子儿，① 只要跟着它们的排列便能注意到，它们是朝向通往楼下的楼梯的。根据带领过在纸莎草纸书籍别墅进行的最后的大规模挖掘的安东尼奥·德·西莫奈教授来看，在目前已经出土的那层底下甚至还有另外三层，走下那几层曾可直接去往海滩上。

可能房主和他的奴隶们正在那么做，为了把大多数作品和便携式柜子搬上船。

我们看见他把很多个纸莎草纸书卷紧紧搂在胸前走下楼梯，他的奴隶们则拖着装有其他手稿的箱子。

矗立在沙滩之上的是一种兼做凉棚的厅室，设置了一扇扇大窗

---

① 法国童话故事《小小大拇指》（*Le Petit Poucet*，作者是 Charles Perrault）里的小主人公小小大拇指，在获悉父母有意将他和六个哥哥抛弃在森林里时，机智地在身后一路撒落小石子，以此辨认回家的方向。

户（富裕的标志），厅里有四尊精雕细琢的雕像。

  在挖掘的那一刻，我们开着几架摄像机，我还清晰地记得一条黑色的窗帘边从松软、潮湿的灰烬中露出来，一种粗布，它具有一个湿麻袋的那种结实。尽管流逝了近两千年的时间，可它仍然非常柔软，好像是前一天才被埋掉的……

  可现在，要回到那些紧张时刻，不能不注意到正在将纸莎草纸书籍别墅主人浸没的焦虑。也许只在此刻他才意识到，他将无法拯救他的全部的宝贵财产。他不知道，某种更严重的事情即将发生……

无声又滚烫的死神

埃尔科拉诺

公元 79 年 10 月 25 日 1：00

喷发后 12 个小时

CONTIQUERE OMNES
大家都沉默了……

喷发柱这时达到了三十千米的高度，每秒钟平均喷射二十万吨碎成小片的岩浆。岩浆库的一半已经充满了气泡。

从此刻往后的多少个小时里，喷发柱将在两种情况之间徘徊：一种将是充满空气，不重，能够保持自身的平衡，尽管飘飘摇摇的（如一张被风吹到空中的报纸那样）；另一种将是没有足够的空气，会突然坍塌而形成杀死无数人的滚烫的岩浆流。

在很多个小时里，火山内的岩浆将会轮流更替这两种状态，多次上升和塌落。

第一次塌落将使喷发柱倏地下降整整十千米。为了对此现象有个概念，可以想想世界贸易中心的突然坍塌，我们都见过它产生的巨大灰尘"墙"在纽约街道上迅速挺进。

因此，从火山上下来一个"岩浆流杀手"。火山学家们称之为巨流 1 号，① 它向着埃尔科拉诺滚滚而来。

　　它的速度大约为每小时一百公里，内部温度是 500℃ 至 600℃。给人印象最深刻的是，它没有声响地无情推进。静悄悄地前进，一如死神……

　　夜里没人觉察到它，也许有人将在最后的瞬间看见那些微红的亮光，然为时已晚。用两秒最多三秒钟便穿过城市和条条向海的卡尔多街，它们使之直接投往沙滩……

　　它是一阵滚烫的微风，然而不具有摧毁力，因为主要是由灰烬和炽热的气体构成的，无力将所遇之物或者它一路下来时致死的人卷走，而把他们留在与它相遇的原地。

　　洪流前进着，它在抵达沙滩之前，先杀死了少数留在家里的那些人。考古学家们将发现共三十二具尸骸（低于全体居民的百分之一）。其中有奥古斯都祠堂的门丁，他还在睡觉，死于一瞬间，然后着了火的天花板塌落在他身上把他烧成了炭。

　　接着轮到躲避在广场公共浴室的男更衣室里的几个人：三个男人，一个女人，一个青年和一个小男孩。尸体中的一具仅烧焦了左半边，其余的则没有，这是因为巨流到达时他在门口。

　　接下来的遇难者是个低微贫寒的男人，可能是个奴隶，被巨流突然袭击并杀死在一座房屋的二楼，后来它被意味深长地冠名为"骨架之家"。

　　火山碎屑流在它的前进中不断地杀人，下次死于非命的是长于宝石浮雕和戒指印章的宝石匠的学徒。他大约十五岁。可能正是宝石匠叫他回店里去拿一些宝石的。考古学家们将在铺子和厨房之间的一条小过道里发现他的骨架，头钻在床下，处于一种无望的自救中。

　　接着是摇篮中的男婴和他的家人，加上其他在马克·皮廖·普

---

① 此处原文为英语 Surge 1，后文将出现的巨流 2 号、巨流 3 号……同是。

里米杰尼奥·格拉尼亚诺之家的亲属,一共七具骨架。

让人震撼的事实是,巨流1号不仅夺人性命,而且还抹杀颜色!

许多房屋中的黄色墙壁变成了红色!是典型的高温造成的一种反应。同样的还有雕像(见第二部分插图第7页),金色的头发半秒钟即变成红色(让很多理发师妒忌的时间)。

在某些墙上仍然可以看到灼热的空气给黄色壁画涂上"想要的"红色。简而言之,是黄色褐铁矿在高温下变成红色赤铁矿。

这个现象使一些学者认定,"庞贝红"从未有过,因为它是喷发的热量的结果。不过,需要说明这是个不太可信的论点。当然有红色,热量从未抵达的地方也有(在庞贝被浮石掩埋的那积层下有之,在维苏威区域有之,帝国的许多其他地方包括罗马有之)。

火山云裹挟的乡间葡萄园的残枝断藤,后来竟然将在城里发现。

最后,火山碎屑流涌到埃尔科拉诺的尽头,扑向沙滩,转眼间杀死所有的人。

我们努力想象一下,在那种时刻置身于海滩意味着什么。比如,我们和一名禁军合为一体……

他的眼睛在打量着穹隆里面的人。尽管场面悲惨情况紧急,却不失秩序和尊严。寥寥几盏油灯照亮黑暗中的脸,他看见有人在低声交谈,还有一些人把孩子们紧紧抱在胸前或在竭力鼓舞一个显然是忧心忡忡的亲属。

海,在黑暗中喘着,抛甩着浪涛使之猛烈粉碎在岸边。在他头顶上,骤然而起的闪电刺破天空的同时短暂地照亮了喷发柱。它越来越高了。此刻好像覆盖了整片天空。在与维苏威乌斯的黑影交接的较低的那部分,可以看见丝丝缕缕的红色,白天隐约可见,现在是异常分明。真好似一个巨人铁匠的烟雾缭绕的铁匠铺……

忽然,禁军听见了什么。他转向维苏威乌斯。它消失了!喷发柱也同样消失了。取代它们的只有夜的黑暗,不过,从那黑暗中能分辨出微微的红光,到处都是,看上去仿佛悬在城市上空。门扇的撞击声和玻璃的碎裂声在增加,直至变成震耳欲聋的齐鸣,比海更甚。一切都发生在转瞬间,一阵灼热的狂风将他推倒在地。他最后的稍纵即逝的感觉就是,一记打在太阳穴上和肌肤上的火热的耳光,眼睛里和体内难以描述的热量和疼痛。头部一阵剧痛……之后,什么都不复存在。

稍稍靠向深海处,一艘载重货船上的一名值班海员目睹着同样的场景,不过是从一个不同的角度,城市,就像有人突然对一幅画泼了一大片黑墨那样消失了。这种黑,带有那些貌似是很多红色萤火虫的东西在空中飞来飞去,那是熔岩流的火光。他揉揉眼睛。城市不见了。岩浆流这时似乎在向着他前进,浪峰上的白色不见了,红色的萤火虫们越来越近,不仅如此,看上去好像呈扇形在海上扩展……他听见水的吱吱声,因为它在迅速蒸发并向他身上弥漫。一股强大的热量即是他的身体最后体验的感觉。帆立即着了火,木头烧焦了,船上载运的双耳罐里装的油燃烧起来,把载重货船变成海上的一个意想不到的火球。

船,在滚烫的雾和冰凉的水之间这种异常的力的较劲中,宛若点燃的火炬,持续地浮在水上。接着,它冒着烟沉没了。

今天,看着穹隆里缠绕着的或拥抱着骨架(见第二部分插图第9页),实在令人惊悚。即便是些复制品(原始的在仓库里),它们还是把一种残酷、即刻的死亡的恐怖完全展示出来了。

在骨头之间,考古学家们发现了无数往往是令人感动的物品,因为它们在对我们述说着它们的主人。有住房的钥匙,戒指,珠宝,装香水的小玻璃瓶,积攒的银币和铜币被熔合在了一起,一个羊毛帽的残余,一个小男孩的装有几个钱币的储蓄罐,一个装有外科手术器具的小箱子,一块奴隶戴的名牌(如现代的狗牌那样)。

此外,当然还有一位禁军的长剑和匕首……后者的出土引人注意。在近三百个人当中,只有一个曾携带了武器。尽管置身于一种紧急状况,这些人的思想里没有带武器外出的念头。事实上,在几场内战中发生过大屠杀之后,法律禁止携带武器。

不管怎样,譬如与中世纪或文艺复兴(那期间,刀剑很快就"跳"出来了)的社会相比,罗马社会的暴力程度要低得多。尽管是一个古老的社会,它却具有很强的法律性。在这一点上是非常"西方的"和新式的。

我们还是回到岩浆流刚刚经过的时刻。

所有的人都在恐怖的方式中丧命。当时在沙滩上的人是被活活烧死的。在穹窿里面的人被一阵热量包围,因为热冲击,温度高到即刻致死。数秒钟内,人便成了一堆白骨。有些情况中,大脑进入沸腾状态,头颅炸裂。想想当时可以听见的闷响便令人毛骨悚然。因为挖掘出的骨头的表面——头颅的外部和内部——是黑色的事实,就是大脑"烧熟了"的一个科学确认。

骨头上的痕迹与五百度的温度不矛盾,那一般是火化使用的温度。

站在沙滩上的士兵就是简单地"熄灭"并往前扑倒在地上了。在穹隆里背靠着墙闲聊的人头一歪,将这个姿势保持了十九个世纪……

今天打量着这些骨架,能看到把一个蜷缩着身子的孩子的头靠近自己乳房的妈妈,本能地在父亲身后寻找庇护的少年们,站着的人双膝着地、上身往前扑地跌倒(出土时他们就处于这种姿势),或者另有一些人则是完全瘫倒并张大了嘴巴。

埃尔科拉诺的死者,一眼看去便和庞贝的那些"不同"。尽管，我在这些考古地点进行拍摄已二十年有余，始终震动我的是埃尔科拉诺人和庞贝人面对死亡的姿态。后者好像表现出一种为了从灾难中逃生而奋斗和防卫的姿态（对此我们将在下一章讲到）。而埃尔科拉诺人，由于温度要高出很多，他们死于刹那间，好比有人猛然切断了他们的"电流"似的。

注视着这些骨架，几乎能够感知那些中断的话题，说了一半的言语，没有完成的呼吸，突然消逝的思想……

他们没有觉察到正在发生的那一切。如我们说过的，也许在沙滩上的那些人听见了响声，可能看见了，但仅仅是在最后，当不易觉察的光在黑暗中迎向他们，他们感觉到了热浪越来越热时，我们别忘了，岩浆流越过全城用了两秒最多三秒钟。①

对躲避在穹窿里的人来说，死亡未曾通告就来了。也许，与在沙滩上的人相比，有了做最后一次呼吸的时间，不会更多……

如果一方面，穹窿的墙壁在集中热量而不是把它分散在空气中的同时产生一种"烤炉作用"，而另一方面，身体的湿度却立刻削弱了它的摧毁力。唯此才能解释一些表面看来无法理解的现象，如大脑和人体组织蒸发了，后来却在旁边发现易损的羊毛帽的残余……火山云在穹窿里面的摧毁作用可能是"豹纹式的"。

只有广岛或长崎的灾难才能真正接近在埃尔科拉诺这里发生的一切，尤其要考虑到在这两种情况中死亡有多神速。

很多人认为，穹窿里和岸边发现的死者只是埃尔科拉诺的遇难者的一小部分。在波旁朝代，沿着海滩实施的挖掘和建井所需的那些挖掘肯定妨碍了很多其他骨架的出土。照有些学者来看，这能使人想到，死亡的居民数量比现今出土的要多得多（不是百分之十，三百具遗骸，而可能是百分之五十或更多）。有很多可能还在火山的物质积层下面，也许在稍远的方位，比如在海滩边开头几米的水

---

① 原文如此。——译者注。

下，或者直接就是在海底下。根据很多学者的意见，遇难者的数量有所增加，同时认为死于喷发的至少有两千人，一半居民或甚至更多。

你们设想一下火山熔岩流的灰烬微粒散尽后所呈现出的景象……

城市的天际线凄凉又恐怖，房屋正面依旧滚烫，墙壁是火热的，一座座拱顶和一扇扇窗户宛若许多头颅的黑眼眶。数秒钟内，埃尔科拉诺变成了一座被抛弃了亿万斯年的城市。尤其能看到房屋里的很多小火灾的火光和在整座城市上空升起的一层白色的浓烟。好似蒸汽，一团稠密的雾，城里最雄伟的一些建筑如鬼船似的从中显露出来。

比如纸莎草纸书籍别墅。它的主人抱着一个装有最宝贵的纸莎草纸书籍的箱子死了。他的骨架还在那里，多少个世纪以来在等着被发现。

埃尔科拉诺像一片火灾后的森林，不难想象烧焦的木头和被焚的尸体的气味。除了生命，色彩也消失了，到处都为灰色所笼罩。

使得这幅景象愈加阴森可怕的是主宰一切的沉寂，只听见海浪的声音。埃尔科拉诺哑了，恰似一场表演结束、大家都离开后的剧院的舞台。日常生活的表演永远地停止了……

可喷发还没完。几分钟后，第二道火山岩浆流抵达埃尔科拉诺。如果第一道只是一阵滚烫的、致命的微风，能够粉碎玻璃窗却无力推倒墙壁和移动人体（一道由温度极高的气体、灰烬和极少其他微粒构成的巨流），这第二道岩浆流却稠厚得多并具有更大的摧毁力。一个火山怪物（blob）[①]，类似于一种炽热的泥石流。

对此我们有一个证明，在苏布尔巴纳公共浴室，火山岩浆流在经过综合设施的一侧时，通过被第一道岩浆流粉碎了的一扇大窗户

[①] 美国恐怖科幻影片 The Blob（中文名为《幽浮魔点》）里的怪物。

渗入了热水浴室，掀起了一个沉重的大理石盆并把它冲出去很远，仿佛它是泡沫塑料，做得那么轻，今天依然能在厅室的一边看到火山泥石流留下的"烙印"……

这是一种真正的泥石流，能够扯掉梁，移走一截一截的墙壁，同时在身后留下一米半厚的沉积物（前一道洪流是五十厘米）。

将有另外几道火山岩浆流继续加入前两次的。埃尔科拉诺将被埋在二十三米厚的火山泥石流之下！这些泥石流甚至将使海岸线往前推进四百米。

这种泥"坟墓"将把每一样东西都密封，阻止空气的进入和细菌的活动，不使易损的有机材料如木头或布料在时间的流逝中风化。为此，今天在埃尔科拉诺还能看到木头楼梯、床、家庭小祭坛、梁、门、窗扇、绳子、双耳罐支架、十分精致的木屏风、花格平顶天花板（色彩艳丽并绘有几何图形）……和摇篮。

一个珍闻。当然谁都未曾看见和描述发生在沙滩和穹窿里的情节。但是你们读到的原型恢复中的一部分，包括毁损了的船，是以发生在地球上另一处地方的、几乎完全一致的那种情况为基础的，那是1902年5月8日袭击了马提尼克的圣皮埃尔的那次可怕的喷发。

一道毁灭性的火山碎屑流（"火山云"一词不为火山学家们所采用，但印象深刻，它就是在那次喷发中被创造出来的）冲走了城市，沉积在距离火山差不多七千米的海岸，一如埃尔科拉诺那样。两万八千人瞬间殒命。城市在三分钟内变成了热带地区的"庞贝"，那里，只有与火山云推进的方向顺向"排列"的墙壁得以站住了脚……劫后子遗仅四人，其中两个几小时后死亡。这能让你们明白，这些火山碎屑流的摧毁性有多强大，死里逃生和继续活下去的可能性大约是一万四千分之一。火山云甚至涌到了抛锚在海湾停泊处一些船只那里，烧毁船的同时杀死了船上的人。

翻阅营救人员的报告和当时拍摄的照片，会使你们对在庞贝和埃尔科拉诺发生的事有个概念：即始终要考虑到，没有一次喷发也没有一座城市是和另一次喷发另一座城市一模一样的。

对一个杀手的分析：欧普龙提斯和波斯科雷亚莱

巨流 1 号，如我们所说过的，是火山学家们给予袭击了埃尔科拉诺的可怕的岩浆流杀手的定义。可在这些滚烫的岩浆流后面又隐藏着什么？首先，它们并不都是一样的：有些是"轻的"，主要由火热的气体、灰烬和少数重微粒构成，其他的则带有更坚实的固体成分，所以，它们像巨大的拳头那样击打房屋、墙壁和人，把一切推倒的同时卷走梁、瓦和砖。有时候，同一道熔岩流会分成两半，底下那充满重微粒甚至是一些大块岩石的一层，火车似的径直往前，而轻得多的气态的一部分则浮在高处，形成一道庞大的先锋。这些腾空而起并构成一面极高的沸腾着的峭壁，覆盖和吞噬自己前进途中所遇到的任何东西的巨大云团的形象，往往传遍全球。是些能够毁灭任何有生命的东西的炽热的暴风雨；今天仍然不是很清楚构成这个现象的种种运动，然而"炽热的飓风"用语能使人有个概念。

但对它们的效力却是很清楚的。如火山学家乔万尼·马切朵尼奥强调的，一道巨流是由气体和能黏附在皮肤上造成高效换热的极细的灰末构成的。死亡，如我们所见到的，是突如其来的，是因"闪电般的热冲击"而发生的。详细点说：存在于体内的水瞬间蒸发，因为血红蛋白里含有的铁之故，血在灰烬之间留下一个微红色的"晕圈"。

在骨头上也能看见我们体内存有的铁氧化产生的斑痕；皮肤、肌肉和器官熔化了（这就是为什么无法做模子，灰烬直抵骨头）；长的骨头经常会折断，牙齿裂开，头颅如我们说过的，炸了。最后，由于高温产生的腱和肌肉的收缩，手指曲成了"钩子"。

骨头的颜色也能说明火山碎屑流的温度。如果处于二百八十五至四百摄氏度之间，它会给骨头添上一种棕色兼微红色。从四百到九百摄氏度，颜色是黑的。如果超过了这个界限，骨头是白色的，意味着彻底煅烧……

正是巨流1号在刹那间杀死了埃尔科拉诺的所有的人，数秒钟后再使很多其他不幸的人丧命。事实上，这道岩浆流是以"扇形"从火山上流淌下来的；海滨城市第一个受到袭击，因为它最近，但是现在轮到偏向南方的居民区了，如位于火山和庞贝之间的欧普龙提斯和一座座乡村别墅。

与庞贝相距一千米的波斯科雷亚莱的皇后别墅，被滚烫的岩浆流完全淹没了。密封和保存在埋入地下的大陶土坛子里的葡萄酒未曾遭遇洪流，已经被掉落达十二个多小时的厚厚的浮石层埋没了。它将留在那里一个又一个世纪，被考古学家们发现。露出这个积层的只有庄园的上面部分和种植的果树。这道（以及随后的）岩浆流的热量和压力致使树干永远地折弯了。今天，所有的游客都能看到一棵折成"L"形的树的模子，是这些迅猛的炽热泥石流的不会说话的证人。

唯一的一个留在宅院中的奴隶被塌落的天花板压死了。当时还活着的是——看来难以置信——一头小猪，因为它逃进了另一间屋子而得以喘息。随后又被巨流杀死并"烧熟"了。考古学家们为它做了一个模子，今天可在一个很有意义的博物馆里参观到，它位于别墅旁边，是专为庞贝的农业和从罗马的那些农庄中出土的所有食物、用具而设立的。

巨流1号在深夜继续它的恐怖行进。下一个受害者是另一座更大的乡村别墅——碧飒奈拉，我们昨天参观过的钱庄老板的妻子落脚的地方。喜欢大自然的人，她在别墅里过夜的同时完全不知道她的决定于她是致命的：现在是"大自然"要来取她的性命……

女人和三个可靠的奴隶一起，度过了真正慌乱的几小时，她躲在榨葡萄的工作房里面，那里还有一架大型压榨机和我们已经知道的、藏在一个酒槽里的一批非常丰富的珍宝。在珍宝看护人的同一间工作房里，还睡着另一个自由奴，配置了床、小桌、枝形烛台和放衣服的凳式箱子。

在这几个小时里当然是女主人享用床，然而睡觉是不可能的。灰尘刺激，喉咙灼痛。我们了解这一点是因为考古学家们在做他们的上半身模子时发现，有一层厚"围巾"和一块布包着头、盖着嘴——为了能更通畅地呼吸。

我们可以用刑侦调查的准确性来重建四个遇难者的最后时刻。

如果在埃尔科拉诺，大海的声音妨碍"听见"火山云，那在农村就另当别论了。可能，岩浆流在最后一程里推动了最近十二个小时里坠落的难以计数的浮石而泄露了它的到来。也许，他们听到的那种越来越响的沙砾声很快就变成了瀑布的轰鸣。

你们想象一下油灯光线中的他们的眼神和浮在空中的尘埃。在最后一刻，两个自由奴——鲁齐奥·贝里提奥·爱若斯和提比略·克劳狄·安费奥，他们紧紧围在女主人身边以便保护她，或是为了保护自己。死亡是迅疾的。一股滚烫的喷流，从门里、从窗户里、可能还从屋顶上喷入，把他们围裹并将其扼杀在一个无比热的拥抱中……

考古学家们发现他们的遗骸一个倒在另一个之上，被彻底埋没在巨大的炽热岩浆流的灰烬积层内。他们试过为其做模型，但由于他们那"交错的"姿势，能够完成的只有钱庄老板的妻子的头部，效果好到以至能够辨别女人挡在嘴上的厚密的纬纱，及她当时头上的发髻。

第三个自由奴，鲁齐奥·切齐里奥·阿富罗迪西奥的残骸的发现实在令人意外：他把头藏进装着珍宝的酒槽里，尝试着一种不可能实现的逃生。他的身子被发现时一半在里面一半在外面，抱着几样银器，他起初被假设成是个想偷财宝的死了的小偷。

理所当然地会想到出土马、鸡和狗（一只还拴着）的残骸。

发现马是怪事,因为如我们说过的,在这个危急时刻,它们救了很多人的命。不过,一百零九件银器成为离开的绊脚石。为了不使财宝无人看守,四个人留下了。不排除正是女主人这样提议的。

火山云也到达欧普龙提斯,我们昨天还在那里跟随过一辆双轮货车,载满了装着酒的双耳罐,而不知要发往何处。

这个例子也给考古学家们呈现了一个悲惨的场面。别墅 A,亦即泼裴阿别墅,由于倒塌而被仓促抛弃了,而别墅 B 则挤满了逃难者。我们已经见到过这座别墅里曾是怎样安排生意的。命运要它的主人鲁齐奥·科拉索·特尔佐死于这场喷发,他也守在他的财宝旁……

在别墅的挖掘过程中,当到达朝向柱廊庭院的、半层在地底下的十四间仓库中的一间时,出土了整整五十四具骨架!分成了两组。一组,人数较多,在仓库的尽头,应该是些奴隶;另一组,靠近面向柱廊庭院的大门,由主人们和当地的其他有钱人组成。我们了解这一点,因为他们的骨架上满是首饰和钱币。对遗骸所做的医学检测显示,不管是奴隶们或主人们,饮食都非常均衡。使人震惊的是两个双胞胎孩子,两人都患有先天性梅毒,可以确定这种病(以它的低毒性型)在发现美洲大陆之前便存在于欧洲了。

除了"蒜头瓣"式样的带有宝石和珍珠坠子的金耳环以外,还出土了一些以蛇为造型的手镯,几条祖母绿项链,以及一枚刻着维纳斯和小爱神的戒指。

非常有意思的是一个化妆匣的发现,它装有香脂,碳酸铅白混合了蜂蜜的打底霜,眼影,牙膏,以及……腋下祛味的先祖——通过烧熟的干草加工而成。

一个巨大的保险箱——所发掘到的罗马时代的最漂亮的保险箱之一,显然是由房主在喷发前带到这里的,装有一百七十枚钱币,此外还有香脂和其他物品。然而,在那具研究员们认为是鲁齐奥·科拉索·特尔佐的骨架旁边发现的才是货真价实的珍宝:整整

10952个塞斯特尔兹奥!

这笔巨款给分成两份：第一笔在一个小木匣里，那里面有相当于 2204 个的塞斯特尔兹奥，几乎无疑是家庭财产。第二笔在一个包里，男人曾把它抱在胸前，毫无疑问因喷发的热量而熔化了：八十六个金币，三十七个银币，共 8748 个塞斯特尔兹奥。

财富已经无用了，熔岩流不分富贵和贫穷，它袭击了所有的人并在瞬间杀死了他们。

噩梦般的一夜

庞贝

公元 79 年 10 月 25 日 1：00 至 6：00

喷发后 12 至 17 个小时

HOMNES NEGO DEOS
我否认神灵的存在！

夜在继续，于所有的人都是一场真实的噩梦。喷发柱再次升腾，它恢复了力量，在一点时达到三十二千米的惊人高度！就是我们平时看见在空中飞翔的一架客机的高度的三倍。它的射程抵达顶点（每秒钟从火山口喷出两亿公斤的岩浆）的时刻到了。

在这几个小时内，庞大的喷发柱多次下落和重升，在一系列的"脉冲"中，每一次都产生出火山碎屑流——将把埃尔科拉诺和欧普龙提斯掩埋的洪流。

喷发柱不断下降和塌落的不稳定性是和强烈的地震联系在一起的。它们是如此的剧烈，因而震动了整个维苏威地区。甚至离开火山三十千米的小普林尼也吓坏了。他的追述明显地带着当时的惊慌失措。

像是作为开端，很多天之前发生过几次地震，不过未曾让人太留意，因为在坎帕尼亚是常有的事；然而那一夜变得如此强烈，以致使每样东西，我不说是在动，而像是在翻转。

与此同时，在这个地狱般的夜里，一道新的岩浆流从火山里喷出，再次淹没维苏威乌斯的"最早的遇难者"，即泰尔齐尼奥的座座别墅。这道被火山学家们命名为巨流2号的洪流，仅对尸体和已经毁坏了房屋施虐，用新的积层重新将其覆盖。

我们回到庞贝。罗马的小城里在发生着什么？与埃尔科拉诺、欧普龙提斯和泰尔齐尼奥相反，如我们看见的那样，它没遭到火山碎屑流的袭击。

但是形势恶化了。浮石的坠落没有停息，它们的厚度差不多有两米半了，以致抵达住所的二楼，底层已经给永远地掩埋了。

如果今天你们能够参观城市，正是要"感谢"堆积的浮石：得以保存的主要是被这种"冰雹"掩埋了的那一切，即街道、喷水池、房屋的底楼……在遗址中难以找到什么更高的东西。冒出浮石的一切后来被火山碎屑流扫除尽净，只留下大多数房屋的底楼。

一座城市正沉入三米厚的石块中，它们形成的积层厚到不可能打开家门出去，你们想象一下它呈现出的是怎样的环境。人们会被浮石崩塌掩埋的。于是，多慕思的大门（它们总是朝里面开，还因为这完全是一条法令：不能把公共区域如街道和人行道占为私用）被拴上了门闩，以避免崩塌。然而是徒劳的，厚厚的浮石层总之还是大量地进入了屋内，从窗户，从承雨池上方屋顶的敞口，从洞穿了的顶楼。花园和前厅里形成了巨大的锥形堆，周边向着整座房子延伸，涌入走廊和房间。今天依旧可以清楚地看到房屋里的这些堆积物留在走廊墙上的"对角"高度，一条很陡的斜线……

房屋宛若沉没在浮石中的帆船，继续"把水装上船"。在房屋里的人于休克状态中爬到楼上去，然而，如我们说过的，越来越多的屋顶在塌落和洞穿，使其他后来的和致命的浮石进入。

进退两难的是：应该怎么办？要是出去，会受到一阵浮石冰雹的袭击，有被从三十二千米高处坠落的岩石击中和砸死的危险。几乎无法呼吸，尘雾有碍辨认任何一个逃生的方向。在带有会粘附在身上的灰烬的雾霾中，搞不清该去往哪里。

要是到楼上去，有屋顶坍塌的危险，可留在楼下，会被浮石堵在一个房间里，而且也有被天花板压住的危险。此外还要加上到处是灼痛眼睛和喉咙的雾蒙蒙的空气，还有摇动整座房子的一次次的地震。

今夜，它们似乎要毁掉整个庞贝，并使人们为了可能会发生的倒塌而饱受惊吓。总之在有些住宅里发生了，浮石及其重压使楼板和屋顶塌落……庞贝人所面临的恐惧显而易见。你们考虑一下：你们会怎么办？

考古学家们发现了当时留在他们家中的人所采用的各种办法，可全都遭遇了一个悲惨的结果：楼上的人死于坍塌，留在楼下的人也被坍塌砸中或者被困住了，出去的人被熔岩流吞噬了。对啦，那些也快到了……

现在你们明白了庞贝的可怕的命运是同类悲剧中独一无二的，是一场任何其他城市未曾经历过的不幸。

想到所有的居民不管怎样都会迎向确定的死亡之前不得不经受的那一切，是震撼人心的。也因为这个，在面对很多"尸体"（游客们就是这样冷漠地不公平地称呼他们的）之时，需要有一种完全的尊重，为了他们临死前所痛苦承受的那一切。

多时的地狱煎熬之后，浮石和岩石雨似乎终于小了。这鼓励很多人走出那些陷阱般的房屋。人们（一般是家庭成员）三五成群地走向城市的南面。也就是尽可能地远离火山，朝海边或其他小镇的方向。他们像机器人那样走在浮石和灰烬积层上，走在茫茫一片杂乱的淡灰色之上、黑沉沉的天穹之下。太阳，蓝天，青葱的山，深蓝的海，他们曾在庞贝度过的充满祥和的日子，都到哪里去了？

巨流3号：死神轻触着庞贝
庞贝的郊区
公元79年10月25日6：30
喷发后17个半小时

VENTUS
风……

最后这几小时里最吓人的无疑是地震。谁知浮石层是否以某种方式"支撑了"墙壁和建筑，阻止了进一步的坍塌……不管怎样，这些后来的地震真是震耳欲聋，如我们见到的，很多人都急急忙忙往外跑。舰队司令也是。你们听听外甥叙述斯塔比亚的夜里发生的事情。

但是，进入那间套房所要穿越的庭院的高度已经上升了很多，因为被混合了火山砾的灰烬覆盖了，如果他在房里耽搁了更久，可能就没法出去了。

他醒了，出了房间去彭坡尼亚诺和其他人那里，他们未曾合眼。他们商量，是应该留在有遮挡的地方还是出去呆在露天里。持续的和延长的地震晃动着房屋，几乎把它拔离了时而倾向一边、时而又倒向另一边的地基，然后它又重新调整好了。再说，在露天里又担心降落火山砾，尽管是轻的和多孔的；但是，对比了几种危险，他决定出去呆在露天里。假如他的内在是理性占了上风，其余人的内在则被害怕占了上风。他们把枕头放在头上，用床单给他们做保障，这就是他们防雨的庇护。

谁知有多少人做出了同样的选择。当然，任何一个从海岸眺望维苏威乌斯山坡的人都会惶恐地明白，大自然被喷发搅得天翻地覆了。埃尔科拉诺山上的树林不复存在，只有一片灰色的月球般的空阔，带有寥寥几棵彻底被剥了皮的树直立着。其余的都倒在了地上，好像有一把巨大的梳子从维苏威乌斯的山腰上梳理过似的。

火山排空了一部分，但还在不断地喷发着，为庞大的喷发柱添料，不过，后者在向着自身下降和塌落的同时，产生了第一道涌向庞贝的熔岩流，直指城市的第一次"进攻"。

这道被火山学家们称作巨流3号的岩浆流，在黎明时的幽昧中向着庞贝推进。很多人听见了它的到来，因为浮石被推动和掀起来了。如同一场海啸，它极其迅速地抵达庞贝，好像要重复埃尔科拉诺的悲惨命运，然而到了最后一刻，它减速并停在了它的城墙外。它无法流得更远。不过，当它散尽后，它在身后留下大量没有生命的躯体。

在科斯奥·里巴诺的旅馆前面，将发现一个戴着很多首饰的有钱的贵妇人和她的三个婢女的遗骸。

一出埃尔科拉诺门就有一条小路，两旁沿路立着一座座坟墓（罗马时代禁止把死者埋葬在城里）。在一座坟墓的壁龛里，有个男人徒劳地尝试过一个极端的藏身地。他的骨架的发现，引出一个在十九世纪流传很广的传说，把残骸解释为一名禁军，认为他在喷发中坚守在岗位上。逸事广为流传，以至还被马克·吐温在1867年以记者的身份参观庞贝时提及。

我们继续在浮石层上的行进。在狄奥梅戴别墅前面，有一具女人的遗体，她在胸前紧紧搂着一个婴儿，身旁则有两个小女孩。几乎能肯定，这伙人来自庞贝外的很多别墅中的一座……

稍微过去点便是神秘别墅。名扬四方是因为它的几组画作（见第二部分插图第1页和第16页），其中可以看到一个女人加入狄俄倪索斯神秘宗教的入会式。有九具遗骸，其中有一个奴隶，很高且瘦弱，负责为主人居住区看守大门。他身上有五个青铜币，是他的微薄的积蓄。还有一个小姑娘的遗骸。然而没有属于伊思塔齐迪家族的主人们的遗骸。事实上，别墅处于重建阶段，他们也许因为在别处而得救了。死去的是些工人。在隐廊——用作称呼走廊或总之是一条室内过道的"优美"名词——里面，出土了四具骨架，位于那些小拱顶之一的敞口处。他们身旁有装着食品的陶土餐具和装饮料的容器。他们曾等待一个合适的时刻出去，可火山云出其不意地袭击了他们。

在另一座宅院，狄奥梅戴别墅里，于1772年发现了二十具遗骨。在花园柱廊下面挖掘到了房主，带着一千三百个塞斯特尔兹奥和一枚银戒指（它还充当钥匙）。在他旁边的是个奴隶。而在一条室内过道里还发现很多葡萄酒罐靠在墙上，出土了整整十八具遗骸。根据发现的物品，研究员们推测这伙人是十四个奴隶陪伴着两个女人（可能是房主的妻子和女儿）和他们的两个孩子。在挖掘中，在这些卑微的奴隶们的身上还发现了破烂的衣物。当时的一份证明记述，这些人穿着"粗布袜子或者剪成长裤样的布；有些人缺少鞋子"。如果是这样，我们就不厌其烦地重复，这些是有利于秋季喷发之论点的进一步的证明。两个女人中的一个，那个较年长的，戴着一套贵重的首饰（带有祖母绿的金项链，两枚镶着宝石的金戒指）。在逃离别墅时，女人想尽可能地多拿点东西，死去的那一刻，她还带有或戴着两个手镯和一条长长的金链，此外还有各种各样的戒指。

从这个发现起，"死城"的浪漫色彩开始通过考古资料在复活。尤其令人瞩目的，是对死在隐廊里的另一个年轻女人的身体留下的痕迹的发现。考古学家们试图保存一场如此悲惨的喷发的至少部分证明,成功切割了一个灰烬凝块,它留有女人的胸脯和双臂模型,他们把"少儿不宜的"① 出土文物搬到迪坡提其王宫,后来搬进那波利国立考古博物馆,它立刻变成了各种好奇者的目的地和诗人、作家们的灵感之源。

很快,那个女人名为"阿丽雅·马尔切拉",她变成了淫荡的异教徒的象征。

---

① 此处原文为英语。

巨流4号：给火山云活埋了

斯塔比亚

公元79年10月25日7：00

喷发后18个小时

OMNIA VOTA VALEATIS

永别了，我的所有的愿望！

持续不断的浮石雨现在停了。那种把庞贝人的耳朵折磨了通宵的微弱的叮叮声消歇了。人们彼此相顾。有人移开瓦片朝外面张望了一下：是的，可通行了。也许这是逃命的恰当时机。

城里各处出现了人影。他们探身在一片月球般的情景之上：庞贝被埋掉了一半。因此有另外一个空想需要驳倒。所有的事件恢复、小说和电影为你们展示庞贝人在城里的大街小巷疯狂奔逃的时候被淹没和杀死的情节是错误的。"大街小巷"其实已经消失在此刻高达三米的浮石层下超过十二个小时了。

很多庞贝人从家里出来，不过是从窗户里和从屋顶上！有些人爬上了占有屋子的锥形浮石堆，从承雨池上方钻出来。另外一些人躲避在环绕着花园的柱廊的檐棚下。还有在这种情况中，高耸在庭院里的浮石"金字塔"侵占了房屋，但是由于它的坡度，它在庭院柱廊的檐棚下留了一个"维持生命的空间"。

洞穿了的屋顶也是一条逃生之路。然而，如我们已经说过的，很多人被困在了多慕思里面。从这上面，听不见那些为了开道而敲打在墙上或屋顶上的闷响。

所有"重新浮现出来"的人都裹满了淡色的灰末，神色慌乱不安。他们在噩梦中度过了多时，关在仅有微弱的油灯光线的、空气中充满刺激性尘埃的房间里，为不断的倒塌所迫而总在寻找新的庇护。极其强烈的地震毁坏了室内的装饰，尤其使困在多慕思里面的人筋疲力尽，他们深信每次震颤都可能致他们于死地。对于很多人就是这样，因为楼板或屋顶的坍塌，他们目击了一个亲戚或一个朋友消失在了一团灰尘中。老年人更别说了，很多爷爷奶奶们死了，是因为呼吸越来越困难或因为突发的梗死……

死里逃生的人痴痴呆呆地游走着，景物难以辨认，庞贝似乎沉没在一片沙漠中。从沙丘中冒出屋顶、拱廊、雕像……

使这种恐怖的情景有所增强的是冉冉升起的太阳，一个悬在空中的圆盘，淡淡的橙色一如冷冰冰的落日。能见度依旧较低，这种弥漫的雾霾把人变成模糊不清的幽灵。

浮石和灰烬雨的停止成为大家的一个信号：到了做安排、离开庞贝的时候了，很多人都想过了。可很多人却继续把自己锁在家里。

三三两两的人开始移动在这种月球风景中。去哪里？任何地方，只要远离维苏威乌斯。

位于城市西面的人朝向海岸和港口，住在相反方向的居民区里的人朝向萨尔诺平原，目标是诺切拉和与亚平宁山脉的山嘴平行的街道中心线。

一如海难生还者，这些小群小群的人一声不吭地排着纵队，几盏灯在黑暗中晃动着。空气棉絮似的，灰尘飘进眼里，只在劝告他人加快速度时才有人说话。

我们做一个尝试，设想我们亲临这些街道。死亡是迫近的，这使你的绝望在增加。你游走在一个地狱般的地方，你觉得像到了另一个星球上。不容易啊，你咳嗽，你的儿女摔倒、哭泣。你在一层极细的灰末地毯上行走，它把茫茫无际的杂乱的浮石重新覆盖了，它丝毫不密实，以致在很多地方没过膝盖。

记得我在埃特纳火山的山坡上，在喷发后不久的一片茫茫的火山碎片上行走过数小时，同时在进行拍摄。在山坡上，每一次迈步都把你带回起步的地方。有时你会问自己是否能成功走出去。现在你们想象一下孩子们老人们，或想想那些处于休克状态的人……

然后，要走的方向丝毫不清楚。在正常情况下，他们中的很多人几乎可以闭着眼睛在小巷胡同里走动。可现在，他们完全走在升高了的一层上面。所有的认路标记（喷水池、十字路口、店铺，等等）都在他们的脚下三米之处。在他们周遭冒出来的（最好说"从倒塌中得以保存的那些"）是墙壁、窗户、屋顶。你们也试试看，设想你们为办一件事应该在你们的住宅区移动，在二楼的高度行走……缺少平常行走时如小小大拇指的小石子那样的所有识别物，这些二楼实在难以辨认。你们能够方便地尤其是迅速地走动吗？不能。再说，这是发生地震后老人们得在他们的城市的街道上走动时常见的一种的休克。没有神龛，废墟掩盖了长凳和喷泉，他们什么也认不出来了。

继续行进在重重的困难中。大家都用布块遮挡着脸，有人手里举着油灯。是的，日光仍然微弱，悬浮在空气中的灰烬使能见度降低了很多。可这样也没关系，推动他们的，是在逃离时于房屋的倒塌和地震中求生的希望；可惜是一种徒劳的希望。

其实，这种"小憩"符合喷发形态中的一种毁灭性的变化。浮石不再坠落因为喷发柱在塌落。但是这就意味着，如我们所见到的，不久，另一道熔岩流将顺着山腰流淌。新生的火山泥石流，这次直奔庞贝！

它们将形成每半小时一次的致命的火山流，火山学家们所谓的巨流 4 号，巨流 5 号，巨流 6 号。

第一道杀死前进途中所碰上的任何人。第二道毁坏一切，掀开房屋，推到墙壁，把尸体卷进大街小巷。第三道具备二者特点，但主要是比先前的两道流得更远，直至米塞诺和卡普里。火山以恐怖的轰响为它们的诞生呐喊。

由于一种险恶的作用过程，每一道熔岩流都为后来的那一道平整道路，好让它流得更远……

巨流 4 号：大家都静悄悄地死去

这道岩浆流在七点左右到达，对庞贝及其居民而言，它将是致命的。它具有一个外观和质感云雾蒙蒙的头，在大地上滑行。房子的屋顶，柱子，雕像，一个连着一个消失了。它不发出声响，却是个夺命的杀手。

你们想想世贸中心倒塌产生的尘雾，它无声地推进并且高高腾起。巨流 4 号的效果是相似的，但岩浆流流淌得更快而且更浓厚。是一种由灰烬和气体组成的热云雾（不像在埃尔科拉诺那样滚烫，可能在两百度左右）。我们可以把它比作一股强风，它不具有推倒墙壁和卷走人体的力量。然而，它有另一种能力：那种以恐怖的方式杀人的能力。一小群一小群的人接连被云雾追到并淹没。当它消散时再也看不到一个人，好像它把他们吞噬了……

事实上，躯体都在，但是被这道火山熔岩流留下的五十至六十厘米的淤积层埋葬了。每个被这道巨流袭击的庞贝人都丧了命，因为被一种很细的如滑石粉般的灰末突然笼罩，它堵塞了呼吸道。此外，云雾中含有气体，比如二氧化硫，它与人体黏液中的水分如眼泪或仅是唾沫接触，转变成硫酸。

这种云雾如一团浓浓的烟雾扑向逃命的庞贝人。他们在用布尽量挡住眼睛和脸尤其是鼻子和嘴巴时摔倒了。显然缺少氧气，云雾中含有的气体具有极强的刺激性。眼睛还有嘴巴可以闭上，鼻孔却暴露着而且是十分敏感的，这就是为什么人们要尽量护住它们。一个令人震撼的事实是，大多数遇难者都牙关紧闭，这说明是为了不张开嘴巴呼吸而作出的自愿选择。

就在他们试图以这个最后的无望的保护对抗时，一团庞大的极细的灰末把活着的（或最好说是奄奄一息的）他们埋葬了。是一种异常凄惨的死亡。

巨流4号越过了庞贝的边界抵达港口，杀死等待乘船的人（大海依旧浪涛滚滚）。在接下来的几分钟里，人声消失了，唯有墓穴一样的死寂笼罩着庞贝。在这些身体里只有少数细胞还活着，但会慢慢地熄灭。

在考古学家们想出为这些时常从灰烬积层中冒出来的骨架重新塑形的办法之前，将要流逝十八个世纪。

庞贝存在两种遇难者：有人死于"火山冰雹"的重量引起的倒塌或者地震，有人正是现在被可怕的巨流4号杀死。在浮石层里能够找到的只有骨架；在第二种情况下，除了骨头，还有身体在细密的灰末中留下的痕迹，一个能够制作模型的条件。

遇难者被极细的、后来变得僵硬和密致的灰末包裹了。随着时间的流逝，软组织和器官分解了，只留下了骨架。然而，在身体周边变硬的灰末完整地保存了人形，留下的是一个"空瓶"，可以用石膏注满以取得被埋人的准确形体。

安东尼奥·德·西莫奈教授做过几个重要的模型，他对我解释了制作一个模子所必需的操作细节。考古学家们在对灰末层（灰化石）进行挖掘时，知道会巧遇到遇难者们的残骸，因此他们会异常小心地进行。他们使用非常精巧的工具刮剔，只要刚有个小洞就得立刻注满，过去曾灌注液态石膏（一种由那波利博物馆和庞贝考古地点的领导朱塞贝·非奥莱利发明的高妙的方法）。然而，石膏借助重力发挥作用，所以它不能把处于高处的躯体的空间灌满，因此必须使用一个泵把液体水泥通过压力（两个大气压）送进去。留之待干两天后，最终可以重新移动遗骸周边的密致的灰末了。

看着一个庞贝人的脸在近两千年后重现尘世，那种激动难以形容。

这种模型中的一些完成于不同的时间和地方，给人的印象实在深刻。在一个刚到诺拉门外即遭到火山云的袭击的六人小组中，有一个女人体形丰满，她的模型展示出一张清晰得叫人不敢相信的脸。同样能这么说的还有三个人（一个男人，一个女人和一个男孩，可能是一家人），是在诺切拉门外不远处发现的（见第二部分插图第 15 页）。取得的模型显现出鼻子、嘴唇和眼睛，看上去就像是一个有血有肉的人的模型。但是，在金手镯之家的走廊里出土的一个小男孩（见第二部分插图第 11 页），也许是个更加令人难以置信的例子。他和父母以及一个小弟弟一块儿死了，仿佛睡着了。难以相信他的脸是"人造的"，他的五官是完好的。同样的还有手，尤其是出现在土呢卡上的许多细小的褶子。

我个人认为最惊人的是斯塔比亚诺之家（1 区，22 号公寓楼）的那一组人。共有七个人，其中有两个小孩，当他们在浮石层上跑着的时候被巨流杀死了。德·西莫奈教授做成的模型显示出衣服、凉鞋，尤其是他们的生命的最后时刻。当他们被火山云笼罩和埋葬时，大人们放开了小孩的手（他们确实是在一定的距离外被找到的），他们摔倒在地上。有的人是僵直的，握紧的拳头放在下巴处或在脸上，如同一个拳击手想抵挡拳击那样，有的人是蜷缩着的。最感人的是那个仰面摔倒的孕妇和她的男人在一起的场面，他侧身躺着，靠近她的头，试图用自己的衣服的一角盖住她（见第二部分插图第 12 页）。他就这样去了，在为保护他所爱的女人而做的最后的尝试中……

这些人怎么会是以这种姿势死亡的？一旦因窒息而失去知觉，人应该昏倒并出现典型的昏迷者的姿势。仔细看看这些"自卫"

姿势，连同缩起的上身、腿和手臂（似乎肌肉还有张力似的），能给予的解释只有一个：这些人是在仍然活着、在绝望地试图保护自己的时候被岩浆流埋葬的。极细的灰末把他们一盖，就好比把他们密封了，甚至连一条手臂都难以动弹。有过被困在淤泥中或软沙里的特殊经历的人，将会告诉你们那种由沉积物产生的非常强劲的拽拉和压力。要是整个身体都被埋了，那脱身可真是太难了。

游客们可以看到的陈列在庞贝的那些遇难者中，肯定有一个能打动所有的人。是一个男人，他支撑着一个肘关节试图重新站起来，于落在他身上的大量极细的灰末之中作出的最后一个绝望的举动。他没能成功，殒命于一种对一个死者而言是"绝不可能的"姿势。

对这些异常的姿势，比如弯曲的胳膊，还曾有过其他解释，例如高温。然而，这样的推测并不可信，尤其是在面对有些人是四肢紧缩，而另一些人则是双臂摊开时。

用模型"恢复原形"的这些人，讲述着杀死他们的火山云的某些珍贵细节，譬如构成巨流4号之特点的速度和猛烈。遇难者们总是衣冠整齐，最多也就是掀起了一点。除此而外，在旁边有时能找到于最后一瞬掉落在地上的斗篷。这就提示，巨流4号形成的风不是很强，它主要是由一团前进中的茫茫烟雾构成。总之，一个看法就是，逃生的人跌倒在地并立刻被突然而至的极细的灰末覆盖，使他们窒息并在数十秒钟里将他们掩埋，同时形成一个厚厚的积层。这就是他们怎么会被固定在这种自卫姿势的原因。

明白了在这些人身上发生了什么之后必须做一个思考。难受的是，看着很多游客挤在装着这些遇难者的玻璃陈列柜周围，议论纷纷，说说笑笑，反常地拍照，以贬低的方式把他们叫作"木乃伊"……需要始终记住，那些摆放在陈列柜里的不是雕像，而是曾经的"人"，今天他们仍然需要尊重和尊严。你们想象一下，假如以同样的态度对待车祸遇难者或比如9.11亡者……难道庞贝的遇难者就不一样吗？

我们继续我们在这个可怕的上午的游程。巨流4号过去了，它可能以每小时八十千米的速度前进，任何人都没法比它快，何况在这厚厚的浮石层上……庞贝现在是一片广阔的淡色灰烬，风在那上面吹起一个个小小的旋涡。露出来的残余建筑依旧是完整的，然而阴森可怖。

在火山云经过的那一刻，一些瓦还有整根梁掉落在了遇难者们濒死的身体上，考古学家们将在那里发现他们。

从走廊和客厅的屋顶上的洞里进入的火山云还杀死了当时在家中的人。粉末似的灰烬和气体四下弥漫。很多人都死在自己的家中，就在等待一切都结束的时刻里。

其中有一个我们很熟悉的人，伽尤·朱里奥·坡里比奥，肆无忌惮的商人。直到几分钟前他还活着，可现在他躺倒在特里克里尼奥餐榻上。同样如此的还有他的妻子和女儿（见第二部分插图第14页）。

他们被困在了阿博恩当杂路上的他们的漂亮住宅里，曾经成功避过了浮石雨多时。他们把自己关在餐室里并关闭了所有的门。不单单只有他们，多慕思里一共有十三个人，在这间厅室里甚至有十个人。有一些奴隶，也有怀孕的女儿（在另一张特里克里尼奥床上），她死时拉着一个很像是她丈夫的男孩的手。

可能是女儿的怀孕使人认为无法做任何一种转移并且让人作出关在家里的决定。

另外两个小孩，一个男的和一个女的，是在保姆身边找到的。

朱里奥·坡里比奥死时右臂伸在胸前，左手握着一个装着兴奋剂的玻璃细颈瓶，可能试图用作抵抗因喷发的烟雾和灰末造成的呼吸困难。

注意到他们没有一种如其他所有的遇难者那样的"自卫"姿势

是有意义的。他们好似就在他们的特里克里尼奥上睡着了。这意味着他们没有被刺激的气体笼罩或由于倒塌或别的什么在痛苦中死去，而是失去了知觉，可能因为由巨流4号引起的逐渐的或迅速的缺氧，正如细颈瓶所提示的那样。

朱里奥·坡里比奥和他的全家一起被杀死了。但他不是我们昨天在庞贝认识的那些人中唯一的一个。画画的那个女人是另外一个例子。几分钟前她和丈夫以及两个孩子通过一条把别墅和这个有权有势的家庭的私人堤道相连的地下过道，尝试逃生。可能是他们看见了火山云的到来，可能是意想不到的浮石雨的一个"停息"使他们幻想可以到海上碰运气……

他们将被杀死在过道里的一个小凹陷处。女人抱在怀里的儿子以最后一个绝望的动作试图挣脱母亲，但被"冻结"在这种奇怪的姿势中，死了。女人，我们不知道她的名字，她戴着的金手镯给别墅提供了一个名字，她手里抓着一把钱币，如我们将会看见的，其中有一个能显示喷发是发生在秋天的最终证据。谁知她在这些时辰里是否想到切斯奥·巴索，她仅在昨天与之清白地"调情"的诗人。命运做了同样的①决定，现在两人都安息了……

毗邻的住宅里也有遇难者。在庞贝最豪华的宅院之一的这座大住宅里面，当时正沿着楼梯逃命的四个人的躯体被找到了。也许是他们在发现楼下的门被浮石堵住后意欲上楼，在无望地寻找一条逃生路的时候全都给巨流淹没了。

他们中的一个被发现时还在那座楼梯上……

一个痛苦得要死的神话式的故事恰恰产生于这种悲惨时分：那个罗马贵妇人和一个角斗士一起被杀死在尽情纵欲的一夜之后的故

---

① 原文此处使用了 altrimenti 一词，意思是：不同地；否则，反之。考虑整个句子的意思，应属误用。作者可能想使用 altretanto 一词，意思是：一样，同样。

事……

一切都发生在被当作角斗士体育场的所谓的剧院四门拱，著名的角斗士比武之地。

在面向四门拱的庭院而开的十个房间里，考古学家们发现了十五个头盔和十四个护腿铠甲（带有装饰），六个护肩，至少三条护腰皮带，一个长矛的尖头，一把剑，两把匕首，盾，属于网衣①的许多骨片，最后是一副铁足枷，用于禁锢奴隶但也用于角斗士。

剧院四门拱与大体育场一起，是那些出土遗骸最多的地方之一：在1764年和1793年之间进行的挖掘，一共出土了六十五具骨架。因此，这座建筑是为逃生中的庞贝人所"挤占"最满的场所之一，一个合理的解释是它靠近斯塔比阿那门。

在南面的神像室之一里面找到十八具遗骸。其中出土了一个贵妇人的残骸，有她身边发现的大量首饰为证。在十九世纪，这足以引起作家们和记者们的想象力，他们推测了她和一个角斗士的爱情故事。事实上，在那间小房里曾有十八个人（对于一场爱的幽会绝对缺少私密性），此外，女人的残骸是在场所的门口给发现的，不是在它里面。这就使人想到，贵妇人在灰烬和火山砾雨下找到了一个临时庇护所，她为了逃离城市，加入了在那些狂乱时刻里行走在庞贝的很多人群中的一个。她的脸我们很熟悉，是那个我们看见她扭着性感的步子进入钱庄老板鲁齐奥·切齐里奥·乔孔多的事务所的女人……

这一刻倒在庞贝各处的遇难者有很多，不可能把他们全都列举出来。在大体育场便有整整七十五人，其中六十八人肯定为这种炽热的火山云所杀。载入史册的还有在所谓的逃难者菜园里发现的十三个人，在他们试图离城，经过诺切拉门或者在那里寻找一个通往

---

① 网衣是古代铠甲的一种，有用细小金属环连接而成的，也有用小块的骨片连缀拼接而成的。

庞贝城外的通道（城门可能已经因浮石和火山砾的堆积而变得不能通行了）之际，受到了巨流的袭击。

另一场大丧生发生在港口地区，在这个区域的饭馆的一些柱廊里面出土了整整八十一具骨架，其中有一具骨架在过去曾被错误地认为是老普林尼的。解释依据是出土的一把镶嵌了一个海贝的非常漂亮的剑——一件无疑是用作摆设的威风气派的兵器，一条绕在脖子上的很长的金链（有点像现代的说唱歌手那样）和两个手镯，也就是两条戴在手臂上的金蛇。这一切都属于一位舰队司令似乎很难。因为金链和手镯是典型的女性饰品。最有可能的是，这家伙其实是个贼。

一个进入一座被抛弃了的别墅趁火打劫的贼，一个把这些首饰从死于坍塌的合法主人身上取下的无所顾忌的小偷，或者更糟，一个使用暴力把这些宝贵的首饰占为己有的凶手。

不远处，在穆雷齐内的河边的"汽车旅馆"里，巨流4号杀死了业主们，给考古学家们留下300块蜡版，它们构成整个帝国最大的蜡版"遗产"之一。

我们回到这个死亡场景，一股新的摧毁力正对其袭来……

巨流 5 号：打向庞贝的一拳

庞贝

公元 79 年 10 月 25 日 7：30

喷发后 18 个半小时

ADMIROR TE PARIES NON CECIDISSE（…）

我为你感到惊奇，墙啊，因为你还没倒下……

火山喷发柱再次塌落，这次产生了一道更浓更具有摧毁性的岩浆流，此外，它流经的街道已被之前的岩浆流扫平了。它是一道包括浮石、各种各样的岩石碎块，而且还有树干、梁、瓦、废墟、石头和连根拔起的树木的岩浆流。一个重拳准备好了要击打庞贝……

假如之前的熔岩流确是致命的，但并不特别猛烈，巨流 5 号却能推倒墙壁和掀翻房屋。如若某个庞贝人因为奇迹尚活着，这道洪流会逮住他并杀死他。

靠近纯洁的恋人之家有一个关于巨流 5 号威力无比的例子。邻近的一条胡同里有两个男人被巨流 4 号杀死和掩埋：第一个完全被岩浆流掩埋了，第二个，侧身躺着，从灰烬里面露出一半。巨流 5 号，如同异常锋利的刀锋，残酷地"切割"了他的尸体。相隔数米，一堵冒出火山砾的墙眨眼间便被推到了。它通过窗户或者走廊涌入，使得整座房屋"爆炸"……

巨流 4 号有多寂静，巨流 5 号就有多嘈杂。可是，没人听到……一流经庞贝，只有毁灭。它卷起尸体并将其碾碎，撕掉他们的每一样衣物，很多二楼被摧毁。可以看到没有树皮的树木交叉缠结。一个个躯体赤裸着并被可怕地削切了手足。

巨流6号：舰队司令的杀手

米塞诺

公元79年10月25日8：00

喷发后19个小时

MARE NEQUAM

残酷的海！

如果到现在为止，扰乱了自然景观的灾祸和恐怖的摧毁是集中在陆地的，那么此刻则轮到大海了。

小普林尼给我们描述了一个令人不安的现象。

清晨日出之时，然而光线依旧微弱，几乎是暗淡的。周围的建筑在剧烈摇晃，尽管我们呆在露天里，不过它是狭窄的，所以对倒塌的害怕既深又紧迫。仅在那时我们才决定走出居住地；一群惊慌失措的人跟随着我们，那好像是恐慌中的一种谨慎，人们更喜欢别人的决定而非自己的，一大群人跟着我们并关注着我们的离开。

离开住地我们停下了。我们在这里看见很多奇怪和恐怖的现象。因为安置好的车辆在后退，甚至用石块抵住也无法使它们停留在它们的位置上，尽管地面是平坦的。

此外，大海在向着自身收缩，仿佛是被地震攻退了。无疑，海滩增宽了，很多海洋动物躺在沙滩上，干了。

海在退潮，事实上，这是岩浆库排空的间接结果，它造成地面的膨胀，使水底浮出海潮。然而，维苏威乌斯贮存着别的东西。

在岩浆库里，气体以最小的压力挤压岩壁。岩浆量较之喷发初始也少多了，这样，岩壁开始承受不住，整个岩浆库突然间便坍塌了。岩浆库周围的地热水系统进入内部，同时产生巨响和小普林尼感觉到的那些晃动。就在那时，不太浓稠但具有强力、源源不断的大量岩浆流从维苏威乌斯山坡上流泻下来，这次均匀地增宽并径向往前十五千米：它就是巨流 6 号，一场由气体和火山灰构成的"海啸"，流经被前两道火山碎屑流扫平的街道。

一团庞大的云雾冲击着庞贝所有较高的墙壁，毋庸置疑是最具摧毁性的巨流。它留下近一米半的沉积物，近乎前两道巨流的三倍。

这道巨大的黑流还涌入海中。在浪涛上滑行，来到卡普里直至米塞诺，也就是三十千米的距离。以下就是小普林尼的讲述。

一团黑色的恐怖的云雾，被火光熊熊的、扭动着盘绕着的烈焰撕破，它们与闪电相似，可还要广大。

于是，还是那个来自西班牙的朋友，他更大声更执着地喊道："假如你的哥哥，你的舅舅，他要你们逃命；倘若他去世了，他要你们为他而活下去。你们为什么要为逃离犹豫不决？"

我们回答说，在他生死不明的情况下考虑我们的死活我们做不到。他不再等待了，立刻离开我们并飞速逃离了险境。

不久后，那团云雾向着地面压下来并覆盖了大海，它笼罩和藏匿了卡普里，抹掉了米塞诺海角的风景。于是我的母亲开始请求我，哀求我，命令我想方设法脱险，说我能够做到因为我年轻，她做不到，因为年龄和沉重的身躯，她宁愿死也不要成为我的死亡的原因。我反对，我永远不会丢下她自己逃生。然后我拉着她的手逼着她加快脚步。她吃力地走着并因为延误我而抱怨自己。

已经在掉落灰烬了，但还不密集。我转过身，一团浓浓的烟雾高耸在我们身后，相似于一道涌向地面的湍流，对我们紧追不放。"我们脱离人群"，我说，"在看不见之前逃离，因为要是我们摔倒在路上，不会在黑暗中被跟着我们的人群踩踏。"

我们刚刚坐下，黑夜降临了，不像没有月亮或天空乌云密布时那样，而是像我们关在一个灭了灯的房间里那样。你能听到女人们的呻吟，幼儿们的叫声，男人们的呼喊。有的在大声寻呼父母，另有一些在寻呼儿女，还有一些是寻呼夫、妻，他们凭声音来辨认；有人在为本身的命运自悲自怜，有人在悲怜自己的亲人的命运；惧怕死亡的人在向死神哀求；很多人向着众神举起双臂，其余更多的人声称不再有神存在了，因为那是世上的最后一夜。也不缺少他们用想象和捏造的恐怖来扩大真实的危险。有人谣传米塞诺倒塌了一座房子，另一座着了火，但被信以为真了。

出现一抹微光，我们不觉得像白天，而近似于刚点燃的火。不过它远远地停住了，黑暗再次袭来，大量的密集的灰末再次降落。我们时而站起身来把它从身上抖落，否则我们将会被盖没，还会为它的重量所累。要不是想到我和所有的人一起死去且世界与我同在，使我面对死亡产生一种绝望但也是一份很大的安慰，我倒可以自诩，在如此紧迫的危险中，我既未发出一声埋怨也未露出一副不够男子气的神色。

最后，那团烟雾减少并散成一种烟或者雾。之后天亮了，太阳也出来了，不过是黯淡的，像出现日食时那样。在仍然忧虑的视线中，景物似乎变了，并且被一层厚厚的灰末覆盖着，仿佛下过雪似的。返回到米塞诺，恢复了相当的精力，我们度过了一个处于希望和惊恐之间的艰难且犹疑的夜晚。惊恐占了上风。由于地震在继续，很多人失去理智地做着更多恐怖的预测，像在拿自己和别人的不幸开玩笑。不过，我们尽管逃脱了危险，却又开始了等待，那时我们还是不想出发，直至我们得到舅舅的消息。

事实上，舰队司令此刻正位于地球上最糟糕的一个地方。伴着凌晨最初的光线，老普林尼来到沙滩上，显然是想和他的船只取得联系。然而大海，依照外甥的讲述，依旧汹涌澎湃。

> 天已经大亮了，可那里浸没在比任何一个夜都更黑更深沉的、依旧为很多火焰和各种光所驱散着的夜里。他想去沙滩上，从近处看看是否有出海的可能，但是大海仍然波涛滚滚，难以通行。在那里，他一边在铺开的一条床单上休息，一边三番两次地要凉水并贪婪地喝了。然后，火焰和对之作出预告的硫黄的臭气驱跑了一些人，他们摇醒了舅舅。他由两个奴隶搀扶着站了起来，可又立刻跌到了，我认为，由于灰末使空气变得凝滞而妨碍了呼吸，并且堵塞了他那生来就虚弱、紧窄和经常发炎的气管。
>
> 当白昼再来时（我最后看见他的那天之后的第三天），他的没受伤的毫发未损的遗体被发现了，裹着他穿在身上的那些衣服，样子更像一个睡着的人，而不是一个已亡人。

根据一个生还者的叙述，杰出的舰队司令就这样殒命了。我们知道，外甥写这封信是为了给老普林尼的形象"平反"，因为有些人为他的营救行动的毁灭性举措给予了批评。然而，一个似乎有意义的事实是：重新找到他费了三天的时间。

小普林尼在告诉我们，至少是以间接的方式，形势需要三天才稳定下来并能重新进入那个区域，开始寻找卓越的老普林尼的遗体。

到了某一时刻，喷发似乎结束了它的杀手任务。至少暂时是这样……

舰队司令回家

米塞诺

公元 79 年 10 月 28 日

喷发五天后

ARMA VIRUMQUE

（诗歌）武器和男人……

四列桨船缓缓地靠岸。船头上画着的眼睛有种呆滞的目光，好像不相信它们看见的那一切。码头上有很多往来不断的人：军人们，奴隶们和各种各样的人在短短的时间内云集而来，准备着迎接乘客们。一名海员动作迅速地扔出一根缆绳，它又立刻被系在一根系缆桩上，与此同时，一架舷梯从船上放落下来。第一个下船的是个老年男人，银白的头发被风吹乱了。他迈着小步往前走，被人搀扶着。他是海岸上别墅之一的富裕的房主。然后，一个接一个地下来的主要是从受灾难袭击的边缘地区搭救到的少数生还者，那是一群处于休克状态的人，目光散乱，土呢卡肮脏不堪，头发上仍然沾着灰末。有些人的手臂上、腰上有可怕的烫伤，其余一些伤者以某种方式包扎着，另有一些人只想了结生命，在亲眼目睹了自己的儿女或其他亲人的死亡后，活着还有什么意义？

这几艘四列桨船属于第一个营救小组，得以成功靠岸和巡查灾区，比如从郊区斯塔比亚开始，那里具备了设立一个行动起点的可能。

一个女人由一名军人扶着走下来，她极其困难地呼吸着，高温灼伤了她的肺。一个女孩则在每次有人碰到她那被完全烫伤的皮肤时大叫起来。

被带到基地这里的是些伤情最严重的人。基地海岸上唯一一处集中了好多医生并设立了一家军医院的所在。无数人在不多的时间里被史上最惨重的灾难之一击垮了，状况异常紧急，在现代也会如此。一些军人抱着严重烫伤的孩子走下来，他们疲惫不堪，他们的黑色大眼睛在绝望地寻找着某个可以拥抱的家人。他们已经流不出眼泪来了。

防波堤上有很多人希望看见从船上下来一个亲戚或一个朋友。出现这种情况时，他们便充满忧伤地拥抱和哭泣。

待所有活人下了船后，轮到死者了。

他们被裹尸布包着，在横渡中他们占了一艘四列桨船的整个船舱。我们设想，大多数遇难者在当地被火化了（可能还把房屋的梁和露出废墟的家具用上了）。但是这些死者"不一样"：他们之间还有蕊柯媞娜的别墅里的信号塔海员。他们发送闪光信号直至最后一刻……在被活活烧死之前。现在他们回家了，回到他们的战友身边，裹尸布掩盖着他们那令人惊悚的模样。

蕊柯媞娜的眼睛蒙着一层泪花。她认识他们中的每一个。她也属于生还者之一。提多·苏埃狄奥·克莱蒙特成功地救出了她。我们在他们离开埃尔科拉诺之际和他们分开的。然后途中有一座桥塌了，迫使他们停了下来。夜里，他们感觉到了岩浆流的热风，看见了深海处燃烧的船的火光。他们试着返回自己走过的路，为了搞清发生了什么和帮助几个生还者。但是刚一看见郊区，他们便和一整群受到滚烫的风袭击的逃生者的残余部分有了一个恐怖的相遇。路上此刻只有冒着烟的骨架。有些人缠结在最后一个绝望的拥抱中。另有一些人手臂弯曲、手腕扭转，因为高温造就的异常姿势。然后是那个没被大火吞噬但总之是死于热浪的老人的尸体，目光定定的，嘴巴大张着……蕊柯媞娜爆发出一阵歇斯底里的无法抑制的哭声，提多·苏埃狄奥·克莱蒙特明白了，再往前去就是自寻死路了。

他们重又踏上了去往那波利的路，勉强来得及避免被很多泥石流中的一道掩埋了，在稍远的那边，它们正沿着海岸将埃尔科拉诺埋没……

在马不停蹄地赶了一程，把那些倒塌的房屋和神庙抛在了身后之后，他们到达了巴亚。筋疲力尽的蕊柯媞娜受到了几个世交的款待，他们给予了她百般呵护。提多·苏埃狄奥·克莱蒙特立刻再次启程，飞奔去罗马向皇帝提图斯（总之他已通过信号塔的传光仪得知）禀报，特别是为了尽快请求帝国首都安排营救。

蕊柯媞娜今天在防波堤这里，因为她知道舰队的最初几艘四列桨船成功进入了喷发的周边地区——连日来所谓的"禁区"①。

就在等待它们的到达时，她注意到人群中有一撮竖立的头发，天下仅一人有，但是置身于后面的人群中，她无法看清他的脸。她从人群里挤上前，来到那个男人背后时她喊了他的名字……他转过头来！萨图尼诺……他疲惫不堪，太阳穴上有道醒目的伤痕，可当他看见蕊柯媞娜时，他脸色一亮。他们长久地拥抱，把在这几个恐怖的日子里经历的所有的惊慌都发泄在这个举动里。

萨图尼诺的故事与蕊柯媞娜是相似的。他得救是因为他骑马逃向了北面，朝着波佐利和巴亚，他的家族在那里有房子。但是没有办法使父亲和奶奶离开，他们决定留在埃尔科拉诺。后来他从另一个也是赶在天黑前骑马逃走的幸存者那里得知，两个人不慌不忙地转移到海滩上，和其他所有的埃尔科拉诺人一起等待海上的救援。他的父亲对穹窿下的位子分配做了指挥，同时鼓舞着任何一个来到

---

① 此处原文为英语。

他面前的人，始终以好言好语宽慰吓坏了的人。萨图尼诺再也没有得到父亲和奶奶的消息了。

一如蕊柯媞娜和其他很多人，他来堤道这里也是希望能再见到他的家人。女人的内心和大家一样，还存有一线看着舰队司令活着回来的希望。在这种紧急时刻里，一个超人的出现可是极其重要的。

关于老普林尼的命运的很多疑问已昭然若揭。船上的海员们绷紧的面容和在一艘四列桨船上由几面升起的旗子表示的最庄重的举哀标志，还有他的贴身护卫们在舷梯两侧的堤道上排列的仪仗队从港口的入口起便已经为所有的人揭晓了这个答案。

舰队司令的遗体被清洗了并穿上了一件干净的土呢卡，由几个海员扛在肩上抬下了船。胸脯上放了一把饰有宝石的漂亮的剑，鞘上雕了一个美丽的贝壳（维纳斯的标记）。要不是因为苍白无色，他看上去就像睡着了。不止如此，他那安详的脸貌似微笑着。哭泣声和汹涌了几天后恢复平静的大海的声音打破了寂静笼罩的堤道。妹妹普林尼娅和小普林尼在堤道上等待着他。头上盖着一块头巾的女人靠上前，脸上挂满泪水。她伸手爱抚着哥哥的脸。而外甥则爆发出一阵难以控制的大哭。舰队司令重新回到了家，他将在各种殡葬仪式下被焚化。

蕊柯媞娜也哭了，由于泪水，她没能认出此刻最后出现在一艘四列桨船上并来到陆地上的一个人。然后，她用手背擦干眼睛，一声叫喊从她嘴里迸出。那个头发脏兮兮乱蓬蓬的人是……弗拉维奥·克莱斯多：他的脸上布满灰末，目光呆滞无神。可当他与蕊柯媞娜的目光交接时，他的脸又恢复了生气。他目睹了舰队司令的死亡，他曾在彭坡尼亚诺的家里，那夜，他和其他熟人一样躲在了富有的罗马人的宅院中。

他得救是因为他重又回到了自己的家中。后来是他发现了舰队司令的躺在海边的一条床单上的遗体。看上去好像还活着。当他靠近时甚至还喊了他，深信他只是在睡觉……然而他的生命已经去了，飞走了……弗拉维奥比别人先登上船，正是为了证明舰队司令的死。彭坡尼亚诺不想来米塞诺，他收拾了他的全部财物，带着家人搬到了卡普里，他在那里有另一座多慕思。从那里，他打算指挥重建斯塔比亚的一座雄伟的别墅的重要工程，以及照管自己的生意。不仅如此，现在一切都颠覆了，很多竞争对手都死于非命，从一个生意人的角度来看，一个意想不到的发财的前景展开了……生意归生意，① 即便是两千年前。

在热情问候了蕊柯媞娜和萨图尼诺之后，弗拉维奥·克莱斯多沉痛地跟上舰队司令的灵柩，它被抬向一条上坡路，我们仅在几天前在那同一条路上看见他坐在一顶轿子上，和他的那个几乎每走一步都要绊一下的秘书……

我们刚刚描述的那些是这场灾难的一页，是人们从来想不到的……浩动之后（The day after）。②

没有讲述、文献或者证明，但是不难想象发生了什么。

我们从米塞诺，现在我们所处的地方开始。在令人胆战心惊的"黑云"经过之后，城市首先要恢复元气；紧急管理基地（小普林尼说随着巨流6号的到来，城里发生了火灾）；检查舰队状况；安排营救，既为了帮助逃过岩浆流的普通幸存者，也为了去寻找失去消息的老普林尼。

如小普林尼所述，伟大的舰队司令的遗体于三天后在沙滩上找到。这就意味着，三天来，火山（可能还有波涛翻滚的海）阻止任何人从外面靠近。一如所见，就连抵达肯定不存在灾难中心的地区都不可能，譬如斯塔比亚，再说那里还设有一个便利的海边靠

---

① 此处原文为英语。
② 取自拍摄于1983年的一部美国影片《浩劫之后》（The day after）。

岸处。

在斯塔比亚一下船，海员兼援救者们便进入一排别墅内，它们被埋没了一半，有很大一部分已经倒塌。因此，富人和贵族们在最初的无望的援助中拥有了一条优先通道。所以，斯塔比亚是第一个停留点，因为它的一座座大别墅和靠岸处的便利。然后呢？

埃尔科拉诺和那些引人注目的海岸别墅也在最先抵达的地方之内。也许还因为可以从北面过去由旱路到达，鉴于邻近喷发口，当然得非常小心。你们设想一下出现在由海路抵达的援救人员眼前的那种情景：烧毁的船只漂浮在海上，其实很少，因为前几天海浪翻滚。有的抛了锚，还有的随波漂流。只有被水护着的船身保全了。

埃尔科拉诺呢？城市不复存在。它消遁得无影无踪……对此海军们的援救船上没人能够相信。取而代之的是一道泥泞的巨大的黑色熔岩流，把整片海岸覆盖了。

还有一些别墅，比如纸莎草纸书籍别墅，它们彻底消失了。为了加强对这场惨重灾难的感觉，只要打量一下城市后面的山坡：没有树林的任何踪影，仅有一片荒原。然后大海……谁知援救人员打捞了多少具尸体：他们漂浮在水上，有的部分碳化了。靠近岸边可以闻到焦味儿，有时从尚未彻底变硬的泥浆里冒出完全"熟了"的骨头和肉。从船上一下来，他们紧接着就顺从了没有任何人应答呼唤的事实。唯有寂静和煅烧过的骨头。四千居民都去哪里了？

欧普龙提斯也消失了，它被岩浆流淹没了。

庞贝呢？

当终于能够试着靠近海岸时，面前是一片彻底被破坏的景象。港口难以辨认，到处漂着浮石，它们形成一个个小岬。河把各种各样的废渣注入海里。比比皆见露在浩茫的浮石之上的木头、树、瓦、布料、一截一截的柱子，它们是猛烈的岩浆流冲来的。即使要逃离这一切都近乎绝无可能（我们看到了圣皮埃尔的例子），尽管庞贝有非常厚实的城墙，有地下室，或者在我看来，还有仅是意外情况造成的幸存条件。我想，尤其是那些已经被浮石掩埋了一半的屋子，它们可以形成一道有能力阻拦火山碎屑流的屏障。

如若这种情况发生了，唯一的生路是在火山云杀手过后凿洞钻出来。的确，有些遇难者被困在家里，他们尝试过打开墙壁或天花板。很多人死于倒塌。然而，并不清楚他们是试图在落着浮石雨的时候出去，还是在岩浆流过后。假如某人在这种情况下成功做到了（庇护在一个幸运的"地堡"①里面，正如圣皮埃尔的两个幸存者之一），在浮石和由各道巨流留下的积层之间开道的过程中，他经历过该如何出去如何钻出地面的困境。很多人，我想，是死于缺少空气、水和食品。完全是被活埋了。然而，要是果真有人"浮出来"，他将被最初的营救人员发现，就在他处于休克状态，游走在更容易得到帮助的港口周边时。

茫茫的灰末一望无垠，是片带着一个个丘堆和一处处凹陷淡灰色的"沙漠"，一个让最初的援救者们目瞪口呆的恐怖场面。如果你们想想航天员降落的月球表层，会对庞贝那时呈现出的情形有一个概念：一片无边无际的荒漠，其间伸出洞穿的屋顶、破裂的城墙、梁、折弯的雕像、没有树皮的枝杈和树干、折断的柱子，以及不可胜数的各种废渣。城里的瞭望楼在彻底的荒凉中挺住了，并且依然屹立着，一片苍莽的灰末中的无用的防御工事。

放在埃尔科拉诺门顶端的驷马双轮战车可能挺住了，因为它们排列在岩浆流奔涌的方向。但是它们的镀金青铜被磨光了，并且缺失了几块，被猛烈的岩浆流冲掉了。援救者们应该是不断地留意着远处的火山的，它在继续喷发的同时还引起强烈的震动。

泰尔齐尼奥了无踪影，如果不是在很晚以后，某个大胆的人找到了一些砖块（对，仅此而已）掉落在一片空阔的区域，还有露出地面的墙……

---

① 此处原文为英语。

诺切拉由于浮石而遭受了巨大的损失，但肯定没有受到火山云的任何摧毁。很有可能，在喷发前一夜，诺薇拉·普里米杰尼亚伴着她的新情人就是往那里去的。她得救了，不过只是我们的一个推测。

继续我们的发现。在其余我们参观过的地方发生了什么？

穆雷齐内消失了。波斯科雷亚莱和碧飒奈拉的农庄，于很久以后由考古学家们重新发现。

几乎能肯定，一如在所有的灾难中，不缺的是趁火打劫者。很多人翻寻到并占有了戒指、项链、银水罐，有时甚至直接从尸体上剥取这些财物（我们见到了最初被当作老普林尼的那个小偷的例子）。

喷发后，有人试过偷挖。我们可以想象很多人被当场逮住并被击毙了。我们没有这样的证据，但是我们还可以设想，当局在劫难之后的几个月里对事发地制定了一种"军事管制法"。派遣了军队保护庞贝和斯塔比亚地区了吗？这是符合逻辑的推测，但我们不能确定。从某种意义上说，"趁火打劫者"可以是罗马当局本身……

提图斯立刻得到了有关灾难的禀报，可能在数小时之内，通过信号塔系统和信使。罗马和庞贝之间只有两百四十千米，他，身为一位好皇帝，亲临灾难现场，以便慰问并保证针对重建的种种帮助会是他的（也是元老院的）考虑重点。

不难想象他所见到的场面：在庞贝，可能有幸存者的亲属们在转悠——一种陪伴自己的亲人或被岩浆流埋没了的朋友的方式，还有的人在看守自己的房屋，另一些人还试图取回一些自己的财产。

但是，皇帝立刻来到灾区可能还另有目的。很多贵族和元老院议员都曾有别墅在这里（只要想想恺撒和西塞罗）。维苏威海岸连续多少代以来都是很多家族的美丽的隐居地，巴亚被视为罗马的阿尔普尔科①的国际名流聚会。皇帝知道，在这些困难时刻，他的出现会在有家庭成员在罗马元老院里的名门望族们的心目中取得进一步的信任，他在这种情况里表现出自己是个比尼禄民粹派更老练的政治家。

提图斯在当地待了一阵子。我们知道，他后来急急忙忙赶回了同时发生了另一场灾祸的罗马，那里突然烧起了一场大火（他对十一年前那场把城市夷为平地的毁灭性的大火记忆犹新）。他于二月返回罗马，另一条线索说明喷发是发生在秋天而非夏天。实在难以想象提图斯离开罗马这么长时间……

然而，也许他在维苏威海岸的出现有其不光明的一面。他指定了一个地籍注册处的地方财政官"委员会"，由两个临时地方行政官担任的坎帕尼亚的重建负责人，为了估算损失，给幸存的居民提供帮助，核查能否使庞贝重生。曾有很多人这么问过他。为了不挑起对提名的偏心之嫌，是在骑士阶层中以抽签来执行的。

但是委员会向皇帝汇报，庞贝永远都不能在那片荒漠上重生了。也许，纯粹的经济性考虑也是抉择中的一个决定性因素，因为庞贝的葡萄酒生产的危机已经严重到不值得再干预了。简而言之，为了在火山砾中挖掘并在老房子的废墟上重新建造房子和一整座无论怎样都已处于危机状态好久的城市而花费巨资，完全是白费力气。

再说埃尔科拉诺，连城市在哪里都搞不清楚，好像带着它的居民一起沉到地壳底下去了似的。

至此，某种令人困惑的事发生了。城市很可能是任其自生自灭了，然而，所有可以取出的值钱的那一切都被帝国当局扣留并拍卖。这些财物被附近的也有帝国别处的富裕家庭买走。拍卖所得用于充实帝国长年"饥饿"的库存……

---

① 阿尔普尔科是墨西哥的一座港口城市。

庞贝似乎遭受了一座被征服了的而不是得到援助的城市的命运。从某种意义上来说，它变成了国家的"产业"，我们设想，除非合法业主能够证明直接拥有或者可以继承一座住宅。

如此的机关算尽当然也不是第一次了：考古学家们在阿博恩当杂路上的一座多慕思里发现的一张大理石桌，难道不是杀害恺撒的凶手之一的？几年后，图拉真不是对达恰（现今的罗马尼亚）发动了一场漫长的战役，目的仅仅在于占有金矿和大量战利品（源源不断的钱财滚进了帝国的国库，使帝国有了一个新的黄金时期，哈德良不是也因此享受了多年）。

我们知道，罗马人首先打算挖掘的几个区域之一便是广场。今天，你们看到的地板确实只铺着砖，而以前，曾全部铺着亮闪闪的大理石。

安东尼奥·德·西莫奈教授强调指出，广场曾是一个遍布雕像、青铜和珍贵兵器的地方，是于 62 年地震后才安装不久，一个容易挖掘的区域：它是如此宽阔，没有坍塌和陷落的危险。

我们设想，钱庄老板的店铺连带里面装着合同和贵重物品的箱子，是有机会在那样的机会中被挖掘出来，但考古学家们的确从未发掘到。如前所述，我们不清楚钱庄老板鲁齐奥·切齐里奥·乔孔多的档案的下落。

是被帝国当局取走了？或是钱庄老板和这珍贵的"宝贝"一起坐着双轮车成功逃离了？我们没有关于他的"消息"，但极有可能是丧命了。如若幸存了（他的档案在他身边），他肯定会让人挖掘碧飒奈拉的乡村别墅，好取回金银宝藏，或者仅仅为了给妻子一个应该得到的安葬……

合乎逻辑的想法是，首先，帝国当局挖掘和打开了庞贝"市政府"的档案室，以便掌握市民的名单和他们的房地产。在合法的业主幸存的情况下，可以允许对埋掉的房屋进行挖掘。这一切使人设想，佩图萨多慕思里的面包商 N. 坡皮迪奥·普里斯克便是其中之一。

过了这第一阶段的"掠夺",庞贝慢慢被遗忘了。

诺切拉只有部分受损,将会恢复元气。仅仅过了五年,便重建起一条和斯塔比亚连通的马路。同样的,斯塔比亚将会重生(即使需要二十余年),而欧普龙提斯,那里尽管重新建设了连接路线,却没有新房屋的痕迹。穆雷齐内也将东山再起,萨尔诺河边的"汽车旅馆"的结构将用于建筑一座新楼的基础,不过于公元472年被一场新的喷发扫除了。

其他损毁不特别严重的地区几乎立刻就重新恢复了自己的生活,丰茂的葡萄园又开始在从这时起被叫作维苏威火山的山坡上成熟。

庞贝将如同沉没的泰坦尼克号一样被历史忘却,连同它的所有仍然"在船上"的居民。

拉丁语作家们,比如斯塔提乌斯①(Silvae. 第四卷,第4章,78—86页)和马提亚里斯②(Epigr. 第四卷,44页),他们将提及这场在整个帝国引起广泛反响的灾难。

斯塔提乌斯将写道:"当庄稼重新长出来并把这片荒漠变得更加郁郁葱葱,子孙后代将会相信被吞噬的城市和居民们就卧在他们的脚下,他们先祖的农田是消失在一片火海中的吗?"

以下则是马提亚里斯的诗句:

> 维苏威啊,不久前还有苍郁
> 成荫的葡萄园,

---

① 斯塔提乌斯(Statius,45年—96年),古罗马著名诗人。《森林》(Silvae)是他的有名的诗歌集之一,共五卷。

② 马提亚里斯(Martialis,38年或41年—104年),古罗马重要的短诗诗人。他的短诗集(Epigrammi)流传甚广。

>   这里，一颗珍贵的葡萄
>   便使酒桶溢漫；
>   巴库斯爱过这些高地
>   胜于尼萨的丘陵，
>   过去，萨提尔们在这山上
>   曾经纵情舞蹈；
>   这座比斯巴达更称心的山
>   本是维纳斯的乐园，
>   因了埃尔科勒的大名
>   这原是四海皆知的地方。
>   噢，一切尽被掩埋
>   在熊熊烈焰和邪恶的火山砾下：
>   现在众神不希望
>   兴许正是他们同意了
>   在此施展诸多魔法。

在接下来的一个个世纪里，庞贝将被彻底遗忘，把它合拢了的小高地将被冠名为"齐维塔"①，名字听起来更像被埋的整座城市的碑文。人们对这座城市的讲述将渐少渐弱，然后完全止息于中世纪。于是，遗忘将落在这些冷灰之上，一座注定了要密封很久很久的坟墓……

将只有一位隐士或一个小宗教团体生活在这个区域，因为一间饰有壁画的房间在某个阶段被利用了，为考古学家们留下了肯定是后来的年代中的几盏油灯，并故意划掉漂亮的壁画头像证明"反对圣像崇拜"……谁知道，一面墙上的"Sodoma e Gomorra"（索多玛和构莫拉）字样可能正是写在那个时期。

---

① "齐维塔"音译自 Civita，在古代表示"城市"。

然而，城里的有些墙壁处于地面上。在瞭望楼中的一座里面的确找到了一个宿营地的遗迹，得追溯到中世纪……没有任何人知道，一个巨大的宝藏就藏在浮石层下面。也不知道一场巨大的灾难就发生在这里……因为命运的一个有趣的转折，恰恰将是一块由提多·苏埃狄奥·克莱蒙特在他的"改造"城市的工程期间叫人竖立的石碑，第一次使人明白，出现在第一批发现者眼前的曾是古老的城市庞贝……

浩劫之后

(OMNIA) VINCIT AMOR
爱战胜一切。

在不满二十个小时中,火山排出了一百亿吨的岩浆,几百万吨的蒸汽和其他气体,以每秒三百米的速度上升。维苏威地区的凝灰岩和浮石的积层厚度甚至超过了二十米。如我们所见到的,比方在埃尔科拉诺,没有确切的死亡数量,但我们可以估计庞贝人口是八千至一万二千,埃尔科拉诺三千至四千。我们不清楚别处譬如郊区死亡了多少人。我们也许可以设想一个遇难者总数,包括斯塔比亚、欧普龙提斯和泰尔齐尼奥,在有一万五千至两万人之间。这完全是理论上的估计。

在庞贝,第一具遗骸正式出土于1748年4月19日,在诺拉路和斯塔比阿那路之间的拐角处。

迄今在庞贝一共发现了1047遗骸,埃尔科拉诺328具。

名册上少了很多人,也许还因为,譬如在两城之外的农村肯定也发现到的那些骨头,过去没有特别留意而被扔掉了。

或者因为仍然埋在庞贝城内和城外(农村已经被耕种了或住着人,古城的三分之一还有待挖掘,根据一些估算,未发掘区域保存的尸骸可能不足五百具)。

庞贝的百分之三十八的遇难者在浮石中,因此主要是死于地震，但也有很多是死于因浮石的重压而造成的屋顶和楼板的坍塌。按照火山学家罗贝尔托·桑塔克若切提出的这个数据，也就意味着百分之六十二的人是被岩浆流杀死的……

所以，隔着近乎两千年的距离寻找幸存者，好像是件异乎寻常的任务，但并非绝不可能。在我们的讲述里，我们找到了七个，如你们看见的大理石之家（佩图萨多慕思）的房主 N. 坡皮迪奥·普里斯克的例子，可算是多一个幸存者。

最后，我们是如何知道在我们的游程中所遇见的某些人从那场惨重的灾难中死里逃生了呢？我们可以肯定地说，一部分人已经逃生，另外的是"极有"可能逃生。

小普林尼当然是幸存下来了，既然他在他的那几封写给塔西佗的有名的信里描述了喷发。他的母亲普林尼娅，我们知道她在几年后于公元 83 年去世。

对彭坡尼亚诺只能做几个推测。在小普林尼的信里，他对其只是简单地以彭坡尼亚诺提及，这让人领会他该是个众所周知的人物（起码对塔西佗是）。当博物学家决定在夜幕降临前抛锚时，老普林尼的朋友在斯塔比亚的别墅里招待了他。舰队司令的最后几小时和他殒命于沙滩上的叙述，除了来自他——那个房主人，不可能是别人，或者总之也是来自他的奴隶和自由奴，这些让人想到，他得救了。

至于弗拉维奥·克莱斯多，在建筑其库木维苏威阿那火车站地基的挖掘工程中，于斯塔比亚海堡出土了一块大理石碑（现在保存在城里的文物馆），可看到如下碑文：D (is) M (anibus) Flavi Chresti vix (it) annis L. 这是一条注明公元 81 年至 130 年的碑文，提及一个原籍希腊、名叫克莱斯多的帝国自由奴。他五十岁去世，作为弗拉维皇朝治下的一个自由奴，喷发时他肯定还活着，灾难时刻他在斯塔比亚是近似真实的。

提多·苏埃狄奥·克莱蒙特，维斯帕西亚努斯皇帝委派到庞贝的帝国行政长官，当时肩负着最棘手的任务之一：修订公共地籍册。他在庞贝的居留期间应该很长，在一年一度的选举中还支持过当地的某些政治家。其中有爱皮迪奥·萨比诺，公元77年双头地方行政官之一。不清楚发生浩劫时他是否在城里，但肯定逃过了维苏威火山喷发。在离开庞贝后，我们将于公元80年11月在埃及和身为praefectus castrorum（一个禁军团的主将：因此升了一级）的他重逢。事实上，在戴贝①的门诺奈②巨像的一只脚上可见一条壁文："禁军团主将苏埃狄奥·克莱蒙特。门诺奈得知于公元80年11月12日"。

关于敖罗·福利奥·萨图尼诺，我们可以说他曾住在埃尔科拉诺并逃离了喷发。的确，九年后，他的名字写在公元88年11月7日的一张军人特许证上，上面注明他是禁军侧翼在叙利亚驻扎时期的翼长。

最后，我们到了我们的主角蕊柯媞娜这里。我们从小普林尼的信中了解到，她的别墅位于维苏威乌斯山麓，所以她在喷发时失魂丧胆。但是我们如何知道她得救了呢？

十九世纪中叶，在莫罗内德尔桑尼奥的卡萨皮亚诺的一座教堂附近，人们决定竖立一个大木头十字架，底座使用了一块旧大理石。那块大理石是个古老的祭坛，就在当地出土，谁知道在那里有多少个世纪了（今天，考古学家们知道，在喷发时这里曾坐落着一座很大的乡村别墅）。隐约可见一行文字，但它受损严重，谁也没太多留意。直到有人看到蕊柯媞娜的名字，直觉地和普林尼的信

---

① 戴贝（Tebe），古希腊的一个城邦。
② 门诺奈（Memnone，又译门农），希腊神话中的埃塞俄比亚的国王提托诺斯和黎明女神厄娥斯的儿子。

联系起来。会是那个"蕊柯媞娜"吗？

如前所述，这个名字丝毫也不普通，相反，是异常罕见的。此外，祭坛得追溯到公元第一世纪，在发生喷发时。一切都使人想到所涉就是她。但是写了些什么？上面刻写着，自由奴"伽尤·萨尔维奥·艾乌提克向家庭灶神拉尔还了愿，为了我们的蕊柯媞娜的回家"（C. Salvius Eutychus Laribus casanicis ob reditum Rectinae nostrae votum solvit）。那块大理石上似乎书写了蕊柯媞娜的恐怖遭遇的最后一行，以返回别墅而圆满结束，因为大家都曾自问她能否逃离喷发。

这座别墅可能是我们在开始我们的叙述时设宴的那一座吗？我们可以作此想象。

然而，蕊柯媞娜只是一场巨大灾难中的芸芸众生之一，只是在那些时辰中汇聚成大海的许许多多个水滴中的一个……

庞贝遭受了一系列的在历史上极少发生的浩劫：地震，海啸，浮石和岩石雨，滚烫的岩浆流，泥石流，刺激性气体，使人窒息的灰末……真正的"完美大风暴"。

但是今天，当走在它的空荡荡的寂静的街道上时，好像这一切从来就没发生过，它的居民们躲藏在某处的一个角落后面，或在附近的一个房间里。

世上任何一处遗址都永远不会给予你们这样的感觉。庞贝事实上是完全停滞在了那一刻，在它还活着的时候"晶化了"。当漫步在它的窄街小巷里或扫一眼它的房屋里面，能感觉到安宁、祥和、美好，而肯定不是死亡和痛苦。

仿佛果真能再见到和听到提多·苏埃狄奥·克莱蒙特在身旁跟庞贝的"昆体良"、机警的钱庄老板鲁齐奥·切齐里奥·乔孔多、玩世不恭的伽尤·朱里奥·坡里比奥、放肆的丝米莉娜、狡黠的佐斯莫、圆胖的彭坡尼亚诺……以及步履轻盈的蕊柯媞娜交谈着，她在用她的地中海人的眼神诱惑着你们。这也是庞贝的一份馈赠。也许是在心中停驻最久的那一份。

附　　录

真实的喷发日期

普林尼信中的一个错误吗？

在逐渐浮出来的关于庞贝的很多"新的"真相中，毫无疑问，最轰动的是喷发日期。你们在所有的旅游指南、图书、小说里看到的并且提供在参考资料里的那个日期是公元79年8月24日。即正是盛夏。我们对此肯定吗？

事实上，几年来，有些研究员在收集着能提出同是公元79年的另一个日期和另一个季节的线索和证据。喷发不是发生在夏天而是秋天。在十月。更确切点是24号……但怎么可能呢？

我们按照顺序来。那个命中注定的日子里的事件的主要来源，如我们已经说过的，是小普林尼写给塔西佗的信。后者探问舅舅的生死的相关消息。

不过，与此同时，还使人揣度这封信的真实目的是为了平息针对老普林尼的死流传的不中听的说法，主要由苏埃托尼乌斯散播的。根据这些谣言，伟大的舰队司令眼见着自己想营救在埃尔科拉诺陷于危境的人的意图失败了，他叫一个奴隶用剑把他捅死。当然，他的遗体后来被喷发掩埋了。

所以，小普林尼在信中描写了舅舅是如何殉身的同时，抹杀了一种为荣誉而自杀的论断，顺便叙述了那天发生的一切。当然也明确了喷发日期。然而他是按照"罗马式"讲的："九月的朔日之前九天"，Non[um] Kal[endas] Septembres. 那好，至于"朔日"，指的是罗马日历每个月的第一天。九月的朔日因此就是九月一日，倒退九日的确是 8 月 24 日（如果你们的计算结果不符，要知道罗马人习惯把所有的天数，包括起始和到达的那天都算在内）。

话题结束了？还没有。

问题是，如前所述，我们并不拥有小普林尼的原始信件"实物"，而只是中世纪时期由抄写员们完成的它的副本，现今保存在某些图书馆里，比如梵蒂冈的那一个，里面那本劳棱兹亚诺梅迪切奥汇编 87 页就看到日期为 8 月 24 日。

在静谧的修道院内，一代又一代，抄写员们耐心地用手誊写了数不胜数的古代作家们的作品，在时间的长河中拯救着并渡运着一份惊人的世界遗产。但是，他们有时在誊写中出错也属正常，我们已经在说到蕊柯媞娜的丈夫的真实名字时提到了这一点：可能是由 Bassus 变成了 Cascus、Tascus 最后变成了 Tascius。

同样的情况也发生在了喷发日期上。

我得以亲自阅读了保存在那波利的基若拉米尼图书馆的小普林尼的信件副本。在很多古籍当中，有一本确实漂亮，是奥拉佗里亚努斯汇编的。得追溯到 1501 年。打开它实在太激动了。页面上写着非常秀逸的字体。我们可以看看小普林尼的讲述……意外！日期有异！

不是九月的朔日，而是十一月的朔日！文章清清楚楚的：……Kl. Nove(m)bris……

那么，哪个日期是正确的？遗憾的是，修士们誊写中的错误传抄在后来的所有的抄本里。你们想想看，竟然存在信件副本的三个大"家族"！

很多学者们谨慎地参照最老的抄本，因此，理论上说来没有错误。这种信提及九月，也就是说喷发发生在盛夏……但它是传述这一说明的唯一抄本。

很多专家认为正是这个副本从一开始就错了。支持这一猜测的是其他信件副本，它们常常提及十一月，也就是秋季。譬如 Kal. Novembres，即 11 月 1 日，III Kal. Novembres 即 10 月 30 日。最后，non. Kal…即一个月（十一月？）的朔日前九天……

这些至少让喷发是发生在夏天的推想站不住脚。

有利于秋季之论点的线索

不存在直接的证明，那实践证明呢？我们尽量采取技术警察使用的途径，好比这是个凶杀案。我们应该确定时辰，或至少凶杀的日子。我们在庞贝、欧普龙提斯、埃尔科拉诺、波斯科雷亚莱、斯塔比亚和庞贝文物馆的仓库里探寻的过程中来实施。

首先，在很多被喷发掩埋的房屋里（比如梅南德罗之家或纯洁的恋人之家）发现了一些重要的线索，也就是炭火盆。炭火盆是用来取暖的，这就使人想到喷发是发生在秋季，在气温有较低的时候。

依照秋季之论点的支持者来看，还能从遇难者所穿的衣物判断天气是冷了。在有些模型里，它们显得多且厚，肯定不是夏衣。在埃尔科拉诺的一具骨架上有着毛皮帽子的残余。他曾在三百个遇难者之间，他们紧紧地挤满在停放船只的"车库"里，也许因为寒冷而绝非为躲避火山砾的坠落（未曾落到埃尔科拉诺），也正如沙滩上发现的人的遗骸所显示的那样。此外，在埃尔科拉诺的一个摇篮里，还发现了属于一条羊毛毯的纤维，另一个完全与八月的气温不相符的线索。然而，在有个婴儿或幼儿的情况下，因大海造成的潮湿、微凉的夜而促使人使用羊毛毯，也合情合理……

当然，这是些零星的发现，我们不知道所有殒命的庞贝人都穿怎样的衣服，我们只拥有不多的迹象。或许，庞贝的居民们穿着厚重的衣物是为了抵挡火山砾，为了挡风，尤其重要的是，因为突然的降温。事实上，在遮蔽了太阳的喷发柱和火山云之下，气温迅速下降。正像发生日食那样。比如在第一次海湾战争中，尽管是白天而且置身于沙漠中，可处于由油田产生的带火焰的烟雾之下的军人们仍觉寒冷。总之，为喷发所笼罩而产生寒冷，这也能解释出现炭火盆的原因。

然而，无论怎样都是些有利于秋季之论点的迹象。

喷发云本身的方向也能对季节提供一个信息。小普林尼描写它以松树的形状"打开"，一边使浮石向着东南方坠落。依照某些学者的意见，在火山云抵达的高度刮着的风与通常的气候的"孩子脾气"无关，而大多是在秋季观测到的那个方向的高空季风。

继续我们的调查。技术警察会找什么？会去搜寻某种能够为我们明确指出季节的东西。在这种情况下，一个有效的帮助来自大自然的循环。夏天与秋天之间有着云泥之别，很多线索从树木和它们的果实的残余之间浮现出来。有些学者，比如女考古学家格蕾黛·斯戴法尼（庞贝遗址现任主任）和植物学家米凯莱·博宫基诺，他们针对秋季的论点做过漫长的调查并出版了深入的研究。不独有他们：考古学家翁贝尔托·帕帕拉尔多在1990年就已经有了这个推想。在他之前是1875年至1893年的庞贝遗址主任——米凯莱·如杰若。还能退后更远，甚至在18世纪，当注意到发掘现场出土了炭火盆和秋天的果实时，那波利主教、文献学家卡罗·玛利亚·若西尼第一个提出了喷发发生在寒冷月份而非夏天的推测。他还提出了一个日期，同时为自己的论点带来支持，因为早在罗马时代就有人明确地把劫难和寒冷时节联系在了一起。不是一个普普通通的作家。是大名鼎鼎的历史学家卡西乌斯·狄奥，毋庸置疑他比我们更靠近庞贝的灾难，可以随意参考多得多的书面资料和文献。他写过喷发是在公元79年11月23日（或者照罗马式说法，十二月朔日前九天）……

你们已经明白了，着重指出一个不同日期的有很多人。但是以什么为基础呢？这些线索和实践证明是什么呢？我们来看看。

在波斯科雷亚莱的文物收藏馆的仓库里被重新发现的、现今保存在那波利国立考古博物馆的有：

——月桂果，通常成熟在秋季；

——很多栗子，典型的秋季果子。有一个例子甚至是一顿饭的残余，和面包与花揪果在一起的是微红的野生小梨子，通常在九月和十月之间成熟，并且在把它们搁放到变成棕色时才可以吃；

——大量的核桃，一般也是在九月和十月之间采收它们；

——数量可观的无花果干。无花果的采摘可以在不同时期，从夏天到冬天。但是，那些用作贮藏的主要在九月采摘，然后放置风干。不大可能是前一年的，因为在庞贝出土了很多很多。它们的形状和它们的完整性使人明白，喷发时已经干了，否则它们就分解了。已经为即将来临的冬天准备好了；

——李子干：夏天吃刚刚采摘的，软且多汁。秋天有——所以可以吃到——只有风干的那些；

——海枣：一般不在十月之前从非洲运来，由于那时正是它们的成熟期。找到的并不多，正因为是刚刚运抵庞贝，仅在少数房屋（有钱人的……）中的食品柜里摆放着；

——大量的石榴。在欧普龙提斯的一座别墅里有十公担，放置在四层编织的席子之间风干。我们知道，采摘正是在九月底和十月之间进行，在雨季之前，这样，水果在有遮蔽的地方成熟。

最后这些线索使我们考虑到，喷发是在秋季爆发的。然而还有其他线索。

葡萄采摘已经完成了

秋季有件事是所有钟爱葡萄酒的人拭目以待的——葡萄采摘。

考古学家们发现了几处农庄的存在,其中有一座奇迹般地逃过了喷发,它曾经生产葡萄酒,是波斯科雷亚莱的皇后别墅,那里还出土了大量的银器,今天陈列在卢浮宫。

我们知道,在其他考古地点出土到了很多葡萄渣,标志着采摘葡萄已经过去了。但在这座农庄里浮出了另一个重要的线索……

在庞贝,罗马人不使用酒桶,他们把葡萄酒装在齐"颈"埋在地下的陶土大坛子里酝酿。那些就是多里阿。在农庄的院子里发现了大量的装了未发酵的葡萄汁的多里阿,已经盖好并密封了。

那时候和现在一样,葡萄采摘在九月,最迟是十月的第一个礼拜。葡萄汁被收集起来装入多里阿,直至发酵、沸腾十天。在接下来的二十天里,需查看一切是否正常进行,然后用盖子和保护层密封多里阿。

因此,这些大陶土坛最迟是在十月底、十一月初被封上的。既然它们是在火山砾积层下面给发现的,那就是说喷发是在它们被盖好之后才发生的。

还有最后一个信息,也许更算是秋季之论点的支持者们提出的一个趣闻。在庞贝的市场区域里有座为崇拜皇帝而建的小圣堂。这是向皇族表示敬意而定期举行仪式、典礼和献祭的地方,配有一些祭司。小教堂里的雕像(部分出土了)有提图斯的,有皇帝的弟弟也是维斯帕西亚努斯的儿子图密善的,以及妻子、女儿女婿们的,等等,总之皇帝一家全都齐了。

就在附近,19世纪的一些考古学家发现了曾是一个围栏的残余,里面有羊的骨架。推测是些用来向皇帝家族献祭而准备做牺牲的牲畜。可出于何种目的?譬如被视作是全帝国同乐的一次生日。偏巧,10月24日正是图密善的生日。

所以,那曾是一些要敬献给他却因喷发而从未宰杀的牲畜吗?当然,这是个启发性的推测。我们没有其他证据。

理所当然的,对于这些看上去似乎都有利于秋季之论点的线索，夏季之论点的支持者也能给予一种说得过去的解释。发现的炭火盆可以是用作仪式的（不明白为什么庞贝人忽略且不使用很多献给先人的亡魂拉尔们的小祭坛，它们正是因为这个目的而出现在罗马人家中的前厅里的）。

密封了并埋入地下的陶土大坛子和封好了准备上市的双耳罐，可能并不装着葡萄酒而是其他物质，或者是药酒而非席间饮用的，又或者是前一年的老酒陈酿。此外，他们认定，在那个地区至今还有在盛夏进行的"提前"采摘葡萄的情况。是个可接受的论点，但是这又和发现的大量葡萄酒相悖，听起来有点怪，考古学家们出土的尽是药酒或陈酒或提前采摘葡萄的结果……

夏季之论点的支持者们说在很多遗址发现了橄榄是实情，但在量上不能与显示出夏季采收的那种量相比。

无花果干，可能是过去的"存货"。不过，认为所有的秋季果实都存在罗马人的家中一年没吃或没卖，难。当然，一切皆有可能，但不管怎样，叫人吃惊的是出土的数量，绝对不是零零星星的。

此外，照夏季之论点的支持者们来看，核桃的存在可以解释为，它们被当作鲜果吃而非干果；石榴在未成熟时从树上采下来，以此来减慢成熟进程，使它们在草席之间干缩，然后用来做药。

为了支持喷发是发生在八月，有两百多种草本、灌木和木本植物作为证据被列举，其中既有花粉也有茎和叶。然而，不明白为何竟然说无花果干是一年前的存货，而在这种情况中却没意识到，它们完全可以是一个刚过去几周的夏天的迹象。

最后，某些由考古学家们挖掘出来的农田显示，人们那时正努力在地里蓄积灌溉水，符合夏季的活动和措施，反之，通常在冬季来临时，则要尽量排放雨水。一个有意思的资料。可惜，缺乏庞贝附近一片完整的耕地和关于那几个星期中的气候的确切信息（多雨还是干旱），无法说得更多。

同样如此的还有在一些店铺和住宅里发现的一种鱼,是用来做有名的咖乳的。庞贝也生产,我们在说的鱼是牛眼鲷（Boops）。这种鱼在七月和八月初最容易上钩,尽管事实上全年可捕捉,有可能,牛眼鲷的存在更是咖乳生产者的选择的结果而非气候原因。此外还有待证明,它们在两千年前的渔网里或鱼钩上较之今天更常见。尤其要是认为气候曾经略有不同的话。

总之,如你们所见,秋季之论点和夏季之论点的支持者们都提出了有利于自己的多种论据。我们尊重双方的观点。

然而,线索非但没有解决问题,而是挑起了争论。需要一个能肯定地指明确切日期的发现。比如一行文字明明白白地引出一个日期,或者某种类似的东西。它的的确确就在庞贝遗址出土了……

一个遇难者手里的一枚银币

一个有利于支持喷发是发生在秋季的人的更重要的证据,恰恰在一个遇难者的手里被发现了,一个与其家人一块儿死去的女人。为了躲避喷发,她和亲属们逃遁到他们的多慕思,金手镯之家的一条走廊里,可全部被火山的"云雾杀手"于瞬间夺了命。被发现的女人怀抱着儿子,他在最后一次逃生的尝试中曾竭力挣脱。女人手里紧紧握着一个小匣子或一个小袋子,里面装有一些首饰,四十枚金币和一百八十枚银币。其中一枚确实非同寻常。

这块小珍宝今天就在那波利国立考古博物馆。钱币编号为P14312/176,是一枚德那里奥银币。铸造于提图斯皇帝的统治时期——对此可见图像和边沿可读出的皇帝的各种头衔:

Imperator Titus Caesar Vespasianus Augustus

(他的确是于公元79年6月23日成为皇帝的)

P[ontifex] M[aximus]

(即大祭司,最高的宗教职务)

反面是一个神话动物的图像和列举的其他职务:

Tr[ibunicia] P[otestate] VIIII

（即第九次接受叫作护民官的职务，我们清楚地知道他于公元79年7月1日开始担任）

Co[n]sul VII

（即第七次担任执政官，公元79年1月1日）

P P（Pater Patriae）

（国父）

接下来有样非常小然极其重要的东西，依照许多学者来看，它能回答我们的所有的问题。能读到 IMP XV 字样。什么意思？它缩略的是一场战争的胜利，提图斯第十五次被推举为大将军这件事。这是军团以欢呼推举自己的大将军（imperator）并向元老院要求举行凯旋仪式（salutatio imperatoria）时的活动。这给我们提供了一个准确的日期。因为我们通过提图斯写给穆尼卦城①的行政区分区长官们（管理殖民地的官员）的一封信和一份法尤姆②区的退役许可证得知，提图斯于9月7日第十四次被欢呼推举为大将军，所以第十五次只能是在9月8日之后。因而，喷发不会是发生在夏天，而是在秋季。

争论结束了？可惜没有……因为，在这种情况下也有一个问题。钱币上的文字锈迹斑斑，被时间侵蚀了。所以无法如此清晰和明确地把它念出来。我们仍旧为一丝不确定所笼罩。似乎要增加庞贝的那种神秘气氛……

最后，哪个是庞贝喷发的"真实"日期呢？遗憾的是，不存在一种"专业的"确定性，有点像公式 $E = mc^2$，至此，我们中的每个人大约都有了一个自己的主张。

---

① 穆尼卦（Munigua），西班牙古城。
② 法尤姆（Fayyum），埃及的一座城市，是法尤姆省的省府。

然而，很多收集来的线索，你们见到了，它们显得非常可信。尤其是全都摆在一起时。它们所组成的大量的结论不大可能指向别处。

很多事情尚待查明。还因为这些线索浮出于各处，是所谓的意外收获的结果。也就是在挖掘和研究其他东西时出乎意料地出土得来的。不是一种在以有目的的挖掘和多学科小组在考古的所有层面里寻找唯一答案的严密研究的结果。也许明确的、使人信服的最终证据还在那里，在某处等待着。

在这本书里，鉴于叙事类型我们得做出一个确切的选择，我们把日期更改在了秋季，因为我们认为它更具有说服力。所以，于我们而言，喷发是发生在公元79年10月24日。我们计算出那天是礼拜五。

然而，为了科学的诚实性和思路的开阔性，我们保持谨慎。准备好了获得任何有利或不利的，哪天将从某项研究或挖掘中浮出水面的新线索。

劫难的规模却是确定的。撇开季节不谈，数小时内，两座完整的城市，连带乡镇、农庄和别墅，全都从地图上消失了。随之消失的是成千上万的人。

感　　谢

很多年来，我一直曾抱有写这本书的念头，把有关对庞贝的认识和资料献给大家，那是我在它的断墙残壁之间，还有在维苏威地区的各处遗址和博物馆做了二十余年的拍摄和考察工作而慢慢获得的。在尽可能完整地提供有关真实地发生过的那些事，把有关人、地点和出土文物的资料，都串连起来并非易事。为使这本书得以问世，有很多人都帮助了我。

我首先要感谢的是安东尼奥·德·西莫奈，二十年里一次次的会面和在维苏威地区的各处遗址的现场考察中，他成功地让我产生了对庞贝的热爱，特别是那份对所有那些能为我们揭开有关罗马人的生活的千丝万缕的细节的调查激情。直至今天，每次见面都是富有新的启示和论题的一堂课。

我得诚挚地感谢埃米利奥·古殿托，没有他卓越的研究，这本书永远不会有如此丰富的人物和诸多故事。我们针对需要研究的各个主题，直接在庞贝的长街短巷中所做的一次次漫长的对照，每次于我都是一趟跨越时空的难以置信的游历。

我还欠了乔万尼·马切朵尼奥的情，他总是准备好了为我们提供喷发的先兆现象和毁灭了庞贝、埃尔科拉诺的可怕过程的一个正确框架。

在这些年里，国立地球物理学和火山学学院，尤其是那波利维苏威观测站的火山学家和研究员们，成了对维苏威火山的活动和庞贝的喷发的启示及认识的宝贵来源。

我要感谢的还有马西莫·奥萨纳——庞贝、埃尔科拉诺和斯塔比亚的文物负责人,既为感谢他肯接受我们的各种请求,也为感谢他在与本书有关的一幅壁画的修复和挽救工作中的敏感和帮助。

我还要向所有的修复员和保养工们致谢,他们默默无闻的工作让庞贝得以一代代地存在和成为能够拯救它的未来的一张真正的稳妥王牌。

我想要感谢在这二十年里我所认识和采访过的考古学家和研究员们(不可能把他们全都一一具名)。他们的讲述和发现变成了这本书的"平铺直叙"。我还感谢庞贝、埃尔科拉诺、欧普龙提斯、斯塔比亚、波斯科雷亚莱和那波利的考古发掘地、仓库和博物馆负责人。他们总是准备好了介绍和推广在发掘现场浮出的惊人的遗产。

我还要向所有那些在考察和拍摄中陪同我并赠予我他们的宝贵经验,向我揭示遗址中不大受人注意的有趣事物的专家们致谢。

我还欠了若莫罗·奥古斯托·斯塔乔利的情,为了他传授给我的、出现在本书很多篇章里的对罗马社会的认识。

最后,我要感谢编辑莉迪雅·萨勒尔诺,她以坚定不移的恒心、耐性和执着,在一步一步地跟随着这部不易懂的作品的同时,始终保持住内容的高质量。

最后,我想到的是我们永远都不会认识的难以计数的面孔和微笑,它们使庞贝充满了生机,直至公元 79 年那个恐怖的日子。

坎帕尼亚

阿皮亚路

沃尔图诺河

多密于亚那路

孔莱拉莱次帕那路

坎帕尼亚原野

阿德塞普提慕姆

第勒尼安海

利泰尔诺

康皮佛英格瑞

库玛

巴亚

波佐利

米塞诺
米塞诺海角

伊斯基亚　普罗奇达

那波利

伊斯基亚岛

卡普里岛

维苏威地区的海岸